suhrkamp taschenbuch 673

Adrian Hsia, geboren 1938, studierte Anglistik und Germanistik. 1965 Promotion. Lehrt als Professor für Neuere Germanistik an der McGill University, Montreal/Canada.
Adrian Hsia legt nach seinem erfolgreichen Abriß über die chinesische Kulturrevolution sein zweites Buch in deutscher Sprache vor. Als gebürtiger Chinese und guter Kenner Deutschlands verfolgt er im Werk Hesses die bis dahin beispiellose Integration asiatischen Denkens in die abendländisch-rationalistische Begriffswelt und die Verschmelzung von europäischem, indischem und ostasiatischem Kulturgut im Weltbild dieses Autors. In fünf thematisch gegliederten Kapiteln analysiert und interpretiert er die taoistischen, konfuzianischen und zenbuddhistischen Elemente in Hesses Schriften und die Spuren des I Ging im *Glasperlenspiel.* Außerdem erläutert Hsia anhand von Hesses Privatbibliothek und seiner Besprechungen der Übertragungen chinesischer Literatur ins Deutsche die lebenslänge Beschäftigung Hesses mit fernöstlichem Gedankengut.
»Es bedurfte eines gebürtigen Chinesen, der in der deutschen Sprache zu Hause ist, um das Verhältnis Hesses zu Ostasien differenzierter zu sehen als bisher. Hsia breitet nicht nur ein überraschendes Material aus, sondern kommentiert die einzelnen Werke Hesses mit überraschenden Aufschlüssen. Hesses Grundsatz von der die Kontinente und Kulturen übergreifenden Internationalität des Geistes ist auch das Leitthema dieser Arbeit. Sie bietet ... dem Kenner des Hesseschen Œuvres jede nur gewünschte Auskunft über bestimmte literarische Motive und ihre Entstehungsgeschichte.«

»Kultur und Leben«, Oktober 1976

Adrian Hsia

Hermann Hesse und China

Darstellung, Materialien und Interpretation

Suhrkamp

Hans-Joachim Janik zugeeignet

Der Text wurde für die Taschenbuchausgabe
vom Verfasser geringfügig erweitert und ergänzt.

Motiv auf dem Umschlag:
Alte Form des Zeichens Yi, das Hesse besonders schätzte,
weil es den Begriff der Veränderung durch »Wandlung« symbolisiert.
(Nach einer Steinskulptur aus der Sung-Zeit.)

suhrkamp taschenbuch 673
Erste Auflage 1981

Druck: Nomos Verlagsgesellschaft, Baden-Baden
Printed in Germany
Umschlag nach Entwürfen von
Willy Fleckhaus und Rolf Staudt

Inhalt

Wir können und dürfen nicht Chinesen werden, wollen es im Innersten auch gar nicht. Wir dürfen Ideal und höchstes Bild des Lebens nicht in China und nicht in irgendeiner Vergangenheit suchen, sonst sind wir verloren und hängen an einem Fetisch. Wir müssen China, oder das, was es uns bedeutet, in uns selber finden und pflegen.

Hermann Hesse, »*Tagebuch 1920/21*«

Vorwort

Seitdem Hermann Hesse in Nordamerika und Asien populär geworden ist, spricht man gerne über ihn im Zusammenhang mit dem Osten. Dabei kann man zwei Haltungen beobachten. Die einen weisen mit ernster Miene darauf hin, Hesse sei Ostasien tief verpflichtet, und belassen es dabei, die anderen machen sich mit überheblichem Lächeln über den sogenannten »Guru« Hesse lustig. Wenn man sich überhaupt mit Hesse und dem Osten beschäftigt, so interessiert man sich für das Indien, das bereits die Romantik erschlossen hatte. Gerne übersieht man, daß Hesse selbst mehrmals betonte, er habe zwar etwas in der indischen Philosophie gesucht, es aber nur in der chinesischen gefunden, außerdem habe China seine Ahnungen bestätigt und bewußt gemacht und sei ihm sowohl geistige Zuflucht als auch zweite Heimat geworden.

Die Vernachlässigung von Hesses Beziehung zu China in der gelehrten Welt findet ihre Parallele bei Leo Tolstoi, bei dem man den asiatischen Einfluß auch lieber auf die indogermanischen Inder zurückführte, obwohl ihm die chinesische Philosophie am nächsten steht, wie Romain Rolland 1928 richtig feststellte und es heute allgemein anerkannt ist. Tolstoi hatte 28 Jahre seines Lebens (1882-1910) den chinesischen Studien gewidmet, nachweislich 39 Titel chinesischer Werke – in Übersetzung – gelesen und galt auch als bewandert in der chinesischen Philosophie. Dagegen betrieb Hesse seine China-Studien gut 60 Jahre und las, verglichen mit Tolstoi, mehr als das Vierfache. Seine Belesenheit in der klassischen chinesischen Philosophie und Literatur dürfte nur von Fachgelehrten übertroffen werden und könnte leicht die modernen Chinesen in den Schatten stellen. Er korrespondierte mit Sinologen und hat Kollegen und Freunde, z. B. Romain Rolland, über chinesische Lektüre beraten. Und doch blieb Hesses Beziehung zu China nahezu unbekannt. Der Verfasser hat einen Aufsatz in chinesischer

Sprache über Hesse und China geschrieben, der gewissermaßen eine Vorarbeit der jetzigen Studie darstellt[1].

Die Chinesen waren begeistert, daß Hesse mit ihrer Welt so vertraut war. Doch stieß seine Affinität zu China bei manchen Germanisten, darunter auch Hesse-Spezialisten, auf Befremden, Mißtrauen und Ablehnung. Zwei Ansichten waren zu verzeichnen: Hesse könne nicht viel über China gewußt haben, oder China könne keine wichtige Rolle für ihn gespielt haben. Die Motive und Elemente bei Hesse, die für die Chinesen chinesisch sind, wurden von jenen (abendländischen) Wissenschaftlern nicht als chinesisch anerkannt. Es spricht für Hesse, der ja nicht Chinese werden wollte, daß er das Weltbild Chinas so gut absorbiert und assimiliert hatte, daß es ein Nichteingeweihter als schlechthin europäisch ansieht.

Dies allein ist erstaunlich genug, doch noch erstaunlicher ist seine politische Haltung den Chinesen gegenüber, die bis zum zweiten Weltkrieg allgemein noch als schmutzig, grausam, feige, gefühllos, hinterlistig, schadenfreudig, korrupt, mordlüstern, eigennützig, heidnisch etc. galten. Hesse bezeichnete sie bereits 1911 als ein in die Zukunft blickendes und tätiges Kulturvolk, einen gleichwertigen Partner Europas, dessen Freundschaft oder Feindschaft den europäischen Nationen unendlich nützlich bzw. schädlich sein könne. Seitdem ergriff er für das schwache China Partei und klärte seine Landsleute über ihre Vorurteile gegen die Chinesen auf. Zwar war er nach dem zweiten Weltkrieg, zumal nach der Proklamation der Volksrepublik China, durch die Presse, welche die Propaganda des kalten Krieges gegen China trieb, fehlgeleitet worden und von der angeblichen Aggressionslust Chinas tief enttäuscht, gab aber seine Hoffnung auf das chinesische Volk nicht auf. Im deutschsprachigen Raum gilt er auch heute noch als ein »östlich-mystisch angehauchter Esoteriker«, der sich ungeachtet des Weltgeschehens im Elfenbeinturm mit seinem »Glasperlenspiel« vergnügte!

Da der Verfasser aus dem chinesischen Kulturraum stammt, muß

1 »Hesse yue Zhongguo« (Hesse und China) *Ming Pao Monthly*, März 1971, S. 15-22.

er sich vor »Chauvinismus« und Überinterpretation des Chinesischen bei Hesse hüten. Daher geht seine Arbeit zunächst von der Internationalität der Kultur aus und untersucht sodann Hesses Beziehung zu Indien. Erst danach wird das Verhältnis Hesses zu China und den Chinesen entwickelt, wird seine chinesische Lektüre analysiert und werden die chinesischen Motive in seinen Werken aufgezeigt. Soweit möglich, läßt der Verfasser Hesse selbst zu Wort kommen. Das erklärt den Untertitel des Buches »Darstellung, Materialien und Interpretation«.

Wenn Werke der chinesischen Literatur als Vergleich oder Beweis einiger Thesen herangezogen werden, dann nur diejenigen Übersetzungen, die Hesse zur Zeit der Niederschrift des jeweils besprochenen Werkes schon kannte. Diese Beschränkung soll verhindern, daß subjektive Anschauungen in die Werke Hesses hineinprojiziert werden. Da die vorliegende Arbeit die Werke Hesses aus einer anderen Perspektive betrachtet als die bisherige Forschung, wird nur ein Minimum an Sekundärliteratur herangezogen. Das bedeutet aber nicht, daß der Verfasser seine Deutung als die einzig richtige ansieht, sondern als eine mögliche und bisher vernachlässigte.

Zum Schluß möchte sich der Verfasser bei allen Personen und Institutionen bedanken, die diese Arbeit gefördert haben. Besonderer Dank gebührt Herrn Heiner Hesse und den Mitarbeitern des Literaturarchivs im Schiller-Nationalmuseum Marbach und der Schweizerischen Eidgenössischen Landesbibliothek in Bern, die ihm die Benutzung der China-Bücher von Hesses Studienbibliothek ermöglichten und bei der Suche behilflich waren. Ferner sei Herrn Volker Michels vom Suhrkamp Verlag, der ihm die neu gesammelten und bisher unveröffentlichten Briefe und Texte aus dem Nachlaß Hesses zugänglich machte, und dem Canada Council für ein Forschungsstipendium sowie den Herren Professor Hellmut Wilhelm, Seattle, Professor Hans Reiss, Bristol, und Professor M. S. Batts, Vancouver, für hilfreiche Hinweise herzlich gedankt.

McGill University *Adrian Hsia*
im Oktober 1972

I
Internationalität des Geistes

Hermann Hesses Dichtungen sind Bekenntnisse, wie bereits seine frühesten Werke klar erkennen lassen.

Über die *Romantischen Lieder* (1899) schrieb er am 2. 12. 1898 seiner Mutter, daß sie »ein ästhetisches und ein persönliches Bekenntnis« darstellten. Auch *Eine Stunde hinter Mitternacht* (1899) sei »ein Stück Seelengeschichte«, teilt er am 4. 9. 1898 Helene Diederichs mit. Schon der Titel seines dritten Werkes *Die hinterlassenen Schriften und Gedichte von Hermann Lauscher* (1901) verrät, daß es sich ebenfalls um ein Bekenntnis – Hermann Lauscher = Hermann Hesse – handelt. Welche Bedeutung dieses »Bekennen« im Laufe seiner weiteren Entwicklung annahm, zeigt ein Brief an Heinrich Wiegand vom 14. 11. 1926:

»Ich habe schon seit Jahren den ästhetischen Ehrgeiz aufgegeben und schreibe keine Dichtung, sondern eben Bekenntnis, so wie ein Ertrinkender oder Vergifteter sich nicht mit seiner Frisur beschäftigt oder mit der Modulation seiner Stimme, sondern eben hinausschreit[1].«

Von diesem Stadium seines Lebensweges legen die Romane von *Demian* (1919) bis hin zur *Morgenlandfahrt* (1932) Zeugnis ab. Einen neuen Wendepunkt stellt Hesses Alterswerk *Das Glasperlenspiel* dar, worin er sich zum Leben in seiner Ganzheit bekennt.

Wohin zielt nun dieses Bekenntnis, das zuerst ein vages Heimweh, dann Verzweiflung und schließlich die Bejahung des Lebens darstellt? In einem Brief an eine Leserin in Stuttgart vom 23. 2. 1935 geht Hesse auf diese Frage ein:

»... ich habe zeitlebens die Religion gesucht, die mir zukäme, denn obwohl ich in einem Hause von echter Frömmigkeit aufgewachsen bin, konnte ich doch den Gott und den

1 *Materialien zu Hermann Hesse, »Der Steppenwolf«*, herausgegeben von Volker Michels, Frankfurt a. Main 1972, S. 7.

Glauben, der mir dort angeboten wurde, nicht annehmen[2].«
In einem anderen Brief – an Otto Basler – vom 1. 12. 1937 beschreibt Hesse diese lebenslange Suche:
»... Ich halte viel vom Heiligsein, aber ich bin kein Heiliger, ich bin von einer ganz andern Art, und was ich an Wissen um das Geheimnis habe, ist mir nicht offenbart worden, sondern gelernt und zusammengesucht, es ging bei mir den Weg über das Lesen und Denken und Suchen, und das ist nicht der göttliche und unmittelbarste Weg, aber ein Weg ist es auch. Einmal bei Buddha, einmal in der Bibel, einmal bei Lao Tse oder Dschuang Dsi, einmal auch bei Goethe oder andern Dichtern spürte ich mich vom Geheimnis berührt[3].«

Ähnlichkeiten der Kulturen

Wir sehen, daß Hermann Hesse in drei Kulturen seinen Glauben gesucht und gefunden hat: in der abendländischen, südasiatischen (indischen) und ostasiatischen. Nun gibt es zwei Probleme, diese verschiedenen Kulturelemente in seinen Werken herauszuarbeiten. Objektiv gesehen, sind alle drei zwar in sich geschlossene Kulturen, doch sind sie von Menschen geschaffen und entsprechen deshalb den menschlichen, praktischen und seelischen Bedürfnissen. Das führt zu Ähnlichkeiten; außerdem gibt es gegenseitige Beeinflussungen: Die Null der sogenannten arabischen Ziffern z. B. stammt ursprünglich aus China, von wo sie über Indien zusammen mit den übrigen Ziffern nach Arabien und schließlich nach Europa gelangt war; ohne diese Null wäre die Entwicklung der höheren Mathematik nicht denkbar. Aber wer weiß heute, wenn er 1000 oder 1 000 000 000 schreibt, daß er im Grunde chinesisch schreibt? Wer ist sich bewußt, daß z. B. eine der Triebfedern der europäischen Aufklärung, die Europa erst »modern« werden ließ, die chinesische

2 Hermann Hesse, *Briefe*. Erweiterte Ausgabe, Frankfurt a. Main 1964, 1974 u. d. T. »*Ausgewählte Briefe*« erschienen, S. 167.
3 Hermann Hesse, *Mein Glaube*. Herausgegeben von Siegfried Unseld, Frankfurt a. Main 1971, S. 106.

Philosophie war[4]? Andererseits sind ohne den europäischen Einfluß die heutigen demokratischen und volksdemokratischen Regierungsformen in Indien und China nicht denkbar. Das eine Problem liegt in der Ähnlichkeit der gesamten Kulturen, die es so schwierig macht, die sie betreffenden Elemente in Hesses Werken zu differenzieren. Das andere Problem betrifft den subjektiven Standpunkt Hesses, den er diesen drei Welten gegenüber einnahm. In einem Brief an seinen Vater vom 16. 3. 1914 schreibt er:

»In letzter Zeit kam ich, nach zehn Jahren Pause, wieder an die Lektüre Nietzsches und finde darin sehr viel neue Anregung und Genuß ... Dabei ist mir in seinem *Antichrist* eine kleine Stelle über Lao Tse aufgefallen ... Es heißt da, Jesus ›würde sich unter Indern der Sankhyam-Begriffe, unter Chinesen derer des Lao Tse bedient haben‹. Diese Verwandtschaft hat also Nietzsche schon 1888 gefühlt[5].«

Eine grundsätzliche Äußerung Hesses dazu finden wir in seiner »Erinnerung an Indien«, die 1918 veröffentlicht wurde[6]:

»... Noch schöner und mir unendlich wichtiger aber war die je und je in aller Sinnlichkeit und Frische wiederholte Erfahrung, daß nicht nur der Osten und der Westen, nicht nur Europa und Asien Einheiten sind, sondern es darüber hinaus eine Zugehörigkeit und Gemeinschaft gibt, die Menschheit. Jeder weiß das, und jedem ist es doch unendlich neu und köstlich, wenn er es nicht in Büchern liest, sondern Aug' in Auge mit ganz fremden Völkern erlebt.

Diese kleine, uralte Binsenweisheit, daß es über die Völkergrenzen und Erdteile hinweg eine Menschheit gibt, ist für mich

4 Siehe u. a. Virgile Pinot, *La Chine et la Formation de l'esprit philosophique en France.* Paris: Librairie Orientaliste Paul Geuthner, 1932, Donald F. Lach, »China and the Era of Enlightenment«, in: JMH, Vol. XIV (1942), S. 209-223 und Donald F. Lach, »Leibniz and China«, in: *Journal of the History of Ideas,* Vol. 6 (1945), S. 436-455.

5 Hermann Hesse, *Gesammelte Briefe,* Bd. 1, 1895-1921, in Zusammenarbeit mit Heiner Hesse herausgegeben von Ursula und Volker Michels. Frankfurt a. Main 1973, S. 242 f. *(GBriefe)*

6 In: »O mein Heimatland«, Jg. 6, 1918, S. 51-56.

das letzte und größte Ergebnis jener Reise gewesen, und sie ist mir seit dem Kriege immer wertvoller geworden.«

Aus dieser Erfahrung und Erkenntnis, daß alle Völker, Kulturen und Erdteile eine Einheit bilden, hat Hesse grundlegende Konsequenzen gezogen, wie u. a. ein Brief vom 28. 2. 1920 zeigt:

»... So war es mit der ganzen geistigen Jugend Europas im Kriege. Da sind viele aufgewacht und suchen nun, da die äußeren Führungen und Gesetze sich so übel bewährt haben, nach dem Führer in sich selber.

Auf meine Art habe ich sehr Ähnliches in meiner kleinen Zarathustraschrift gesagt. Das Vollkommenste an solchen Gedanken hat das alte Indien hervorgebracht, und die Gedanken der Veden sind in Indien heute noch jedem Geistigen völlig gegenwärtig und lebendig. Wenn Jesus sagt ›Das Himmelreich ist inwendig in euch‹, so meint er genau dasselbe, und ebenso Lao Tse. Die Philosophie Europas hat Großes getan in der Erkenntniskritik, aber zu jenen grundlegenden Gedanken über Menschenwesen und Leben hat sie nichts Neues, geschweige denn Besseres hinzugebracht[7].«

Noch klarer und weitreichender ist sein Bekenntnis in dem bereits zitierten Brief an Otto Basler. Nachdem Hesse geschrieben hat, daß er bei Buddha, Lao Tse, Goethe und anderen Dichtern und in der Bibel »vom Geheimnis berührt« worden sei, fährt er fort mit folgender Feststellung:

»... mit der Zeit merkte ich, daß es stets dasselbe Geheimnis war, stets aus derselben Quelle kam, über alle Sprachen, Zeiten und Denkformen hinweg.«

Aus einer anderen Perspektive ging C. G. Jung auf dasselbe Phänomen ein:

»Um diese seltsame Tatsache dem Verständnis des Lesers näher zu rücken, muß erwähnt werden, daß, wie der menschliche Körper über alle Rassenunterschiede hinaus eine gemeinsame Anatomie aufweist, auch die Psyche jenseits aller Kultur- und Bewußtseinsunterschiede ein gemeinsames Substrat besitzt, das

7 *GBriefe*, Bd. 1, a. a. O., S. 446.

ich als das *kollektive Unbewußte* bezeichnet habe. Diese unbewußte Psyche, die aller Menschheit gemeinsam ist, besteht nicht etwa aus bewußtseinsfähigen Inhalten, sondern aus latenten Dispositionen zu gewissen identischen Reaktionen. Die Tatsache des kollektiven Unbewußten ist einfach der psychische Ausdruck der Identität der Gehirnstrukturen jenseits aller Rassenunterschiede. Daraus erklärt sich die Analogie, ja sogar Identität der Mythenmotive und der Symbole und der menschlichen Verständnismöglichkeit überhaupt[8].«

Konkretere Hinweise auf die Universalität des Geistes gab der 1930 verstorbene, international anerkannte Sinologe Richard Wilhelm, der die chinesischen Klassiker ins Deutsche übertragen und dadurch die Voraussetzung zu ihrer Verbreitung in Deutschland geschaffen hatte. In seinen Vorworten und Anmerkungen beschäftigt er sich u. a. mit den Ähnlichkeiten zwischen chinesischer Philosophie und der Philosophie anderer Kulturkreise. Er stellt fest, daß die frühen taoistischen Lehren, die des Lao Tse, Dschuang Dsi und Liä Dsi, denen der vorbuddhistischen Philosophie Indiens in einem Maße gleichen, daß er die Frage aufwirft, ob es zwischen den beiden nicht ein »gemeinsames Traditionsgut« gegeben habe[9]. Natürlich kann niemand auf diese Frage eine endgültige Antwort geben, da weder ein Beweis dafür noch dagegen vorliegt. Die heutige Sinologie hält dies für unwahrscheinlich. Wilhelm stellt außerdem fest, daß es Berührungspunkte zwischen chinesischem und europäischem Denken gibt. Er findet Ähnlichkeiten zwischen der taoistischen Auffassung von der Weltentstehung und der des Neuplatonismus, zwischen Spinoza und der Philosophie der deutschen Romantik, die die Welt aus der ewigen Verwandlung des Absoluten erklärten[10]. Der Konfuzianer Menzius und der Taoist Dschuang Dsi erinnern ihn an den sich ergänzenden Antagonis-

8 *Das Geheimnis der goldenen Blüte*, übersetzt von Richard Wilhelm und eingeleitet von C. G. Jung. Zürich: Rascher Verlag, 1939, S. 8.

9 Siehe Dschuang Dsi, *Das wahre Buch vom südlichen Blütenland*, verdeutscht und erläutert von Richard Wilhelm, Jena 1912, S. XI.

10 Siehe Liä Dsi, *Das wahre Buch vom quellenden Urgrund*, verdeutscht und erläutert von Richard Wilhelm, Jena 1911, S. 114.

mus Schiller und Goethe[11]. Besonders bei Dschuang Dsi stellt er eine Seelenverwandtschaft mit Shakespeare, Michelangelo und Nietzsche fest und bezeichnet ihn als ein Glied aus der Kette der Denker des objektiven Idealismus: nämlich Heraklit, Bruno, Schelling, Schopenhauer und Schleiermacher[12].

Der Tübinger Theologieprofessor Julius Grill stellt ebenfalls Berührungspunkte zwischen taoistischem und neuerem europäischen Denken fest:

»Wie viel tiefer und umfassender aber die Gedankenwelt des chinesischen Meisters mit dem Geistesleben der Neuzeit sich zusammenschließt, wie nahe sie insonderheit auch mit Strömungen der Gegenwart sich berührt, das bedarf für den aufmerksamen Leser des *Tao-tĕ-king* kaum eines Nachweises. Das Wesen der Individualität und der Innerlichkeit, das Recht der persönlichen Freiheit und die Verantwortlichkeit des Einzelnen, die Gültigkeit der Grundsätze der Gerechtigkeit und der Humanität für die äußere wie für die innere Politik, das Vollkommenheitsideal des naturhaft werdenden sittlichen Willens mit dem Seligkeitsideal des eben hierin begründeten ewigen Lebens ist von modernen Denkern nie schärfer erfaßt und eindringlicher dargelegt worden, als von *Lao-tsze.* Bald werden wir – um nur einiges anzudeuten – an einen Emerson erinnert, bald an Leo Tolstoi, bald an ›die Wendung der Philosophie zur Religion‹ bei Rud. Eucken, bald an die Friedensapostel unserer Tage diesseits wie jenseits der Meere, bald an Hilty, wenn er die Welt ›Sub specie aeternitatis‹ betrachtend zur Überzeugung gelangt, daß der Glaube an ein ewiges Leben, an das Fortleben der geistigen Persönlichkeit, auch wenn die körperliche Hülle fällt, für unser des Materialismus überdrüssiges geschlecht die rechte Hilfe sei[13].«

Zur Veranschaulichung gewisser Ähnlichkeiten zwischen chinesischem und europäischem Denken sollen hier zwei Beispiele

11 Dschuang Dsi, a. a. O., S. XXI.

12 Ebenda, S. XII f.

13 *Lao Tszes Buch vom höchsten Wesen und vom höchsten Gut,* übersetzt, mit Einleitung versehen und erläutert von Julius Grill. Tübingen: Verlag von J. C. B. Mohr, 1910, S. XI.

gegeben werden. Yin und Yang ist wohl jedem bekannt. Yang bedeutet u. a. das Schöpferische und Yin das Empfangende. Der Anfang des Seins liegt jenseits der Form, kommt aber erst in ihr zur Verwirklichung. Es ist die Funktion des Schöpferischen, allen einzelnen Wesen ihre Gestalt zu verleihen. Zwar stellt Yang die zeugende Kraft dar, die einzelnen Wesen aber werden vom Empfangenden geboren. Dieses ermöglicht auch dem Lebendigen seine Entfaltung. Durch das ewige Zusammenwirken der beiden Kräfte Yin und Yang haben wir ständiges Sein und Werden. Ein ähnlicher Gedanke findet sich bei Goethe, der Yin die »ewige Weberin« und Yang den »ewigen Meistermann« nennt:

So schauet mit bescheidnem Blick
Der ewigen Weberin Meisterstück,
Wie ein Tritt tausend Fäden regt,
Die Schifflein hinüber herüber schießen,
Die Fäden sich begegnend fließen,
Ein Schlag tausend Verbindungen schlägt;
Das hat sie nicht zusammengebettelt,
Sie hat's von Ewigkeit angezettelt,
Damit der ewige Meistermann
Getrost den Einschlag werfen kann.

Für den philosophisch interessierten Leser sei ein weiterer Vergleich gebracht. Es handelt sich um die vier Antinomien, die sich in Liä Dsis *Das wahre Buch vom quellenden Urgrund* (Buch V, Abschnitte 1 und 2) befinden und in der Kantschen *Kritik der reinen Vernunft*. Man muß natürlich berücksichtigen, daß der erste Abschnitt bei Liä Dsi keine philosophische Abhandlung im westlichen Sinne ist; man muß über die allegorischen Erzählungen und Gleichnisse hinwegsehen und den Kerngedanken erfassen.
Die erste Frage ähnelt der These der ersten Antinomie der reinen Vernunft bei Kant:
Liä Dsi: »Tang vom Hause Yin fragte Gi von Hia und sprach: ›Gab es am Uranfang eine Welt?‹ Gi von Hia sprach: ›Wenn es am Uranfang keine Welt gegeben hätte, wie könnte es dann

heute eine Welt geben? Da könnten in Zukunft die Menschen auch behaupten, daß es heute keine Welt gebe.‹«
Kant: »Die Welt hat den Anfang in der Zeit, und ist dem Raum nach auch in Grenzen eingeschlossen.«
Die zweite Frage weist Ähnlichkeit mit der Antithese der ersten Antinomie und mit der zweiten Antinomie auf:
Liä Dsi: »Tang von Yin sprach: ›Dann gibt es also in der Welt kein Vorher und Nachher?‹ Gi von Hia sprach: ›Ende und Anfang in der Welt sind nicht fest begrenzt. Jeder Anfang kann als Ende aufgefaßt werden, jedes Ende kann als Anfang gesetzt werden: wie soll ich ihren Verlauf erkennen können? Was jenseits der Welt liegt, was vor den Erscheinungen ist, ist etwas, das ich nicht erkennen kann.‹«
Die Antithese der ersten Antinomie bei Kant:
»Die Welt hat keinen Anfang, und keine Grenzen im Raume, sondern ist, sowohl in Ansehung der Zeit, als des Raums, unendlich.«
Die dritte Antwort bei Liä Dsi berührt die Dialektik der zweiten Antinomie der reinen Vernunft, besonders die Antithese:
Liä Dsi: »Tang von Yin sprach: ›Gibt es dann im Raum eine äußere Grenze und letzte einfache Teile?‹ Gi von Hia sprach: ›Das weiß ich nicht.‹ Tang fragte dringender. Gi sprach: ›Gibt es einen leeren Raum, so hat er keine Grenzen, gibt es nur erfüllten Raum, so hat er letzte einfache Teile. Wie kann ich das erkennen? Doch kann man jenseits der Grenzen des Leeren noch einmal ein grenzenlos-grenzenloses Leere denken, innerhalb der unendlich kleinen Teile noch einmal unendlich-unendlich kleine Teile denken. Da jenseits des Grenzenlosen noch wieder ein grenzenlos Grenzenloses und innerhalb des unendlich Kleinen noch wieder ein unendlich-unendliches Kleines ist, so kann ich mir denken, daß es keine Grenzen und keine letzten einfachen Teile gibt, nicht aber denken, daß es Grenzen und einfache Teile gibt . . .‹«
Die Dialektik der zweiten Antinomie der reinen Vernunft:
Thesis: »Eine jede zusammengesetzte Substanz in der Welt besteht aus einfachen Teilen, und existiert überall nichts als das Einfache, oder das, was aus diesem zusammengesetzt ist.

Antithesis: Kein zusammengesetztes Ding in der Welt besteht aus einfachen Teilen, und es existiert überall nichts Einfaches in derselben.«

Der vierte Dialog bei Liä Dsi läßt wiederum Ähnlichkeit mit der dritten Antinomie Kants feststellen, obwohl der Wortlaut abweicht. Der Chinese neigt zu der Kantschen Antithese:

Liä Dsi: »Tang fragte abermals und sprach: ›Und wie ist es jenseits der vier Meere?‹ Gi sprach: ›Grade so wie hier bei uns.‹ Tang sprach: ›Wie willst du das beweisen?‹ Gi sprach: ›Wenn ich nach Osten gehe, so komme ich nach Ying. Dort sind die Leute grade wie hier. Und wenn ich frage, wie es östlich von Ying ist, so ist es dort grade wie in Ying. Gehe ich nach Westen, so komme ich nach Bin. Dort sind die Leute grade wie hier. Und wenn ich frage, wie es westlich von Bin ist, so ist es dort grade wie in Bin. Daher weiß ich, daß es jenseits der vier Meere, jenseits der vier Wüsten, jenseits der vier Pole nicht anders ist als hier.

Weil immer ein Größeres das Kleinere in sich befaßt, darum gibt es kein Ende und keine Grenze. Es gibt etwas, das die Natur in sich befaßt, wie es auch etwas gibt, das die Welt in sich befaßt. Weil es etwas gibt, das die Natur in sich befaßt, darum gibt es kein Ende. Weil es etwas gibt, das die Welt in sich befaßt, darum gibt es keine Grenze. Wie kann ich auch wissen, ob es um unsere Welt herum nicht noch eine größere Welt gibt? Anderseits übersteigt das auch das Wissen. Immerhin folgt daraus, daß die Welt auch zur Natur gehört. Die Natur aber ist unvollkommen.«

Kants Thesis: »Die Kausalität nach Gesetzen der Natur ist nicht die einzige, aus welcher die Erscheinungen der Welt insgesamt abgeleitet werden können. Es ist noch eine Kausalität durch Freiheit zu Erklärung derselben anzunehmen notwendig.«

Antithesis: »Es ist keine Freiheit, sondern alles in der Welt geschieht lediglich durch das Gesetz.«

Der letzte Dialog bei Liä Dsi ist für die europäischen Leser schwerer zu erfassen, da er aus Gleichnissen und mystischen Erzählungen besteht. Der Kern aber befaßt sich damit, ob es in der Welt einen absoluten Maßstab gibt oder ob alles nur relativ ist, und läßt sich mit der vierten Antinomie der reinen Vernunft Kants zusammenstellen:

»Tang fragte abermals: ›Gibt es in der Natur einen festen Maßstab für Größe und Kleinheit, Länge und Kürze, Gleichheit und Verschiedenheit?‹ Gi sprach: ›Östlich vom Gelben Meer, wer weiß wie viele tausend Meilen weit, ist eine große Untiefe. In Wirklichkeit ist sie ein bodenloser Abgrund, sie heißt das große Grab. Alles Wasser der irdischen Gefilde und der Strom der Milchstraße fließen dorthin. Und doch nimmt es weder zu noch ab. In seiner Mitte waren fünf Berge: der eine heißt Dai Yü (der große Wagen), der zweite heißt Yüan Kiau (der runde Gipfel), der dritte heißt Fang Hu (die viereckige Urne), der vierte heißt Ying Dschou (Atlantis), der fünfte heißt Peng Lai (Irrgarten). Die Berge hatten eine Höhe und unteren Umfang von 30 000 Meilen. Auf ihren Gipfeln war ein ebener Raum, der war 9000 Meilen groß. Zwischen den Bergen waren Zwischenräume von 70 000 Meilen. Und doch galten sie noch als benachbart. Auf ihren Gipfeln sah man lauter Gold und Edelsteine; Vögel und Tiere waren rein wie weiße Seide; Bäume von Perlen und Korallen wuchsen in dichten Wäldern; Blumen und Früchte waren duftend und süß. Wenn man davon aß, ward man frei von Alter und Tod.

Die Leute, die dort wohnten, waren alle Engel und Feen. Jeden Tag und jede Nacht flogen sie zueinander, sich zu besuchen in zahllosen Scharen.

Aber der fünf Berge Wurzeln waren lose, darum schwammen sie immer mit Flut und Wogen auf und ab, hin und her und standen keinen Augenblick fest. Die Engel verdroß das, und sie sagten es dem Herrn. Der Herr fürchtete, sie möchten nach dem Westpol getrieben werden und so der Wohnplatz der Engelscharen verloren gehen. Darum befahl er dem Yü Giang (Anfangsgrenze), fünfzehn ungeheure Seeschildkröten zu bringen, die auf ihren Köpfen die Berge tragen sollten. In dreimaliger Wechselfolge sollte jede immer 60 000 Jahre Dienst tun. So wurden die fünf Berge dann fest und bewegten sich nicht mehr.

Im Reiche des Drachenfürsten aber lebte ein Riese. Der hob den Fuß und kam mit ein paar Schritten an den Ort der fünf Berge. Er angelte mit einem Male sechs der Schildkröten und nahm sie miteinander auf den Rücken und kehrte in sein Land zurück. Dort röstete er die Schalen, um Orakel zu gewinnen. So trieben die beiden Berge Dai Yü und Yüan Kiau nach dem Nordpol und versanken im großen Meer. Von den Engeln aber wurden viele Millionen heimatlos. Der Herr ward zornig und verringerte das Reich des Drachenfürsten, daß es bedrückt ward, und verkleinerte seine Bewohner, daß sie kürzer wurden.

Zur Zeit des Fu Hi (brütender Atem) und des Schen Nung (göttlicher Landmann) waren die Leute ihres Reiches an hundert Fuß hoch. Vom Mittelbezirk nach Osten, 400 000 Meilen, kommt man an das Dsiau-Yau-Reich. Dort sind die Leute anderthalb Fuß hoch. Am Nordostpol gibt es Menschen, die heißen Dsingleute, die werden neun Zoll groß. Im Süden von Ging gibt es Geister der Unterwelt (Schildkröten?), die 500 Jahre lang jung sind und 500 Jahre altern. In uralten Zeiten gab es große Götterbäume, die 8000 Jahre wuchsen und 8000 Jahre alterten. Im Moderboden wachsen Pilze, die morgens entstehen und abends sterben. In den Frühlings- und Sommermonaten gibt es Eintagsfliegen, die im Regen entstehen, und sterben, sobald sie an die Sonne kommen.

Nördlich vom kahlen Norden ist ein großer Ozean, der Himmelssee. Da gibt es einen Fisch, der ist wohl tausend Meilen breit und entsprechend lang. Sein Name ist Kun. Es gibt einen Vogel, der heißt Peng, dessen Flügel gleichen vom Himmel fallenden Wolken, und sein Leib ist entsprechend groß. Und doch weiß die Welt nicht, daß es solche Wesen gibt. (Der große Yü ging hin und sah sie, Be I kannte und benannte sie, I Giän hörte davon und zeichnete es auf.)

Zwischen den Flüssen Giang und Pu entstehen winzige Lebewesen, namens Dsiau Ming, die in Scharen herbeifliegen und im Augenwinkel einer Mücke sich sammeln, ohne einander zu stoßen. Sie brüten und nisten, sie gehen und kommen, und die Mücke merkt nichts davon. Selbst Leute, die so scharf sehen wie ein Li Dschu und Dsï Yü, und wenn sie sich am hellen Tage die Augen reiben und die Brauen hochziehen, um sie zu sehen, erblicken nicht ihre Gestalt. Selbst Leute mit so feinem Gehör wie Li Yü und Schï Guang, und wenn sie sich in stiller Nacht die Ohren putzen und den Kopf ducken, um auf sie zu horchen, so vernehmen sie nicht ihren Laut. Nur der Herr der gelben Erde und Yung Tscheng Dsï, als sie auf dem Kung Tung wohnten und drei Monate fasteten, also daß ihr Herz erstarb und ihr Leib welkte, erblickten sie allmählich im Geiste als große Massen wie den Abhang des Sungberges; sie hörten sie allmählich im Äther als lautes Rollen wie des Donners Ton.

Im Staate Wu und Tschu (Südchina) wächst ein großer Baum, sein Name ist Pumalobaum. Er wächst im Winter, seine Früchte sind gelbrot und schmecken sauer. Die Schale und der Saft sind gut für das Wechselfieber. Die Leute vom Tsi-Bezirk (Nordchina) hielten den Baum für wertvoll und brachten ihn über den Huaifluß, da wurde der wilde dornige Apfelsinenbusch daraus. Der Mainavogel geht nicht über den Dsi-Fluß. Wenn der Dachs über den Wen-Fluß geht, so stirbt er. Das sind die Einflüsse des Klimas. Obwohl daher die einzelnen Arten an Gestalt und Kraft verschieden sind, so sind sie von Natur gleichmäßig ausgestattet, so daß sie nicht miteinander tauschen möchten. Ihr Leben ist durchaus vollkommen, ihr Anteil ist durchaus genügend. Woher soll ich da wissen, ob es einen festen Maßstab für Groß und Klein oder für Lang und Kurz oder für Gleichheit und Verschiedenheit gibt?‹«

Kants Theorie: »Zu der Welt gehört etwas, das, entweder als ihr Teil oder ihre Ursache, ein schlechthin notwendiges Wesen ist.«

Antithesis: »Es existiert kein schlechthin notwendiges Wesen, weder in der Welt, noch außer der Welt, als ihre Ursache[14].«

Wir sehen, die Antithesis Kants neigt wieder zu Liä Dsi.

14 Die vier Antinomien Kants sowie deren Beweise und Anmerkung, die hier wegen der Länge nicht zitiert werden konnten, finden sich in: Immanuel Kant, *Kritik der reinen Vernunft*, zweite Abteilung, erstes Buch, zweites Hauptstück, zweiter Abschnitt.

Trotz der Berührungspunkte, Ähnlichkeiten, Analogien und Parallelen sind die europäische, indische und ostasiatische Kultur natürlich nicht miteinander identisch. Da es schlechthin schon unmöglich ist, auch nur eine einzige Hochkultur auf einen Nenner zu bringen, müssen wir auf komparatistische Studien der drei Kulturwelten verzichten. Es kann hier nur auf einige *ausgeprägte* Züge der drei Kulturen hingewiesen werden.
Bei den Chinesen sollen die zwei vorherrschenden philosophischen Systeme hervorgehoben werden: der Taoismus und der Konfuzianismus. Das Tao ist bloß ein Symbol des Unnennbaren, wie Lao Tse sagt, er kenne seinen Namen nicht und nenne es deshalb Tao. Wie der Atman-Brahman des indischen Vedanta, der erstmals in den Upanishaden erscheint, ist es der Urgrund alles Seins, aus dem alles hervorgegangen ist. Aber im Gegensatz zu dem Vedanta betrachten die Tao-Philosophen die Erscheinung an sich nicht als bloßen Schein, sondern durchaus konkret. Ferner endet der Vedanta bei der monistischen Weltanschauung, während beim Taoismus der Dualismus beginnt. Hier weist er wiederum Ähnlichkeit mit der indischen Sankhya-Philosophie auf, allerdings nur bis zu einem gewissen Grad. Denn Yin und Yang sind einander sich ergänzende Pole und Sinnbild für die Triebfeder aller Vorgänge. Die Sankhya-Philosophie aber trennt die Materie-Natur von der Vielheit individueller Seelen, die so lange in verschiedenen Körpern wiedergeboren werden, bis eine Seele die Wesensverschiedenheit der beiden erkennt. Die Tao-Philosophen kennen zwar die Wiedergeburt – nach dem Tod wird eine Person ein Teil der Natur –, aber nicht das Wandern durch verschiedene Körper. Daher kann man vereinfachend den Hauptzug der vorbuddhistischen Philosophie Indiens als Erlösung – vom Trug bzw. von der ewigen Wiedergeburt – bezeichnen, und den Hauptzug der taoistischen Philosophie als Natürlichkeit. Denn der taoistische Mensch soll im weitesten Sinne im Einklang mit der Natur leben. In diesem Zusammenhang ist auch das taoistische Motto »Nicht-Handeln«, d. h. nicht gegen die Natur handeln, zu ver-

stehen. Die konfuzianische Philosophie läßt sich auf die vereinfachende Formel der praktischen Ethik zwischenmenschlicher Beziehungen bringen: Tugenden und Pflichten und alle Verhaltensformen werden geregelt, sowohl zwischen Herrschern und Untertanen, zwischen Vater und Sohn, als auch zwischen Mann und Weib und zwischen Vorgesetzten und Untergebenen. Das oberste Gebot aber ist die Treue gegen sich selbst.

Die europäische Kultur betont den Erkenntnisdrang, der mit dem Hilfsmittel der formalen Logik vollzogen werden soll und der gegenüber den beiden anderen Kulturen hervorsticht. Dieser Erkenntnisdrang äußert sich heute als unpersönliche Verwissenschaftlichung und als Selbstzweck aller Denk- und Lebensbereiche. Andere Elemente der drei Kulturkreise sollen später im Verlauf der Untersuchung von Hesses Schriften diskutiert werden.

Bei einem Vergleich zwischen China und Indien ist aber noch eine weitere Schwierigkeit zu überwinden: nämlich der Buddhismus. Dieser wird traditionell in Europa als rein indisch angesehen. Zweifellos stammt er aus Indien und fand dort seine erste Verbreitung. Doch während er in Indien seinen Niedergang erlebte, kam er in China zur Hochblüte. Es waren die chinesisch-buddhistischen Missionare, die den Buddhismus in die übrigen Teile Ostasiens brachten, bzw. diese sandten Schüler nach China, die den Buddhismus dort studieren und dann in ihrer Heimat verbreiten sollten. Die chinesische Kultur ist, wenn man ihre Gesamtentwicklung betrachtet, ohne den Buddhismus nicht denkbar. Das zeigen zwei Analogien: Der sogenannte Zen-Buddhismus – Zen ist die sino-japanische Aussprache für das chinesische Zeichen Ch'an –, der in China seinen Ursprung und seine Verbreitung fand und später nach Japan kam und dort weitergepflegt wurde. Ist Zen-Buddhismus nun eine rein chinesische Angelegenheit? Das muß verneint werden, denn ohne Japan hätte er Form und Inhalt von heute nicht erreichen können. Die andere Analogie stellt das Christentum dar. Jesus und seine Jünger waren Juden, und die Lehre wurde zuerst im Gelobten Land missioniert, ehe sie in Europa Verbreitung fand. Trotzdem betrachten wir sie nicht als eine jüdische Religion, sondern als eine judäisch-abendländische. Deshalb wird hier der Buddhismus als indisch-chinesisch angesehen.

II
Indien

Hesses Versuch, die Menschheit als Einheit zu sehen und eine Synthese der drei Kulturkreise zu vollziehen, kam nicht von ungefähr. Die erste Disposition hierzu findet sich in seiner »gemischten Herkunft«. In seinen 1923 geschriebenen »Biographischen Notizen« lesen wir folgende Äußerungen:

»Welches damals meine Staatsangehörigkeit war, weiß ich nicht, vermutlich Russe, denn mein Vater war russischer Untertan und hatte einen russischen Paß. Die Mutter war, wie gesagt, Tochter eines Schwaben und einer französischen Schweizerin. Diese gemischte Herkunft verhinderte mich, je viel Respekt vor Nationalismus und Landesgrenzen zu haben[1].«

Diese »gemischte Herkunft« war natürlich nicht die einzige, aber eine wichtige Triebfeder für Hesses Überzeugung von der Internationalität des Geistes, die ihn zunächst zur indischen Philosophie führte. Damit wurden nicht nur Landesgrenzen überschritten, es war vielmehr ein Sprung von einem zum andern Kontinent, ein Vorstoß in eine »fremde« Kultur. Vor allem die indische Atmosphäre in seinem Elternhaus hatte zu diesem Überschreiten der Kulturgrenze beigetragen. In der noch unveröffentlichten Betrachtung »Über mein Verhältnis zum geistigen Indien und China« schreibt Hesse:

»Von frühester Kindheit an war ich von außen her mit indischem Wesen vertraut, mein Großvater, meine Mutter und mein Vater waren alle drei lange in Indien gewesen, sprachen indische Sprachen (Malayalam, Kanaresisch, Hindostani, mein Großvater auch Sanskrit), in unserem Hause waren viele indische Sachen, Kleider, Gewebe, Bilder etc. Unbewußt sog ich so viel Indisches ein. Besonders erinnere ich mich an schöne, lebhafte Erzählungen meiner Mutter aus ihrer indischen Zeit. Meine Eltern und Großeltern waren als Missionare tätig gewesen, mein Großvater war Jahrzehnte in Indien. Doch waren sie alle

1 Hermann Hesse, *Eigensinn*. Autobiographische Schriften. Herausgegeben von Siegfried Unseld. Frankfurt a. Main 1972, S. 16 f.

drei nicht vom Schlage des Durchschnitts-Missionars, waren tief in Sprachen und Seele Indiens eingedrungen, das sie sehr liebten. Ich erinnere mich eines handschriftlichen Buches, das mein Vater besaß und in das er während seiner indischen Zeit Vieles eingeschrieben hatte, vor allem erinnere ich mich, daß darin viele buddhistische Gebete standen, von meinem Vater übersetzt, teils in Deutsch teils in Englisch, und daß er uns zuweilen mit sichtlichem Gefallen an der Frömmigkeit und Poesie dieser Gebete daraus vorlas[2].«

Einige Einzelheiten erzählte Hesse ausführlicher in einem Brief (Januar 1959) an ein Mädchen, das ihm eine Mappe von Moghul-Miniaturen geschenkt hatte:

»Das Buddha- und Siddhartha-Indien habe ich erst als Erwachsener kennengelernt. Aber das Indien der farbigen Kostüme, wie es ähnlich in Ihren schönen Miniaturen geschildert wird, das war mir von Kind auf bekannt und merkwürdig. Nicht nur war mein Vater Missionar in Indien gewesen, freilich nur kurze Zeit, sondern da waren die Patriarchengestalten der Eltern meiner Mutter, die Jahrzehnte in Indien gelebt und missioniert hatten. Die Großmutter allerdings war zeitlebens eine gewissenhafte Calvinistin geblieben, der Großvater aber, der Gelehrte und Sprachengewaltige, hatte Indien nicht nur als Missionsobjekt betrachtet und erlebt, er hatte auf langen Reisen im Ochsenkarren große Teile des Landes kennengelernt, las und sprach Sanskrit und eine ganze Anzahl der lebenden Sprachen Indiens, und seine lebhafte, dem Schönen zugetane Seele hatte sich mit indischem Gut mehr befreundet und vollgesogen, als er sich bei einer theologischen Prüfung oder Selbstprüfung vermutlich eingestanden hätte. Und bei diesem gelehrten und weisen Großvater gab es nicht nur indische Bücher und Schriftrollen, sondern auch Vitrinen voll exotischer Wunder, nicht nur Kokosschalen und fremdartige Vogeleier, sondern auch hölzerne und bronzene Götzen und Tiere, seidene Malereien und einen ganzen Schrank voll indischer Tücher und Gewänder in

2 Nicht näher nachgewiesene Hesse-Zitate wie z. B. dieses und die nachfolgenden sind bisher in Buchform noch unpubliziert, bzw. werden hier erstmals aus Manuskripten und Briefen zitiert.

allen Stoffen und Farben. Es war ein hellgrünes darunter, dessen Farbe uns Kinder besonders entzückte; wir stritten uns darum, wenn wir diese Sachen etwa einmal zu Kostümen bei einer Scharade benutzen durften. Auch Turbantücher gab es und eine steife, kreisrunde Priestermütze mit viel Gold. Dies alles gehört zu meiner Kindheit nicht weniger als die Tannen des Schwarzwalds, die Nagold und die gotische Brückenkapelle.«

Zwar vermittelte Hesses Elternhaus ihm sinnliche Eindrücke von der indischen Kultur, aber den Weg zur indischen Philosophie mußte er selbst finden. In der bereits zitierten Betrachtung »Über mein Verhältnis zum geistigen Indien und China« schreibt er mißbilligend über die Intoleranz seiner Eltern:

»Bei meinen Eltern und Großeltern war sichtlich sehr viel Liebe für Indien und viel Bereitschaft zum Verständnis Indiens vorhanden, doch stand ihnen ihr Christentum im Wege, sie anerkannten Indien und seine Ideen sehr, aber stets mit dem Vorbehalt, daß doch eben die Lehre Jesu allein göttlich und endgültig sei, ebenso wie sie auch Goethe und andre weltliche Weise schätzten, aber stets mit jenem mir fatalen Vorbehalt.«

Durch diesen fatalen Vorbehalt seiner Eltern und Großeltern konnte Hesse, obwohl er »in einem Hause von echter Frömmigkeit aufgewachsen« war, »den Gott und den Glauben«, der ihm »dort angeboten wurde, nicht annehmen«[3]. Es scheint, als ob Hesses Beschäftigung mit der indischen Philosophie geradezu eine Reaktion auf diesen elterlichen »Vorbehalt« war. Dies läßt der folgende Passus aus einem Brief an Stefan Zweig vom 10. 2. 1923 vermuten:

»Von mir aus gesehen, würde mein Weg etwa so lauten: In der frühen Jugend gelang es mir nicht, aus Trotz gegen Elterliches, innerhalb der religiös-geistigen Welt, in der ich aufwuchs, mich zu entwickeln, d. h. auf meine Art und ohne Verlust meiner Persönlichkeit ein Christ zu werden.«

Es war allerdings nicht nur der Trotz gegen seine Eltern und deren Christentum, sondern auch die Reaktion auf seine Zeit, die Hesse zu Ostasien führte. Um die Jahrhundertwende befand sich Europa auf politischem und wirtschaftlichem Gebiet in

3 Brief an eine Leserin in Stuttgart vom 23. 2. 1935.

einer Phase des Aufschwungs: die Industrialisierung lief auf Hochtouren, Machtpolitik und Kolonialisierung wurden intensiver als zuvor betrieben. Europa befand sich auf einem Gewaltmarsch zum Imperialismus, der schließlich zum Ersten Weltkrieg geführt hat. Die Kehrseite dieser Entwicklung war die zunehmende Entpersönlichung aller Lebensbereiche, das Zweckdenken begann auf Kosten individueller Vielfalt und Ausgewogenheit zu dominieren. So war es kein Zufall, daß der Osten gerade damals wiederentdeckt wurde. Hesse suchte nach einem Korrektiv, nach einer ausgleichenden Alternative. Im selben Brief an Stefan Zweig heißt es:

»Dagegen war es leicht, ein Dichter zu werden, und so blieb mir die Poesie lange Jahre hindurch ein Paradies, in das ich die Konflikte meines persönlich-geistigen Lebens nie ganz herein ließ. Schon sehr früh wandte ich mich indischen Studien zu, auch indischen Lebensmethoden, und fand innerhalb indischer und chinesischer Bildersprache meine Religion, d. h. die, die mir in Europa zu fehlen schien.«

In welchem Ausmaß damit ein Zeitproblem angesprochen wurde, bewies der Erfolg seines Erstlingsromans *Peter Camenzind*, dessen gleichnamiger Held sich der Betriebsamkeit der »Ballungszentren« verweigert. Ebenfalls ist es kein Zufall, daß Hesse-Renaissancen bevorzugt in Katastrophensituationen, an Wendepunkten, wie nach den beiden Weltkriegen, stattgefunden haben. Ähnliche Motive haben zur Hesse-Renaissance in Nordamerika beigetragen, in einer kapitalistischen Gesellschaft, deren Ideologie durch den Vietnamkrieg ad absurdum geführt wurde. Es herrschte Saturiertheit, aber zugleich Leere; Betriebsamkeit, aber zugleich Sinnlosigkeit. So konnten Hesse, Krishna, Buddha, Lao Tse und Jesus zu »Gurus« und Antipoden werden.

Von Schopenhauer zur indischen Philosophie

Zu jener Zeit um die Jahrhundertwende war die indische Philosophie in Deutschland nichts völlig Fremdes. Die Romantik, die sie entdeckt hatte, und Philosophen wie Nietzsche und

Schopenhauer, hatten den Weg bereitet, so daß es sich jetzt eher um eine Intensivierung handelte. Daß der Novalis-Verehrer Hesse die Romantik so gut kannte, daß ihn Hugo Ball den »letzten Ritter der Romantik« nannte, bedarf keines weiteren Kommentars. Wie intensiv er sich mit Nietzsche beschäftigt hatte, bezeugen *Demian* und der Aufruf *Zarathustras Wiederkehr*, die beide 1919 erschienen. Weniger bekannt sind seine Schopenhauer-Studien. Dabei war es gerade Schopenhauer, der Hesses Wiederbegegnung mit der indischen Philosophie initiiert hatte. In seiner Aufzeichnung »Über mein Verhältnis zum geistigen Indien und China« berichtet Hesse darüber:

»Seit dem Verlassen des Vaterhauses hatte ich keine Berührungen mehr mit Indischem, und jene Einflüsse blieben ganz unbewußt. Erst im Alter von etwa 27 Jahren, als ich begann, mich mit Schopenhauer zu beschäftigen, stieß ich wieder auf indische Gedanken, in den folgenden Jahren hatte ich häufig Begegnungen mit suchenden Menschen, meist von mehr oder weniger theosophischer Färbung, und fand mich auch durch sie mehr und mehr auf indische Quellen gewiesen, lernte eine Übersetzung der Bhagavad-Gita kennen und war von da an in indischen Ideen heimisch. Bald fand ich auch das Dhammapaddam, von Neumann übersetzt, und Oldenbergs Buddhabuch, später die Werke von Deussen.«

Ausführlicher schreibt Hesse in *Eine Bibliothek der Weltliteratur* (Erstdruck 1927) darüber, obwohl hier der chronologische Zusammenhang in bezug auf Schopenhauer nicht erwähnt wird:

»Wieder um Jahre später, während deren ich viel erlebt und viel gelesen hatte, begann eine andre Provinz der Geistesgeschichte mich anzuziehen, nämlich das alte Indien. Es ging nicht auf geradem Weg. Ich lernte durch Fremde gewisse Schriften kennen, die man damals theosophisch nannte, und in denen eine okkulte Weisheit stehen sollte. Die Schriften, zum Teil dicke Wälzer, zum Teil winzige schäbige Traktätchen, waren alle etwas unerfreulicher Art, unangenehm lehrhaft und tantenhaft altklug, sie hatten eine gewisse Idealität und Weltfremdheit, die nicht unsympathisch war, aber auch eine blutleere und etwas altjüngferliche Erbaulichkeit, die ich ganz abscheulich fand. Dennoch fesselten sie mich eine ganze Weile, und bald hatte ich das Geheimnis dieser Anziehung entdeckt. Alle diese Geheimlehren nämlich, welche den Verfassern dieser sektiererhaften Bücher angeblich von unsichtbaren geistigen Führern sollten zugeflüstert worden sein, wiesen auf eine gemeinsame Herkunft, auf die indische. Von da aus suchte ich weiter, und bald tat ich den ersten Fund, ich las mit Herzklopfen eine Übersetzung der Bhagavad-Gita. Es war eine schauderhafte Übersetzung, und bis heute kenne ich keine wirklich schöne, obwohl ich mehrere las, aber hier fand ich zum erstenmal ein Korn von dem Gold, das ich bei dieser Suche geahnt hatte: ich entdeckte den asiatischen Einheitsgedanken in seiner indischen Gestalt. Von da an hörte ich auf, jene wichtigtuenden Schriftchen über Karma und Wiedergeburtslehre zu lesen und mich über ihre Enge und Schulmeisterei zu ärgern; statt dessen suchte ich mir anzueignen, was mir an echten Quellen erreichbar war. Ich lernte Oldenbergs und Deussens Bücher und ihre Übersetzungen aus dem Sanskrit kennen, Leopold Schröders Buch ›Indiens Literatur und Kultur‹, einige ältere Übersetzungen indischer Dichtungen. Zusammen mit der Gedankenwelt Schopenhauers, die mir in jenen Jahren wichtig geworden war, haben diese altindischen Weisheiten und Denkarten einige Jahre lang mein Denken und Leben stark beeinflußt[4].«

Wir haben Hesses Weg zur indischen Philosophie nachgezeichnet. Doch muß noch eine Frage beantwortet werden, nämlich: wann begann Hesse, sich mit Indien zu beschäftigen? Hesse gab das Alter von »etwa 27 Jahren« an. Das wäre ungefähr im Jahre 1904. Gleichzeitig fügte er noch hinzu: »als ich begann, mich mit Schopenhauer zu beschäftigen«. Hier liegt ein Widerspruch. Bis spätestens 1895 hatte Hesse Schopenhauer nicht nur gekannt, sondern sich auch mit seiner Philosophie auseinandergesetzt. Im Jahre 1892 schrieb er, nachdem er Edward Bellamys *Rückblick aus dem Jahr 2000* gelesen hatte, daß »ein

4 Hermann Hesse, *Gesammelte Werke in zwölf Bänden* (Werkausgabe, WA) Frankfurt a. Main 1970. Bd. 11, S. 367 f. (bzw. Bd. 1 der *Schriften zur Literatur*, herausgegeben von Volker Michels).

Bellamy-Schwärmer fast nötig entweder die Theorie Schopenhauers oder die entgegengesetzte annehmen muß«[5]. Drei Jahre später äußerte er sich ablehnend über die »maya-Philosophie« Schopenhauers:

»Das Neue unserer Zeit ist ein Negatives. Wir sind in unserem Universalismus zu weit geraten, die ›maya-Philosophie‹ benebelt manchen tüchtigen Kopf. Und das Ende davon ist Nirwana. Diese lockende, sophistisch-pessimistische Anschauung genügt aber nicht, unser Leben und unsre Literatur aus dem augenblicklichen großen Katzenjammer zu befreien[6].«

Außerdem schrieb er im gleichen Jahr von einem »Büchlein«, das »eine Masse pessimistischer Verse und Sätze« enthält, »da stehen obenan Schopenhauer, indische (buddhistische) Quellen . . .«[7]

Es ist offensichtlich, daß wir uns bei der Datierung von Hesses Beschäftigung mit der indischen Philosophie nicht auf die Angabe in *Eine Bibliothek der Weltliteratur* und »Über mein Verhältnis zum geistigen Indien und China« stützen dürfen. Anscheinend lag Hesse nichts daran, hier eine chronologische Darstellung zu geben, vielmehr wollte er hervorheben, welch starken Eindruck die *Bhagavad Gita* auf ihn gemacht hatte. Denn sollten wir ihm Glauben schenken, daß dies wirklich das erste indische Buch gewesen sei, das er gelesen hat, so müssen wir das Jahr 1912 annehmen: Die älteste Ausgabe der *Bhagavad Gita* in Hesses Bibliothek war von Leopold Schroeder übersetzt, worüber Hesse auch eine Rezension schrieb, die erste, die er über ein indisches Buch verfaßte, soweit uns heute bekannt ist. Es ist aber unwahrscheinlich, daß er sich erst so spät dem indischen Geist zuwandte. Einen genauen Hinweis liefert uns eine Äußerung Hesses, die er nebenbei in einer Rezension über chinesische Bücher machte:

»Es steht mir nicht an, weder über die chinesischen Bücher selbst noch über die Arbeit ihrer Übersetzer klug zu reden; ich

5 *Kindheit und Jugend vor Neunzehnhundert. Hermann Hesse in Briefen und Lebenszeugnissen 1877-1895*. Herausgegeben von Ninon Hesse. Frankfurt a. Main 1966, S. 218.

6 Ebenda, S. 481.

7 Ebenda, S. 488.

wollte nur erzählen, daß diese merkwürdigen Bücher mir, der ich vom alten Orient nur die buddhistischen und dem Buddhismus verwandten Philosophen als Laie gekannt hatte, ganz neue Werte mitgeteilt haben. Ostasien hat, zwischen Buddha und Christus, eine nie zur Volksreligion gewordene Philosophie besessen, deren aktive, lebendig schöne Ethik der christlichen entschieden näher steht, als der indisch-buddhistischen[8].«

Diese Angabe Hesses ist glaubwürdiger, denn sie stammt aus dem Jahre 1911, ist also älter als *Eine Bibliothek der Weltliteratur.* Außerdem widerspricht sie nicht den Äußerungen in seinen Briefen aus den Jahren 1892 und 1895, die wir schon zitiert haben, sondern wird eher dadurch noch bestätigt. Ähnliche Äußerungen finden sich auch in anderen Briefen. So in einem Brief an seine Eltern vom 12. 2. 1903, wo Hesse bereits Buddha und Christus nebeneinanderstellt:

»Namentlich ist mir der ewige Vorwurf des Materialismus verdächtig. Unsre Zeit, die nicht nur Mission treibt und Bibeln druckt, sondern deren Denker zu Buddha, Christus, den Neuplatonikern etc. zurückkehren, ist wahrlich nicht arm an Streben und Idealen[9].«

Eine Erklärung dieser Nebeneinanderstellung finden wir in einem anderen Brief, wieder an seine Eltern, allerdings erst fünf Jahre später:

»Seit ich neuerdings wieder mein philosophisches Fundament etwas revidiert und befestigt habe, bin ich auch für allerlei religiöse Lektüre empfänglicher. Das Resultat aller ernsthaften, exakten, kritischen Philosophie ist ja doch, daß die für unser Seelenbedürfnis brennendsten Fragen dem Verstand und gar der Logik ganz unlösbar sind. Nun ist als Trost und auch als praktische Ethik mir die Lehre Jesu unentbehrlich und lieb; hingegen ist mir die Vorstellung eines kurzen irdischen und eines ewigen himmlischen Lebens ohne alles Eingehen auf die Frage der Präexistenz gewissermaßen mythologisch zu dürftig, so daß ich für mein Bedürfnis nach einer ausgebildeteren, anschauli-

8 »Chinesisches«, in: *März*, Jg. 5, Bd. 1, 1911, S. 142 f.
9 *GBriefe*, Bd. 1, a. a. O., S. 96 f.

cheren Mythologie und Welterklärung immer wieder Anleihen bei Buddha und den vedischen Sagen mache. Gerade die Frage nach der Präexistenz, ethisch vielleicht belanglos, ist mir immer merkwürdig und anziehend, wenn auch nicht bedrängend. Wir stellen uns im Herzen doch stets eine individuelle Unsterblichkeit vor, da die nicht-individuelle eigentlich unvorstellbar ist; und da fragt man doch je und je wieder, wie es mit dieser persönlichen Seele wohl vor dem jetzigen Leben ausgesehen hat. Und da gibt mir die indische Wiedergeburtslehre, ohne daß ich gerade an sie ›glaube‹, eine gewisse Befriedigung, indem sie das Unausdenkliche mit einer prächtigen Bildlichkeit vorstellt. Im übrigen freilich helfen mir die Inder nicht viel, da sie gerade nicht das Glauben, sondern das Erkennen obenan stellen. Sie konstatieren, scheint mir, einen ganz einwandfreien, fast modernen Determinismus, lassen aber dann im Weg zum Nirwana doch ein nur dogmatisch konstruiertes Loch für die Freiheit des Willens offen. – Doch genug davon, ich komme brieflich damit nicht zurecht[10].«

Die angeführten Stellen berechtigen uns zu der Annahme, daß Hesse sich zuerst nicht mit der *Bhagavad Gita,* sondern mit der Lehre Buddhas beschäftigt hatte, und zwar in den Jahren des ausgehenden neunzehnten Jahrhunderts. Auf keinen Fall kann es später als 1902 gewesen sein, wenn wir die Indien-Bücher in Hesses Bibliothek mit zu Rate ziehen.

Es steht außer Zweifel, daß seine Begegnung mit der indischen Philosophie eine fruchtbare war. Dichtungen wie *Siddhartha* und das *Glasperlenspiel,* um nur die augenfälligsten Beispiele zu nennen, legen Zeugnis davon ab. Es gibt aber noch eine unbekannte Schrift aus dem Jahre 1926, die zeigt, wie Hesse seine Kenntnisse von und für die Einheit aller Menschen zu gebrauchen wußte. Da diese Abhandlung weder in den Gesammelten Schriften noch in der Werkausgabe veröffentlicht ist, sei sie hier in vollem Wortlaut wiedergegeben:

10 *GBriefe,* Bd. 1, a. a. O., S. 144 f.

Klassik und Romantik sind für uns Heutige, zumal für uns Deutsche, zu zwei polaren Begriffen geworden, zu Bezeichnungen für zwei ewige und stets wiederkehrende Typen des Menschentums, des Lebens, des Denkens, der Seele. Seit mehr als hundert Jahren hat im Kampf dieser beiden Typen und im Bemühen um ihr Verstehen und Formulieren sich ein unendlich großer, vielleicht der wertvollste Teil des deutschen Geisteslebens abgespielt. Noch neuestens ist über dies ewige und unerschöpfliche Thema unter dem Titel »Deutsche Klassik und Romantik« von Fritz Strich ein überaus wertvolles Buch erschienen, welches, neben dem alten bewährten Werk über die »Romantische Schule« von Haym, auch den Lesern dieser Bände[11] empfohlen sei.

Wenn ich nun einen Weg suche, um diese beiden polar entgegengesetzten, polar einander bedingenden Typen »Klassisch« und »Romantisch« an irgend einem neuen Gleichnis klar zu machen, so fällt mir, der ich viel mit östlichen Gedanken beschäftigt war, ein Bild aus der buddhistischen Welt ein. Mag dies ein Umweg sein, es hat den Vorteil, auf ein altes europäisches, speziell deutsches Thema von außen, aus einer ganz andern Welt her ein neues Licht zu werfen.

Wie bekannt, liegt einem Teil der alten östlichen Lehren und Religionen der uralte Gedanke der Einheit zu Grunde. Die Vielgestaltigkeit der Welt, das reiche bunte Spiel des Lebens mit seinen tausend Formen wird zurückgeführt auf das göttliche Eine, das dem Spiel zu Grunde liegt. Alle Gestalten der Erscheinungswelt werden empfunden nicht als an sich seiend und notwendig, sondern als Spiel, als ein flüchtiges Spiel von rasch vergänglichen Bildungen, die mit Gottes Atem aus und ein strömend das Ganze der Welt zu bilden scheinen, während doch jede dieser Gestalten, Ich und Du, Freund und Feind, Tier und Mensch nur augenblickliche Erscheinungen, nur flüch-

11 Dieser Text war als Einführung in eine auf drei Bände konzipierte, von Hesse herausgegebene Auswahl der wichtigsten Schriften der deutschen Romantik gedacht.

tig inkarnierte Teile des uranfänglichen Einen sind und stets in dasselbe zurückkehren müssen.
Diesem Wissen um die Einheit, aus dem der Gläubige und Weise die Fähigkeit schöpft, das Leid der Welt als vergänglich und nichtig zu empfinden und sich, der Einheit zustrebend, davon zu lösen – ihm entspricht, als Gegenpol, der entgegengesetzte Gedanke: daß dennoch, und trotz aller jenseitigen Einheit, im Diesseits eben das Leben uns nur in abgegrenzten, fremd nebeneinander stehenden Gestaltungen wahrnehmbar wird. Trotz aller Einheit ist, sobald dieser andre Standpunkt eingenommen wird, eben doch der Mensch ein Mensch und kein Tier, ist der eine gut, der andre böse, ist die ganze verwirrte und bunte Wirklichkeit eben doch vorhanden.
Für asiatische Denker nun, welche Meister der Synthese sind, ist es ein gewohntes und bis zu hoher Vollendung gezüchtetes Geistesspiel, entgegengesetzte Betrachtungsweisen abwechselnd zu üben, beide bejahend, beiden zustimmend. Aus dieser Übung stammt das Bild, das ich hier gebrauchen will.
Man stelle sich vor: ein paar buddhistische Priester oder Gelehrte führen eine spirituelle Unterhaltung. Sie sitzen beisammen und sprechen in vielerlei Bildern davon, daß die sogenannte Wirklichkeit ein Trugbild ist, daß alles Wahrnehmbare nur Schein, alle Gestaltung nur Trug, alle Gegensätze nur kurzsichtige menschliche Einbildung sind, sie lösen die Welt, die sie umgibt und unter der sie leiden, vollkommen auf und festigen in sich den Gedanken jener jenseitigen Einheit, jenes ewigen göttlichen Lebens. Wenn sie das nun zur Genüge getan haben, so kann einer von ihnen, nach einigem Lächeln und Schweigen, den Spruch anstimmen: »Die Weide ist grün, die Rose ist rot, der Rabe macht kra kra.«
Dieser einfältige Satz bedeutet, jedem Beteiligten sofort verständlich, nichts andres als: »Nun ja, gewiß ist die Erscheinungswelt nur Trug, gewiß gibt es in Wahrheit keine Weide, keine Rose, keinen Raben, sondern nur das ewig göttliche Eine – aber außerdem ist für uns, die wir vergänglich sind und im Vergänglichen leben, dies Vergängliche auch Wirklichkeit, ist die Rose rot, macht der Rabe kra kra.«

Jener Standpunkt nun, für welchen die Rose eine Rose, der Mann ein Mann, der Rabe ein Rabe ist, für welchen die Grenzen und Formen der Wirklichkeit feste und heilige Gegebenheiten sind, jener Standpunkt ist der klassische. Er anerkennt die Formen und Eigenschaften der Dinge, anerkennt die Erfahrung, er sucht und schafft Ordnung, Form und Gesetz.
Der andre Standpunkt dagegen, der an der Wirklichkeit nur den Schein, nur das Wandelbare sieht, für den der Unterschied zwischen Pflanze und Tier, zwischen Mann und Frau höchst zweifelhaft ist, der bereit ist, jeden Augenblick alle Formen sich auflösen und ineinander übergehen zu lassen, er entspricht dem romantischen Standpunkt.
Als Weltbetrachtung nun, als Philosophie, als Grundlage für die Einstellung der Seele ist jede dieser Betrachtungsarten so gut wie die andre, es läßt sich nichts dawider sagen. Die klassische Einstellung wird Grenze und Gesetz betonen, wird Tradition anerkennen und schaffen helfen, wird sich bemühen, den Augenblick auszuschöpfen und zu verewigen. Die romantische Einstellung wird die Gesetze und Formen verwischen, dafür den Urquell des Lebendigen verehren und Frömmigkeit an die Stelle der Kritik, Versenkung an die Stelle des Verstandes setzen, sie wird auf das Zeitlose zielen und von der Sehnsucht nach der Rückkehr ins göttliche Eine erfüllt sein, ebenso wie der klassische Mensch von dem Willen, das Vergängliche zur Dauer zu erheben, erfüllt ist.
Insofern nun mögen beide Einstellungen einander völlig gleichwertig gegenüberstehen. Der Klassiker wird sein jeweiliges Tun und Werk zu möglichster Vollendung treiben, er wird tätig und ordnend in die Welt eingreifen, er wird jenes Göttliche als unerforschlich auf sich beruhen lassen, auf das Unmögliche verzichten und das jeweils Mögliche mit aller Kraft anstreben. Der Romantiker hingegen wird Traum und Kontemplation pflegen, wird sich um das Tägliche wenig kümmern und seinem Tun und Werk wenig Wert beilegen, um stattdessen in der Hingabe an das Unendliche groß zu sein und die Seligkeit zu suchen.
Beider Einstellungen bedarf die Welt, jede wird die andre tau-

sendfach ergänzen und korrigieren. Die Klassik wird zu Mumifizierung und Pedanterie neigen, wo sie schwach zu werden beginnt, umgekehrt wird die Romantik, wo der heilige Enthusiasmus sie verläßt, zu Verwahrlosung und trägem Sichtreibenlassen führen.
Sobald Klassik und Romantik einander jedoch nicht mehr als allgemeine Betrachtungsarten gegenüberstehen, sobald es sich zum Beispiel um das Gebiet der Kunst und Dichtung handelt, wird sich zeigen, daß der Romantiker gegen den Klassiker gewaltig im Nachteil ist. Denn um Kunstwerke zu bilden, bedarf es einer Anerkennung von Grenzen und Formen, es bedarf des Willens, dem Augenblicklichen Dauer zu verleihen. Der Verzicht auf diesen Willen, das Verneinen der Grenzen und Formen, macht es dem Romantiker im Grunde überhaupt unmöglich, schaffender Künstler zu sein. Er kann Kunst mit Genialität genießen, kann das Leben künstlerisch auffassen, kann seinen Traum mit Kunst nähren – aber auf Kosten des Unendlichen das Endliche zu betreuen, unter Hintanstellung des Traumes die Tat zu tun, das Werk zu schaffen, das widerspricht seinem eigenen Bekenntnis.
Insofern nun ist es kein Zufall, daß so überaus viele Werke unsrer romantischen Dichter entweder unvollendet geblieben sind oder nach prachtvollen Anfängen ins Leere verlaufen. Die romantische Dichtung kann und will ja gar nicht Ewigkeit anstreben, will nicht fest begrenzt und in der Begrenzung vollkommen sein, sie will das Gegenteil, sie will nur Durchgang sein zum Unendlichen, will nur Spiel und Traum sein, nicht Werk und Tat. Und damit wäre eigentlich aller romantischen Kunst von Anfang an das Todesurteil gesprochen.
Es kommt jetzt für uns, für uns Leser und Beurteiler der Romantik, der Augenblick, wo wir uns jener östlichen Denker erinnern müssen. Wir müssen uns klar machen, daß allerdings Romantik und Klassik Gegenpole sind, daß aber in der Wirklichkeit wir es niemals mit reinen Verkörperungen des einen oder andern Prinzips zu tun haben, sondern daß, aller Programme und Weltanschauungen ungeachtet, die beiden Prinzipien sich tausendfach berühren, schneiden und vermischen. Es

geschieht dem bewußtesten Klassiker je und je, daß er in einem seiner Werke von romantisch-unendlicher Sehnsucht verführt und seinem Vollendungsideal untreu gemacht wird, und es passiert dem verträumtesten Romantiker je und je, daß er an einem einzelnen Dichtwerk mit einer Liebe und einem Formwillen hängen bleibt, die er eigentlich gar nicht haben dürfte. Und so kommt es denn, daß wir romantische Dichtungen von sehr hohem Formwert besitzen, so kommt es auch, daß Romantik und Klassik einigemale in einer und derselben Dichterperson sich nahezu vereinigt zu haben scheinen, am stärksten in Hölderlin, und daß ein klassischer Dichter wie Goethe nicht selten sich auf eine wahrhaft romantische Weise äußert.

Ist nun der klassische Dichter dem romantischen von Anfang an überlegen, weil er besser diszipliniert und überhaupt für seine Zwecke bewußter geschult ist, so hat dafür, wenigstens in Deutschland, der Romantiker einen gewaltigen Vorzug: er kann Deutscher bleiben!

Der Deutsche ist, alles in allem, in seiner Natur romantisch veranlagt. Insofern bedeutet denn auch die deutsche Romantik eine Rückkehr zur Natur, zur Heimat, zum eigenen Wesen, und das ist es, was die deutsche Romantik so stark macht. Unsre Klassiker dagegen, an Zucht und künstlerischer Kultur weit überlegen, scheinen alle etwas an Natur verloren, scheinen ihr Plus an Form und Disziplin mit einem Opfer an Blut und an Natürlichkeit bezahlt zu haben, sie müssen sich alle ein wenig vergewaltigen und die Griechen spielen, die sie nicht sind. Mitten in der erhabensten und erfreulichsten deutschen Klassik spürt man oft plötzlich diese fatale Grenze, manchmal nur wie einen leisen Schatten von Zwang und Unnatur, manchmal direkt komisch und grotesk, wie denn auch in dem entzückenden Weimar das hereingepflanzte Stück Griechenland nicht immer gesund und natürlich wirkt.

Die Romantiker wandten sich von den Griechen entweder einfach ab, oder begannen plötzlich auch in ihnen nicht mehr Götter, sondern Menschen zu sehen, begannen ihre Kunst, ihre Religion, ihre Mythologie mit romantischen Augen anzusehen und Dinge bei ihnen zu entdecken, die man dort nie gesehen hatte. Vor allem aber entdeckten die Romantiker die Antipoden der Griechen, die Inder. Goethe's, des sonst Allesverstehenden, Sträuben gegen das Indische ist höchst bedeutsam. Man kann nicht Inder und Grieche zugleich sein. Die Romantiker dagegen haben Indien instinktiv geliebt und mit genialem Verständnis bejaht, zu den großen Taten des romantischen Geistes gehört, aus einem fabelhaften Ahnungsvermögen für den indischen Geist heraus wie über Nacht entstanden, die Schaffung einer indischen Philologie. Friedrich Schlegel zauberte sie hervor, und heut noch gehört der Sohn eines berühmten Romantikers, Wilhelm Wackernagels, zu den Großen dieser Wissenschaft.

Aber nicht nur Indien wurde von der Romantik entdeckt. Es ist bedeutsam, daß ebenso Friedrich Schlegel wie Görres den Umweg über Indien gebraucht haben, um zu einem tiefern, neuen Verständnis des Mittelalters und des Katholizismus zu kommen. Es ist bis heute von der Geschichtsschreibung merkwürdig wenig beachtet worden, wie sehr in der deutschen Romantik noch einmal Deutschland sich dem Katholizismus verpflichtet, sich an Rom verblutet hat, und wie sehr gegenüber den gewaltigen Anregungen und Forderungen des romantischen Katholizismus Rom im Rückstande geblieben ist. Man könnte wohl sagen, daß zu den größten Sünden und Schwächen Roms die gehört, daß es im Grunde unfähig war, die gewaltige Geisteswelle der deutschen Romantik aufzunehmen und zu verewigen. Die Ausläufer der Romantik, vor allem Nietzsche, haben denn auch jeden Zusammenhang mit Rom wieder verloren und gehen durchaus protestantische, trotzig-einsame Wege.

Die große romantische Welle in Deutschland beginnt kurz vor dem Ende des achtzehnten Jahrhunderts und ist noch heute nicht völlig ausgeebbt, wenigstens ist noch Nietzsche durchaus ein Ausläufer der Romantik. Doch ist die eigentlich romantische Epoche mit dem Ende der vierziger Jahre geschlossen, wo die deutsche Romantik, auf der Seite der Reaktion stehend, den Anschluß an die Zeit verloren hat. Ausgewirkt aber hat sich der gewaltige Strom noch lange nicht, der mit der romantischen Bewegung über Deutschland hinging, und man kann wohl sagen, daß mit dem politischen und materiellen Aufblühen des jungen deutschen Reiches der geistige Niedergang begonnen hat, eine Abwendung vom Geist der Väter, und daß wir Heutigen allen Grund hätten, den verlorenen Faden, der damals abriß, wieder zu suchen. Denn die Romantik bedeutet für uns Deutsche nicht bloß eine vorübergehende Geniezeit in unserer Geschichte, wo es von bedeutenden Geistern, namentlich Dichtern, geradezu wimmelte, sondern die Romantik war unser Weg zur eigenen Vergangenheit. Konnte der deutsche Geist bei den Griechen und in Weimar Zucht lernen und das edle Streben nach Vollendung, sich selbst erkennen, sich selber wahrhaft begegnen konnte er nur im eigenen Volk und in der eigenen Geschichte.

Das Gefühl für diese wichtige Rolle der Romantik ist nicht erstorben. Die Romantik, welche einst durch Heine entthront und verhöhnt und in den folgenden Jahrzehnten vom offiziellen Geist des damaligen Deutschland wahrhaft barbarisch mißkannt und verachtet wurde, ist gegen das Ende des neunzehnten Jahrhunderts mehr und mehr als Gestalt und als Problem wieder aufgetaucht, seit dreißig Jahren spielt sie in der Literaturgeschichte und in unsrem ganzen geistigen Leben eine ganz andre Rolle als in den dreißig Jahren vorher. Irgendwie ist das Gefühl vorhanden, daß der deutsche Weg zur Selbstfindung noch einmal am Zauberberg der Romantik vorüber führen müsse.

Unser »Geist der Romantik« nun will diesem Suchen helfen, indem dies Werk die wichtigsten Stimmen der deutschen Romantik sammelt, ihre Tendenzen und Verzweigungen in charakteristischen Selbstzeugnissen sichtbar macht. Es wurde nicht Vollzähligkeit der Namen angestrebt, doch wird man kaum einen irgend bedeutenden Vertreter oder Mitgänger der Romantik vermissen, und ich hoffe, unsre Auswahl habe mit richtigem Willen und Instinkt gesucht.

Als Leser und Studierende dieses nachdenklichen romantischen Lesebuches denken wir uns nicht nur Studenten, die sich vorübergehend mit diesem Stück deutscher Geistesgeschichte beschäftigen, sondern auch jene Lebendigen unter den Gebildeten, deren Lektüre nicht so sehr von der Mode als von einem innern Gefühl von Mitverantwortlichkeit am Geistesleben unsres Volkes bestimmt wird.

III
China und die Chinesen

Nach der ersten Begegnung mit der indischen Weisheit lernte Hermann Hesse allmählich die chinesische Philosophie und Literatur kennen. Wir haben gesehen, daß es zwischen indischem und chinesischem Denken Berührungspunkte gibt, besonders den Gedanken der Einheit. Deshalb schrieb Hesse in der *Bibliothek der Weltliteratur*, daß er bei der Lektüre der *Bhagavad Gita* den »asiatischen Einheitsgedanken in seiner indischen Gestalt« kennengelernt habe. Aus demselben Grunde vermerkte er Anfang 1959, der Weg zwischen China und Indien sei für ihn nicht weit[1]. Außer dem Einheitsgedanken stellt der Buddhismus auch eine Brücke zwischen Indien und China dar. Ein gut Teil der chinesischen Prosadichtung ist buddhistisch beeinflußt, meistens integriert sie taoistische, buddhistische und konfuzianische Elemente. Dieses synthetisierende Moment läßt sich auch in Hesses Werken feststellen, wo abendländische, indische und chinesische Züge ein einheitliches Ganzes bilden.

Das bekannteste Beispiel ist *Das Glasperlenspiel*. Diese charakteristische Synthese in Hesses Denken finden wir ebenfalls in seinen Briefen:

»Mir ist, seit der ›Kampf‹ keinen Zauber mehr für mich hat, alles Nichtkämpferische, alles adlig Leidende, alles Still-Überlegene lieb geworden, und so fand ich den Weg vom Kämpfen zum Leiden, den Begriff des Duldens, der keineswegs bloß ein negativer ist, den Begriff der ›Tugend‹, der von Kung Fu Tse bis Sokrates und Christentum immer der gleiche ist. Der ›Weise‹ oder ›Vollkommene‹ der alten chinesischen Schriften ist derselbe Typus wie der indische und der sokratische ›gute‹ Mensch. Seine Kraft beruht nicht darin, daß er zum Totschlagen bereit ist, sondern daß er bereit ist, sich totschlagen zu lassen. Alle Vornehmheit, aller Wert, alle vollendete Reinheit

1 »Ein paar indische Miniaturen«, in: Sonntagsbeilage der *National-Zeitung* (Basel), Nr. 220 vom 17. 5. 1959.

und Einmaligkeit der Leistung und des Lebens, von Buddha bis zu Mozart, haben dort ihre Wurzeln[2].«

Eine Spekulation darüber, ob Hesse Indien oder China näher stand und welches Element in seiner Dichtung eine größere Rolle spielt, wäre sinnlos, denn Hesse selbst spricht meist von Ergänzungen des Einen durch das Andere. In der *Bibliothek der Weltliteratur* lesen wir:

»Indessen [bei der indischen Lektüre] war immer ein Rest von Unbefriedigtsein und Enttäuschung dabei. Es waren erstens die Übersetzungen indischer Quellen, die ich auftreiben konnte, beinahe alle sehr mangelhaft, einzig Deussens ›Sechzig Upanishaden‹ und Neumanns deutsche ›Reden Buddhas‹ gaben mir einen reinen, vollen Geschmack und Genuß der indischen Welt. Aber es lag nicht allein an den Übersetzungen. Ich suchte in dieser indischen Welt etwas, was dort nicht zu finden war, eine Art von Weisheit, deren Möglichkeit und deren Vorhandensein, ja Vorhandenseinmüssen ich ahnte, die ich aber nirgends im Wort verwirklicht antraf.

Da brachte, wieder um manche Jahre später, ein neues Bücher-Erlebnis mir die Erfüllung – soweit in diesen Dingen von Erfüllung die Rede sein kann[3].«

Dieses Büchererlebnis war durch die Lektüre einer Reihe von Übersetzungen der chinesischen Philosophie und Dichtung ausgelöst worden. Etwas später erklärt Hesse, inwieweit für ihn indisches Denken durch die Beschäftigung mit China ergänzt wurde:

»An diesen Chinesenbüchern nun habe ich seit anderthalb Jahrzehnten meine immer zunehmende Freude, eines von ihnen liegt meistens neben meinem Bett. Was jenen Indern gefehlt hatte: die Lebensnähe, die Harmonie einer edlen, zu den höchsten sittlichen Forderungen entschlossenen Geistigkeit mit dem Spiel und Reiz des sinnlichen und alltäglichen Lebens – das weise Hin und Her zwischen hoher Vergeistigung und naivem Lebensbehagen, das alles war hier in Fülle vorhanden. Wenn Indien in der Askese und im mönchischen Weltentsagen Hohes

2 Brief an eine Leserin vom 4. 12. 1933.

3 WA, Bd. 11, S. 368 f.

und Rührendes erreicht hatte, so hatte das alte China nicht minder Wunderbares erreicht in der Zucht einer Geistigkeit, für welche Natur und Geist, Religion und Alltag nicht feindliche, sondern freundliche Gegensätze bedeuten und beide zu ihrem Rechte kommen. War die indisch-asketische Weisheit jugendlich-puritanisch in ihrer Radikalität des Forderns, so war die Weisheit Chinas die eines erfahrenen, klug gewordenen, des Humors nicht unkundigen Mannes, den die Erfahrung nicht enttäuscht, den die Klugheit nicht frivol gemacht hat[4].«
China und Indien waren für Hesse ebenbürtig oder, wie er einmal selbst sagte: »Indien hat ja in meinem Leben und Denken eine nicht minder wichtige Rolle gespielt als China[5].« Gemeinsam bilden sie für Hesse den »Geist des Ostens«[6], der erst zusammen mit dem abendländischen Gedankengut eine Einheit der menschlichen Kultur darstellt. Wann beschäftigte sich Hesse erstmals mit chinesischer Kultur? Peter Heinz Herzog nennt das Jahr 1910, da er annimmt, Hesse habe erst durch Richard Wilhelms Übersetzungen der chinesischen Klassiker das geistige China kennengelernt[7]. Die Annahme ist nicht haltbar, da Hesse bereits 1907 die Übersetzung einer Auswahl mit chinesischer Lyrik rezensiert hatte:
»Aus China hat der Verlag früher eine schöne Übersetzung der Sprüche des Lao Tse gebracht. Und jetzt kommt, von Hans Bethge bearbeitet und herausgegeben, ›Die chinesische Flöte‹, eine Auswahl der besten chinesischen Lyrik aller Jahrhunderte. Ein erstaunliches Buch! Oft ahnt man zwar betrübt das Köstliche, was auf dem weiten Umweg von den Originalen bis in diese deutschen Nachbildungen verloren gehen mußte, aber einstweilen und für lange Zeit ist eine getreuere Wiedergabe wohl unmöglich. Den Gipfel bildet Li Tai Po, der schwermütige Zecher und Liebende, mit seinen Versen, deren Außenseite lokkend glänzt und die innen voll trostloser Trauer sind. Zwischen

4 Ebenda, S. 369 f.
5 »Ein paar indische Miniaturen«, a. a. O.
6 »Erinnerung an Indien«, a. a. O.
7 »Hermann Hesse and China: Chinese Influence in the Earlier Works of the German Poet«, in *United College Journal*, Vol. 8, 1970-1971, S. 72.

dem fremdländischen Schmuck der Lotosblumen dringen uns immer wieder Gefühle entgegen, die mit unbeschränkter Menschlichkeit uns an die Griechen, die alten Italiener, die Minnesänger erinnern[8].«

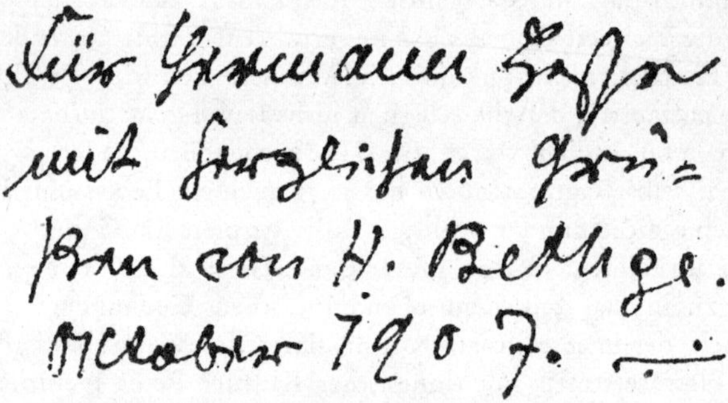

Persönliche Widmung Hans Bethges
an Hermann Hesse in seinem Buch
Die chinesische Flöte

Dies ist Hesses erste Rezension eines chinesischen Buches. Sie ist insofern wichtig, da er hier erstmals die Internationalität der Kultur betont. Auch ist es aufschlußreich zu sehen, daß sich Hesse bereits 1907 von Li Tai Po (eine andere Transkription ist Li Tai Pe) angezogen fühlte, der in *Klingsors letzter Sommer* eine wichtige Rolle spielen wird. Für die Datierung der ersten Begegnung Hesses mit China ist der erste Satz wichtig. Der dort erwähnte Verlag ist der Insel Verlag, der 1903 – also noch vor 1907 – nur Alexander Ulars Nachdichtung von Lao Tses *Tao Te King* unter dem Titel *Die Bahn und der rechte Weg des Lao Tse* herausgebracht hatte. In einer anderen Rezension aus dem Jahr 1910 erwähnt Hesse Ular namentlich und spricht von einer poetischen Bearbeitung[9].

8 *Die Propyläen*, Beilage zur *Münchner Zeitung*, Jg. 5, Nr. 9 vom 27. 11. 1907, S. 132.
9 Siehe *Die Propyläen*, Jg. 8, 1910/11, S. 533.

Noch einen anderen Aspekt müssen wir berücksichtigen, nämlich die China-Bücher in Hesses Bibliothek, soweit die Bestände in Marbach und Bern uns hier noch Aufschlüsse geben können. Darunter fand sich auch ein Bändchen über die chinesische Philosophie, das 1898 erschien[10]. Allerdings liegt diesem Buch eine Karte bei mit einem »herzlichen Weihnachtsgruß in alter Liebe und Verehrung« von den »Bremgartnern« aus dem Jahre 1939 bei. Daher scheidet es für die Datierung aus. Anders verhält es sich mit der von Hans Heilmann 1905 herausgegebenen *Chinesischen Lyrik*, in der Li Tai Po mit 26 von insgesamt 88 Gedichten vertreten ist. In diesem Buch hatte Hesse alle Gedichte, die ihm gefielen, im Inhaltsverzeichnis angestrichen, darunter alle 26 von Li Tai Po und neun (von 13) von Thu Fu. Hesse könnte diese Übersetzung im Erscheinungsjahr gelesen haben. Das älteste China-Buch in seiner Bibliothek ist jedoch das von Friedrich Rückert nachgedichtete *Schi-King* (Buch der Lieder), das 1838 erschienen war. Hesse muß dieses Buch vor 1910 gelesen haben, denn in seinem Aufsatz »Lieblingslektüre« gab er an, daß er Rückerts Nachdichtung schon kannte, bevor die Übertragungen der chinesischen Klassiker durch Richard Wilhelm erschienen waren. Wilhelms erste Übertragung erschien 1910. Hesse rezensierte sie. Auf jeden Fall war er bei seiner »Indienreise« mit dem *Schi-King* ziemlich vertraut. Er berichtete von einem Chinesen auf dem Schiff, der »das ganze Schi-King« auswendig gekonnt habe. Leider ist nicht festzustellen, wie früh Hesse Friedrich Rückerts Nachdichtung gelesen hatte. Unter diesen Umständen dürfen wir mit Sicherheit nur Ulars Nachdichtung des *Tao Te King* oder Bethges *Chinesische Flöte* als Hesses erste Begegnung mit China ansehen. Daß sich heute in Hesses Bibliothek nur eine Ausgabe der vierten Auflage von Ulars Übersetzung findet, hat wenig zu besagen, denn dort befindet sich auch die zweite Auflage nicht, deren Erscheinen Hesse 1912 in der Zeitschrift *März* angezeigt hatte[11].

10 M. v. Brandt, *Die chinesische Philosophie und der Staats-Konfucianismus*, Stuttgart 1898. Verlag von Strecker & Moser.
11 *März*, Jg. 6, Heft 29 vom 20. 7. 1912, S. 81.

Wenn Ulars Bearbeitung des *Tao Te King* das erste Chinabuch war, das Hesse kannte, dann kann er sich noch nicht näher mit dem Stoff auseinandergesetzt haben.

Nach der Lektüre von Bethges *Chinesischer Flöte* hat sich Hesse mit den *Gesprächen* des Konfuzius, verdeutscht von Richard Wilhelm, mit Julius Grills und Wilhelms Übersetzungen des *Tao Te King* und Martin Bubers Auswahl von *Reden und Gleichnissen des Tschuang-Tse* beschäftigt – Tschuang Tse ist eine andere Transkription von Dschuang Dsi. Durch diese Lektüre, die er damals als schwer und fremd empfand, hat sein Interesse für China zugenommen. In der Zeitschrift *März*, deren Mitherausgeber Hesse bis 1912 war, veröffentlichte er 1911 die Glosse »Chinesisches in München« und engagierte sich dabei für die Sache Chinas in Deutschland:

»In den vierziger Jahren hat der Orientalist und Ethnograph Neumann dem bayerischen Staat eine chinesische Bibliothek von etwa zehntausend Bänden geschenkweise überlassen. Zum Dank dafür wurde er, als freisinniger Neigungen verdächtig, einige Jahre später vorzeitig in den Ruhestand versetzt. Das war eine der einfachen, begreiflichen politischen Grausamkeiten, die niemanden aufregen. Daß aber der bayerische Staat das Andenken dieses Neumann heute noch mit sonderbarer Hartnäckigkeit zu unterdrücken scheint und dessen Stiftung, die ein unschätzbares Unikum darstellt, geflissentlich totschweigt und der Wirkung beraubt, ist immerhin bemerkenswert. In der Münchener Hof- und Staatsbibliothek stehen jene zehntausend Bände chinesischer Literatur seit all diesen langen Jahrzehnten unbenützbar als altes Papier, denn es existiert kein Katalog darüber, und die gewaltige Sammlung, die in Europa wenig ihresgleichen hat, verstaubt auf dem Speicher.

Vielleicht erinnert sich die Akademie der Wissenschaften gelegentlich doch noch dieses Schatzes. So gut sie dafür sorgt, daß junge Kunsthistoriker durch Umdatieren alter Handzeichnungen oder andere scherzhafte Betätigungen in Übung gehalten werden, so gut könnte sie wohl auch eine der schönsten ostasiatischen Büchersammlungen aus einem Papierhaufen in ein nutzbringendes Kapital verwandeln helfen. Oder fürchten die Herren davon eine Art gelber Gefahr, nachdem doch der seit Jahrzehnten verstorbene Demagoge Neumann nicht mehr zu fürchten ist[12]?«

Daraufhin beschwerte sich die Direktion der Königlichen Hof- und Staatsbibliothek:

»1. Die Sammlung chinesischer Drucke, welche übrigens nur zum Teil aus der Schenkung Neumanns besteht, ist wie jede andere Abteilung der Bibliothek allgemein benützbar und wird so wenig verheimlicht, daß auf sie wegen ihrer Bedeutung bei Führungen durch die Bibliothek besonders hingewiesen zu werden pflegt. Daß Kataloge bestehen, wäre schon aus dem Artikel über Neumann (Allgemeine deutsche Biographie XXIII, 530) zu ersehen gewesen; sie stehen im Handschriftenzimmer zu allgemeiner Verfügung. Eine Neubearbeitung derselben zu ermöglichen, ist seit Jahren Wunsch der Direktion; nachdem mehrere Gelehrte begonnen, die Arbeit aber nicht weitergefördert haben, ist nunmehr ein jüngerer Beamter der Bibliothek seit längerer Zeit mit der Aufgabe betraut, seine bereits früher begonnenen sinologischen Studien soweit zu fördern, daß er in absehbarer Zeit die Neukatalogisierung beginnen kann.

2. Die chinesischen Drucke liegen nicht verstaubt auf dem Speicher als Papierhaufen, sondern sind in einem der schönsten Säle der Bibliothek aufgestellt und benützbar. Dieser Raum ist derart, daß einer unserer hervorragendsten Sinologen dort längere Zeit mit einer eigens für ihn zusammengestellten sinologischen Handbibliothek an unseren chinesischen Drucken arbeitete[13].«

Die Antwort der Redaktion des *März*, d. h. Hesses, war:

»Wir haben dazu zu bemerken, daß wir an der Zuverlässigkeit unseres Gewährsmannes nicht den geringsten Zweifel haben konnten. Dieser war durch das Vorwort zur Laotse-Ausgabe von Grill (Verlag von J. C. B. Mohr, 1910) auf die Sache aufmerksam und zu ihrer Besprechung veranlaßt worden. In diesem Vorwort stehen die Worte: ›Es fehlt der Hof- und Staatsbibliothek in München für die 1830 von Neumann in China

12 *März*, Jg. 5, Heft 6 vom 7. 2. 1911, S. 287.

13 *März*, Jg. 5, Heft 8 vom 21. 2. 1911, S. 381 f.

erworbene, hernach dem bayerischen Staat unentgeltlich überlassene, alle Fächer der Literatur umfassende, ungefähr zehntausend Bände starke, chinesische Büchersammlung noch heute an einem Katalog. Man wird mir, nachdem ich gerade in dieser Schatzkammer vergeblich für die eigene Arbeit Hilfsmittel gesucht habe, das Geständnis nicht verübeln, daß ich niemals eine bedeutende Bibliothek mit gleich schmerzlicher Enttäuschung verlassen habe.‹[14].«

Dieser Vorfall zeigt Hesses Einstellung zu China, die überdies besondere Beachtung verdient, denn er setzte sich selten – außer während und nach dem ersten Weltkrieg – publizistisch-polemisch mit tagespolitischen Ereignissen auseinander.

Indienreise und ›Chinesen-Erlebnis‹

Anfang September 1911 trat Hesse seine Reise nach (Hinter-) Indien an, die ihn überraschenderweise den Chinesen näher als den Indern brachte. Rückblickend schrieb er am 6. 1. 1912 an Ludwig Thoma:

»... Ich war gegangen, um den Urwald anzusehen, die Krokodile zu streicheln und Schmetterlinge zu fangen, und fand nebenbei und ungesucht etwas viel Schöneres: die Chinesenstädte von Hinterindien und das chinesische Volk, das erste wirkliche Kulturvolk, das ich sah[15].«

Daß diese Indienreise eine Europa- und Familienflucht war, und daß sie eine Enttäuschung wurde, ist genügend bekannt. Zuletzt wurde dieses Thema 1972 in Eike Middels Biographie *Hermann Hesse, die Bilderwelt seines Lebens*, behandelt[16]. Daher werden hier lediglich die Eindrücke hervorgehoben, die Hesse von den Chinesen hatte. Zuvor seien zwei Briefe zitiert. Der Brief an Conrad Haußmann vom 9. 7. 1911 umreißt seinen Reiseplan:

14 Ebenda, S. 382.
15 *GBriefe*, Bd. 1, a. a. O., S. 204.
16 Verlag Philipp Reclam jun., Leipzig 1972, S. 94-102.

»Ich habe ein Billett nach Singapore bestellt, ein Freund reist mit, wir wollen Sumatra bereisen, und dann will ich noch im Urwald bei Kuala Lumpur, einer Chinesenstadt von 160 Tausend Einwohnern, eine Zeitlang Schmetterlinge fangen, ein dort einsam hausender Schweizer Techniker hat mich eingeladen. Im Rückweg kommt ein Besuch von Ceylon und bei günstigen Umständen etwa auch noch ein Stückchen von Vorderindien dran[17].«

Der andere Brief, vom 28. 7. 1911, an seinen Vater gerichtet, ist eine Art Reisevorbereitung, Vorübung in der englischen Sprache, die er damals lernte:

»My dear father!

As I have written on a postcard, we have got a little boy the day before yesterday. The little fellow is in good health and likewise the mother. Butzi and Heinerli have a great pleasure in the new brother. Maria has a nurse that is very good and kind, and we find it better that she has remained here instead of going to Basle and Zürich.

Last sunday I was at Friedrichshafen, following to an invitation of the Zeppelin society, and I took a drive in the new airship ›Schwaben‹. I was two hours in the air, over Lindau and Bregenz till up to Feldkirch, by the finest weather, and I was very astonished to see, how comfortably the drive was effected. One has no uneasiness neither other sensations and it seemed to me the best manner of travelling. I would like to drive in this way to India! Now my english acquirements are exhausted. I am, with kindest regards,

your Hermann[18]«

Hesses unmittelbare Eindrücke von seiner Indienreise sind uns gleichfalls in zwei Briefen erhalten, in welchen seine Hochachtung gegenüber den Chinesen besonders auffällt, während ihm die Inder schwach und zukunftslos erschienen und er sie den »armen Resten einer alten Paradiesmenschheit« zuzählte. Die

17 *GBriefe*, Bd. 1, a. a. O., S. 194.
18 *GBriefe*, Bd. 1, a. a. O., S. 195 f.

beiden Briefe sind an Conrad Haußmann gerichtet. Im ersten vom 17. 10. 1911 heißt es:

»Die indische Welt ist bunt und reich, aber alles zerbröckelnde Reste, ähnlich wie Süditalien; was einem hier im Osten allein imponiert, sind die Chinesen. Die Japaner sind überall gehaßt und haben den übelsten Ruf.«

Der andere Brief ist nicht genau datierbar, vermutlich wurde er im November 1911 auf der Rückreise oder kurz nach der Ankunft in Europa geschrieben:

»... Die Inder haben mir im ganzen wenig imponiert, sie sind wie die Malayen schwach und zukunftslos. Den Eindruck unbedingter Stärke und Zukunft machen nur die Chinesen und die Engländer, die Holländer etc. nicht.

Was ich von der Tropennatur sah, war hauptsächlich der Urwald, dann die Ströme von Sumatra, die Inselmengen im malayischen Meer und die fabelhafte Fruchtbarkeit von Ceylon. Als Städte waren namentlich Singapore und Palembang interessant. An Völkern sah ich Malayen und Javaner, Tamilen, Singhalesen, Japaner und Chinesen. Über letztere ist nur Großes zu sagen: ein imponierendes Volk! Die Mehrzahl der andern sind arme Reste einer alten Paradiesmenschheit, die vom Westen korrumpiert und gefressen wird, liebe, gutartige, geschickte und begabte Naturvölker, denen unsre Kultur den Garaus macht. Wenn die Weißen das Klima hier besser vertrügen und ihre Kinder hier aufwachsen lassen könnten, gäbe es keine Inder mehr.

Ich sah und sprach auch viele Kaufleute, Techniker etc. aus aller Welt und sah viel vom großen Handel. Es wird eine Menge guter, wertvoller hiesiger Produkte ausgeführt, eingeführt wird aus Europa und Amerika vorwiegend Schund. Die Malayen und Inder fallen darauf herein, die Chinesen nicht[19].«

In seiner Aufzeichnung »Spazierenfahren«[20] beschreibt Hesse den Kontrast zwischen Indern und Chinesen im Straßenbild Singapurs:

19 *GBriefe*, Bd. 1, a. a. O., S. 201 f.

20 WA, Bd. 6, S. 231 f.

»Dazwischen schreiten stolz und heldenhaft mit schwarzbraunen, hageren Gliedern und asketischen Augen hochgewachsene Tamilen und andere Inder, deren jeder auf den ersten Blick wie ein entthronter Radscha aussieht, die aber allesamt, nicht besser als die Malayen, hilflos auf jeden Importartikel hereinfallen und sich kleiden wie Dienstmägde am Sonntag. Man sieht da wunderschöne, dunkle, nobelblickende Menschen genau in denselben schreienden, grellen, schonungslos farbigen Kostümen einhergehen, wie sie etwa auf heimatlichen Maskenbällen von jungen phantasievollen Ladengehilfen getragen werden – wahre Karikaturen von Trachten! Die klugen Kaufleute aus unserem Westen haben die indischen Seiden und Leinen entbehrlich gemacht, sie färbten Baumwolle und druckten Kattune viel greller, viel indischer, jubelnder, wilder, giftiger, als sie je in Asien gesehen worden waren, und der gute Inder samt dem Malayen ist ein dankbarer Kunde geworden und trägt um seine bronzenen Hüften die billigen, farbengrellen Stoffe aus Europa. Zehn solche indische Figuren genügen, um eine belebte Straße farbig unruhig zu machen und in ein Stück unechten Orient zu verwandeln. Aber sie kommen hier nicht auf, sie mögen noch so königlich schreiten und noch so papageienhaft leuchten, sie werden umschlossen und erstickt und still zugedeckt von dem diskreten gelben Volk aus China, das in hundert Straßen dicht und fleißig haust und wimmelt, von der uniformen, ameisenartigen Menge der Chinesen, von denen keiner in Farben schwelgen und seine Person zum König oder Hanswurst herausputzen will.«

Bis heute hat sich nur eine negative Äußerung Hesses über die Chinesen gefunden auf einer Ansichtskarte aus Singapur:

»Das ist die Hölle, wo ich gestern inmitten hyänenhafter Chinesinnen mein Geld verspielt habe. Zur Warnung, falls Du auch einmal hinkommst.«

Von seiner Hinterindienreise zurückgekehrt, verfaßte Hesse sein Reisebuch *Aus Indien,* das 1913 erschien. Daraus entnehmen wir einige seiner Reiseeindrücke. Dem ersten Chinesen begegnete er auf seiner Hinreise auf dem Schiff. Es blieb damals seine einzige Begegnung mit einem gebildeten Chinesen. (In

Südostasien hat er die Chinesen nur als Kaufleute und Diener kennengelernt.) Von diesem chinesischen Gelehrten war Hesse sehr beeindruckt. Seine Beschreibung enthält, neben den sachlichen Angaben zur Person, eine starke Idealisierung, die zuweilen an Figuren seiner Dichtung wie den Fährmann in *Siddhartha* oder an den Musikmeister im *Glasperlenspiel* erinnert:

»Auf dem Hinterdeck treffe ich einen kleinen eleganten Chinesen aus Schanghai. Er lehnt aufrecht an der Brüstung und verfolgt die Scheinwerfer mit seinen dunklen, klugen Augen, und er lächelt dazu so hübsch wie immer. Er kann das ganze Schi-King auswendig, er hat alle chinesischen Examina gemacht und jetzt auch noch einige englische, er spricht über das Mondlicht über dem Wasser zart und nett in geläufigem Englisch und macht mir Komplimente über die schönen Landschaften Deutschlands und der Schweiz. Es fällt ihm nie ein, China zu rühmen, aber wenn er Lobendes über Europa zu sagen hat, klingt es bei aller Höflichkeit so überlegen, wie wenn der große Bruder nett ist und dem kleineren zu seinen starken Armen gratuliert. Wir wissen alle, daß in China gerade in diesen Tagen die große Revolution neu beginnt, die vielleicht dem Kaiser den Kopf kosten wird, und unser kleiner feiner Mann aus Schanghai weiß sicher weit mehr als wir und ist vielleicht gar nicht zufällig gerade jetzt unterwegs. Aber er ist still und arglos wie ein Berggipfel in der Sonne und strahlt in seiner höflich verschanzten Heiterkeit alle irgend unbequemen Fragen mit einer gewinnenden Sonnigkeit zurück, die uns alle verwirrt und mich entzückt ... Er redet sachlich, hübsch und höflich, und er lächelt immerzu im fahlen elektrischen Licht, wie ein Buddha[21].«

Von der Bevölkerung schrieb Hesse:

»Überall Chinesen, die heimlichen Herrscher des Ostens, überall chinesische Läden, chinesische Schaubuden, chinesische Handwerker, chinesische Hotels und Klubs, chinesische Teehäuser und Freudenhäuser ... Japanische Dirnen sitzen kauernd am Steinrand der Gosse und girren wie fette Tauben, aus chinesischen Freudenhäusern glänzt golden der wohlbestellte steife Haus-

21 Siehe das Kapitel »Nachts im Suezkanal«, in: *Aus Indien*, Berlin: S. Fischer, 1913, auch enthalten in WA, Bd. 6, S. 224 ff.

altar, hoch über der Straße in offenen Veranden hocken alte Chinesen mit kühlen Gebärden und heißen Augen beim aufregenden Glücksspiel, andre liegen und ruhen oder rauchen und hören der Musik zu, der feinen, rhythmisch unendlich komplizierten und exakten chinesischen Musik[22].«
Hier unterscheidet sich Hesse von den Durchschnittstouristen, denn er bemerkt nicht nur das Exotische, sondern er wittert die psychische Struktur und erkennt mit scharfem Blick die Chinesen als »die heimlichen Herrscher des Ostens«. Vergegenwärtigt man sich die heutige politische Situation Singapurs und Malaysias, so hat er recht behalten: Singapur wird heute nicht selten neben der Volksrepublik und Taiwan als das dritte China bezeichnet, und die Wirtschaft Malaysias liegt dort in den Händen der chinesischen Einwohner, die über 40 Prozent der gesamten Bevölkerung ausmachen.
1914 präzisiert Hesse in seiner Aufzeichnung »Erinnerung an Asien«[23] nochmals diesen Eindruck:
»Von den Wochen, die ich in Städten und Wäldern der Malakka-Halbinsel und Sumatras zugebracht habe, sind mir folgende Haupteindrücke als Erlebnisse geblieben, zusammengeschmolzen und kombiniert aus hundert kleinen gesehenen Einzelheiten.
Der erste und vielleicht stärkste äußere Eindruck, das sind die Chinesen. Was ein Volk eigentlich bedeute, wie sich eine Vielzahl von Menschen durch Rasse, Glaube, seelische Verwandtschaft und Gleichheit der Lebensideale zu einem Körper zusammenballe, in dem der Einzelne nur bedingt und als Zelle mitlebt wie die einzelne Biene im Bienenstaat, das hatte ich noch nie wirklich erlebt. Ich hatte Franzosen von Engländern, Deutsche von Italienern, Bayern von Schwaben, Sachsen von Franken zu unterscheiden gewußt, schließlich aber doch nur von den Engländern den Eindruck einer in ihrer Eigenart gepflegten, auf Rasse und Geschichte stolzen Volksgemeinschaft bekommen, und daran war das niedere Volk unbeteiligt. Bei

22 »Abend in Asien«, ebenda, S. 228 f.
23 *März*, Jg. 8, 1914, Bd. 3, S. 190-193, bzw. *Eigensinn.* Autobiographische Schriften, a. a. O., S. 78 ff.

den Chinesen sah ich zum erstenmal die Einheit eines Volkswesens so absolut herrschen, daß alle Einzelerscheinungen darin ganz und gar untergehen. Äußerlich und malerisch kann man von Malayen, Hindus oder Negern denselben Eindruck haben, Farbe, Kostüm und Lebensführung uniformieren alle diese Massen zu höchst sichtbaren Einheiten. Aber bei den Chinesen war von allem Anfang an der Eindruck eines Kulturvolkes da, eines Volkes, das in langer Geschichte geworden und gebildet ist und im Bewußtsein der eigenen Kultur nicht nach rückwärts, sondern in eine tätige Zukunft blickt.

Etwas völlig anderes ist der Eindruck, den die Naturvölker machen. Zu ihnen rechne ich die Malayen, trotz ihres Handels, ihres Mohammedanismus und ihrer äußeren Zivilisationsfähigkeit durchaus mit. Den Chinesen gegenüber war mein Gefühl zwar stets eine tiefe Sympathie, aber gemischt mit einer Ahnung von Rivalität, von Gefahr; mir schien, das Volk von China müssen wir studieren wie einen gleichwertigen Mitbewerber, der uns je nachdem Freund oder Feind werden, jedenfalls aber uns unendlich nützen oder schaden kann. Nichts davon bei den primitiven Völkern. Auch sie erwarben sofort meine Liebe, aber es war die Liebe des Erwachsenen zu jüngeren, schwachen Geschwistern, zugleich auch erwachte das Schuldgefühl des Europäers, der an diesen Völkern bis heute nur Dieb, Eroberer und Ausbeuter geworden ist, noch nicht helfender und führender Bruder, mitleidiger Freund, helfender Führer. Daß aus diesen braunen gutartigen Völkern große Gefahren oder Gewinne für unsere Kultur zu erwarten seien, ist ohne jede Wahrscheinlichkeit. Daß aber die Seele Europas ihnen gegenüber voll von Schuld und ungebüßter Sünden starrt, läßt sich nicht leugnen. Die unterdrückten Völker der Tropenländer stehen unserer Zivilisation als Gläubiger mit älteren und gleichbegründeten Rechten gegenüber wie etwa die Arbeiterklasse in Europa. Wer im eigenen Automobil im Pelz an Arbeitern vorüberfährt, die müde und frierend nach Hause gehen, kann keine ernsteren Gewissensfragen an sich stellen als wer auf Ceylon oder Sumatra oder Java als Herr zwischen lautlos bedienenden Farbigen lebt.«

Man muß natürlich bedenken, daß Hesse vor seiner Reise nur eine kleine Anzahl chinesischer Gedichte und Lieder und einige philosophische Werke des alten China gelesen hatte. Zum politischen und sozialen China hatte er keine Beziehung. Und auf seiner Reise lernte er nur die Chinesen Hinterindiens kennen. Er wußte nichts vom Elend des Volkes und von der Korruption der gebildeten Schichten. Auch wußte er nichts von der Unterdrückung und Ausbeutung der Chinesen durch die Kolonialmächte, die an China genauso »nur Dieb, Eroberer und Ausbeuter« waren, wie an den »primitiven Völkern« Südostasiens. Ebenfalls kannte Hesse nicht den Zwiespalt des damaligen China, den Kampf zwischen Tradition einerseits und der politischen und technischen Orientierung nach europäischem Vorbild andererseits. Alle diese Geburtswehen des neuen China lernte er erst später kennen. Deshalb sah Hesse die Chinesen vielleicht etwas idealisiert. Andererseits konnte er – unbelastet von den aktuellen Problemen Chinas – objektiver (sofern man bei Menschen überhaupt von Objektivität sprechen kann) die Eigenart, das Wesen Chinas erfassen und behielt, trotz gelegentlicher Schwärmerei, im Prinzip recht mit seiner Erkenntnis von der Geschlossenheit des chinesischen Volkswesens.
Ein weiteres Erlebnis noch hat Hesses »tiefe Sympathie« für die Chinesen intensiviert: er besuchte ein chinesisches Theater. Wir wissen, daß Bert Brecht 1935 in Moskau die Peking-Oper mit dem weltbekannten Frauendarsteller Mei Lan Fang gesehen hatte und von seiner Mimik und Gestik so begeistert war, daß diese Faszination nicht ohne Wirkung auf sein eigenes Schaffen blieb. Was aber Hesse sah, war ein primitives, allenfalls ein Provinztheater. Er sah höchstwahrscheinlich eine kantonesische Oper, da die Chinesen in Südostasien vorwiegend aus der Provinz Kwangtung stammten. Wie sehr ihn schon dies beeindruckt hat, zeigt die folgende Beschreibung:
»Ich besuchte ein chinesisches Theater. Da saßen still und rauchend die Männer, still und teeschlürfend die Frauen, vor ihrer hohen Empore turnte gefährlich auf schwankem Brett der Teeschenk mit mächtigem Kupferkessel. Auf der geräumigen Bühne saß eine Schar Musikanten, das Drama begleitend und seinen

Takt kunstvoll betonend; auf jeden betonten Schritt des Helden fiel ein betonter Schlag der weichtönenden Holztrommel. Es wurde in alten Kostümen ein altes Stück gespielt, von dem ich wenig verstand und nicht ein Zehntel sah, denn das Stück ist lang und wird durch Tage und Nächte fortgespielt. Da war alles gemessen, studiert, nach alten heiligen Gesetzen geordnet und in rhythmischem Zeremoniell stilisiert, jede Gebärde exakt und mit ruhiger Andacht ausgeführt, jede Bewegung vorgeschrieben und voll Sinn, studiert und von der ausdrucksvollen Musik geführt. Es gibt in Europa kein einziges Opernhaus, in dem Musik und Bewegungen des Bühnenbildes so tadellos, so exakt und harmonisch miteinandergehen wie hier in dieser Bretterbude. Eine schöne, einfache Melodie kehrte häufig wieder, eine kurze, monotone Weise in Moll, die ich mir trotz aller Bemühungen nicht einprägen konnte und die ich später tausendmal wieder hörte, denn es war gar nicht, wie ich meinte, stets dieselbe Tonfolge, sondern es war die chinesische Grundmelodie, deren zahllose Variationen wir zum Teil kaum wahrnehmen können, da die chinesische Tonleiter viel kleiner differierende Töne hat als unsre. Was uns dabei stört, ist der reichliche Gebrauch von Pauke und Gong; im übrigen ist diese Musik so fein und klingt abends von der Veranda eines festlichen Hauses so lebensfroh und oft so leidenschaftlich, lustbegierig, wie nur irgendeine gute Musik bei uns daheim es tun kann. Im ganzen Theater war außer der primitiven elektrischen Beleuchtung nichts Europäisches und Fremdes; eine alte, durch und durch stilisierte Kunst schwang ihre alten, heiligen Kreise weiter[24].«

Hesses Sympathie und Bewunderung für die Chinesen halfen ihm nach der Rückkehr, sich die chinesische Philosophie und Literatur weiter zu erschließen. Eine andere Triebfeder dürfte die »Ahnung von Rivalität, von Gefahr« gewesen sein, mit der seine Sympathie verbunden war. Einige seltsame Episoden im »Singapore-Traum«[25] sind wahrscheinlich auf jene »Ahnung von Rivalität, von Gefahr« zurückzuführen:

24 »Abend in Asien«, in: *Aus Indien*, bzw. WA, Bd. 6, S. 229 f.
25 In: *Aus Indien*, bzw. WA, Bd. 6, S. 241 ff.

Den Vormittag hatte ich zwischen den Gärten der Europäer auf den grasbewachsenen, laubig umrahmten Wegen Schmetterlinge gefangen, war in der weißen Mittagsglut zu Fuß in die Stadt zurückgegangen und hatte den Nachmittag mit Spazierengehen, Lädenbesuchen und Einkaufen in den schönen, lebendig wimmelnden Straßen von Singapore hingebracht. Nun saß ich im hohen Säulensaal des Hotels mit meinen Reisegefährten beim Abendessen, die großen Flügel der Fächer surrten fleißig in der Höhe, die weißleinenen Chinesenboys schlichen still und gelassen durch den Saal und trugen das schlechte englisch-indische Essen auf, das elektrische Licht blitzte in den kleinen schwimmenden Eisstückchen der Whiskygläser. Müde und ohne Hunger saß ich meinen Freunden gegenüber, schlürfte kaltes Getränk, schälte kleine goldgelbe Bananen und rief frühzeitig nach Kaffee und Zigarren.

Die andern hatten beschlossen, in einen Kinematographen zu gehen, wozu meine von der Arbeit in voller Sonne überanstrengten Augen keine Lust hatten. Dennoch ging ich schließlich mit, nur um für den Abend versorgt zu sein. Wir traten barhaupt und in leichten Abendschuhen vor das Hotel und schlenderten durch die wimmelnden Straßen in gekühlter blauer Nachtluft; in ruhigern Seitengassen hockten bei Windlichtern an langen rohen Brettertischen Hunderte von chinesischen Kulis und aßen vergnügt und sittsam ihre vielerlei geheimnisvollen und komplizierten Speisen, die fast nichts kosteten und voll unbekannter Gewürze stecken. Getrocknete Fische und warmes Kokosöl dufteten intensiv durch die von tausend Kerzen flimmernde Nacht, Rufe und Schreie in dunkeln östlichen Sprachen hallten in den blauen Bogengängen wider, geschminkte hübsche Chinesinnen saßen vor leichten Gittertüren, hinter denen reiche goldene Hausaltäre düster funkelten.

Von der dunklen Brettertribüne des Kinotheaters blickten wir über unzählige langzopfige Chinesenköpfe hinweg auf das grelle Lichtviereck, wo eine Pariser Spielergeschichte, der Raub der Mona Lisa und Szenen aus Schillers Kabale und Liebe, alle

in derselben seelenlosen Anschaulichkeit, vorübergeisterten, doppelt gespensterhaft in der Atmosphäre von Unwirklichkeit oder peinlicher Zweifelhaftigkeit, welche diese westlichen Angelegenheiten hier zwischen Chinesen und Malaien annehmen.
Meine Aufmerksamkeit war bald erlahmt, mein Blick ruhte zerstreut in der Dämmerung des hohen Saales aus, und meine Gedanken fielen auseinander und blieben leblos liegen wie die Glieder einer Marionette, die man im Augenblick nicht braucht und weggelegt hat. Ich senkte den Kopf in die aufgestützten Hände und war alsbald allen Launen meines denkmüden und mit Bildern gesättigten Gehirns preisgegeben.
Es umgab mich zunächst eine schwach murmelnde Dämmerung, in der ich mich wohl fühlte und über welche nachzusinnen ich kein Verlangen trug. Allmählich begann ich zu merken, daß ich auf dem Deck eines Schiffes lag, es war Nacht, und nur wenige Öllaternen brannten, neben mir lagen viele andere Schläfer Mann an Mann, jeder am Boden auf seiner Reisedecke oder Bastmatte hingestreckt.
Ein Mann, der mir zur Seite lag, schien nicht zu schlafen. Sein Gesicht war mir bekannt, ohne daß ich seinen Namen wußte. Er bewegte sich, stützte die Ellbogen auf, nahm eine goldene Brille ohne Ränder von den Augen und begann sie mit einem weichen, flanellenen Tüchlein sorgfältig zu reinigen. Da erkannte ich ihn; es war mein Vater.
»Wohin fahren wir?« fragte ich schläfrig.
Er putzte, ohne aufzublicken, an seiner Brille weiter und sagte ruhig: »Wir fahren nach Asien.«
Wir redeten Malaiisch, mit Englisch vermischt, und dieses Englisch erinnerte mich daran, daß meine Kindheit lang vorüber sei, denn damals besprachen meine Eltern ihre Geheimnisse alle englisch, und ich verstand nichts davon.
»Wir fahren nach Asien«, wiederholte mein Vater, und plötzlich wußte ich alles wieder. Jawohl, wir fuhren nach Asien, und Asien war nicht ein Weltteil, sondern ein ganz bestimmter, doch geheimnisvoller Ort, irgendwo zwischen Indien und China. Von dort waren die Völker und ihre Lehren und Religionen ausgegangen, dort waren die Wurzeln alles Menschenwesens

und die dunkle Quelle alles Lebens, dort standen die Bilder der Götter und die Tafeln der Gesetze. Oh, wie hatte ich das nur einen Augenblick vergessen können! Ich war ja schon so lange Zeit unterwegs nach jenem Asien, ich und viele Männer und Frauen, Freunde und Fremde.

Leise sang ich unser Reiselied vor mich hin: »Wir fahren nach Asien!« und ich gedachte des goldenen Drachens, des ehrwürdigen Bo-Baumes und der heiligen Schlange.

Freundlich sah mich mein Vater an und sagte: »Ich lehre dich nicht, ich erinnere dich nur.« Und indem er es sagte, war er nicht mein Vater mehr, sein Gesicht lächelte eine Sekunde lang genau so wie das Gesicht, mit welchem in den Träumen unser Führer, der Guru, zu lächeln pflegt, und im selben Augenblick erlosch das Lächeln, und das Gesicht war rund und still wie die Lotosblüte und glich genau dem goldenen Bildnis Buddhas, des Vollendeten, und wieder lächelte es, und es war das reife, schmerzliche Lächeln des Heilands.

Der neben mir lag und gelächelt hatte, war nicht mehr da. Es war Tag, und alle Schläfer hatten sich erhoben. Bestürzt raffte auch ich mich empor und irrte auf dem ungeheuren Schiff umher, zwischen fremden Menschen, und sah auf dem schwarzblauen Meere Inseln mit wilden, gleißenden Kalkfelsen und Inseln mit wehenden hohen Palmen und tiefblauen Vulkanbergen. Kluge, braune Araber und Malaien standen mit vor der Brust gekreuzten mageren Händen, verneigten sich bis zum Boden und verrichteten die vorgeschriebenen Gebete.

»Ich habe meinen Vater gesehen«, rief ich laut, »mein Vater ist auf dem Schiff!«

Ein alter englischer Offizier in einem geblümten japanischen Morgenkleide sah mich aus hellblauen Augen glänzend an und sagte: »Ihr Vater ist hier und ist dort, er ist in Ihnen und außer Ihnen, Ihr Vater ist überall.«

Ich gab ihm die Hand und erzählte ihm, daß ich nach Asien fahre, um den heiligen Baum und die Schlange zu sehen und um an die Quelle des Lebens zurückzugehen, in welcher alles seinen Anfang nahm und welche die ewige Einheit der Erscheinungen bedeutet.

Aber ein Händler hielt mich eifrig an und nahm mich in Anspruch. Es war ein englischredender Singalese, er zog aus einem Körbchen kleine Lappenbündel hervor, die er auseinanderwickelte und aus denen kleine und große Mondsteine zum Vorschein kamen.

»Nice moonstones, Sir«, flüsterte er beschwörend, und da ich mich heftig abwenden wollte, legte jemand eine leichte Hand auf meinen Arm und sagte: »Schenken Sie mir ein paar Steinchen, sie sind wirklich hübsch.« Die Stimme fing mein Herz alsbald ein wie eine Mutter ihr entlaufenes Kind, ich wandte mich glühend um und begrüßte Miß Wells aus Amerika. Unbegreiflich, daß ich sie so ganz hatte vergessen können!

»Oh, Miß Wells«, rief ich erfreut, »Miß Annie Wells, sind Sie denn auch hier?«

»Wollen Sie mir einen Mondstein schenken, Deutscher?«

Ich griff schnell in die Tasche und zog den langen gestrickten Geldbeutel hervor, den ich als Knabe von meinem Großvater bekommen und als Jüngling auf meiner ersten Italienreise verloren hatte. Es war mir lieb, ihn wiederzuhaben, und ich schüttete eine Menge silberner Ceyloner Rupien heraus; aber mein Reisekamerad, der Maler, von dem ich nicht gewußt hatte, daß er noch da sei und neben mir stehe, sagte lächelnd: »Die können Sie als Hosenknöpfe tragen, sie gelten hier keinen Cent.«

Verwundert fragte ich ihn, wo er herkomme und ob er die Malaria wirklich überwunden habe. Er zuckte die Achseln und sagte: »Man sollte die modernen europäischen Maler alle einmal in die Tropen schicken, da könnten sie sich ihre Orangepalette wieder abgewöhnen. Gerade hier kommt man mit einer dunkleren Palette der Natur viel näher.«

Es war klar, und ich stimmte lebhaft bei. Aber die schöne Miß Annie hatte sich inzwischen im Gedränge verloren. Beklommen ging ich auf dem riesigen Schiffe weiter, wagte jedoch nicht, mich an einer Gruppe von Missionsleuten vorbeizudrängen, die im Kreise sitzend die ganze Deckbreite versperrten. Sie sangen ein frommes Lied, in das ich bald einstimmte, da ich es von Hause her kannte:

. . . darunter das Herze sich naget und plaget
Und dennoch kein wahres Vergnügen erjaget . . .

Ich war damit einverstanden, und die schwermütig-pathetische Melodie stimmte mich traurig, ich dachte an die schöne Amerikanerin und an unser Reiseziel Asien und fand soviel Ursache zur Ungewißheit und Kümmernis, daß ich einen der Missionare fragte, wie denn das nun sei, ob sein Glauben denn wirklich gut und auch für einen Mann wie mich zu brauchen sei.
»Sehen Sie«, sagte ich trostbegierig, »ich bin Schriftsteller und Schmetterlingssammler – –«
»Sie irren sich«, sagte der Missionar.
Ich wiederholte meine Erklärung. Aber auf alles, was ich sagen mochte, gab er mit einem hellen, kindlichen, bescheiden triumphierenden Lächeln dieselbe Antwort: »Sie irren sich.«
Verwirrt floh ich davon. Ich sah, daß ich hier nicht zurecht kam, und ich beschloß, auf alles zu verzichten und meinen Vater zu suchen, der würde mir gewiß helfen. Wieder sah ich das Gesicht des ernsten englischen Offiziers und glaubte seine Worte zu hören: »Ihr Vater ist hier und ist dort, er ist in Ihnen und außer Ihnen.« Ich begriff, daß dies eine Mahnung war, und ich kauerte mich nieder, um mich zu versenken und meinen Vater in mir selbst zu suchen.
So saß ich still und versuchte zu denken. Allein es ging schwer, die ganze Welt schien auf diesem Schiffe versammelt, um mich zu stören. Auch war es furchtbar heiß, und ich hätte gern meines Großvaters gestrickten Geldbeutel für einen frischen Whisky-Soda hingegeben.
Von diesem Augenblicke an, wo sie mir zum Bewußtsein gekommen war, schien diese satanische Hitze beständig anzuschwellen wie ein furchtbarer, unerträglich gellender Klang. Die Menschen verloren alle Haltung, sie soffen aus Korbflaschen gierig wie Wölfe, sie machten es sich auf die seltsamsten Arten bequem, und es geschahen rings um mich her unbeherrschte und sinnlose Taten; das ganze Schiff war offenbar im Begriff, wahnsinnig zu werden.
Der freundliche Missionar, mit dem ich mich nicht hatte verständigen können, war zwei riesengroßen chinesischen Kulis zum Opfer gefallen und wurde von ihnen auf das schamloseste als Spielzeug benützt. Sie wußten ihn durch einen heillosen

Kunstgriff echt chinesischer Mechanik dazu zu bringen, daß er auf einen Druck hin seine gestiefelten Füße zu seinem eigenen Mund herausstreckte. Auf einen anderen Druck hin hing er beide Augen lang wie Würste aus den Höhlen, und als er sie wieder zurückziehen wollte, sah er sich dadurch verhindert, daß sie ihm Knoten darein geschlungen hatten.

Es war grotesk häßlich, aber es focht mich weniger an, als ich gedacht hätte, jedenfalls weniger als der Anblick, den Miß Wells mir bot, denn sie hatte sich ihrer Kleider entledigt und trug in überraschend draller Nacktheit nichts auf dem Leibe als eine wundervolle, braungrüne Schlange, die sich rund um sie geringelt hatte.

Verzweifelt schloß ich die Augen. Ich hatte das Gefühl, unser Schiff fahre sehr rasch abwärts in einen glühenden Höllenrachen.

Da hörte ich, dem Herzen tröstlich wie Glockengeläut einem im Nebel verlaufenen Wanderer, vielstimmig ein feierliches Lied ertönen, das ich alsbald mitsang. Es war das heilige Reiselied: »Wir fahren nach Asien«, und es klangen darin alle menschlichen Sprachen, es rauschte darin alle Ehrfurcht, alle müde Menschensehnsucht, die Not und das wilde Verlangen aller Kreatur. Ich fühlte mich von Vater und Mutter geliebt, vom Guru geleitet, von Buddha gereinigt und vom Heiland erlöst, und ob das, was nun käme, Tod sei oder Seligkeit, schien mir durchaus gleichgültig.

Ich erhob mich und tat die Augen auf. Um mich her waren sie alle, mein Vater, mein Freund, der Engländer, der Guru und alle, alle Menschengesichter, die ich je mit Augen gesehen. Sie schauten geradeaus, mit ergriffenen, schönen Blicken, und auch ich schaute, und vor uns tat ein vieltausendjähriger Hain sich auf, aus himmelhoher Wipfeldämmerung rauschte Ewigkeit, und tief in der Nacht des heiligen Schattens glänzte golden ein uraltes Tempeltor.

Da fielen wir alle auf die Knie nieder, unser Sehnen war gestillt und unsere Reise zu Ende. Wir schlossen die Augen, und wir beugten uns tief und schlugen unsere Häupter an die Erde, einmal und wieder und nochmals, in rhythmischer Andacht.

Hart schlug meine Stirn auf und schmerzte, Lichtfunken drangen in meine Augen, und mein Körper arbeitete sich mühsam aus tiefer Erstarrung. Meine Stirn lag auf der hölzernen Kante der Brüstung, unter mir dämmerten bleich die rasierten Schädel der chinesischen Zuschauer, die Bühne war dunkel, und Beifallgemurmel hallte in dem großen Kinematographentheater wider. Wir standen auf und gingen. Es war quälend heiß und roch durchdringend nach Kokosöl. Draußen aber wehte uns nächtliche Meerluft, Lichtergeflimmer des Hafens und matter Sternenschein entgegen.

Die Angst blieb unterschwellig und wurde wohl deshalb als Traum verarbeitet. Die Beschreibung von Traum und »Asienfahrt« gewinnt bei Hesse immer mehr an Reinheit, bis sie den Gipfelpunkt in der *Morgenlandfahrt* erreicht und zugleich überwunden wird.

Aufklärung und Revision von Vorurteilen

Zurück in Europa, widmete sich Hesse der indischen und chinesischen Philosophie und Literatur. Gleichzeitig beschäftigte er sich mit dem politischen Zeitgeschehen und ergriff Partei gegen die in Europa herrschenden Vorurteile über China und koloniale Machtpolitik. Drei dieser Vorurteile nahm er 1916 besonders unter die Lupe, nämlich die vielzitierte chinesische Grausamkeit, die Opiumsucht und die Rückständigkeit Chinas:

»Im Osten selber, unter den Europäern Indiens und Chinas, werden zwar chinesische Kunstfertigkeit und Solidität hochgeschätzt, und wenige Weiße kehren nach Europa heim, ohne als beste Gabe aus dem Osten chinesische Gewebe und Stickereien, japanische und chinesische Holzarbeiten und Keramiken mitzubringen. Die Kaufleute draußen sprechen von den Japanern mit Abscheu, von den Chinesen mit einer gewissen, fast ängstlich-neidischen Achtung; große Erwerbsgebiete sind ganz in chinesischen Händen; auch in Handel und Schiffahrt sind sie als Konkurrenten europäischer Unternehmer gefürchtet, doch geachtet. Hingegen gilt in jenen Ländern, wo es keine europäischen Diener und Handarbeiter gibt, der Chinese trotz allem doch für einen Farbigen, für minderwertig und zurückgeblieben; man schätzt ihn wohl höher als etwa den Malayen oder Tamilinder, aber so richtig für voll wird er doch nur von wenigen Schwärmern oder tieferen Kennern genommen. Man kauft und schätzt seine Stickereien, man lobt die Exaktheit und Sauberkeit seiner manuellen Leistungen, man läßt seine hohe Intelligenz gelten. Aber die Europäer sind selten, denen beim Anblick einer Chinesenstraße die Bauart und farbige Abgestimmtheit des ganzen Bildes, die Nuancierung der Trachten, die Helligkeit und Intellektualität der Volksmenge nicht nur als ein hübscher exotischer Anblick imponiert, sondern als Produkt, als Ausdruck einer hohen, längst zu Instinkt und automatischer Tradition gewordenen Kultur zu denken gibt. Man lächelt über den chinesischen Kuli, der sich gleich den Indern, vermutlich aus guten hygienischen Gründen, mit Kokosöl einreibt; man erzählt viel von der Spielsucht der Chinesen aller Stände und munkelt je und je geheimnisvoll von einem Zuge tiefer, wilder Grausamkeit, der allen Chinesen im Grunde eigen sei. In der Wirklichkeit bekommt man von dieser Grausamkeit nie etwas zu sehen, als seltene Polizeinachrichten oder Berichte aus älterer Zeit, meist aus Kriegs- oder Revolutionszeiten, und diese melden nichts Schlimmeres, als was uns auch aus europäischen Kriegen, selbst den allerneuesten, vertraut und geläufig ist. Das Opiumrauchen, an sich und als Volksgefahr gewiß nicht schlimmer als die Trunksucht in Europa, scheint im Rückgang begriffen, wird von europäischen Opiumhändlern unterstützt und von großen chinesischen Gesellschaften genau so bekämpft und überwacht wie bei uns die Trunksucht von den Abstinenzgesellschaften.

Worin die Chinesen als Volk hinter uns zurück sind, das sind zumeist äußere Vervollkommnungen der Zivilisation, das sind Maschinen und Kanonen und ähnliche Dinge, an denen man nicht Kulturen abmißt. Auch in diesen Dingen waren sie uns vor Jahrhunderten ziemlich voraus, sie haben auch solche Dinge wie Schießpulver und Papiergeld früher gehabt als wir. Auf diesen Gebieten sind sie von uns überholt worden und von uns abhängig geworden, nicht aber in der Wurzel ihrer Kultur, die zurzeit zwar gefährdet, aber kaum lebensgefährlich angetastet scheint[26].«

Prägnanter und schärfer nahm Hesse 1926 noch einmal zum Thema »chinesische Grausamkeit« Stellung:

»Es herrscht bei uns, trotz jener jungen China-Begeisterung, noch immer in weitesten Kreisen die Meinung, die Seele des Chinesen sei der unseren doch eigentlich vollkommen fremd. Seine Tugenden, vor allem seine unermüdliche Geduld und sein stiller, zäher Fleiß, seien eigentlich mehr passiver Natur, und seine Laster, vor allem die berühmte chinesische Grausamkeit, seien uns im Grunde weltenfern und völlig unverständlich. In Wahrheit sind das dumme Vorurteile. Der Chinese kann grausam sein, genau wie der Abendländer es auch sein kann, und er kann fromm und aufopfernd sein, genau wie auch der Europäer es gelegentlich sein kann[27].«

Im Anschluß an diese beiden Äußerungen, zwischen welchen zehn Jahre liegen, zitiert Hesse im selben Aufsatz »Chinesisches« eine historische Episode, um die Gegenseite der berüchtigten »chinesischen Grausamkeit« zu zeigen:

»Wenn wir aus der Geschichte Beispiele chinesischer Grausamkeit hervorziehen, so sollten wir daneben auch jene Geschichten stellen, in denen China und sein Heldentum uns ebenso vorbildlich erscheinen müssen wie etwa die in unseren Schulen geläufigen heroisch-edlen Erzählungen aus der Bibel oder aus dem klassischen Altertum.

Ein chinesischer Kaiser der Tsin-Dynastie (um 230 v. Chr.) schlug eine Rebellion dadurch nieder, daß er das Haupt der Rebellen samt seiner und seiner Freunde Kinder töten ließ; seine eigene Mutter, die am Aufstande beteiligt war, schickte er in die Verbannung und ließ bei der Strafe des Zerhacktwerdens verbieten, ihn je wieder an seine Mutter zu mahnen. Das war nun gegen den chinesischen Geist gehandelt, um so

26 »Chinesen«, in: *Vorwärts* vom 18. 3. 1916.

27 *Vossische Zeitung* vom 18. 7. 1926. Neudruck in *Sonntagsblatt der Basler Nachrichten*, Jg. 23, 1929, S. 139 f. Eine leicht veränderte Fassung erschien im *Schwabenspiegel*, Jg. 24, 1930, S. 234 f., unter dem Titel »Chinesische Kultur«.

mehr als die Kaisermutter keine gefährliche Frau und nur verführt gewesen war. Siebenundzwanzig Adelige meldeten sich nacheinander beim Kaiser, das furchtbare Verbot mißachtend, und ermahnten ihn, seiner Mutter zu gedenken und sie zurückzurufen. Und alle siebenundzwanzig ließen sich, einer nach dem anderen und jeder vom Schicksal seiner Vorgänger wissend, von dem wütenden Kaiser umbringen. Sie wurden zerhackt, und es schien nun Ruhe zu sein. Aber da nun der Adel schwieg, kam aus dem Nebenstaat ein Gelehrter hergewandert und ließ sich zum Kaiser führen, um ihn ebenfalls an seine Pflicht zu mahnen. Der Kaiser empfing ihn mit dem Schwert in der Hand, ließ ihn vor einen Kessel mit siedendem Wasser führen, in den er geworfen werden sollte, und fragte, ob er das Schicksal kenne, das jene Adeligen getroffen hätte und das auch ihn erwarte. Der Gelehrte nickte nur und lächelte und begann den Kaiser mit den Worten zu ermahnen: ›Achtundzwanzig Sternbilder gibt es, ich will ihre Zahl erfüllen‹.

Und neben den Märtyrern westlicher Religionen und Kulturgemeinschaften stehen würdig die chinesischen Gelehrten unter dem Kaiser Schi. Der Kaiser war von seinen Gelehrten wiederholt ermahnt worden, die überkommenen Regeln der Sitte und des Regierens nicht zu mißachten. Sein Kanzler Li-Ssi aber verteidigte ihn und riet ihm schließlich, die Macht der hergebrachten Vorschriften und Gesetze dadurch zu brechen, daß er alle gelehrten Bücher dieser Art im ganzen Land verbrennen lasse. Er ließ sich dazu überreden, und alsbald begann eine furchtbare Vernichtung aller Bücher im Lande, der wertvollsten und edelsten Dokumente altchinesischer Kultur. Den Gelehrten und Bücherbesitzern aber war bei schwerer Strafe befohlen, alle ihre Bücher binnen dreißig Tagen zu verbrennen oder den Beamten auszuliefern. Und obwohl jeder, der diesem Befehl zuwider handelte, sofort gefangen gesetzt und verurteilt wurde, haben nicht weniger als vierhundertundsechzig Gelehrte Trotz geboten und sich einsperren lassen, und sind lebendig begraben worden. (Chinesische Geschichte von Heinrich Hermann, Stuttgart 1912).

Unter den Geschichten, die unseren Kindern zu Vorbild und

Erbauung in den Schulen erzählt werden, auch unter denen der Bibel, sind viele, die sich weder an Adel noch an Großartigkeit diesen und manchen ähnlichen Erzählungen aus der alten chinesischen Geschichte vergleichen lassen. Jener Gelehrte vor dem Schwert des Kaisers und vor dem Kessel mit siedendem Wasser ist mehr als Mucius Scävola; er opfert sich nicht nur für den Fortbestand des Vaterlandes, er ist bereit, für die Erfüllung einer idealen Pflicht zu sterben, im Widerstand gegen den Kaiser, der ihm heilige Vorschriften zu verletzen scheint. Er ist revolutionär aus Konservatismus, aus demselben Konservatismus, der uns westlichen Völkern unbegreiflich starr erscheint, und der doch eines der größten Reiche und eine der wertvollsten Kulturen der Welt bis heute genährt und erhalten hat[28].«

Sozial-politische Stellungnahmen

Als Hesse im September 1911 nach Hinterindien aufbrach, befand sich China in äußerster politischer Gärung. Am 10. 10. 1911 war aus dem chinesischen Kaiserreich eine Republik geworden. Wir können annehmen, daß er durch Zeitungen und Gespräche über die Vorgänge in China unterrichtet wurde, auch wenn wir bis heute darüber noch keinen schriftlichen Beleg haben. Nach seiner Rückkehr konnte sich Hesse aus Ku-Hung-mings Buch *Chinas Verteidigung gegen europäische Ideen* über die politisch-kulturellen Probleme Chinas, vornehmlich die der zweiten Hälfte des 19. Jahrhunderts, etwa vom Opiumkrieg bis zum Boxeraufstand, einigermaßen systematisch orientieren. In seiner Rezension des Buches von Ku schrieb Hesse: »Man erfährt daraus viel über die maßgebenden politischen Persönlichkeiten Chinas, speziell über die Ära von Li-Hung-tschang,

28 Nach den im Deutschen Literaturarchiv Marbach und in der Landesbibliothek Bern aufbewahrten Rezensionen und Büchern Hesses zu urteilen, scheint Heinrich Hermanns *Chinesische Geschichte* das einzige Geschichtsbuch Chinas zu sein, das Hesse besprochen hatte.

und darunter manches Erstaunliche[29].« Li war General und Gelehrter – die meisten Feldherren Chinas waren zugleich Gelehrte –, der den Aufstand der Anhänger eines sinisierten Christentums niederschlug. Der Anführer des Aufstandes träumte, nachdem er durch das erste kaiserliche Examen gefallen war, daß er ins christliche Himmelreich geführt und von Gott-Vater empfangen wurde, der ihm mitgeteilt habe, er sei sein zweiter Sohn, also der Bruder Christi, und gab ihm sodann den Auftrag, China zu erneuern. Daraufhin gründete der Anführer eine christliche Sekte, die schließlich gegen das Kaiserreich rebellierte und das »Himmelreich des Friedens« gründete. Dieses Himmelreich führte viele Reformen ein, darunter die Gleichberechtigung von Mann und Frau und das Verbot von Opiumgenuß und Opiumimporten. Letzteres verstieß jedoch gegen die Interessen der Westmächte, so daß sie dem Kaiserreich mit Waffen und Ausbildern halfen, diesen Aufstand zu zerschlagen. Dies ist das »Erstaunliche«, das Hesse in seiner Rezension erwähnte. Es ist aber anzumerken, daß Ku auf der Seite Li-Hung-tschangs gegen die westlichen, u. a. die christlichen Ideen stand. Hesse, der als Europäer in Hinterindien den unterdrückten Völkern gegenüber ein Schuldgefühl empfand, gab Ku-Hung-ming mit einem Vorbehalt recht:

»Der sympathische Autor ist, ohne sonderlich originell zu sein, ein feiner, gescheiter Vertreter der alten chinesischen Kultur und Moral, die einer Verteidigung gegen Europa freilich sehr bedarf. Im letzten Grunde hat er Recht: Wir Europäer haben den Chinesen wenig Gutes und viel Schlechtes ins Land gebracht. Nur ist eben der kriegerische Handelsmann und Kolonialpolitiker nicht der richtige Interpret westlicher Kultur, das unterschlägt Ku-Hung-ming, der doch selbst so viel von Europa gelernt und angenommen hat[30].«

Auch wenn die Information durch Ku einseitig war, so hatte Hesse die Gefahr Chinas, den imperialistischen Mächten ausgeliefert zu sein, kennengelernt. Dies machte ihn um das Schick-

29 *März*, Jg. 6, 1912, Bd. 1, S. 240.
30 Ebenda.

sal Chinas besorgt. Ein Brief an Conrad Haußmann vom 5. 2. 1915 legt davon Zeugnis ab:

»Die einzigen in der Welt, denen ihr Ziel klar ist und die es ohne Sentimentalität verfolgen, sind die Japaner. Ich glaube nicht, daß China etwas gegen sie machen kann. Aber ich bin tief überzeugt, daß selbst bei einer Unterwerfung doch mit der Zeit der chinesische Geist über den japanischen siegen wird. In allen schönen, stillen, tiefen, passiven Tugenden (die jetzt in Europa wenig geschätzt werden, mit denen China aber sechstausend Jahre alt wurde) ist China überlegen[31].«

Dieser Brief muß im Zusammenhang mit dem politischen Geschehen berücksichtigt werden. Durch die Industrialisierung wurde Japan im Laufe des neunzehnten Jahrhunderts zur Weltmacht und nahm am weltpolitischen Wettbewerb teil. Gegen Ende des neunzehnten Jahrhunderts gewann es Kriege gegen Rußland und China. Daraufhin wurde Korea eine japanische Kolonie und Nordchina japanisches Interessengebiet. Als der Erste Weltkrieg ausbrach, erklärte Japan dem Deutschen Reich den Krieg. Doch statt Truppen in das Schlachtfeld Europas zu entsenden, belagerte und besetzte es die deutsche Kolonie in China. China erklärte Deutschland ebenfalls den Krieg in der Hoffnung, die deutsche Kolonie in China zurückzugewinnen, und entsandte Arbeiter-Bataillone nach Europa als Symbol seiner Beteiligung am Krieg. Japan hielt die ehemalige deutsche Kolonie besetzt und gab sie China auch nach dem Krieg nicht zurück. Auch die Westmächte dachten nicht daran, ihre Kolonien, Sonderrechte und Interessengebiete in China aufzugeben. Diese Tatsache veranlaßte Hesse, 1921 den Artikel »Chinesische Betrachtung« zu schreiben, in dem er wiederum die Partei Chinas ergriff. Zugleich sprach er seine Zuversicht aus, daß China durch seine Kultur die Unterjochung überwinden werde:

»Unter der gespanntesten Aufmerksamkeit aller Völker findet in Washington der Kongreß statt, welcher einen Krieg zwischen Amerika und Japan verhindern und die Seerüstungen der Großmächte einschränken soll. Ein Teil der Aufgabe ist

31 *GBriefe*, Bd. 1, a. a. O., S. 261.

gelöst, ein gewisses Ziel ist erreicht. Es wird in absehbarer Zeit nicht zum Kriege zwischen Japan und Amerika kommen, es wird weniger Geld und Arbeit für den Bau von Kriegsschiffen vertan werden. Die Welt atmet auf.

Weniger als die Ergebnisse wurde ein anderer Teil des Inhaltes jener Washingtoner Sitzungen in der Welt beachtet. Bei diesen Sitzungen haben die Starken und Mächtigen sich bis zu einem gewissen Grade geeinigt. Ein Schwacher aber war dabei, welcher wenig Gehör fand. Es war China. Die älteste zur Zeit bestehende Weltmacht, das uralte, ungeheure China, hat nicht jenen Weg der Anpassung an die westliche Welt gefunden, den Japan seit Jahrzehnten konsequent gegangen ist. China ist sehr schwach geworden, es spielt kaum mehr die Rolle einer selbständigen Macht und wird von den andern, den Mächtigen, beinahe nur noch als ein vorsichtig zu teilendes ›Interessengebiet‹ angesehen.

Schon vor Jahren hat ein Chinese, ein Anhänger der alten, ehrwürdigen chinesischen Gedankenwelt, sich zu diesen Vorgängen in einem Sinne geäußert, der mit Politik nichts zu tun hat, dafür dem Geiste des Tao Te King nahesteht. Er sagte etwa so: Mögen die Japaner oder andere Völker uns erobern, unser Land nehmen, unsere Regierung führen! Mögen sie es tun! Es wird sich zeigen, daß wir die Schwächern sind, daß man uns erobern und auffressen kann. Möge dies also geschehen, wenn es Chinas Schicksal ist! Dann aber, wenn die andern uns aufgefressen haben, dann erst muß sich zeigen, ob sie uns auch verdauen können. Es wird vielleicht so gehen, daß Regierung und Heer, Verwaltung und Finanzen japanisch, amerikanisch und englisch sein werden, daß aber die Eroberer China nicht ändern können, daß vielmehr sie vom Geiste Chinas erobert und geändert werden, daß sie allmählich Chinesen werden. Denn China ist schwach in Waffenhandwerk und Politik, es ist aber reich an Leben, reich an Geist, reich an uralter Gesittung.

Diese liebenswerten Chinesen dachte ich, als ich die letzten Washingtoner Berichte las. Und ich dachte: Schon jetzt, während China als Weltmacht seinen Niedergang begeht, schon jetzt, noch ehe es erobert ist, hat es ein gutes Stück des Westens erobert! In den letzten zwanzig Jahren hat das alte, geistige China, das vorher kaum einigen Gelehrten bekannt war, uns durch Übersetzungen seiner alten Bücher, durch den Einfluß seines alten Geistes zu erobern begonnen. Erst seit zehn Jahren ist Lao Tse in allen Sprachen Europas durch Übertragungen bekanntgeworden und zu gewaltigem Einfluß gelangt. Wenn wir früher, bis vor zwanzig Jahren, vom ›Geist des Ostens‹ sprachen, so dachten wir ausschließlich an Indien, an die Veden, an Buddha, an die Bhagavad Gita. Jetzt denken wir, wenn vom Geiste Ostasiens die Rede ist, ebensosehr oder mehr an China, an die chinesische Kunst, an Lao Tse, an Dschuang Dsi, auch an Li Tai Pe. Und es zeigt sich, daß das Denken des alten China, zumal das des frühen Taoismus, für uns Europäer keineswegs eine entlegene Kuriosität ist, sondern uns im wesentlichen bestätigt, in Wesentlichem berät und hilft. Nicht als ob wir aus diesen alten Weisheitsbüchern plötzlich eine neue, erlösende Lebensauffassung gewinnen könnten, nicht als ob wir unsere westliche Kultur wegwerfen und Chinesen werden sollten! Aber wir sehen im alten China, zumal bei Lao Tse, Hinweisungen auf eine Denkart, welche wir allzusehr vernachlässigt haben, wir sehen dort Kräfte gepflegt und erkannt, um welche wir uns, mit anderm beschäftigt, allzulange nicht mehr gekümmert hatten[32].«

Ist Hesses Ansicht, daß die Kultur Chinas, die bereits »ein gutes Stück des Westens erobert habe«, durch die politische Niederlage nicht untergehen könne, als Schwärmerei eines politisch naiven »Romantikers« anzusehen? Die Antwort muß Nein lauten. Denn China hat in der Vergangenheit in der Tat mehrmals kulturell seine politischen Eroberer assimiliert. Das jüngste Ereignis dieser Art war die letzte Dynastie, die nicht von Chinesen, sondern von den Mandschus gegründet worden war. Bereits vor der Revolution im Jahre 1911 waren sie von den eigentlichen Chinesen sprachlich und den Sitten nach nicht mehr zu unterscheiden. Nach der Revolution, die mit dem Verlust ihrer Sonderrechte verbunden war, sind sie vollständig

32 *Neue Zürcher Zeitung*, Nr. 1855 vom 25. 12. 1921, bzw. WA, Bd. 10, S. 66 ff.

chinesisch geworden. Diese historischen Ereignisse lassen sich natürlich nicht auf Europa übertragen. Dazu fehlen die Voraussetzungen. Doch ist nicht zu bestreiten, daß Chinas kulturelle Präsenz schon damals in Europa spürbar geworden war. Indirekt bestätigte C. G. Jung Hesses Beobachtung, als er 1930 davon sprach, daß der Geist des Ostens ante portas sei: »Blicken wir nach Osten: Dort erfüllt sich ein übermächtiges Schicksal. Europäische Kanonen haben die Tore Asiens gesprengt, europäische Wissenschaft und Technik, europäische Diesseitigkeit und Begehrlichkeit überfluten China. Wir haben den Osten politisch überwunden.

Wissen Sie, was geschah, als Rom den nahen Osten politisch unterworfen hatte? Der Geist des Ostens zog in Rom ein. Mithras wurde der römische Militärgott, und aus dem unwahrscheinlichsten Winkel Vorderasiens kam ein neues geistiges Rom. Wäre es nicht denkbar, daß heutzutage Ähnliches geschieht und wir ebenso blind wären wie die gebildeten Römer, die sich über den Aberglauben der Χρηστοί wunderten? Es ist zu bemerken, daß England und Holland, die beiden ältesten Kolonialmächte des Ostens, auch am meisten von indischer Theosophie verseucht sind. Ich weiß, daß unser Unbewußtes voll östlicher Symbolik steckt. Der Geist des Ostens ist wirklich ante portas. Darum scheint es mir, daß die Verwirklichung des Sinnes, das Suchen des Tao, bei uns in weit stärkerem Maße bereits kollektive Erscheinung geworden ist, als man allgemein denkt[33].«

Hesses Artikel zeigt deutlich, daß er einerseits am politischen Schicksal Chinas Anteil nahm, sich andererseits aber viel mehr von der Kultur Chinas angezogen fühlte. Hinzu kam sein schweres persönliches Schicksal, das seinen Ausdruck fand in Schriften wie *Sinclairs Notizbuch* (1923), *Kurgast* (1925), *Die Nürnberger Reise* (1927), *Der Steppenwolf* (1927), *Krisis* (1928) etc. Dieses Schicksal versuchte Hesse mit Hilfe der Psychoanalyse, aber auch mit indischer und chinesischer Philosophie, wo nicht zu überwinden, so doch zu ertragen. Außerdem wurde er zunehmend vom Chaos der politischen Vorgänge Europas,

33 »Zum Gedächtnis Richard Wilhelms«, a. a. O., S. xv.

insbesondere derjenigen Deutschlands, absorbiert, wie man ebenfalls in den angeführten Büchern und seinen Briefen dieser Jahre ablesen kann. So konnte er sich weniger mit den aktuellen Ereignissen in China befassen und dem Pädagogen Paul Geheeb, in einem undatierten Brief (1933?), schreiben, zum heutigen China habe er kein direktes Verhältnis. Bis nach dem Zweiten Weltkrieg hat sich bisher nur ein schriftliches Zeugnis gefunden, dem entnommen werden kann, daß Hesse sich über das Zeitgeschehen in China orientierte. Es ist eine Rezension von Richard Huelsenbecks Buch mit dem seltsamen Titel *China frißt Menschen*:

»Auch in diesem erregenden und eindrücklichen Buch steht die anklagende Frage nach Gerechtigkeit hinter jeder Zeile. Das China der Nachkriegszeit ist der Schauplatz der Geschichte, mit deutschen Waffenschmuggelkapitänen, ausgehungerten Seeleuten, englischen Geschäftsleuten und Richtern, trägen Chinesen, eine Hölle voll greller Figuren und Situationen. Huelsenbeck begnügt sich mit einem grimmigen Aufzeigen, er deutet mit unerbittlichem Finger auf lauter Pestbeulen, ohne viel darüber zu philosophieren. Dies Amt ist ein einseitiges, aber er betreut es mit Sorgfalt und Hingabe, auch mit Gefahr, seine Schilderungen sind Zeitdokumente. Möchte dies Buch bald auch ins Englische übersetzt werden und viel von sich reden machen[34]!«

Es war das letzte Mal, daß Hesse auf seine Art Partei für das politische China ergriff[35]. In der Zwischenzeit kam die Nationalsozialistische Partei in Deutschland an die Macht, der Zweite Weltkrieg brach aus und Blut floß nicht nur in Europa, sondern auch in Asien. Aber kurz nach Beendigung des Zweiten Weltkrieges kam es in China zum Bürgerkrieg zwischen dem nationalchinesischen Regime und den chinesischen Kommunisten. Daß man im kriegsmüden Europa kein Verständnis für diesen Krieg hatte, war nicht erstaunlich, insbesondere bei Her-

34 *Der Bücherwurm*, Jg. 16, Heft 12, Februar 1931, S. 55.

35 In einigen Briefen an seinen Vetter Wilhelm Gundert, der lange Zeit in Japan war, hatte sich Hesse noch zu aktuellen politischen Ereignissen – z. B. dem Einmarsch der japanischen Armee in den Nordosten Chinas – geäußert. Leider sind diese Briefe bis heute verschollen.

mann Hesse, der in einem Brief an Frau Salome Wilhelm, die Witwe des Sinologen Richard Wilhelm, im Sommer 1947 schreibt:

»... Daß Ihnen China Sorgen macht, verstehe ich wohl. Seit Kommunismus, Nationalismus und Militarismus Brüder geworden sind, hat der Osten seinen Zauber vorläufig verloren.«

Daß der Kriegsgegner Hesse gegen jeden Militarismus war, liegt auf der Hand. Daß der Verfechter der Internationalität und Einheit der Kultur nichts für den Nationalismus übrig hatte, bedarf ebenfalls keines Kommentars. Hesses Einstellung zum Kommunismus müßte detaillierter untersucht werden, um seine späteren Äußerungen über das politische China zu verstehen, denn 1949 wurde China als Volksrepublik proklamiert. Hesse war nicht gegen den Kommunismus als solchen. So schrieb er 1931: »Ich halte den Kommunismus nicht nur für berechtigt, sondern ich halte ihn für selbstverständlich ... Wer heute auf Seiten des Kommunismus steht, der bejaht die Zukunft[36].« Dennoch wurde er kein Kommunist. Die Gründe dafür sind vielschichtig. Für das Verständnis von Hesses Verhältnis zum politischen China sei das folgende Motiv hervorgehoben: Der Kommunismus hält »den Menschen für nahezu unbegrenzt politisierbar«[37]. Dichtung und Philosophie sind für die Kommunisten nur ein Teil des ideologischen Überbaus. Für sie gehört die Dichtung in das Gebiet der Propaganda, und die Philosophie wird verworfen, wenn sie nicht dialektisch-materialistisch ist. Für Hesse aber sind Philosophie, Dichtung und Kunst das Beste, was die Menschheit hervorgebracht hat und bei weitem wertvoller als jegliche Ideologie. In diesem Zusammenhang ist sein Brief an den Chinesen Yang En-lin vom August 1954 zu verstehen:

»Wie ich erfahre, sind in China die großen chinesischen Klassiker, die ich über alles verehre, heute verboten: Kung Fu Tse, Lao Tse, Dschuang Tse etc. Ich kann diese Nachricht nicht

36 *Politische Betrachtungen.* Herausgegeben von Siegfried Unseld, Frankfurt a. Main 1970, S. 102.

37 *Lektüre für Minuten.* Herausgegeben von Volker Michels, Frankfurt a. Main, 1971, S. 19.

nachprüfen. Aber ich möchte in einem Lande, das seine edelsten Geister nicht mehr erträgt und nicht mehr dulden will, lieber zu den Verbotenen als zu den Geduldeten gehören.« Doch gehören inzwischen die chinesischen Klassiker nicht mehr zu den Verbotenen oder Verfemten, auch Hesse nicht. Im Institut der ausländischen Literatur der chinesischen Akademie der Sozialwissenschaften werden seit neuestem die Werke Hesses intensiv studiert.

In der Zeitschrift »Das Antiquariat«, Wien, Nr. 13-16 v. Juli/August 1954 hatte sich Hesse den folgenden Passus angestrichen:

»Zu unserer Notiz im Februarheft 1954, S. 42, erhalten wir aus *Peking* noch einen Nachtrag, in dem es heißt:

›Beim Kaiser angefangen, liegen die Wurzeln vor allem in der Kultivierung der Person‹, sagte Chinas großer Philosoph Konfuzius einmal. Solche Worte haben in einem Kollektivstaat keine Gültigkeit mehr. Auf der Morallehre des Konfuzius aber ist die gesamte chinesische Gesellschaft aufgebaut. Zu Beginn ihrer Regierungszeit griffen die Kommunisten noch auf für sie geeignete Aussprüche des chinesischen Philosophen zurück, wie etwa ›Reichtum zu zentralisieren, heißt das Volk auseinanderreißen, Reichtum verteilen, heißt das Volk versammeln‹.

Doch im Mittelpunkt der konfuzianischen Lehre steht die Familie, die letztlich die Basis der gesamten chinesischen Gesellschaftsordnung bildet. Mao Tse-tung aber hat eine neue Gesellschaftsordnung geschaffen, die nicht auf der Familie, sondern auf dem Staate aufgebaut ist. Die Lehre des Konfuzius mußte den neuen Herren im Laufe der Zeit unbequem werden. Der Feldzug gegen den Konfuzianismus ließ auch nicht lange auf sich warten.

Auf der Liste der ›verbotenen‹ Literatur befinden sich auch zahlreiche andere chinesische Klassiker wie Mencius, Lao Tse, Dschuang Tse, Liä Tse. In der chinesischen Geschichte fand gleichfalls eine gründliche Säuberung statt. Einstmalige Nationalhelden wie Yuen Fei, ein seinem Kaiser treu ergebener General der Sung-Dynastie, und Kuan Yu, ein berühmter General während der ›drei Dynastien‹, verschwanden aus den Annalen der Geschichte. Viele Werke, die einmal in China als die Basis aller literarischen

Bildung galten, sind auf den Scheiterhaufen oder in die Papiermühle gewandert. Die Kampagne gegen die ›undemokratische Literatur‹ wendet sich vornehmlich an die Intellektuellen, die gebeten werden, ihre illegalen Bücher abzuliefern. Die Besitzer der Buchhandlungen und der Büchereien sind gezwungen worden, auf dem Ladentisch ein Schild aufzustellen, auf welchem zu lesen ist, daß für 1·3 lb. verbotener chinesischer Literatur der Preis von 200 chinesischen Yuan bezahlt wird.«

Solche Pressenotizen gab es in der Zeit unmittelbar nach dem Korea-Krieg, an dem China teilgenommen hatte, und die westlichen Zeitungen waren voll von Greuelnachrichten darüber. In diesem Zusammenhang muß man Hesses Vorsicht hervorheben, denn er schenkte solchen Berichten nicht ohne weiteres Glauben. Sein Brief ist eher eine grundsätzliche Aussage als eine pauschale Verdammung. Er konnte nicht wissen – die chinesischen Quellen waren ihm aus sprachlichen Gründen nicht zugänglich –, daß die chinesischen Klassiker in China nicht verboten waren. Vielmehr bemühte sich China, sein gewaltiges Kulturerbe neu zu interpretieren, allerdings nach marxistischer Sicht. Zweifellos hätte Hesse wenig Gefallen an den Resultaten solcher Untersuchungen gefunden. Das älteste philosophische Werk Chinas, das *I Ging,* das eine wichtige Rolle im *Glasperlenspiel* einnimmt, soll sowohl das Gesetz des Widerspruches – des quantitativen Wachstums, das zur qualitativen Veränderung umschlägt – als auch die marxistische Epistemologie – alles Wissen stamme aus Erfahrungen – ja sogar die Idee der permanenten Revolution enthalten, haben und Kung Tse soll Verfechter der marxistischen Idee gewesen sein, daß Erfahrungen zu Wissen und Praxis zur Idee führten.

Schon im Mai 1947 schrieb Hesse an seinen Sohn Heiner:

»Es ist auch in China die ererbte Kultur in voller Auflösung begriffen, und die große Mehrzahl der heutigen Chinesen kennt weder 40 000 noch 10 000 noch 1000 Schriftzeichen, sondern überhaupt keine, oder doch nur das englische Alphabet. Sie werden bald alle in der Lage sein, ihre flachgewalzten Regungen und Gedanken in ebenso flachgewalzten internationalen Bezeichnungen auszudrücken.«

Und im Dezember 1950 heißt es in einem Brief an die Witwe Richard Wilhelms:

»Ja, wenn man den Staatsmännern von heute den Kung Tse, den Lau Dan oder Meng Dsi nicht nur in die Hand geben, sondern ihnen auch die Fähigkeit, diese Luft zu atmen, einflößen könnte, wäre allerlei zu hoffen. Doch haben jene großen Chinesen ohne Ausnahme von Verfall und Korruption zu berichten gehabt und von der Zeit der großen Herrscher als von einem versunkenen Paradies gesprochen. Uns muß es genügen, vom Ideal zu wissen und die Vorstellung des Vollkommenen und die Sehnsucht danach in uns zu tragen.«

Die Klassiker der chinesischen Philosophie und Dichtung sind auch der Bevölkerung durch Anthologien, Übersetzungen vom klassischen ins moderne Chinesisch und durch Monographien zugänglich gemacht worden[38]. Doch konnte Hesse damals nichts wissen von den Versuchen Chinas, seine alten Philosophen zu kostümieren, zumal man sich in Europa im Laufe der Zeit dem Einfluß negativer Zeitungsberichte und den daraus resultierenden allgemeinen Vorurteilen gegen China nicht entziehen konnte. So zeigt Hesses letzte Stellungnahme zum modernen China, 1960 unter dem Titel »Blick nach dem Fernen Osten« publiziert, daß sogar er von der westlichen Informationspolitik fehlgeleitet worden war:

»Die Chinesen, einst das friedlichste und an kriegs- und militärfeindlichen Bekundungen reichste Volk der Erde, sind heute die gefürchtetste und rücksichtsloseste Nation geworden. Sie haben das heilige Tibet, neben Indien das frömmste aller Völker, barbarisch überfallen und erobert, und sie bedrohen dauernd Indien und andere Nachbarländer. Wir können das nur konstatieren. Vergleicht man etwa das politische Frankreich oder England des 17. Jahrhunderts mit dem heutigen, so zeigt

38 Dies ist nicht der Ort, die politischen Umstände, die die Verbreitung der chinesischen Philosophie und Dichtung begleitet haben, zu erörtern. Wer sich dafür interessiert, kann sich im Kapitel II, Abschnitt »Altes Kulturerbe und neue Parteipolitik« in: Adrian Hsia, *Die chinesische Kulturrevolution. Zur Entwicklung der Widersprüche in der chinesischen Gesellschaft*, Neuwied: Luchterhand Verlag, 1971, informieren.

sich, daß der politische Aspekt einer Nation sich im Lauf weniger Jahrhunderte gewaltig verändern kann, ohne daß dies auch eine entsprechende Veränderung im Kern des Volkscharakters bedeuten müßte. Wir müssen wünschen, daß auch im chinesischen Volk über die Zeiten dieser Verstörung hinweg sich viele seiner wunderbaren Charakterzüge und Begabungen erhalten[39].«

Hesses Vorwurf gegen China, daß es »heute die gefürchtetste und rücksichtsloseste Nation« geworden sei, stützt sich auf zwei Motive: China habe Tibet überfallen und bedrohe Indien und andere Nachbarländer. Er wußte nicht, daß die beiden angeführten Gründe ein Resultat der Kolonialpolitik des »British Empire« waren, die Hesse während seiner Indienreise selbst erlebt und in seinem Buch *Aus Indien* kritisiert hatte. Besonders die Erzählung »Robert Aghion«, die in diesem Buch erstmals erschienen ist, legt davon Zeugnis ab. Das »British Empire« versuchte seit dem neunzehnten Jahrhundert, Tibet, das seit Jahrhunderten ein Bestandteil Chinas war, von China zu lösen und es – um es unter britischen »Schutz« stellen zu können – für unabhängig zu erklären. Damit wäre es Tibet wie Indien ergangen, d. h. es wäre zu einer britischen Kolonie geworden. Der letzte Versuch dieser Art fand noch in diesem Jahrhundert statt. Solche Vorgänge führten in Europa zu der Überzeugung, Tibet sei ein unabhängiges Land. Außerdem hat es in Tibet keinen Krieg zwischen der Zentralregierung und der Provinzregierung gegeben. Tibet war und ist auch heute eine autonome Provinz. Von einem Überfall kann daher keine Rede sein, und die Flucht des Dalai Lama aus Tibet war nicht die Folge einer militärischen Auseinandersetzung, sondern die einer sozialen Revolution. Von diesen Hintergründen konnte Hesse nichts wissen. Sogar heute haben nur wenige Sinologen Kenntnis davon genommen. Aus demselben Zusammenhang läßt sich auch Hesses zweiter Vorwurf motivieren. Das britische Imperium, das heute noch eine Kolonie auf chinesischem Boden besitzt, dehnte die Grenze seines indischen Territoriums auf Kosten des damals wehrlosen China aus.

39 *Universitas*, Jg. 15, 1960, S. 379-386, bzw. WA, Bd. 12, S. 41 f.

Als Indien unabhängig wurde, übernahm es eine Grenze, die China nie anerkannt hatte. Die Spannungen und Konflikte, die aus dem britischen Erbe entstanden, wurden in Europa als Expansionspolitik Chinas interpretiert, obwohl China mit allen übrigen Nachbarländern Grenzregelungen zu seinen eigenen Ungunsten vereinbart hatte. Es ist schade, daß Hesse diese Hintergründe nicht kennen konnte und daß somit seine letzte bekanntgewordene Stellungnahme über China negativ ist. Schuld daran sind die auch heute noch kursierenden Fehlinformationen der europäischen Presse.

Über Fou Tsong

Hesses hartes Urteil über die angebliche Barbarei Chinas war Ausdruck einer tiefen Enttäuschung, die nur zu verstehen ist vor dem Hintergrund seiner Liebe zur klassischen chinesischen Literatur und dem Land und Volk, das sie hervorgebracht hat. So ist seine Kritik auch nicht absolut, sondern bezieht sich auf die »Oberfläche des politischen Aspektes, von dem der Kern des Volkscharakters unangetastet bleiben kann«. Diese Hoffnung Hesses bezeugen auch einige Passagen in seinem Brief »An einen Musiker«, den er am 8. 4. 1960 – also im gleichen Jahr wie die angeführte Stellungnahme – in der Neuen Zürcher Zeitung publiziert hat:
»... Es war ein Chopin-Abend, gegeben von einem Chinesen namens Fou Tsong, dessen Namen ich hier zum erstenmal begegnete und über dessen Alter, Schule und Person mir nichts bekannt ist. Das schöne Programm interessierte mich, und natürlich zog mich auch die wunderliche Aussicht stark an, Chopin, meine große Jugendliebe, ausgerechnet von einem Chinesen spielen zu hören. Nun, er spielte herrlich. Ich habe Chopin vom alten Paderewski, vom Wunderknaben Raoul Koschalski, von Edwin Fischer, Lipatti, Cortot und vielen anderen großen Pianisten spielen hören. Er wurde auf mancherlei Arten gespielt, kühl-korrekt oder schmelzend oder schmissig oder launisch und eigenwillig, bald mehr auf den Klangreiz, bald mehr

auf differenzierte Rhythmik hin, bald fromm, bald frivol, bald ängstlich, bald eitel, oft war es wunderschön, aber nur selten entsprach es meiner Vorstellung von der Art, wie man Chopin spielen sollte. Diese ideale Art dachte ich mir natürlich genau so, wie Chopins eigenes Spiel gewesen sein mußte. Viel hätte ich darum gegeben, eine der Balladen von André Gide gespielt zu hören, der sein Leben lang als Klavierspieler sich intensiv um Chopin bemüht hat.

Nun, der unbekannte Chinese gewann schon nach Minuten meine Achtung, und bald auch meine Liebe, er war seiner Aufgabe völlig gewachsen. Ein Höchstmaß an technischer Perfektion hatte ich unbesehen bei ihm vorausgesetzt, das war chinesischer Ausdauer und chinesischer Geschicklichkeit ohne weiteres zuzutrauen. Die technisch-virtuose Vollkommenheit war denn auch da, Cortot oder Rubinstein hätten das nicht übertreffen können. Aber das war nicht alles. Es war nicht nur meisterliches Klavierspiel, was ich zu hören bekam, es war auch Chopin, richtiger Chopin, es mahnte an Warschau und an Paris, das Paris Heinrich Heines und des jungen Liszt, es duftete nach Veilchen, nach Regen auf Mallorca und auch nach exklusiven Salons, es klang melancholisch und klang mondän, die Differenzierung des Rhythmischen war ebenso feinfühlig wie die der Dynamik. Es war ein Wunder.

Nur – ich hätte den hochbegabten Chinesen gern auch mit Augen gesehen. Es hätte sein können, daß mir aus seiner Haltung, seinen Bewegungen, seinem Gesicht die Beantwortung einer Frage möglich geworden wäre, die sich nach Schluß der Funksendung in mir erhob, der Frage nämlich: hat dieser Hochbegabte nun das Europäische, das Polnische, das Pariserische, die Schwermut und die Skepsis dieser Musik von innen her begriffen – oder hat er einen Lehrer, einen Kollegen, einen Meister, ein Vorbild gehabt, dessen Spiel er bis in alle Nüancen nachgeahmt und auswendig gelernt hat? Ich möchte ihn das gleiche Programm nochmals, noch mehrere Male und an verschiedenen Tagen spielen hören. War alles echt und Gold, war Fou Tsong wirklich der Musikant, für den ihn zu halten ich sehr geneigt war, dann mußte auch jede neue Aufführung, und sei es in

kleinsten Merkmalen, etwas Neues, Einmaliges, Individuelles haben und durfte nicht nur das nochmalige Ablaufen einer wunderschönen Platte sein.
Nun, vielleicht wird meiner Frage doch einmal Antwort werden. Die Frage hat mich nicht etwa während des Konzertes gestört, sie ist mir erst nachher aufgestiegen. Und während ich ihn spielen hörte, habe ich in manchen Augenblicken den Mann aus dem Osten auch beinah gesehen, nicht den wirklichen Fou Tsong natürlich, sondern einen von mir imaginierten, erfundenen, geträumten. Da glich er einer Gestalt von Tschuang Tse oder aus dem Kin Ku Ki Kwan, und sein Spiel, so schien mir's, wurde ausgeführt mit der geisterhaft sicheren, völlig gelösten, fromm von Tao gelenkten Hand, mit der die Maler des alten China den Tuschepinsel führten, um in Bild und Schrift ganz nahe an das zu rühren, was sich in glücklicher Stunde als Sinn der Welt und des Lebens ahnen läßt.«

IV

Hesses chinesische Lektüre

Am 13. 7. 1919 schrieb Hesse in der Neuen Zürcher Zeitung: »Die Weisheit, die uns nottut, steht bei Lao Tse, und sie ins Europäische zu übersetzen, ist die einzige geistige Aufgabe, die wir zur Zeit haben.« Darauf schrieb ihm Klabund, der soeben seine Übersetzung des Tao Te King abgeschlossen hatte: »Ich brauche Ihnen kaum zu sagen, daß ich das Tao Te King für das *politische Buch halte, das der Welt augenblicklich am meisten not täte: als Erlebnis und Verwirklichung.«*

Konnte Hesses Beziehung zum politischen China mit einem Mißverständnis enden, so blieb doch sein Urteil über das kulturelle China unanfechtbar, denn hier war er nicht auf Informationen anderer angewiesen. Von den drei philosophisch-religiösen Richtungen – Taoismus, Konfuzianismus und Buddhismus – lernte er zuerst das *Tao Te King* von Lao Tse kennen, wahrscheinlich, wie wir gesehen haben, in der Nachdichtung von Alexander Ular. Auch durch seinen Vater wußte er von Lao Tse, der ihn seinerseits durch den Tübinger Professor Julius Grill näher kennengelernt hatte. Davon hat Hesse nicht nur in seiner Schrift *Eine Bibliothek der Weltliteratur*, sondern auch in seiner bisher noch unpublizierten Erinnerung »Über mein Verhältnis zum geistigen Indien und China« berichtet. Ebenfalls Grills Übersetzung und seine Kommentare des *Tao Te King* waren es, durch die er eine systematische Einführung in die taoistische Philosophie erhielt. Julius Grill versteht unter Tao, das ein Symbol ist und auch als X oder Y bezeichnet werden kann, das höchste Wesen, das Sein an sich, und zugleich die absolute Potenz, die alles Seiende unentwegt erzeugt. Da das Tao von Grill als die letzte Ursache der sittlichen Weltordnung aufgefaßt wird, das auch die uneingeschränkte Liebe verkörpert, hält er es für das allwirksame sittlich erneuernde Heilprinzip. Hiermit habe Lao Tse die ethischen Grundgedanken Jesu vorweggenommen. Weiter vergleicht Grill den christlichen Gottesbegriff mit dem des Tao:
»Zu denselben sittlichen Grundanschauungen und Grundsätzen, die Christus von seinem geschichtlich fundierten Gottesbegriff und damit vom Glauben an eine absolute Persönlichkeit aus gewinnt, gelangt *Lao-Tsze* [Tsze ist eine andere Transkription von Tse] von der Vorstellung der Weltseele, in letzter Beziehung von derjenigen des schlechthin allgemeinen Absoluten aus, so aber, daß dieses Prinzip unwillkürlich mehr oder weniger personifiziert wird, seine Vorstellung also in ihrer

psychischen Wirkung der Gottesidee sich annähert ... Eben damit hängt es zusammen, daß *Lao-Tsze* in gleich grundlegender Weise wie hernach Jesus das höchste Wesen nicht bloß als das Urbild des Guten, sondern zugleich als das vollkommene Vorbild aller menschlichen Sittlichkeit faßt und als solches in die unmittelbarste, lebendigste und wirksamste Beziehung zum Menschen treten läßt. Indem er nun aber das Wesen des Tao d. h. des absoluten Höchsten als seine selbstlose Liebe zur Welt erkennt, kommt er nicht bloß dazu, wie nachmals Jesu, in dem ewig gleichbleibenden und unterschiedlos Böse wie Gute segnenden Verhalten des Himmels zu den Erdbewohnern die allgemein verständliche Erweisung jenes vorbildlichen höchsten Liebeswesens zu erblicken, sondern leitet er eben hieraus auch die allgemeine Verpflichtung des Menschen zu einer Liebe ab, die sich selbstlos in den Dienst des Nächsten hingibt, und die grundsätzlich und in allen Fällen das Böse mit Gutem vergilt[1].«

Diese Auffassung Grills, obwohl er Lao Tse allzu christlich sieht, akzeptiert Hesse ohne Vorbehalt, wie seine Rezension dieses Buches zeigt:

»Neben die Vorstellung gehalten, die der Durchschnittseuropäer von der chinesischen Philosophie hat, erscheint Lao Tse oberflächlichem Betrachten beinahe unchinesisch in seiner Lebendigkeit. Der Übersetzer vergleicht ihn recht einleuchtend direkt mit Jesus, und jedenfalls ist unter den bekannteren Denkern des fernen Ostens wohl keiner, dessen ethische Ideale uns westlichen Ariern näher stünden und verwandter wären als die des Lao-Tse. Neben der weltabgewandten, oft spitzfindig grübelnden Philosophie Indiens, die bei uns in letzter Zeit so sehr wieder studiert wird, mutet diese chinesische Weisheit durchaus praktisch und einfach an, und vollends neben manchen entarteten Seitensprüngen abendländischer Denkakrobatik kann man den beschämenden Eindruck gewinnen, dieser uralte Chinese habe die elementaren Werte besser erkannt und

1 *Lao Tszes Buch vom höchsten Wesen und vom höchsten Gut.* Aus dem Chinesischen übersetzt, mit Einleitung versehen und erläutert von Julius Grill, Tübingen: Verlag von J. C. B. Mohr, 1910, S. VII.

habe größer und zweckmäßiger an der Entwicklung der Menschheit gearbeitet als so viele instinktverlassene Abendländer in ihrer anarchischen Spezialistenphilosophie[2].«

Im selben Jahr wie Grills Übersetzung erschien Richard Wilhelms Übertragung des *Tao Te King*, die er *Vom Sinn des Lebens* nannte. Sinn steht für Tao, Grill hat es mit »höchstes Gut« übersetzt. Wilhelms Wortwahl »Sinn« korrespondiert mit der Stelle im ersten Teil von Goethes Faust, wo Faust »Logos« im Johannesevangelium u. a. mit »Im Anfang war der Sinn« übersetzte, während die Chinesen dieselbe Stelle mit »Im Anfang war Tao« wiedergeben. Eigentlich bezeichnen »höchstes Gut« und »Sinn« zwei verschiedene Positionen der vielen Aspekte des Tao. Die beiden Übersetzungen zeigen zwei verschiedene Ausgangspunkte und Interpretationsmöglichkeiten der Übersetzer. Grill ging von einer christlich-theologischen und Wilhelm von einer metaphysisch-ontologischen Betrachtungsweise aus. Hesse schätzte beide Übersetzungen, zog aber die Wilhelms vor:

»Über die philologische Genauigkeit der beiden Übersetzungen steht mir kein Urteil zu, beide sind gründliche und schöne Arbeiten. Mag die Grillsche Ausgabe mit ihrem reichen Kommentar die wissenschaftlich brauchbarere sein, so zeichnet sich dafür die von Wilhelm durch eine kräftigere, bestimmtere, persönlichere Sprache und damit denn auch durch eine leichtere Zugänglichkeit aus[3].«

1921, als Romain Rolland sich bei Hesse nach guten Übersetzungen des *Tao Te King* erkundigte, empfiehlt ihm Hesse diejenigen Grills und Wilhelms, fügte aber hinzu, daß er persönlich die von Wilhelm bevorzuge[4].

Wilhelms Übersetzung machte Hesse vorsichtiger hinsichtlich der Assoziationen von Jesus mit Lao Tse. In einer 1911 ge-

2 »Weisheit des Ostens«, in: *Die Propyläen*, Jg. 8, 1910, S. 533, bzw. Hermann Hesse, *Schriften zur Literatur*, Bd. 2. Eine Literaturgeschichte in Rezensionen und Aufsätzen. Herausgegeben von Volker Michels, Frankfurt a. Main 1970 (WA, Bd. 12) bzw. 1972 (Einzelausgabe), S. 29.

3 Ebenda.

4 *Hermann Hesse et Romain Rolland. D'une rive à l'autre*, Paris 1972, S. 72 ff., bzw. *GBriefe*, Bd. 1, a. a. O., S. 480 f.

schriebenen Sammelbesprechung trat er noch entschiedener für *Lao Tse* ein:

»Daß es in China große Philosophen und Ethiker gegeben hat, deren Kenntnis für uns nicht weniger wertvoll ist als die der Griechen, Buddhas und Jesu's, das ist noch immer wenig bekannt. Ist doch der größte Weise Chinas in der eigenen Heimat nie recht populär geworden und neben Confuzius, seinem etwas jüngeren Zeitgenossen, immer im Schatten geblieben. Ich rede von Lao-Tse, dessen Lehre in dem Buch Tao-te-king uns aufbewahrt worden ist. Seine Lehre vom Tao, dem Urprinzip alles Seins, könnte uns als philosophisches System gleichgültig bleiben oder höchstens interessierte Liebhaber anziehen, enthielte sie nicht eine persönlich-kräftige, große und schöne Ethik, so daß ihr letzter deutscher Bearbeiter, übrigens ein Theologieprofessor, den Lao-Tse direkt in Parallele mit Jesus stellt. Auf uns Ungelehrte nun wird freilich der Chinese einstweilen nicht so mächtige Wirkung üben können, da sein Werk für uns eine schwere, fremde Sprache redet, der nur mit Fleiß und echter Bemühung nahezukommen ist. Wer dazu Lust und Kraft hat, wird es nicht bereuen, wenn er den Lao-Tse in der eben erschienenen Übersetzung von Julius Grill (bei Mohr, Tübingen) studiert. Es handelt sich hier nicht um ein Kuriosum und eine literarisch-ethnologische Rarität, sondern um eines der ernsthaftesten und tiefsten Bücher des Altertums überhaupt[5].«

Und nach dem Ersten Weltkrieg, bereits in der Startnummer seiner neugegründeten politischen Zeitschrift »Vivos voco« schreibt er: »Die Weisheit, die uns nottut, steht bei Lao Tse, und sie ins Europäische zu übersetzen, ist die einzige geistige Aufgabe, die wir zur Zeit haben.« Danach zitiert er aus einem an ihn gerichteten Brief Klabunds den Satz: »Ich brauche Ihnen kaum zu sagen, daß ich das Tao Te King für *das* politische Buch halte, das der Welt augenblicklich am meisten not täte: als Erlebnis und Verwirklichung.«

Nach Lao Tse las Hesse Martin Bubers Auswahl der *Reden und*

5 »Chinesisches«, in *März*, Jg. 5, 1911, S. 142 f., bzw. *Schriften zur Literatur*, Bd. 2, a. a. O., S. 25 f.

Gleichnisse des Tschuang-Tse, die 1910 im Insel Verlag herauskam. Unter dem Titel »Chinesisches« rezensierte er diese Auswahl im Januarheft 1916 der Zeitschrift »März« u. a.: »Von den späteren chinesischen Denkern [nach Konfuzius] ist einer der originellsten und dabei auschaulichsten nun auch, wenigstens in einer Auswahl, deutsch zu haben ... Tschuang Tse ist dreihundert Jahre später als Lao Tse und Grill vergleicht sein Verhältnis zu jenem dem des Plato zu Sokrates ... Ostasien hat zwischen Buddha und Christus eine nie zur Volksreligion gewordene Philosophie besessen, deren aktive, lebendig schöne Ethik der christlichen entschieden näher steht, als der indisch-buddhistischen ... Ihre Kenntnis soll uns ja nicht auf fremde Wege führen, sondern eine frohe Bestätigung dessen bringen, was wir längst als unsern besten Besitz hochschätzten.«

Natürlich ließ er sich die Lektüre des vollständigen, 1912 in der Übersetzung von Richard Wilhelm erschienenen Dschuang-Dsi (Tschuang Tse und Dschuang Dsi sind nur verschiedene Transkriptionen) *Nan Hua Dschen Ging (Das wahre Buch vom südlichen Blütenland)* nicht entgehen. An verschiedenen Orten hat er berichtet, daß er nach Konfuzius und Lao Tse am höchsten Tschuang Dsi schätze. Das zeigt auch seine Besprechung dieses Buches in der Berner Tageszeitung »Bund« vom 10. 11. 1912: »Vor zwei Jahren gab Martin Buber im Inselverlag ein Büchlein heraus: Reden und Gleichnisse des Tschuang Tse, das wir damals mit Dankbarkeit aufnahmen als einen schönen Beitrag zur Erschließung chinesischen Geistes, und dessen dichterischer Gehalt uns überraschend stark berührte ...

Und nun gibt der aus mehreren Publikationen als Kenner und sorgfältig arbeitender Übersetzer bekannte Richard Wilhelm das ›Wahre Buch vom südlichen Blütenland‹ heraus, das nichts anderes ist als eine vollständigere Ausgabe jenes Tschuang Tse. Er heißt hier Dschuang Dsi und wenn jenes Bubersche Buch zunächst in seiner glänzenden Zusammenstellung des Wertvollsten blendender war, so freut man sich nun doch, den chinesischen Denker und Aphoristen vollständiger kennenzulernen. Er verliert dabei nicht, obwohl es eine Übertreibung war, sein Verhältnis zu Laotse dem des Plato zu Sokrates zu vergleichen. Dschuang

Dsi ist der größte und glänzendste Poet unter den chinesischen Denkern, soweit wir sie kennen, zugleich der kühnste und witzigste Angreifer des Konfuzianismus. Die Lehre des Laotse freilich lernt man durch ihn wohl fühlen, aber nicht eigentlich kennen, er ist ein beweglicher und farbiger Spiegel. Er ist eine zu starke Persönlichkeit, um eigentlich zum Schüler und Apostel zu passen, und manchmal macht er mit seiner Beredsamkeit einen fast dialektisch-sophistischen Eindruck. Dafür ist er ein großer Dichter, ein Meister des Gleichnisses, das wir bei Laotse selbst durchaus vermissen. Er gibt oft Farben und Lichter, deren Spiel nicht ganz mehr der heiligen Lehre entspricht; aber er gibt auch oft Fleisch und Blut, wo der reine Geist des Laotse uns unfaßbar wird und entgleitet.
Von allen Büchern chinesischer Denker, die ich kenne, hat dieses am meisten Reiz und Klang. Doch sollte, wer es liest, immerhin mit Laotse selbst nicht mehr völlig unvertraut sein.«
Um der Bedeutung Dschuang Dsis in Hesses poetischer Entwicklung gerecht zu werden, sei noch eine Stelle aus einem Brief Hesses an Heinrich Wiegand vom Juli 1929 zitiert:
»Der Dschuang Dsi ist eines der herrlichsten Bücher Chinas und kommt in meiner Schätzung gleich nach den großen Schöpfern und Weisen, dem Kung und dem Laotse. Es gibt in Europa (von Amerika nicht zu reden) manche Nation, die in ihrer ganzen Geschichte nie ein Werk vom Rang des Dschuang Dsi hervorgebracht hat. Aber eigentlich ist das sehr dumm gesagt: ›Nationen‹ gibt es ja erst neuerdings, das ist eine moderne Mode, und während des ganzen Mittelalters konnte irgend ein mönchischer Dichter oder Weiser auf Latein die herrlichsten Sachen schreiben, und in ganz Europa wußte niemand, ob er Spanier, Germane, Byzantiner, Italiener oder Pole sei.«
Das dritte Buch der taoistischen Philosophie, mit welchem sich Hesse beschäftigt hat, war *Dschung Hü Dschen Ging* von Liä Yü Kou (genannt Liä Dsi) und Yang Dschu, das 1911 in Richard Wilhelms Übersetzung unter dem Titel *Das wahre Buch vom quellenden Urgrund* erschienen war. Im Gegensatz zu Dschuang Dsi äußerte sich Hesse hierüber nicht besonders lo-

bend, doch sind Zeugnisse seiner intensiven Beschäftigung auch mit diesem Werk erhalten geblieben. In Hesses Handexemplar finden sich angekreuzte Dialoge, Anekdoten und Gedanken, von denen er einige in seiner Rezension des *Dschung Hü Dschen Ging* zitiert hat.

Da diese Zitate Rückschlüsse darauf erlauben, was am Taoismus für Hesse wichtig war, sollen sie genauer untersucht werden. Die erste, in seine Rezension aufgenommene Anekdote heißt »Der Alte von Taischangberg« mit dem Untertitel »Gründe der Unzufriedenheit«. Dieser Alte freut sich darüber, daß er erstens ein Mensch und kein Tier, zweitens ein Mann und keine Frau und drittens kein Invalide ist. Ferner sagt er: »Armut ist das beständige Los des Gelehrten, der Tod ist das Ende aller Menschen. Wenn man in dieser beständigen Lage verweilend das Ende erreicht: Worüber soll man traurig sein[6]?« Der alte Mann hadert also nicht mit seinem Los, sondern überläßt sich seinem Schicksal. In der Novelle *Klein und Wagner* findet Hesse hierfür die Bezeichnung »sich fallen lassen, sich nicht gegen Gottes Willen sträuben, sich an nichts klammern, nicht an Gut noch Böse. Dann war man erlöst, dann war man frei von Leid, frei von Angst, nur dann[7].«

Die zweite Anekdote heißt »Die verfrühte Rührung« und zeigt, daß die subjektive Wahrnehmung der Wirklichkeit nur relativ und nicht ernst zu nehmen ist. Die Anekdote lautet so:

»Ein Mann aus Yän war in Yän zur Welt gekommen, aber in Tschu aufgewachsen. Als er alt geworden, kehrte er in sein Heimatland zurück. Er kam durch das Land Dsin. Da log ihn ein Mitreisender an, deutete auf die Stadt und sprach: ›Das ist die Hauptstadt des Landes Yän.‹ Da errötete jener Mann und verzog die Mienen. Er deutete auf die Altäre und sprach: ›Das sind die Altäre deiner Heimat.‹ Da seufzte er tief. Er deutete auf eine Hütte und sprach: ›Das ist die Behausung deiner Ahnen.‹ Da schluchzte er und schneuzte sich. Er deutete auf die

6 Siehe Hermann Hesse, »Chinesische Anekdoten«, in: *Der Schwabenspiegel*, Jg. 5, 1911/12, S. 198 f., und in: *Das wahre Buch vom quellenden Urgrund*, Buch 1, Abschnitt 5.

7 Hermann Hesse, WA, Bd. 5, S. 289.

Gräber und sprach: ›Hier ist die Ruhestätte deiner Ahnen.‹ Da weinte jener Mann fassungslos. Der Mitreisende lachte laut und sprach: ›Ha, ha, ha, ich habe eben nur Spaß gemacht. Das ist das Land Dsin.‹ Jener Mann ward sehr beschämt. Und als er dann ins Land Yän kam und wirklich die Hauptstadt und die Altäre seiner Heimat sah und wirklich die Behausung und die Ruhestätte seiner Ahnen sah, da waren seine gerührten Gefühle sehr zusammengeschmolzen[8].«

Auch das erinnert an *Klein und Wagner.* Hätte Klein seine subjektiven Empfindungen als »verfrühte Rührung«, also in diesem Fall als Unzufriedenheit erkannt, dann hätte er nicht die Kasse seiner Firma ausgeplündert und wäre nicht als Wagner in den Süden geflohen. Hätte er sein Leben und die Leidenschaft als »verfrühte Rührung« betrachtet, dann wäre es weder zu Mord noch Selbstmord gekommen. Diese »verfrühte Rührung« ist eigentlich auch die Lektion, die Harry Haller im »magischen Theater« erteilt wird. Doch das soll später ausführlicher untersucht werden.

Ein weiterer Gedanke, den Hesse sich in Wilhelms Übersetzung angestrichen hat, ist noch bedeutsam. Er besteht nur aus zwei Verszeilen:

Eh' das Äußerste erreicht ist,
kehrt sich nichts ins Gegenteil.

Dieser Gedanke hilft uns auch das Leben Siddharthas zu verstehen, das er führt, bevor er die Vollkommenheit erlangt. Doch auch hierauf werden wir an anderer Stelle zurückkommen.

Einen weiteren Abschnitt zitiert Hesse in seiner »Chinesischen Betrachtung«. Weil er mit einem Grundmotiv Hesses korrespondiert, soll er hier zitiert werden:

»Yang Tschou, ein chinesischer Weiser, der vielleicht ein Zeitgenosse des großen Lao Tse gewesen und jedenfalls älter ist als der indische Buddha Gotama, sagte einst, daß der Mensch sich

8 »Chinesische Anekdoten«, a. a. O., und in: *Das wahre Buch* . . ., Buch III, Abs. 10.

Besuch des Konfuzius bei Laotse. Nach einem Steinrelief aus Kiahsiang, Han-Dynastie.
»Daß Gut und Böse, Schön und Häßlich und alle Gegensatzpaare in eine Einheit auflösbar sind, das ist eine esoterische, geheime, den Eingeweihten zugängliche (und auch ihnen oft wieder entgleitende) Wahrheit, aber nicht eine exoterische, allen verständliche und bekömmliche. Es ist die Weisheit des Laotse, wenn er die Tugenden und guten Werke verachtet (man denkt dabei auch an den jungen Luther). Aber auch Laotse hätte sich sehr gehütet, diese Weisheit dem Volk anzubieten.«
Aus einem Brief Hesses von 1951.

zum Leben und zur Welt verhalten könne wie ein Herr oder wie ein Knecht. Daran anschließend sagte er den folgenden Spruch:

Von den vier Abhängigkeiten.

Vier Dinge sind es, von welchen die meisten Menschen abhängen, welche sie allzusehr begehren: Langes Leben – Ruhm – Rang und Auszeichnungen – Geld und Gut.
Der ständige Wunsch nach diesen vier Dingen ist daran schuld, daß die Menschen sich vor den Dämonen fürchten, daß sie sich voreinander fürchten, daß sie Angst vor den Mächtigen und Furcht vor Strafen kennen. Auf dieser vierfachen Furcht und Abhängigkeit beruht jeder Staat.
Die Menschen, welche diesen vier Abhängigkeiten unterliegen, leben wie Unsinnige. Einerlei, ob man sie entlaste oder belaste, einerlei, ob man sie totschlage oder leben lasse: das Schicksal kommt diesen Menschen von außen!
Wer aber sein Schicksal liebt und sich mit ihm eins weiß – was fragt der wohl noch nach langem Leben?

Wer den Reichtum als Täuschung erkennt, wie kann der ihn wohl noch wünschen?
Wer keine Macht begehrt, was fragt der noch nach Stand und Titeln?
Wer über den Reichtum lacht, wie könnte der noch habsüchtig sein?
Die Menschen dieser Art haben den Frieden in sich. Nichts in der Welt kann sie bedrohen, nichts kann ihnen feind sein. Im eigenen Herzen tragen sie ihr Schicksal[9].«

Solche Menschen sind die »Unsterblichen« in Hesses Dichtung.

Konfuzianismus

Bei künftigen Vergleichen der Werke Hesses mit solchen der chinesischen Philosophie und Literatur soll noch auf den Taoismus zurückgekommen werden. Zunächst beschränken wir uns auf die wichtigsten Erlebnisse Hesses bei seiner Lektüre chine-

9 In: *Neue Zürcher Zeitung*, Nr. 1855 vom 25. 12. 1921. Hesses Wortlaut von Yang Tschou [d. i. Yang Dschu] weicht ein wenig von Wilhelms Übersetzung ab, wo Hesse diese Stelle angekreuzt hatte. Wilhelms Version im Buch VII, Abs. 16 lautet so:
Sklaven und Herren der Güter des Lebens
Yang Dschu sprach: »Vier Gründe sind es, daß die lebenden Menschen nicht zur Ruhe kommen: der eine ist das lange Leben, der zweite ist der Ruhm, der dritte ist der Rang und Stand, und der vierte ist der Besitz. Um dieser vier Dinge willen fürchten sie die Geister, fürchten sie die Menschen, fürchten sie die Macht und fürchten sie die Strafe. Die das tun, sind Menschen, die nicht zur Besinnung kommen. Man kann sie töten, man kann sie am Leben lassen: ihr Schicksal wird von außen her bestimmt.
Wer seinem Los nicht widerstrebt, was braucht der hohes Alter zu begehren? Wer sich nicht um Ansehen kümmert, was braucht der Ruhm zu begehren? Wer nicht nach Macht trachtet, was braucht der Rang und Stand zu begehren? Wer nicht nach Reichtum gierig ist, was braucht der Besitz zu begehren? Die solches tun, sind mit sich selbst im reinen. Auf der ganzen Welt finden sie keinen Gegner; ihr Schicksal wird von innen her bestimmt. Darum sagt ein Sprichwort: Die Leute ohne Ehr und Amt / Sind nur zur halben Last verdammt, / Und schafft man Speis' und Kleidung ab, / Gräbt man der Staatsgewalt ihr Grab.«

sischer Schriften[10]. Von den konfuzianischen Werken las er als erstes *Die Gespräche*. Anders als die Lektüre des Lao Tse waren ihm diese anfangs fremd. Doch bemühte sich Hesse, sie als Gegenpol zur modernen europäischen Kultur zu verstehen, und hat das Befremden auf diese Weise überwunden. Den Vorgang der Aneignung hat Hesse beschrieben:

»Leicht ist die Lektüre nicht, und immer wieder hat man das Gefühl, eine fremde Luft zu atmen, welche von anderer Art und Zusammensetzung ist als die, die wir zum Leben brauchen. Dennoch bereue ich die mit diesen Gesprächen verbrachten Tage nicht. Berührt uns auch der chinesische Geist wie der Anblick von Erzeugnissen eines fremden Weltkörpers, so tut es doch wohl und ist eine treffliche Übung, einmal mehr als nur oberflächlich da hineinzuschauen. Denn das nötigt uns dazu, unsere eigene individualistische Kultur auch einmal nicht als selbstverständlich, sondern im Vergleich mit ihrem Widerspiel zu betrachten. Und dabei bleibt es nicht, sondern es entsteht im Lesenden manchmal für Augenblicke die seltsam aufleuchtende Vorstellung der Möglichkeit einer Synthese beider Welten. Denn als innersten Kern im Wesen des großen Fremdlings Confucius erkennen wir dieselben Eigenschaften, die wir bei den großen Menschen der abendländischen Geschichte längst kennen. Wir empfinden Dinge als natürlich, die uns anfänglich wie groteske Verirrungen erschienen, und finden Dinge reizvoll, ja schön, die uns zuerst abschreckend trocken vorkamen. Und wir Individualisten beneiden diese chinesische Welt um die Sicherheit und Größe ihrer Pädagogik und Systematik, der wir nichts an die Seite zu stellen haben als unsre Kunst und unsere vielleicht größere Bescheidenheit vor der außermenschlichen Natur[11].«

Es ist bemerkenswert, wie sicher Hesse den »innersten Kern« der Lehre des Konfuzius erfaßte. Davon zeugte schon die Auswahl der Sprüche, die er als Leseprobe seiner Rezension beige-

10 Nicht alle von Hesse gelesenen und rezensierten Bücher können hier berücksichtigt werden. Eine vollständigere Liste seiner Publikationen über China und der chinesischen Bücher seiner Bibliothek findet sich im Anhang.

11 »Confucius deutsch«, in: *Die Propyläen*, Jg. 7, 1910, S. 637, bzw. *Schriften zur Literatur*, Bd. 2, bzw. WA, Bd. 12, a. a. O., S. 30.

»Kung Fu Tse [552–479 v. Chr.], der große Gegenspieler des Lao-tse, der Systematiker und Moralist ... wird gelegentlich so charakterisiert: ›Ist das nicht der, der weiß, daß es nicht geht, und es doch tut?‹ Das ist von einer Gelassenheit, einem Humor und einer Schlichtheit, für die ich in keiner Literatur ein ähnliches Beispiel weiß. Oft gedenke ich dieses Spruches, und manch anderer, auch beim Betrachten der Weltereignisse und bei den Aussprüchen derer, welche die Welt in den nächsten Jahren und Jahrzehnten zu regieren und perfekt zu machen im Sinne haben. Sie tun wie Kung Tse, der Große, aber hinter ihrem Tun steht nicht sein Wissen darum, ›daß es nicht geht‹.«
(Aus: Hermann Hesse, »Lieblingslektüre«, in: Neue Zürcher Zeitung vom 7. 4. 1945.)

fügt hatte. Dieser »innerste Kern« lautet: »Treue gegen sich selbst und Güte gegen andere[12].« Auffallend ist außerdem, daß ihn Wu-wei, das Nichthandeln, anzog. Wahrscheinlich weil es ihm selber so schwerfiel, wie auch ein Brief vom März 1935 an eine Verwandte zeigt: »Das, worunter du leidest, sah ich lang kommen, ich habe diese Sachen alle schon gerochen als sie noch ganz kleine Keime waren, damals schmiß man mir Dreck nach, jetzt ist's ruhiger, für mich aber ist die Isolierung die selbe. Das wird auch nie anders, nicht für mich und nicht im Ganzen, man hat die Schicksale, die man hervorruft und die zu einem passen, das gilt für Menschen und für Völker und für alles. Eben darum wendet der Christ sich von der ›Welt‹ und der Geistige sich vom ›Äußeren‹ ab und lernt die Tugend der weisen Chinesen, das Wu Wei, das Nicht-Tun. Trotzdem tut das Leben oft scheußlich weh. Tragen wirs!« Dieses Wu Wei haben die Konfuzianer mit dem Tao-Philosophen gemeinsam. Das Gleichnis vom Polarstern lautet: »Wer kraft seines Wesens herrscht, gleicht dem Nordstern. Der verweilt an seinem Ort, und alle Sterne umkreisen ihn[13].« Bemerkenswert ist auch, daß sich Hesse bereits zu dieser Zeit für die »Stufen der Entwicklung« interessiert, ein Thema, welches ihn zeitlebens beschäftigt hat, und das sich sowohl in seiner eigenen Biographie als auch in der Josef Knechts und seinem Gedicht »Stufen« widerspiegelt. Die konzentrierteste Auseinandersetzung mit diesem Thema findet sich in seinem 1932 geschriebenen Aufsatz »Ein Stückchen Theologie«, den Hesse auch als Privatdruck unter dem Titel »Stufen der Menschwerdung« verschenkt hat[14].

Stufen der Entwicklung des Meisters

Der Meister sprach: Ich war fünfzehn, und mein Wille stand aufs Lernen, mit dreißig stand ich fest, mit vierzig hatte ich

12 Hermann Hesse, »Sprüche des Konfuzius«, in: *März*, Jg. 4, 1910, Bd. III, S. 168, bzw. *Schriften zur Literatur*, Bd. 2, bzw. WA, Bd. 12, a. a. O., S. 31. In den *Gesprächen* Konfuzius' ist es im Buch VI, Abs. 15 enthalten.

13 Hermann Hesse, »Confucius deutsch«, in: a. a. O., und »Sprüche des Confucius«, in: a. a. O. In den *Gesprächen* befindet sich das Gleichnis im Buch II, Abs. 1.

14 WA, Bd. 10, S. 74 ff.

keine Zweifel mehr, mit fünfzig war mir das Gesetz des Himmels kund, mit sechzig war mein Ohr aufgetan, mit siebzig konnte ich meines Herzens Wünschen folgen, ohne das Maß zu übertreten[15].«

Damals, nach der ersten Lektüre, erschien Konfuzius ihm noch »ganz chinesisch«, das heißt »formalistisch bis zur Pedanterie«[16], während Lao Tse ihm »unchinesisch« vorkam. Selbst im Jahre 1921, zehn Jahre später, war ihm Kung Tse – wie ihn die Chinesen nennen – immer noch fremd; er erwähnte ihn, wenn er von China sprach, mit keinem Wort, während er sich von den Taoisten angezogen fühlte:

»Jetzt denken wir, wenn vom Geiste Ostasiens die Rede ist, ebensosehr oder mehr an China, an die chinesische Kunst, an Lao Tse, an Dschuang Dsi, auch an Li Tai Pe. Und es zeigt sich, daß das Denken des alten China, zumal das des frühen Taoismus, für uns Europäer keineswegs eine entlegene Kuriosität ist, sondern uns im wesentlichen bestätigt, in Wesentlichem berät und hilft. Nicht als ob wir aus diesen alten Weisheitsbüchern plötzlich eine neue, erlösende Lebensauffassung gewinnen könnten, nicht als ob wir unsere westliche Kultur wegwerfen und Chinesen werden sollten! Aber wir sehen im alten China, zumal bei Lao Tse, Hinweisungen auf eine Denkart, welche wir allzusehr vernachlässigt haben, wir sehen dort Kräfte gepflegt und erkannt, um welche wir uns, mit anderm beschäftigt, allzulange nicht mehr gekümmert hatten[17].«

Noch 1926 gestand er Richard Wilhelm, dem »Mittler zwischen China und Deutschland«, daß es die magische Seite der chinesischen Welt war, die ihn fasziniert habe, »während ihre prachtvolle moralische Ordnung mir, dem Unsozialen, bei aller Bewunderung fremd bleibt«[18], obwohl er ein Jahr zuvor in seinem »Kurzgefaßten Lebenslauf« bekannt hatte, wenn es in seiner Wahl gestanden hätte, für sich persönlich eine Religion zu

15 »Confucius deutsch«, a. a. O. In den *Gesprächen*: Buch II, Abs. 4.

16 »Chinesisches«, in: *März*, Jg. 5, 1911, S. 142, bzw. *Schriften zur Literatur*, Bd. 2, bzw. WA, Bd. 12, a. a. O., S. 25.

17 »Chinesische Betrachtung«, a. a. O.

18 Brief an Richard Wilhelm vom 4. 6. 1926.

wählen, so würde er sich gewiß einer konservativen Religion angeschlossen haben, dem Konfuzianismus, dem Brahmanismus oder der römischen Kirche: »Ich hätte dies aber aus Sehnsucht nach dem Gegenpol getan, nicht aus angeborener Verwandtschaft, denn geboren bin ich nicht nur zufällig als Sohn frommer Protestanten, sondern bin auch dem Gemüt und Wesen nach Protestant ... Denn der echte Protestant wehrt sich gegen die eigene Kirche wie gegen jede andere, weil sein Wesen ihn das Werden mehr bejahen heißt als das Sein. Und in diesem Sinn ist wohl auch Buddha ein Protestant gewesen.«

Etwa zur Zeit der Niederschrift jenes Lebenslaufes trat im Leben Hesses wieder ein Wendepunkt ein, der auch sein Verhältnis zum Konfuzianismus veränderte. Den Anstoß dazu gab eine Krise in seinem Privatleben. Die Scheidung von seiner an Schizophrenie erkrankten Frau, seine Enttäuschung über den Ausgang der Revolution und die politische Entwicklung in Deutschland und seine Psychoanalyse bei C. G. Jung und seinem Schüler J. B. Lang markieren nur die augenfälligsten Stationen, deren Spuren auch in seinen nächsten Büchern *Kurgast* (1925), *Nürnberger Reise* (1927), *Der Steppenwolf* (1927) und dem Vers-Tagebuch *Krisis* (1928) abzulesen sind. Diese Bücher bezeugen, wie leidvoll diese Entwicklung gewesen sein muß, zeigt doch die 1922 beendete indische Legende *Siddhartha* noch ein Erlangen von Vollkommenheit, das sich über die aktuelle Wirklichkeit hinwegzusetzen vermochte. *Der Steppenwolf* konfrontiert den Leser mit der Zeitkrise, die für Hesse zu einer individuellen Krise geworden war[19].

Wir werden sehen, wie sehr er deren Überwindung dem Taoismus, insbesondere der Lehre des Dschuang Dsi verdankt, welche besagt, daß man in der Welt, nicht aber von der Welt leben müsse. Das letzte Werk Hesses, das *Glasperlenspiel*, an dem er nahezu zwölf Jahre gearbeitet hat, schließt – seiner Vielschichtigkeit zum Trotz – mit der Aufforderung: »Gehe in die Welt«. Diese Wendung beginnt sich bereits Ende 1925, während der Arbeit an der *Nürnberger Reise* und am *Steppenwolf*, ab-

19 Eine ausführliche Dokumentation von Hesses Leidensweg jener Jahre findet sich in den *Materialien zu Hermann Hesse »Der Steppenwolf«*, a. a. O.

zuzeichnen. Zum gleichen Zeitpunkt erschien auch die Fortsetzung der Richard Wilhelmschen Übertragung konfuzianischer Klassiker, das erste Werk in dieser Reihe war das zweibändige *I Ging*, das Buch der Wandlungen, erschienen 1924, ein Jahr darauf von Hesse rezensiert. Das *I Ging* ist Orakel- und Weisheitsbuch zugleich; die Besprechung Hesses hat noch einen gewissermaßen romantischen Aspekt:

»Es ist in diesem Buch ... ein System von Gleichnissen für die ganze Welt aufgebaut, welchem acht Eigenschaften oder Bilder zugrunde liegen, deren zwei erste der Himmel und die Erde, der Vater und die Mutter, das Starke und das Hingebende sind. Diese acht Eigenschaften sind je durch ein einfaches Zeichen ausgedrückt, sie treten in Kombinationen zueinander und ergeben dann 64 Möglichkeiten, auf diesen beruht das Orakel ...

Dieses Buch der Wandlungen liegt seit einem halben Jahre in meinem Schlafzimmer, und nie habe ich auf einmal mehr als eine Seite gelesen. Wenn man eine der Zeichen-Kombinationen anblickt, sich in Kian, das Schöpferische, in Sun, das Sanfte vertieft, so ist das kein Lesen und ist auch kein Denken, sondern es ist wie das Blicken in fließendes Wasser oder in ziehende Wolken. Dort steht alles geschrieben, was gedacht und was gelebt werden kann[20].«

Und wieder ein Jahr später, am 4. 6. 1926, schreibt er darüber an Richard Wilhelm: »Ihre chinesische Welt zieht mich mit ihrer magischen Seite an, während ihre prachtvolle moralische Ordnung mir, dem Unsozialen, bei aller Bewunderung fremd bleibt. Leider ist mir dadurch auch das I Ging nur teilweise zugänglich. Ich betrachte zuweilen seine tiefe, satte Bilderwelt, ohne zur Ethik der Kommentare eine eigentliche Beziehung zu haben. Auf dem dürren Ast, auf dem ich sitze, blüht die Blume der staatlichen, familiären und gesellschaftlichen Beziehungswelten leider nicht.«

Wichtig ist jedoch, daß Hesse in diesem Buch »ein System von Gleichnissen für die ganze Welt«, dem letztlich das Motiv von Yin und Yang zugrunde liegt, erkannt hatte. Das *I Ging*

20 *Schriften zur Literatur*, Bd. 2, bzw. WA, Bd. 12, a. a. O., S. 34 f.

gewann mit der Zeit für ihn eine immer größere Bedeutung. Es spielt nicht nur im *Glasperlenspiel* ein wichtige Rolle, sondern auch in Hesses Biographie, wie ein an Pfingsten 1954 an Theodor Heuss gerichteter Brief zeigt:

»Lieber und verehrter Herr Dr. Heuss

Haben Sie Dank für Ihren Brief vom 3. Juni mit den beiden Beilagen, der Denkschrift über den Pour le Mérite und Ihrem Aufsatz ›Ein Areopag des Geistes‹ aus dem Jahr 1942.

Ihre Einladung, den Orden anzunehmen, brachte mich in Verlegenheit, doch habe ich mich entschieden und nehme Ihre so freundliche wie ehrende Einladung mit Dank an.

Wie ich zu diesem Ja zu Ihrer Einladung gelangt bin, das meiner instinktiven Reaktion nicht entspricht, muß ich Ihnen kurz erzählen.

Grade an dem Tag, an dem ich nachmittags Ihr Schreiben erhielt, war am Morgen ein sehr lieber Gast abgereist, mein ›japanischer‹ Vetter W. Gundert. Ich hatte ihn, den ich seit 24 Jahren nicht mehr gesehen hatte, eingeladen, um noch einmal im Leben mit einem mir von Knabenzeiten her befreundeten Verwandten und mir durch meine alte Liebe zum Ostasiatischen besonders verbundenen Kameraden ein wenig zusammenzusein. Die paar Tage seines Hierseins waren teils durch Austausch von Erinnerungen teils durch Gespräche über östliche Dichtung und Weisheit ausgefüllt.

Als nun Ihre Anfrage wegen des Ordens kam, war ich noch ganz angefüllt mit Zen-buddhistischer Geringschätzung der Welt und ihrer Güter und Ehren, und wäre der Brief nicht von Ihnen persönlich gewesen, so hätte ich ihn sofort mit einem höflichen Nein beantwortet. So aber war ich Ihnen und mir eine wirkliche Prüfung der Frage schuldig, die für mich etwa so lautete: ›Ist es dümmer und eitler, solch eine Ehrung anzunehmen oder sie von der Höhe esoterischer Weisheit herab abzulehnen?‹

Die Frage blieb unentschieden. Nach den Zen-Meistern war zwischen der Eitelkeit des in eine Hierarchie Eintretenden und der Eitelkeit des Frondeurs kein Unterschied. So griff ich zum chinesischen Orakelbuch, I Ging, und befragte es. Das Urteil, das ich im Zeichen Tai bekam, war eindeutig und übrigens für Sie, lieber Herr Dr. Heuss, sehr schmeichelhaft. Es heißt darin unter andrem: ›Himmel und Erde vereinigen sich. So teilt und vollendet der Herrscher den Lauf von Himmel und Erde, verwaltet und ordnet die Gaben von Himmel und Erde und steht so dem Volke bei.‹

Ich habe das Urteil des I Ging und damit auch Ihre Einladung angenommen.«

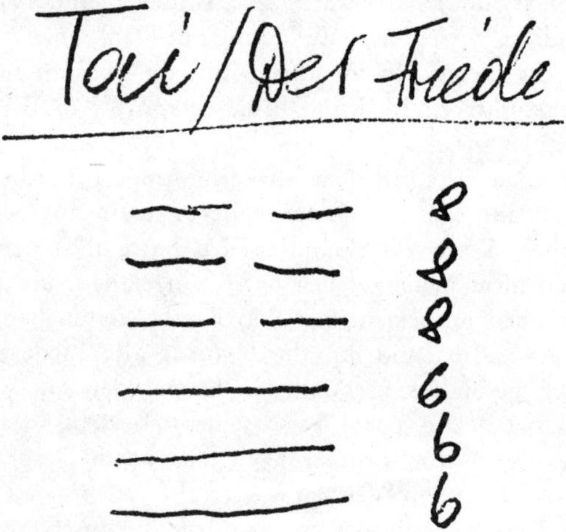

Das Ergebnis des Orakels in der Handschrift Ninon Hesses

Für die persönliche Entwicklung Hesses zu jener Zeit war auch die Lektüre von Lü Bu Wes *Frühling und Herbst*, wiederum in der Übersetzung Richard Wilhelms, 1928 erschienen und kommentiert, von Bedeutung. Die 1929 verfaßte Rezension dieses Buches berührt Themen des *Steppenwolf* und der *Morgenlandfahrt*; ohne die Perspektive auf das Überzeitliche zu verlieren, nimmt Hesse hier Stellung zur Realität:

»Die ganze Weisheit des klassischen China, deren echte Quellen zum großen Teil bei den Bücherverbrennungen verloren gingen, hat in diesem Sammelwerk Platz gefunden . . .

Ich verbringe gute Stunden mit diesem weisen und liebenswerten Buch. Daß seine Weisheit zur Zeit der Welt verlorengegangen ist und nur noch in Büchern steht, stört mich ebensowenig, als daß diese Weisheit mit den sehr unweisen, aber desto fanatischeren Lebenslehren unsrer Zeit (seien sie amerikanisch-bürgerlich oder russisch-bolschewikisch) in so völligem Widerspruche steht. Die Zeit vergeht, und die Weisheit bleibt. Sie wechselt ihre Formen und Riten, aber sie beruht zu allen Zeiten auf demselben Fundament: auf der Einordnung des Menschen in die Natur, in den kosmischen Rhythmus. Mögen unruhige Zeiten immer wieder die Emanzipierung des Menschen von diesen Ordnungen anstreben, stets führt diese Scheinbefreiung zur Sklaverei, wie ja auch der heutige, sehr emanzipierte Mensch ein willenloser Sklave des Geldes und der Maschine ist. Wie einer vom farbig bestrahlten Asphalt der Großstadt zum Walde zurückkehrt, oder von der flotten aufpeitschenden Musik der großen Säle zur Musik des Meeres, mit dem Gefühl von Dankbarkeit und Heimkehr, so kehrte ich von allen kurzfristigen und spannenden Abenteuern des Lebens und des Geistes immer wieder zu diesen alten, unerschöpflichen Weisheiten zurück. Sie sind bei jeder Rückkehr nicht älter geworden, sie stehen ruhig und warten auf uns, und sie sind immer wieder neu und strahlend, wie es an jedem Tag die Sonne ist, während der Krieg von gestern, der Modetanz von gestern, das Auto von gestern heute schon so alt und verwelkt und komisch geworden sind[21].«

Ungefähr ein halbes Jahr hat sich Hesse mit Lü Bu Wes *Frühling und Herbst* beschäftigt, wie aus einem Brief vom 3. 9. 1929 hervorgeht:

»Meine ständige Abendlektüre seit dem Frühling war der ›Frühling und Herbst des Lü Bu We‹, jeden Abend las ich darin eine viertel- oder halbe Stunde vor dem Lichtauslöschen. Jetzt geht er zu Ende, leider.«

Es ist daher kein Zufall, daß Hesse immer mehr Respekt vor Konfuzius gewann. Das zeigt auch seine Betrachtung *Eine Bi-*

21 *Schriften zur Literatur,* Bd. 2, bzw. WA, Bd. 12, a. a. O., S. 32 f.

bliothek der Weltliteratur, die er zwei Jahre vor seiner Lektüre von *Frühling und Herbst* geschrieben hat. Sich an seine erste Begegnung mit den Gesprächen des Konfuzius erinnernd, heißt es dort:

»... Ich werde nicht vergessen, wie erstaunt und märchenhaft entzückt ich dieses Buch in mich aufnahm, wie fremd und zugleich wie richtig, wie vorgeahnt, wie erwünscht und herrlich mir dies alles entgegenklang.«

Weil beide, die Gespräche des Konfuzius und das Alte Testament, nach »Norm und Gesetz« strebten[22], nennt sie Hesse in einem Atemzug. So kommt es, daß er 1930 auch den Konfuzianismus als gleichwertig neben den Taoismus zu stellen und ihre Gemeinsamkeiten mit sicherer Hand aufzuzeigen vermochte:

»Die Weisheit dieser alten Chinesen ist, wie jede Weisheit, zum Teil Tugendlehre; dies ist der konfuzianische Teil der chinesischen Philosophie. Zum Teil aber ist sie auch Mystik, Ergebnis einsamer Meditation und Vorstoß in die glühendsten Regionen seelischen Lebens – dies ist der taoistische Teil. Gemeinsam ist beiden der Geist der Ehrfurcht und Lauterkeit, der Verzicht auf jedes Schönsein und jede Sophistik, und eine gewisse über allem schwebende Heiterkeit, eine gewisse Diesseitigkeit oder Weltfrömmigkeit, außerdem ist diese Weisheit bildhaft und nicht abstrakt, und wird oft zu märchenhafter Gleichnis-Dichtung wie etwa bei Dschuang Dsi[23].«

Für die neu einsetzende Entwicklungsphase Hesses wird das konfuzianische Weltbild bedeutsam. 1931 begann er mit der Konzeption des *Glasperlenspiels,* wobei erstmals beide Pole des chinesischen Denkens zugleich eine Rolle spielen. Darauf werden wir noch zurückkommen. Nach Beendigung des *Glasperlenspiels* stieg Konfuzius noch weiter in Hesses Achtung. 1945, zwei Jahre nach Erscheinen des Buches, schrieb er über ihn:

»Kung Fu Tse, der große Gegenspieler des Lao Tse, der Systematiker und Moralist, der Gesetzgeber und Bewahrer der Sitte, der einzige etwas Feierliche unter den Weisen der alten

22 *Eine Bibliothek der Weltliteratur,* a. a. O.

23 »Die chinesische Weisheit«, in: *Die Propyläen,* Jg. 28, 1930/31, S. 60.

Zeit, wird zum Beispiel gelegentlich so charakterisiert: ›Ist das nicht der, der weiß, daß es nicht geht, und es doch tut?‹ Das ist von einer Gelassenheit, einem Humor und einer Schlichtheit, für die ich in keiner Literatur ein ähnliches Beispiel weiß. Oft gedenke ich dieses Spruches und manch anderer, auch beim Betrachten der Weltereignisse und bei den Aussprüchen derer, welche die Welt in den nächsten Jahren und Jahrzehnten zu regieren und perfekt zu machen im Sinne haben. Sie tun wie Kung Tse, der Große, aber hinter ihrem Tun steht nicht sein Wissen darum, ›daß es nicht geht‹[24].«

1960 erkannte er den Konfuzianismus voll und ganz als Hauptströmung des philosophischen Denkens in China an, wie es auch geschichtlich richtig ist:

»Wenn [der] indische Geist ein vorwiegend seelenhafter und frommer ist, so gilt das geistige Streben der chinesischen Denker vor allem dem praktischen Leben, dem Staat und der Familie. Wessen es bedarf, um gut und erfolgreich zum Wohl aller zu regieren, das ist das oberste Anliegen der meisten chinesischen Weisen, wie es ja auch das Anliegen Hesiods und Platons war. Die Tugenden der Selbstbeherrschung, der Höflichkeit, der Geduld, des Gleichmuts werden ebenso wie in der abendländischen Stoa hoch bewertet. Es gibt aber daneben auch metaphysische und elementare Denker obenan Lao Tse und sein poetischer Schüler Tschuang Tse[25].«

Zen-Buddhismus

Die letzte der drei chinesischen Geistesströmungen, die Hesse in sich aufnahm, war die chinesische Form des Buddhismus. Wir wissen, daß Hesse zu Beginn dieses Jahrhunderts besonders von der Wiedergeburtslehre Indiens angezogen wurde. Diese Neigung mag auf ein persönliches Bedürfnis zurückzuführen sein, doch versuchte er es auf intellektuellem Wege zu erfassen.

24 »Lieblingslektüre«, in: *Neue Zürcher Zeitung*, Nr. 585 vom 7. 4. 1945, bzw. *Schriften zur Literatur*, Bd. I, a. a.O., bzw. WA, Bd. 11, S. 282.

25 »Blick nach dem Fernen Osten«, a. a. O.

Daher hob er auch das »Erkennen« des Buddhismus in jenem Brief an seine Eltern vom 29. 2. 1908 hervor, den wir bereits zitiert haben. Es war wie ein Selbstbekenntnis, als er in einer Rezension 1923 schrieb, »wir kannten beinahe nur jene Systeme und Theorien des alten Indien, welche die religiösen Probleme intellektuell zu lösen suchten«[26]. Zwei Jahre zuvor aber war ihm die erlebte Religiosität, die echte Frömmigkeit bewußt und vorrangig geworden. Das zeigt eine Notiz in seinem »Tagebuch 1920/21«:

»Hier schmeckt mir die reine Vernünftigkeit der Buddhalehre heute nicht mehr so vollkommen, und gerade was ich in der Jugend an ihr bewunderte, wird mir jetzt zum Mangel: diese Vernünftigkeit und Gottlosigkeit, diese unheimliche Exaktheit und dieser Mangel an Theologie, an Gott, an Ergebung. Es scheint mir auch oft, daß wirklich Christus um einen Schritt weiter sei als Buddha, gerade dadurch, daß er die Frage der Wiedergeburten (an welche er ja glaubte) und das Nirwana ganz aus dem Spiel ließ[27].«

Aus diesem Grunde konnte Hesse von vornherein die taoistischen Denker ohne Vorbehalt akzeptieren. Wir erinnern uns, daß er Lao Tse mit Jesus verglich, und wissen auch, daß die taoistischen Weisen jeglichen Intellektualismus ablehnten, weil sie ihn als Hindernis bei der Erkenntnis der Wahrheit betrachteten.

Vielleicht liegt hierin die Ursache, daß sich Hesse über die taoistische Weltanschauung niemals kritisch geäußert hat.

Mit der Abkehr vom Intellektualismus trat er in eine neue Beziehung zum Buddhismus. Er wandte sich dem anderen Aspekt der Buddha-Lehre zu, seinem »gelebten Leben«, seiner »geleisteten Arbeit«, der »getanen Tat«, und ließ »Buddha als Erscheinung, als Bild, als den Erwachten, den Vollendeten«[28] zu sich sprechen. Buddha wurde ihm zum »lebendigen Symbol«. Diese neue Beziehung gestaltete Hesse dichterisch in der Er-

26 »Hinduismus«, *Schriften zur Literatur*, Bd. 2, bzw. WA, Bd. 12, a. a. O., S. 18.

27 *Eigensinn.* Autobiographische Schriften, a. a. O., S. 133.

28 *Schriften zur Literatur*, Bd. 2, bzw. WA, Bd. 12, a. a. O., S. 22 f.

zählung *Siddhartha*. Der gleichnamige Held begegnet Buddha selber, hört ihn lehren, erkennt ihn als den Vollendeten, vermag sich aber dieser Lehre nicht anzuschließen. Denn es wird ihm bewußt, daß die Wahrheit nicht lehrbar, sondern nur erlebbar ist, wie es im Tao Te King steht: Das Tao ist nicht das ewige Tao; oder wie Dschuang Dsi sagt: Nur die wortlose Lehre ist die wahre Lehre.

Aber diese wortlose Lehre beschränkt sich nicht auf die taoistische Weltanschauung, sondern sie spielt auch im Zen-Buddhismus, den Hesse erst spät, nach dem Taoismus und dem Konfuzianismus, kennenlernte, eine wichtige Rolle.

Zen ist die japanische Aussprache des chinesischen Schriftzeichens Ch'an (archaisch: dian), das wiederum eine annähernde Lautwiedergabe des Sanskrit dhyâna und soviel wie »Verzicht auf Zeremonielles« bedeutet. C. G. Jung schrieb 1939 im Geleitwort zu der deutschen Übersetzung von Daisetz Teitaro Suzukis Einführungsbuch in den Zen-Buddhismus *Die große Befreiung*[29]: »Zen ist wohl eine der wunderbarsten Blüten des chinesischen Geistes, welcher sich willig von der ungeheuren Gedankenwelt des Buddhismus befruchten ließ[30].« In der Tat ist der Zen-Buddhismus eine Verschmelzung buddhistischer Mystik mit taoistischer Weltanschauung, denn wirklich besteht eine gewisse Affinität zwischen Buddhismus und Taoismus, besonders in ihrem, den Einklang mit der Natur anstrebenden Welt- und Lebensgefühl. In diesem Zusammenhang ist der Anspruch mancher Tao-Anhänger interessant, daß nämlich Lao Tse, enttäuscht über das Mißverständnis seiner Landsleute, nach Indien gegangen sei, um dort den Buddhismus zu predigen. Diese Behauptung ist zwar absurd, illustriert aber durchaus die innere Verwandtschaft zwischen Buddhismus und Taoismus. Diese Affinität brachte es mit sich, daß man häufig taoistische Begriffe benutzte, um gewisse buddhistische Schriften zu übersetzen bzw. zu erläutern. Dadurch fand eine allmähliche Sinisierung

29 Übersetzt von Heinrich Zimmer und erschienen in Leipzig: Curt Weller & Co., 1939.
30 A. a. O., S. 13.

des Buddhismus statt. So gab es bereits in China buddhistische Mönche in der vor-zen-buddhistischen Zeit, die eigentlich taoistische Lehren in buddhistischer Verkleidung predigten. Als Beispiel sei auf den Mönch Seng-chao (384–414) hingewiesen, der in seinem »Traktat über Prajñâ als Nicht-Wissen« die folgende Passage schrieb:
»Deshalb ist der Weise gleich einer leeren Höhlung. Er hegt kein Wissen. Er wohnt in der Welt des Handelns und des Nutzens, aber er hält sich an den Bereich des Nicht-Handelns (wu-wei). Er bleibt innerhalb des Nennbaren, aber lebt in dem offenen Land, das die Worte übersteigt. Er ist schweigend und allein, leer und offen, weil seine Seinslage nicht in Worte gekleidet werden kann[31].«
Diese Beschreibung kennzeichnet genau den taoistischen Weisen nach Lao Tse und Dschuang Dsi! Auch der Mönch Tao-Sheng (ca. 360–434), der als »der tatsächliche Begründer des Zen« gilt, hat buddhistisches mit taoistischem Denken verbunden. Für ihn ist Buddha gleich Tao, das heißt das kosmische Gesetz, welches auch das Leben des Menschen bestimmt. Weil Tao alles hervorgebracht hat und lebendig erhält, ist es allgegenwärtig. Daher haben auch die Nicht-Buddhisten teil an der Buddha-Natur und können zum Heil gelangen.
Eine historische Darstellung des Zen-Buddhismus würde mehrere Bände füllen. Daher müssen wir uns hier begnügen, das Charakteristische des Zen anzudeuten, wie es in der folgenden Strophe zum Ausdruck kommt:

> Eine besondere Überlieferung außerhalb der Schriften,
> unabhängig von Wort und Schriftzeichen:
> unmittelbar des Menschen Herz zeigen, –
> die (eigene) Natur schauen und Buddha werden[32].

Diese Verse soll Bodhidharma geschrieben haben, ein indischer Mönch, der im sechsten Jahrhundert nach China kam, dort den

31 Deutsch zitiert nach H. Damoulin, *Zen, Geschichte und Gestalt,* Bern: Francke Verlag 1959, S. 65.
32 Deutsch nach H. Dumoulin, a. a. O., S. 73.

Zen-Buddhismus gründete und dessen erster Patriarch wurde. Nach der Lehre des Bodhidharma kann Tao auf zwei Wegen erreicht werden, sowohl durch das Werk als auch durch *Li* – sinngemäß übersetzt etwa mit »Vernunft« oder »Wesensgesetz«. Beides, *Tao* und *Li*, sind taoistische Begriffe. Sie deuten auf die Verwandtschaft zwischen Taoismus und Zen-Buddhismus. Unter dem sechsten Patriarchen Hui-neng (638–713) erlebte der Zen-Buddhismus einen Wendepunkt, der hier durch eine uns überlieferte Episode veranschaulicht werden soll: Der fünfte Patriarch suchte einen Nachfolger, welcher die Erleuchtung erlangt hatte. Er hieß alle Jünger eine Versstrophe schreiben, um sie damit zu prüfen. Sein oberster Schüler schrieb die folgenden Verse:

> Der Leib ist der Baum Bodhi.
> Der Geist gleicht einem klaren Spiegel.
> Müh dich Stund um Stund, ihn zu fegen.
> Laß kein Staubkorn sich ansetzen[33]!

Hui-neng, ein Analphabet, der im Kloster nur manuelle Arbeit verrichtet hatte, ließ sich die Strophe vorlesen und daraufhin die folgenden Verse aufschreiben:

> Bodhi ist ursprünglich kein Baum.
> Der klare Spiegel steht auf keinem Stand.
> Anfänglich existiert kein Ding.
> Wo könnte sich ein Staubkorn ansetzen?

Hui-nengs Analphabetentum sowie die Episode überhaupt sind historisch anzuzweifeln. Doch in diesem Falle geht es nicht um historische Faktizität. Sowohl die Ungelehrsamkeit Hui-nengs als auch seine Strophe illustrieren das Wesen des Zen-Buddhismus. Nicht Intellekt und Gelehrsamkeit führen zur Erleuchtung, sondern das wahre Selbst ist die Buddha-Natur, die, obwohl sie einem unbeweglichen Spiegel gleicht, dennoch alle Tätigkeit widerspiegelt und somit ständig in Bewegung ist.

33 A. a. O., S. 87. Buddha kam durch Meditation unter einem Bodhi-Baum zur »Erleuchtung«. Seitdem gilt dieser Baum als heilig.

Dies erinnert an Tao, welches nicht handelt und trotzdem alles hervorbringt. Gleichzeitig erinnert es an Dschuang Dsi, der gesagt hat: »Der vollkommene Mensch gebraucht seinen Geist wie einen Spiegel.« Bereits Seng-chao, den wir früher zitiert haben, verwies darauf, daß die Weisheit wie ein Spiegel alle Dinge widerstrahle. Wir sehen, der Zen-Buddhismus ist eine chinesische Prägung des indischen Mahayana-Buddhismus. Es war die Verschmelzung indischer und taoistischer Elemente, die Hermann Hesse fasziniert hat. Daher ist es schade, daß er sich mit dieser Denkform erst relativ spät beschäftigte. Einen Vorgeschmack dieses sinisierten Buddhismus bekam er 1924 durch F. E. U. Krauses Buch *Ju-Tao-Fo. Die religiösen und philosophischen Systeme Ostasiens.* Ju ist die chinesische Kurzform für Konfuzianismus, Tao für Taoismus, Fo für Buddhismus. Nach der Besprechung zu urteilen, die Hesse über dieses Buch geschrieben hat, scheint er die in diesem Werk vorgestellten chinesischen Formen des Buddhismus – Zen war nur eine davon – eher oberflächlich zur Kenntnis genommen zu haben. Denn zu dieser Zeit hat er sich besonders mit den indischen Formen des Buddhismus beschäftigt. Sein »Tagebuch 1920/21«, das während der anderthalb Jahre dauernden Krise zwischen der Niederschrift des ersten und des zweiten Teils seiner Indischen Legende *Siddhartha* entstanden ist und die zahlreichen Briefe aus jenen und den nachfolgenden Jahren und seine Rezensionen über die ersten deutschen Übersetzungen der Buddha-Reden u. a.[34] lassen sowohl die Gemeinsamkeiten Hesses wie seine Widerstände und Ausgangspunkte zu weiterer Entwicklung erkennen. Auch bei der Lektüre seiner Rezension von Fritz Krauses Werk merkt man, daß ihn damals noch unter allen Formen des Buddhismus primär die indische interessiert haben muß. Auch machen seine Äußerungen über den Inhalt des Buches nur einen kleinen Teil dieser Rezension aus, statt dessen befaßte sich Hesse mit dem professoralen Hochmut des Verfassers. Weil diese Besprechung in Buchform noch nicht zu-

34 Die wichtigsten der Rezensionen sind in den *Schriften zur Literatur*, Bd. 2, bzw. WA, Bd. 12, a. a. O., unter der Überschrift »Indisches« enthalten.

gänglich ist, soll hier der volle Wortlaut wiedergegeben werden:

»Zum erstenmal ist in diesem Buch der Versuch gemacht, auf wissenschaftlicher Grundlage die Gedankenwelt Ostasiens im Zusammenhang darzustellen, d. h. jene Systeme, welche China und Japan mit Indien gemeinsam haben. Es ist eine solide, reinliche Arbeit geleistet, und das Buch wird, bei der herrschenden geistigen Mode als Wegweiser und Nachschlagewerk gewiß rasch seinen Weg machen. Besonders die Darstellung der östlichen Formen des Buddhismus zeigt eine Klarheit und Sachlichkeit, vor der man dankbar und bewundernd den Hut zieht.

Die indische Welt ist dem Verfasser wohl etwas fremder geblieben als die chinesisch-japanische, doch ist auch seine Geschichte und Vorgeschichte des indischen Buddhismus eine vorzügliche Leistung. Was mit den Mitteln reiner Wissenschaft auf diesem Gebiet zu erreichen ist, ist hier erreicht. Daß es noch andre als wissenschaftliche Mittel gibt, Religion und Gedankenwelt des Ostens aufzunehmen und andeutend wiederzugeben, davon will Krause nichts wissen, hier ist er durch und durch Professor. Und so passiert es ihm, daß er z. B. in einer Fußnote sämtliche aus künstlerischen Erlebnissen und Absichten entstandenen deutschen Übersetzungen der alten Chinesen mit grausamer Härte verurteilt, von Ular bis Martin Buber und Klabund, während er die Übersetzungsversuche von Kollegen, von Sinologen wie Wilhelm und Grill, von diesem Verdammungsurteil ausschließt, obwohl, mit der Urgestalt verglichen, diese Übersetzungen nicht minder tastende und zweifelhafte Versuche sind! Und daß dieser Geist einer fachwissenschaftlichen Unduldsamkeit hie und da in Krauses Buch wiederkehrt, sei nicht verschwiegen. Nach Krause sind ernstliche Interessenten für asiatische Gedanken bloß unter Sinologen und Indologen zu finden, alle andre Liebesbemühung des Westens um das Licht des Ostens ist eitel Dilettantismus und Schwindel. Da muß dem Professor doch gesagt werden, daß er sein Buch dann für Sinologen hätte schreiben sollen, und daß einzelne jener von ihm verlachten und geschmähten Übertragungsver-

suche aus Lao Tse und Dschuang Dse Tausenden etwas gegeben haben, was kein rein wissenschaftliches, Kunst und Magie ablehnendes Werk seinen Lesern geben kann[35].«
Natürlich hatte Hesse recht. Jede Übersetzung und Darstellung ostasiatischen Geistes kann nur ein Annäherungsversuch an das Original sein. Vielleicht war es die professorale Attitüde Krauses, die Hesse daran hinderte, sich schon damals mit den chinesischen Formen des Buddhismus zu beschäftigen; eine andere Darstellung dieses Themas aber war in deutscher Sprache lange Zeit nicht vorhanden.
Unter den Büchern der Bibliothek Hesses, die sich im Deutschen Literaturarchiv Marbach befinden, fand sich auch das bereits erwähnte, von Heinrich Zimmer verdeutschte Einführungswerk in den Zen-Buddhismus von D. T. Suzuki mit einem Geleitwort von C. G. Jung. Diesem Buch liegt der Zeitungsausschnitt einer Rezension von Emil Abegg bei. Am unteren Rand dieses Ausschnittes steht in Hesses Handschrift »7. XI. 39. N.Z.Ztg.« (Neue Zürcher Zeitung). Es hat den Anschein, daß Hesse sich näher mit diesem Buch befaßt hat. Doch bekommt man einen anderen Eindruck, wenn man es durchblättert. Bleistiftstriche befinden sich nur im Geleitwort C. G. Jungs, nicht aber in Suzukis Darstellung. Daraus darf natürlich noch nicht geschlossen werden, Hesse habe den Hauptteil des Buches nicht gelesen. Aber selbst wenn er nur das Geleitwort Jungs gelesen hat (was aus einem 1939 an Ernst Morgenthaler gerichteten Brief hervorgeht), würde er, der mit dem Wesen des Ostens bereits vertraut war, den Kern des Zen-Buddhismus erfaßt haben. Jung zitiert in seiner Einführung eine Anzahl von Zen-Sprüchen, eine Methode, deren sich auch Suzuki bedient, um westliche Leser mit der Gestalt des Zen vertraut zu machen. Nicht wenige dieser Sprüche hat sich Hesse mit Bleistift angestrichen, z. B.: »Der Buddha ist nichts anderes als der Geist (mind) oder vielmehr jener, der diesen Geist zu sehen strebt.« Oder »Einblick in die eigene Natur mit Erreichung der Buddhaschaft.« Doch wer die angestrichenen Stellen stu-

35 *Der Bücherwurm*, Jg. 9, 1924, S. 116.

diert, erkennt, daß sich Hesse offensichtlich mehr für die Ausführungen Jungs interessiert haben muß, der versuchte, das Zen mit Hilfe der Psychotherapie zu erklären: als Ausschaltung des Bewußtseins und Hinwendung zum Unbewußten in seiner Ganzheit.

Erst in seinem siebten Lebensjahrzehnt begann Hesse sich – angeregt durch seinen Vetter, den Japanologen Wilhelm Gundert – intensiver mit dem Zen-Buddhismus zu beschäftigen.

Ein Brief von 1947 und zwei weitere, 1956 geschriebene Briefe geben darüber Auskunft. Im April 1947 schrieb Hesse an Rin Jûbishi nach Tokio: »Da Sie Angehöriger von Zen sind, bedürfen Sie einer andern Führung kaum mehr. Ich habe von Zen nur eine leise Ahnung, aber hinter dem, was ich darüber gelesen habe, fühle ich eine äußerst durchgebildete geistige Welt und eine bewundernswürdige seelische Disziplin walten. Da sind Sie wohlgeborgen, und das Chaos des heutigen Japan wird Sie nicht krank machen können. Eher könnte ich mir denken, daß Zen mit Ihren literarischen Plänen in Konflikt geraten könnte. Die Literatur ist ein gefährlicher Beruf, ebenso gefährlich wie das Priestertum. Der gute Literat soll sich nicht für ein Licht halten oder ein Lichtbringer zu sein glauben. Er soll nur ein Fenster sein, durch das in günstiger Stunde das ewige Licht Durchgang findet.«

Der nächste Brief, an eine Frau Dr. Karoline Kallenbach in Freiburg adressiert, ist nicht datiert, aber wahrscheinlich im November oder Dezember 1956 geschrieben:

»Die chinesische geistige Welt hat mancherlei Gesichter, aber innerlich ist sie von stärkster Einheitlichkeit. So hat z. B. der Buddhismus in China eine völlig neue, sehr vitale Form angenommen (Zen), von der man bei uns wenig erfährt, weil die Sinologen sich davor scheuen, die mir aber durch meinen Vetter W. Gundert wohlbekannt ist. Eben war er wieder einige Tage bei uns, und wir widmeten einige Stunden der streng-heiteren bekömmlichen Luft von Zen-Legenden aus dem 7. bis 9. Jahrhundert.«

Im anderen Brief, vom 19. 5. 1956, an seinen Vetter Wilhelm Gundert heißt es:

»Am Freitag, Eurem Abreisetag, lasen wir abends das neunte Beispiel des Bi Yän Lu. Der Spruch von den vier Toren hat uns natürlich Freude gemacht, wenn er auch ohne die Anekdote unverständlich wäre und nicht die magische Strahlung hat wie der vom Schnee auf der Silberschale. Lehrreich war mir Deine Einleitung dazu. Alles in allem neige ich doch dazu, das weitläufige Verfahren dem abkürzenden vorzuziehen.«

Gunderts Übersetzung des *Bi Yän Lu*[36] erschien 1960. Im selben Jahr veröffentlicht Hesse einen Brief der Anerkennung und des Dankes an seinen Vetter. Der größte Teil dieses Briefes beinhaltet Familiäres: über die Beziehungen des gemeinsamen Großvaters, des Indologen Hermann Gundert, zu seinen Enkeln Hermann Hesse und Wilhelm Gundert. Hier sollen nur die für unseren Kontext relevanten Äußerungen wiedergegeben werden:

»... seit jenem schönen Ereignis, der Verdeutschung des I Ging durch R. Wilhelm vor bald vierzig Jahren, hat keine Eroberung fernöstlicher Schätze durch den abendländischen Geist mich so tief berührt, so herzerfreuend alles Westöstliche in mir angerufen wie die große, mir vorerst nur im großen Umriß erfaßbare Leistung, an die du deinen Lebensabend, wohl mehr als ein Jahrzehnt geduldigster und heikelster Arbeit, hingegeben hast.

Ich habe nicht nur an dir und deinem Leben und Denken, sondern gerade auch am langsamen Entstehen dieses gewaltigen Werkes so vielfach und innig teilgenommen, daß ich, obwohl ich weder Sinologe noch Religionsforscher bin, mir vielleicht erlauben darf, dir auch öffentlich für dies Geschenk höchsten Ranges zu danken, dessen Gehalte und vielfache Zauber auszuschöpfen mein Lebensrest viel zu kurz ist. Es würde aber auch ein ganzes, unangebrauchtes Leben dazu nicht hinreichen ...

Nun, auf wie viel oder wie wenig Verständnis dein Werk stoßen wird, bleibt abzuwarten, und wir sind beide zu alt, um seine wahren Auswirkungen noch erleben zu können. Die Hin-

36 *Bi Yän Lu, Meister Yüan-wus Niederschrift von der smaragdenen Felswand,* verdeutscht und erläutert von Wilhelm Gundert; Carl Hanser Verlag, München 1960.

dernisse, Irrwege, Dornhecken und tückischen Moore, durch die einer dringen muß, um das Werk ernstlich zu verstehen, liegen offen vor des Lesers Augen; es wird vielen, die das wunderbare Buch in die Hand nehmen, sich verschließen, und der Leser wird dastehen wie der chinesische Kaiser in der ersten Anekdote, der den Bodhidharma um den höchsten Sinn befragte und von dem es heißt: ›Der Kaiser konnte sich nicht in ihn finden‹.
Mir scheint, daß das Buch für erste Leseversuche so viel Abschreckendes hat und seinen süßen Kern in so eisenharten Schalen hält, gehört mit zu seinem Wesen und seinem hohen Wert. Es weigert sich dem Ungeduldigen, weigert sich dem nur Neugierigen, weigert sich vor allem dem Besserwisser. Der süße Kern aber sendet dem sich Hingebenden, dem Ehrfürchtigen, auch wenn er noch im äußersten Vorhof steht, durch alle harten Schalen hindurch seinen heiligen Duft entgegen und läßt ihn nicht mehr los. Denn das Ziel, an das der Meister den Novizen führen will und das bis heute aller Zen-Weisheit Sinn ist, das Geheimnis, das von den vielen Schichten und Fäden des Buches umkreist und umsponnen wird, ist jenes mit Worten nicht erfaßbare höchste Gut, das Ziel und Anliegen jeder Frömmigkeit. Worte, die daran zu rühren, daran zu mahnen suchen, sind etwa: Seligkeit, Friede, Erlösung, Übertritt aus der Zeit in die Ewigkeit, Nirwana ... Damit das Mögliche entstehe, muß immer wieder das Unmögliche versucht werden[37].«
Diese Äußerungen sind allgemeiner Natur und bezeugen nur Hesses Bejahung des Zen-Buddhismus. Es stellt sich die Frage, ob es ihm selbst gelungen war, durch »alle harten Schalen hindurch« zum »süßen Kern« zu dringen? In seinem offenen Brief »Josef Knecht an Carlo Ferromonte« hat er diese Frage teilweise beantwortet. Wir wissen, daß Josef Knecht der Protagonist seines *Glasperlenspieles* ist. Carlo Ferromonte ist dort ein Studienkollege und Vertrauter Knechts, der, wie fast alle Gestalten in Hesses Werken, letztlich mit einer Veranlagung des Autors identifizierbar ist. Der »Brief« Knechts an Ferromonte gibt einen Rückblick auf Hesses Beziehung zum chinesischen

37 Erstdruck: *Neue Zürcher Zeitung*, Nr. 3365 vom 3. 10. 1960.

Denken und auf seine Eindrücke bei der Lektüre des *Bi Yän Lu*. Er ist geeignet, als abschließende Betrachtung über Hesses Verhältnis zu den drei Geistesströmungen Chinas zu fungieren. Außerdem schrieb Hesse Ende 1937 an Otto Korradi: »Zur Zeit denke ich auch daran, vielleicht dem Indischen Lebenslauf [es handelt sich um die vier Lebensläufe Josef Knechts] noch einen chinesischen folgen zu lassen.« Da dies nicht verwirklicht wurde, kann dieser Brief als eine Art Ersatz gelten. Daher wird hier der volle Wortlaut wiedergegeben:

»Josef Knecht an Carlo Ferromonte«

Freund, es ist doch hübsch und im Grunde tröstlich, wie alles, auch das scheinbar ganz und gar Vergangene, der Wiederkehr und neuen Lebens fähig ist. Vor kurzem erst hast du mir davon berichtet, daß neuerdings manche deiner Kollegen sich mit buddhistischer Lektüre beschäftigen, und zwar speziell mit der Literatur des Zen, sei es in der chinesischen oder der japanischen Form. Du neigst, wie es scheint, eher dazu, das für eine bloße Mode und müßige Spielerei zu halten; du selbst bist ja im Grunde entschlossen, dich nicht näher darauf einzulassen. Da du mich darum angehst, sage ich dir gern meine paar Gedanken über das Thema, denn die »Mode« ist auch hier in Waldzell zu spüren, so daß ich veranlaßt war, meine geringen Kenntnisse über die Materie durch Lektüre etwas aufzufrischen. Vor allem las ich in letzter Zeit wieder des öftern in jener »Niederschrift von der smaragdenen Felswand«, dem chinesischen Bi-Yän-Lu.
Meine Liebe zum chinesischen Wesen kennst du längst. Sie hat zunächst mit Buddhismus und mit Zen nichts zu tun, sie galt und gilt dem alten, herrlichen China der Klassiker, das von Buddha noch nicht wußte. Das alte Liederbuch, das I Ging, die Schriften von und über Kung Fu Dsi und Lao Dsi bis Dschuang Dsi gehören ebenso wie Homer, Plato und Aristoteles zu meinen Erziehern, sie haben mich und haben meine Vorstellung vom guten, weisen, vollkommenen Menschen formen helfen.

Wort und Begriff TAO war und ist mir teurer als Nirwana, und so geht es mir auch mit der chinesischen Malerei: die traditionelle, gepflegte, zur Kalligraphie neigende ist mir lieber als die heftigere, ungestümere, genialischer anmutende Kunst vieler ZEN-Maler. Merkwürdig und ein klein wenig störend war mir manchmal auch, als einem Morgenlandfahrer und Gläubigen des Spruches »Ex Oriente Lux«, die Vorstellung, daß China seinen höchsten geistigen Besitz aus dem Westen, aus dem Abendland Indien, sollte empfangen haben. Nun, das sind kleine geschmäcklerische Launen, nicht ernster zu nehmen, als jene flüchtigen Wünsche nach einem Stillstand der Historie, die man sich träumerischerweise gelegentlich erlaubt, etwa den Wunsch, es möchte auf die Ghirlandaio, Piero della Francesca und Lippi kein Michelangelo, auf Beethoven kein Wagner gefolgt, oder es möchte die Religion des Abendlandes im Zustand des Urchristentums verblieben sein.
Nun, auch China hat nicht bei den alten Kaisern, bei Kung Fu Tse oder Lau Dan haltgemacht, es hat offenbar einige Jahrhunderte nach seiner ersten schönen Hochblüte wieder eines Lichtes bedurft. Und das Licht kam, es möge uns passen oder nicht, nicht von Morgen, sondern mit dem Patriarchen »fern von Westen her«, es kam die Buddhalehre von Indien herüber und hat zunächst ihre Jünger mit indischer Dogmatik, indischer Spekulation und indischer Scholastik völlig bezaubert und bezwungen. Die ganze riesige Literatur der buddhistischen Schulen wurde übersetzt und kommentiert, in den Klöstern wuchsen gewaltige Bibliotheken an, das Licht aus Westen überstrahlte alle die alten einheimischen Sterne. So war oder schien es eine gute Weile, der Chinese war Asket und fromm geworden, der Drache war gezähmt. Aber eines Tages war, was er da an Fremdem und Betäubendem geschluckt hatte, verarbeitet, der Drache reckte sich und erwachte, und es begann das alte grimmige Spiel zwischen Sieger und Besiegtem, zwischen Vater und Sohn, zwischen dozierendem und spekulierendem Westen und gelassen flutendem Osten. Das Buddhawesen bekam ein neues, ein chinesisches Gesicht. So etwa sehe ich, durchaus als Laie, die Vorgeschichte des ZEN.

Es wird dir aber, denke ich, mehr damit gedient sein, wenn ich dir ein paar ganz persönliche Eindrücke mitteile, die mir nach einigem Studieren der »Niederschrift« des Bi-Yän-Lu mit besonderer Zähigkeit im Gedächtnis hängengeblieben sind. Ob ich dir empfehlen soll, dich selbst auf die Lektüre einzulassen, weiß ich nicht. Das Buch steckt voll von Entzückendem und auch Erschütterndem, aber die Kerne stecken in sehr dicken und harten Schalen, und für einen wie du, der schon sehr genau seine Ziele vor sich sieht, ist wohl das Leben schon zu kurz, als daß er Tage und Wochen an das Entziffern solcher Hieroglyphen wenden möchte. Bei mir steht es anders, ich bin noch nicht so exakt auf bestimmte Aufgaben konzentriert und schweife nach Repetentenart mit Appetit und gutem Gewissen in den unendlichen Weidegründen der Geschichte des Menschengeistes umher.

Wie du weißt, besteht der Kern der berühmten »Niederschrift« in kurzen Anekdoten (im Buch heißen sie »Beispiele«), die teils Aussprüche, teils erzieherische Handlungen und Praktiken bekannter Zen-Meister der Vorzeit berichten. Die Aussprüche nun sind für unsereinen – und waren es schon für die Chinesen des elften Jahrhunderts – fast alle unverständlich, ihr Sinn ist nur mit Hilfe eingehender Kommentare mehr oder weniger erschließbar. Ich setze dir zwei beliebige Beispiele her:

Tsui-yän, zum Beschluß der sommerlichen Übungszeit, unterwies seine Hörer mit folgenden Worten: Den ganzen Sommer über habe ich euch Brüdern zuliebe geredet und geredet. Seht her, ob Tsui-yän noch seine Augenbrauen hat!
Bau-fu sagte: Bei Leuten, die das Diebsgewerbe treiben, ist im Herzen alles hohl.
Tschang-tjing sagte: Gewachsen sind sie!
Yün-men sagte: Sperre!

oder dies:

Ein Mönch fragte Hsiang-lin: Was ist der Sinn davon, daß fern vom Westen her der Patriarch gekommen ist?
Hsiang-lin erwiderte: Vom langen Sitzen müde.

Du siehst, das ist eine Art von Hexeneinmaleins. Man ahnt dahinter Anspielungen, Bedeutungen, ja Beschwörungen, es scheinen magische Formeln zu sein, sind es aber nicht, sondern Hinweise auf genaue Ziele, nur muß man den Schlüssel dazu haben, und ihn zu finden genügen uns nicht einmal die Umschreibungen und Erklärungen der »Niederschrift«, wir brauchen dazu noch einen sinologisch und buddhologisch geschulten Führer.

Und doch sind auch einige wenige dieser überlieferten Meisterworte einfach und gehen einem ohne weiteres ein. Eines von ihnen, es ist gleich das erste im Buch, hat mich wie eine Offenbarung getroffen; ich glaube nicht, daß ich es je vergessen werde. Ein Kaiser trifft mit dem Urpatriarchen Bodhidharma zusammen. Mit der Wichtigtuerei und Ahnungslosigkeit des Laien und Weltmanns fragt er ihn: »Welches ist der höchste Sinn der heiligen Wahrheit?« Der Patriarch antwortet: »Offene Weite – nichts von heilig.« Die nüchterne Größe dieser Antwort, Carlo, wehte mich an wie ein Hauch aus dem Weltraum, ich empfand ein Entzücken und zugleich Erschrecken wie in jenen seltenen Augenblicken der unmittelbaren Erkenntnis oder Erfahrung, die ich »Erwachen« nenne und über die wir einst, in einer sehr ernsten Stunde, gesprochen haben. Das Erreichen dieses Erwachens, das nicht ergrübelte, sondern an Seele und Leib als Wirklichkeit erlebte Einswerden mit dem Ganzen, das Innewerden der Einheit ist ja das Ziel, nach dem alle Jünger des ZEN streben.

Es gibt nun zu diesem Ziel so viele Wege, als es Menschen gibt, und so viele Führer, als es ZEN-Meister gibt. Von den Schülern wie von den Meistern kann man sagen: es sind alle Typen und Spielarten des chinesischen Menschentums unter ihnen zu finden. Die Schülertypen werden in den Anekdoten meistens nicht so genau sichtbar wie die Charaktere der Meister, doch gelingt der große Wurf, so scheint mir, ähnlich wie in unsern Märchen eher den Unscheinbaren und Einfältigen als den Glänzenden und Wendigen. Unter den Meistern aber gibt es die Strengen wie die Sanften, die Wortmächtigen wie die Schweiger, die Bescheidenen wie die Würdebewußten, es gibt auch Zornige,

Kämpferische, ja Gewalttätige. Einen Spruch von der Großartigkeit jener »Offenen Weite« habe ich bisher nicht mehr entdeckt, dafür aber eine Anzahl von Erweckungen ohne Worte, Erweckungen durch eine Maulschelle, durch einen Stockhieb, durch einen Streich mit dem Yakschweif, durch das Anzünden und sofortige Wiederausblasen einer Kerze. Und dann gab es einen Meister, einen von den Schweigern, der auf die Fragen seiner Jünger nicht mit dem Munde Antwort gab, sondern mit dem Zeigefinger, den er mit so sprechender Gebärde zu heben wußte, daß die dafür empfänglichen und reifen Schüler im Anblick des Fingers das Unaussprechliche erlebten. Es gibt da Geschichten, die beim ersten Lesen gar nichts hergeben wollen; sie klingen wie Geschwätz oder Gezänk in der Sprache irgendeiner völlig fremden Menschen- oder Tierart – und bei einem späteren Wiederbetrachten tun sie auf einmal Türen und Fenster zu allen Himmeln auf.

Da ich dir schon von meiner Art des »Erwachens« gesprochen habe, lang ehe wir beide etwas von Zen gehört hatten, muß ich noch etwas erwähnen, was mir an den Erwachten des chinesischen Buddhismus auffällt und zu knacken gibt. Das Erlebnis selbst kenne ich ja, das Vom-Blitz-des-Innewerdens-getroffen-Sein, es ist mir einige Male widerfahren. Es war ja auch bei uns im Abendland nichts Unbekanntes, alle Mystiker und unzählige ihrer großen und kleinen Schüler haben es erfahren, ich erinnere dich etwa an die erste Erleuchtung Jakob Böhmes. Aber bei diesen Chinesen scheint das Wachgewordensein lebenslang fortzudauern, zumindest bei den Meistern, sie scheinen den Blitz zur Sonne gemacht, den Augenblick festgenagelt zu haben. Da hat mein Verstehen eine Lücke: vorstellbar ist mir ein ewiges Erleuchtetbleiben, eine zur dauernden Daseinsform gewordene Ekstase nicht. Vermutlich bringe ich doch zuviel abendländische Haltung mit in die östliche Welt. Vorstellen kann ich mir nur, daß der einmal Erweckte einem zweiten, dritten, zehnten Erwecktwerden erreichbarer ist als andere Menschen, daß er zwar natürlicherweise immer wieder in Schlaf und Unbewußtsein zurücksinkt, nie aber so tief, daß nicht ein nächster Lichtblitz ihn wecken könnte.

Zum guten Schluß will ich dir noch eine merkwürdige und lehrreiche Geschichte aus dem BI-YÄN-LU erzählen. Da war im zehnten Jahrhundert ein Meister namens Yün-men; es werden von ihm viele und erstaunliche Dinge berichtet. Sein Sitz war der »Wolkentorberg«, im Süden von China, in der Provinz Kwangtung. Zu ihm kam einmal von weit her ein Suchender gepilgert, ein einfaches Männlein mit Namen Yüan. Er war schon lange unterwegs, hatte halb China durchpilgert und da und dort in Klöstern angeklopft, bis er hier am Wolkentorberg landete. Er wurde aufgenommen, und Yün-men stellte ihn als Famulus in seinen persönlichen Dienst. Offenbar spürte der große Menschenkenner in dem schlichten jungen Pilger wertvolle Kräfte verborgen, von denen dieser selbst nichts wußte; denn er hat mit ihm, der nicht rasch im Verstehen war, unendlich lange Geduld gehabt. Ich höre dich fragen: »Wie lange denn?« Ich antworte: »Achtzehn Jahre«. Tag für Tag rief er ihn ein oder mehrere Male an: »Aufwärter Yüan!« Jedesmal antwortete Yüan ergeben und gehorsam: »Ja«. Und jedesmal stellte der Meister ihn zur Rede: »Ja, sagst du. Aber was meinst du damit?« Betroffen und verlegen suchte der Aufwärter sich immer und immer wieder zu erklären und herauszureden, denn mit der Zeit merkte er instinktiv doch, daß mit dem Anruf und mit der barschen Kritik an seiner Antwort etwas gemeint sei. Er strengte sich, um sein »Ja« zu rechtfertigen, oft mächtig an; vermutlich grübelte er schon die halben Tage daran herum, was er morgen dem Meister antworten solle. Die Frage des Gewaltigen, was er mit seinem »Ja« meine, war eine Nuß, an der Yüan die Tage und Wochen und schließlich ganze achtzehn Jahre zu knacken hatte. Dann kam wieder ein Tag, scheinbar einer wie alle anderen, wieder hörte der Famulus sich vom Meister beim Namen rufen – aber diesmal hatte das »Yüan« einen ganz anderen Klang. Es war sein Name, es war er, er selbst, er allein, der da angeredet, gestellt, befohlen, erwählt, berufen wurde! Wie aus Himmelsweiten der Blitz, wie aus Weltenweiten der Donner klang es ihm: »Yüan!« Und siehe, der Bann war gebrochen, der Schleier gefallen, Yüan war hörend und sehend geworden, er erblickte die Welt in ihrer wahren

Gestalt und sich inmitten, und das große Licht ging ihm auf. Diesmal rief er nicht »Ja« zurück. Leise stammelte er: »Ich habe begriffen.«

Es ist eine wunderschöne Geschichte. Sie ist aber noch nicht zu Ende. Der Aufwärter Yüan war nicht nur zur Erleuchtung berufen, wenn er auch lange genug auf sie hatte warten müssen. Es war noch mehr mit ihm gemeint, das scheint er gespürt zu haben, und noch gewisser spürte es Meister Yün-men, denn er behielt ihn noch drei Jahre in seiner nächsten Nähe, und hatte ein besonderes Auge auf ihn. Dann wurde der gewesene Aufwärter, reif zur Meisterschaft, entlassen, durchpilgerte auf dem Rückweg in seine Heimat abermals das halbe Reich, übernahm die Leitung eines Klosters und wirkte dort unter dem Namen Hsiang-lin vierzig Jahre lang. Manche erklärten ihn für den größten unter Yün-mens Schülern. Achtzig oder mehr Jahre alt, als er sein Ende nahe fühlte, begab er sich zum Fürsten Sung, dem Präfekten des Bezirks, der sein Verehrer und ein Gönner des Klosters war, um ihm zu danken und Abschied von ihm zu nehmen, denn, sagte er, er habe sich entschlossen, wieder auf Pilgerschaft zu gehen. Darüber spöttelte einer von den Beamten des Fürsten und meinte, der Herr Abt sei wohl altersblöde geworden; wie sollte er denn, uralt und hinfällig, noch auf Wanderung gehen können? Der Fürst aber nahm den Meister in Schutz, enthielt sich eines Urteils, nahm höflich Abschied von ihm und begleitete ihn persönlich hinaus. Der Alte kehrte ins Kloster zurück, ließ alle seine Mönche zusammenrufen, setzte sich nieder und sagte zur schweigenden Versammlung: »Der alte Mönch hier – vierzig Jahre nun schlägt er zu Einem Blatt zusammen.« Und damit ging er schmerzlos und friedlich in die Verwandlung über.

Addio, Carlo. Dein J. K.[38]

Inhaltlich gehört auch Hesses Gedicht »Der erhobene Finger«[39],

38 Erstdruck: *Neue Zürcher Zeitung*, Nr. 479, 10. 12. 1961, enthalten in: *Materialien zu Hermann Hesse, »Das Glasperlenspiel«*, herausgegeben von Volker Michels, Bd. 1, Frankfurt a. Main 1973, S. 333 ff.

39 *Neue Zürcher Zeitung*, Nr. 240 vom 22. 1. 1961, bzw. *Stufen*. Ausge-

das die Lehrmethode des sogenannten »Ein-Finger-Zen« lyrisch veranschaulicht, zu diesem »Brief« Josef Knechts:

»Der erhobene Finger«

Meister Djü-dschi war, wie man uns berichtet,
Von stiller, sanfter Art und so bescheiden,
Daß er auf Wort und Lehre ganz verzichtet,
Denn Wort ist Schein, und jeden Schein zu meiden
War er gewissenhaft bedacht.
Wo manche Schüler, Mönche und Novizen
Vom Sinn der Welt, vom höchsten Gut
In edler Rede und mit Geistesblitzen
Gern sich ergingen, hielt er schweigend Wacht,
Vor jedem Überschwange auf der Hut.
Und wenn sie ihm mit ihren Fragen kamen,
Den eitlen wie den ernsten, nach dem Sinn
Der alten Schriften, nach den Buddha-Namen,
Nach der Erleuchtung, nach der Welt Beginn
Und Untergang, verblieb er schweigend,
Nur leise mit dem Finger aufwärts zeigend.
Und dieses Fingers stumm-beredtes Zeigen
Ward immer inniger und mahnender: es sprach,
Es lehrte, lobte, strafte, wies so eigen
Ins Herz der Welt und Wahrheit, daß hernach
So mancher Jünger dieses Fingers sachte
Hebung verstand, erbebte und erwachte.[40]

Hesse hat die Lehrmethode des Meisters Djü-dschi nicht zu Ende geschildert. Einmal ahmte ihn ein Jünger nach, der von einem Fremden über die Erleuchtung befragt wurde. Als Djü-dschi davon erfuhr, nahm er ein Schwert und hackte den zu Unrecht erhobenen Finger ab. Der Jünger lief davon. Doch Djü rief ihn zurück. Als er danach wieder den Finger erhob, erwachte der Jünger zur Erleuchtung.

wählte Gedichte, Frankfurt a. Main 1970, S. 227, bzw. WA, Bd. 1, S. 147 f.

40 Zur Person und Lehre Djü-dschis siehe 19. Beispiel des *Bi Yän Lu*, S. 341-350.

Kommen wir zu unserer Frage zurück: Hat Hesse den Kern des Zen erfaßt? Die Antwort muß Ja lauten, wenn wir seine Nacherzählung der Episode über den Anwärter Yüan lesen, der nach 18 Jahren die Erleuchtung erlangte und Meister Hsiang-lin wurde. Doch hat Hesse diese »harten Schalen« nicht durchdrungen, sondern sie – dank der Kongenialität des Kreativen – vielmehr übersprungen und war direkt ins Zentrum gelangt. Diese »harten Schalen« sind die Erweckungsmethoden vieler Zen-Meister, die Erweckungen ohne Worte, durch eine Ohrfeige, durch Stockhiebe und dergleichen. Doch scheint Hesse die beiden ersten angeführten Dialoge nicht verstanden zu haben, da sie alogisch sind. Doch dies schadet nicht dem Sinn des Zen, der ohnehin nicht rational erfaßbar ist. In diesem Zusammenhang hat C. G. Jung recht, wenn er von der prinzipiellen Voraussetzungslosigkeit zum Verständnis des Zen spricht. Dialogen soll man mit Leere, mit dem Spiegel-Geist begegnen. Den Beweis, daß Hesse trotz aller »harten Schalen« das Wesen des Zen erfaßt haben muß, erbringt das folgende Gedicht:

»Junger Novize im Zen-Kloster«

1

Meines Vaters Haus im Süden steht,
Sonne wärmt es sanft und Seeluft weht,
Von der Heimat träum ich manche Nacht,
Naß von Träumen bin ich oft erwacht.

Wittern meine Kameraden schon,
Wie mir ist? Mir bangt vor ihrem Hohn.
Alte Mönche schnarchen rauh wie Tiere,
Ich allein, Yü Wang, bin wach und friere.

Einmal, einmal nehm ich meinen Stab,
Binde die Sandalen, reise ab,
Tausend Meilen pilgre ich zurück
In die Heimat, ins verlaßne Glück.

Aber wenn des Meisters Tigerblick
Mich durchbohrt, erkenn ich mein Geschick,

Spüre Glut und spüre Eis im Leibe,
Zittre, schäme mich und bleibe, bleibe.

II

Ist auch alles Trug und Wahn
Und die Wahrheit stets unnennbar
Dennoch blickt der Berg mich an
Zackig und genau erkennbar.

Hirsch und Rabe, rote Rose,
Meeresblau und bunte Welt:
Sammle dich – und sie zerfällt
Ins Gestalt- und Namenlose.

Sammle dich und kehre ein,
Lerne schauen, lerne lesen!
Sammle dich – und Welt wird Schein.
Sammle dich – und Schein wird Wesen[41].

Einige Interpreten wollen in diesem Gedicht den Triumph des Europäischen über das Asiatische in Hesses Denken sehen. Die erste und dritte Strophe des zweiten Teils sollen dies beweisen: die Realität sei doch nicht Trug und Wahn. Diese Haltung verkennt nicht nur das Wesen des Zen-Buddhismus, sondern auch die Absicht Hermann Hesses. Der Zen-Buddhismus ist, wie wir gesehen haben, eine der chinesischen Formen des Buddhismus. Daß die Natur nur als Trug und Wahn aufgefaßt wird, läßt die Naturnähe des taoistischen Weltbildes nicht zu. Denn die Chinesen waren nicht – wie Hesse richtig bemerkt hatte – indische Asketen geworden, sondern sie gaben dem Wesen Buddhas ein chinesisches Gesicht. Daß die Wandlung, die das Gedicht beschreibt, zunächst zu »Trug und Wahn« und dann wiederum zurück zum »Wesen«, nicht eine Rückkehr »des verlorenen Sohnes« zum Mutterschoß Europas bedeutet, sehen wir in den folgenden Worten eines Zen-Meisters:
»Bevor einer Zen studiert, sind ihm Berge Berge und Gewässer

41 *Akzente*, Jg. 8, 1961, S. 185 f. Enthalten in *Stufen*, a. a. O., S. 228 ff., bzw. WA, Bd. 1, S. 148 f.

Gewässer. Wenn er aber eine Einsicht in die Wahrheit des Zen bekommt durch die von einem guten Meister erteilte Belehrung, dann sind ihm Berge nicht mehr Berge und Gewässer keine Gewässer; wenn er aber nachmals wirklich zur Erleuchtung [chinesisch Wu, japanisch satori] gelangt ist, so sind ihm Berge wieder Berge und Gewässer wieder Gewässer[42].«
Diese »Erleuchtung« durch Wandlung, die ein neues Verhältnis zur Welt mit sich bringt, entspricht dem dreistufigen Prozeß der Menschwerdung, der in Hesses Büchern vom *Demian* bis hin zur *Morgenlandfahrt* dichterischen Ausdruck gefunden hat, und der in seiner Betrachtung »Ein Stückchen Theologie« zusammengefaßt wurde:
»Aus Gedanken und Notizen verschiedener Jahre schreibe ich heute einige Sätze auf, in denen ich zwei meiner Lieblingsvorstellungen miteinander in Beziehung bringe: die Vorstellung von den drei mir bekannten Stufen der Menschwerdung und die Vorstellung von zwei Grundtypen des Menschen. Die erste dieser beiden Vorstellungen ist mir wichtig, ja heilig, ich halte sie für Wahrheit schlechthin. Die zweite ist rein subjektiv und wird von mir, wie ich hoffe, nicht ernster genommen als sie verdient, tut mir aber je und je beim Beobachten des Lebens und der Geschichte gute Dienste. Der Weg der Menschwerdung beginnt mit der Unschuld (Paradies, Kindheit, verantwortungsloses Vorstadium). Von da führt er in die Schuld, in das Wissen um Gut und Böse, in die Forderungen der Kultur, der Moral, der Religionen, der Menschheitsideale. Bei jedem, der diese Stufe ernstlich und als differenziertes Individuum durchlebt, endet sie unweigerlich mit Verzweiflung, nämlich mit der Einsicht, daß es ein Verwirklichen der Tugend, ein völliges Gehorchen, ein sattsames Dienen nicht gibt, daß Gerechtigkeit unerreichbar, daß Gutsein unerfüllbar ist. Diese Verzweiflung führt nun entweder zum Untergang oder aber zu einem dritten Reich des Geistes, zum Erleben eines Zustandes jenseits von Moral und Gesetz, ein Vordringen zu Gnade und Erlöstsein, zu einer neuen, höheren Art von Verantwortungslosigkeit, oder

42 Siehe D. T. Suzuki, *Essays in Zen Buddhism* I, London 1927, p. 12.

kurz gesagt: zum Glauben. Einerlei welche Formen und Ausdrücke der Glaube annehme, sein Inhalt ist jedesmal derselbe: daß wir wohl nach dem Guten streben sollen, soweit wir vermögen, daß wir aber für die Unvollkommenheit der Welt und für unsere eigene nicht verantwortlich sind, daß wir uns selbst nicht regieren, sondern regiert werden, daß es über unsrem Erkennen einen Gott oder sonst ein ›Es‹ gibt, dessen Diener wir sind, dem wir uns überlassen dürfen.

Dies ist europäisch und beinahe christlich ausgedrückt. Der indische Brahmanismus (der, wenn man seine Gegenwelle, den Buddhismus, miteinrechnet, wohl das Höchste ist, was die Menschheit an Theologie geschaffen hat) hat andere Kategorien, die sich aber ganz gleich deuten lassen. Dort geht die Stufenfolge etwa so: der naive Mensch, beherrscht von Angst und Begierde, sehnt sich nach Erlösung. Mittel und Weg dazu ist Yoga, die Erziehung zur Beherrschung der Triebe. Einerlei ob Yoga als ganz materielle und mechanische Bußübung betrieben wird oder als höchster geistiger Sport – stets bedeutet es: Erziehung zur Verachtung der Schein- und Sinnenwelt, Besinnung auf den Geist, den Atman, der uns innewohnt und der eins ist mit dem Weltgeist. Yoga entspricht genau unserer zweiten Stufe, es ist Streben nach Erlösung durch Werke. Es wird vom Volke bewundert und überschätzt, der naive Mensch neigt immer dazu, im Büßer den Heiligen und Erlösten zu sehen. Yoga ist aber nur Stufe und endet mit Verzweiflung. Die Buddhalegende (und hundert andre) stellt dies in deutlichen Bildern dar. Erst indem Yoga der Gnade weicht, indem es als Zweckstreben, als Beflissenheit, als Gier und Hunger erkannt wird, indem der aus dem Traum des Scheinlebens Erwachende sich als ewig und unzerstörbar, als Geist vom Geiste, als Atman erkennt, wird er unbeteiligter Zuschauer des Lebens, kann er beliebig tun oder nichttun, genießen oder entbehren, ohne daß sein Ich mehr davon berührt wird. Sein Ich ist ganz zum Selbst geworden. Dies ›Erwachtsein‹ der Heiligen (gleichbedeutend mit dem ›Nirwana‹ Buddhas) entspricht unserer dritten Stufe. Es ist, wieder in etwas anderer Symbolik, eben derselbe Stufengang bei Lao Tse zu finden, dessen ›Weg‹ der Weg vom Gerechtigkeitsstreben zum Nichtmehrstreben, von der Schuld und Moral zum Tao ist, und für mich hängen die wichtigsten geistigen Erlebnisse damit zusammen, daß ich allmählich und mit Jahren und Jahrzehnten der Pausen, im Wiederfinden derselben Deutung des Menschendaseins bei Indern, Chinesen und Christen die Ahnung eines Kernproblems bestätigt und überall in analogen Symbolen ausgedrückt fand. Daß mit dem Menschen etwas gemeint sei, daß Menschennot und Menschensuchen zu allen Zeiten auf der ganzen Erde eine Einheit sei, wurde mir durch nichts so sehr bestätigt wie durch diese Erlebnisse. Dabei ist es gleichgültig, ob wir, wie viele Heutige, den religiös philosophischen Ausdruck menschlichen Denkens und Erlebens als den einer veralteten, heute überwundenen Epoche betrachten. Was ich hier ›Theologie‹ nenne, ist meinetwegen zeitgebunden, ist meinetwegen Produkt eines Stadiums der Menschheit, das einmal überwunden und vergangen sein wird. Auch die Kunst, auch die Sprache sind vielleicht Ausdrucksmittel, welche nur bestimmten Stufen der Menschengeschichte eigen sind, auch sie mögen überwindbar und ersetzbar sein. Auf jeder Stufe aber wird den Menschen, so scheint mir, im Streben nach Wahrheit nichts so wichtig und so tröstlich sein, wie die Wahrnehmung, daß der Spaltung in Rassen, Farben, Sprachen und Kulturen eine Einheit zugrunde liegt, daß es nicht verschiedene Menschen und Geister gibt, sondern nur Eine Menschheit, nur Einen Geist.

Nochmals skizziert: Der Weg führt aus der Unschuld in die Schuld, aus der Schuld in die Verzweiflung, aus der Verzweiflung entweder zum Untergang oder zur Erlösung: nämlich nicht wieder hinter Moral und Kultur zurück ins Kinderparadies, sondern über sie hinaus in das Lebenkönnen kraft seines Glaubens.«

Wir sehen, daß Hesse im Zen-Buddhismus eine zusätzliche Bestätigung seines Grundmotives von der Einheit aller Kulturen und Menschen finden mußte. Welche Rolle nun spielen Europa und Asien in dieser Einheit?

Wir haben die drei Geistesströmungen Chinas, mit denen sich Hesse etwa seit Anfang dieses Jahrhunderts bis kurz vor seinem Tod beschäftigt hatte, nachgezeichnet. Zum Verständnis der Beziehung zwischen Hesses Dichtung und China müssen noch seine Kenntnisse und Eindrücke von der chinesischen Erzählkunst berücksichtigt werden. Sein Verhältnis zur chinesischen Prosodie soll im Zusammenhang mit einigen seiner Gedichte untersucht werden.

1914 hatte er geschrieben: Zum Kennenlernen des Wesens östlicher Völker gäbe es keinen besseren Weg als das Studium ihrer Kunst und Dichtung[43]. Er selbst ist diesen Weg gegangen. Wir wollen nun seine ersten Eindrücke verfolgen, denn diese sind in der Regel die stärksten und nachhaltigsten. Die erste chinesische Prosadichtung, die Hesse gelesen hat, waren die 1911 erschienenen, von Martin Buber aus dem Englischen übersetzten *Chinesischen Geister- und Liebesgeschichten*. Hesse nannte sie in seiner Rezension[44] »das dichterisch Wertvollste« nach dem Schi-King und den Gleichnissen des Dschuang Dsi, was er aus der chinesischen Literatur kennengelernt habe. Bubers Buch enthält eine Auswahl des *Liao Tschai* von Pu Sung Ling aus dem siebzehnten Jahrhundert. Wie schon aus dem Titel der deutschen Übersetzung hervorgeht, handelt es sich dabei um Geister- und Liebesgeschichten. Aber letztere erzählen nicht nur von der Liebe zwischen Menschen, sondern zwischen Menschen, Tieren und Blumen, welche durch Magie menschliche Gestalt angenommen haben. Hesse hat diese Geschichten in seiner Rezension sehr treffend charakterisiert:

»Es sind volkstümliche Spukgeschichten, die ganz wie ihre europäischen Schwestern von Geistern Verstorbener und Dämonen, von Träumen und Visionen handeln. Nur ist die Welt des Tages und des Menschentums zu der Welt der Nacht und

43 »Chinesische Volksmärchen«, in *März*, Jg. 8, 1914, Bd. 3, S. 218, bzw. *Schriften zur Literatur*, Bd. 2, bzw. WA, Bd. 12, a. a. O., S. 31 f.

44 In: *Neue Zürcher Zeitung*, Nr. 435 vom 25. 3. 1912, bzw. *Schriften zur Literatur*, Bd. 2, bzw. WA, Bd. 12, a. a. O., S. 37 ff.

des Dämonischen nicht in einen scharfen Gegensatz gestellt, die Geister gehen wie in Hoffmannschen Märchen am hellen Tag und mitten zwischen den Verrichtungen des Alltags ihre Wege, kreuzen die Wege der Menschen und treten zu ihnen beständig in enge Beziehungen, die nicht auf Furcht und Grauen, sondern auf Zuneigung und freundlichster Nachbarschaft beruhen. Wie der geliebte schöne Leib eines Mädchens geisterhaft wieder beseelt und der Liebe zurückgegeben wird, so werden Bilder, Tiere, Gegenstände, ja Träume und Gedichte zu schönen feinen Geistwesen, die überall durch das Leben der Menschen gehen und mit Anmut und Adel sich zwischen den Lebenden bewegen[45].«

Für ihn waren diese Geschichten »wie ein alter chinesischer Seidenteppich, auf dem Hunderte von Vögeln, Drachen, Blumen, Menschen, Bäumen und Wolken in feiner geduldiger Stickerei nebeneinander stehen und, ohne daß man wüßte, wie sie zusammengehören, eine stille frohe Welt bilden«. Eine Geschichte daraus, die ihn besonders beeindruckt haben muß, hat Hesse in seiner Rezension nacherzählt:

»›Der Ärmel des Priesters‹ handelt von einem magischen Priester, und seit ich in Singapore den berühmten chinesischen Zauberer Han Peng Chien lächelnd seine Kunst üben sah, kann ich mir diesen Priester ganz genau vorstellen, der die Leute in seinen Ärmel steigen läßt, wo sie in einem großen Hause zu sein glauben und wo sie Liebesverse an die Wand schreiben, die sie nachher, wenn sie, aus dem Traum erwacht, wieder im täglichen Leben wandeln, mit Befremdung in winzig kleinen, doch deutlichen Lettern im Innern des Rockärmels angeschrieben finden. Noch schöner, vielleicht das Schönste aber ist ›Der Traum‹. Da legt ein Mann sich am Nachmittag ein wenig nieder, und plötzlich steht vor ihm ein Herr in honigfarbenem Kleide und richtet ihm eine Einladung von seinem Fürsten aus. Der Mann geht mit, er kommt an den Hof des Fürsten, er trinkt dort Wein, hört Musik und genießt Speise, er sieht und liebt die Tochter des Fürsten, er wird ihr Mann und ist eben

45 *Neue Zürcher Zeitung*, Nr. 423 vom 25. 3. 1912, bzw. *Schriften zur Literatur*, Bd. 2, bzw. WA, Bd. 12, a. a. O., S. 38.

im vollen Glück, als ein furchtbares Ungeheuer den ganzen Hofstaat zu vernichten droht. Alles flieht, er aber will bei seiner Liebsten bleiben, und über dem Getümmel und Todesschreck wacht er auf und liegt wieder auf der Bank, wo er vor unvordenklicher Zeit sich zur Ruhe gelegt hat. Er hat aber im Ohr ein Summen, dessen Ton ihm vom Traume her seltsam vertraut ist, und als er nachsieht, sind es Bienen, die sich um ihn drängen, und als er weiter forscht, ist ein ganzer Bienenschwarm auf der Flucht vor einer Schlange, die in seinen Korb drang, flehend zu ihm gekommen. Er nimmt ihn auf und tut damit nichts, als seinen Dank für all das Schöne abstatten, was er bei den Bienen erlebt hat, denn ihr Hofstaat war der seines Traumes, ihr König war sein Gastfreund, und das Ungeheuer war die Schlange. – In dieser Erzählung ist Traum und Realität so zart und geschmeidig und sinnbildhaft ineinandergewoben, wie auf einer Tempelstickerei magische Bilder auf Schriftzeichen ineinandergeschlungen sind[46].«

Hesse verglich diese Geschichten mit den Märchen und mehr noch mit den deutschen Sagen der Brüder Grimm, aber sie unterscheiden sich von den deutschen romantischen Märchen und Sagen. Im Chinesischen heißt »Märchen« bezeichnenderweise »Kinder-Worte«. Doch sind diese Geister- und Liebesgeschichten nicht Märchen wie »Hänsel und Gretel«, »Rotkäppchen«, »Frau Holle« etc. Wäre »Der gestiefelte Kater« ein chinesisches Märchen, dann hätte der Kater darin eine menschliche Gestalt annehmen müssen. Auch der übrige Verlauf wäre anders, zumindest wären der König und die Prinzessin nicht darauf aus gewesen, einen reichen Grafen als Schwiegersohn und Gemahl zu bekommen. Auch vom Traumhaften der deutschen Märchen, wie z. B. im »Marmorbild«, unterscheiden sich die chinesischen Erzählungen. In ihnen ist nämlich das Traumhafte durchaus wirklich und hat wie jener »Traum«, den Hesse nacherzählt, Realität. Alle Wesen, tot oder lebendig, sogar ideelle Figuren können dort menschliche Gestalt annehmen und in der menschlichen Welt leben. Auch das Magische ist, wie im

46 Ebenda, S. 39 f.

»Ärmel des Priesters«, magisch-real. Wie in den deutschen Sagen gibt es Drachen in diesen Geschichten. Mitunter werden sie auch getötet. Aber die chinesischen Drachen haben Ämter und unterstehen dem himmlischen König. Sie bewohnen in der Regel Paläste in Meeren, Flüssen und Seen und haben normalerweise für den Regen zu sorgen. Richard Wilhelm hat 1914 einen Band chinesischer »Märchen« herausgegeben, worin solche Drachenerzählungen vorkommen. Eine möchte ich hier im Auszug wiedergeben, um einerseits die chinesischen Drachen, andererseits die Verschmelzung von Wirklichem mit Überwirklichem in den chinesischen Geschichten zu illustrieren:

»Zur Zeit des Kaisers Tai Dsung aus der Tangdynastie geschah es, daß einst große Dürre herrschte, also daß der Kaiser und alle Beamten überall Altäre errichteten, um Regen zu erflehen.

Da redete der Drachenkönig des Ostmeers mit dem alten Drachen der Milchstraße und sprach: ›Heute bitten sie drunten auf der Erde um Regen, und der Herr hat die Bitten des Königs von Tang erhört. Morgen mußt du drei Zoll Regen fallen lassen.‹

›Nein, ich muß nur zwei Zoll Regen fallen lassen‹, sprach der alte Drache.

Also gingen die beiden Drachen eine Wette ein, und der, der Unrecht hatte, sollte zur Strafe zum Schlammolch werden.

Am Tage darauf kam plötzlich ein Befehl des höchsten Herrn heraus, des Inhalts, daß der Drache der Milchstraße die Wind- und Wolkengeister anweisen solle, drei Zoll hoch Regen auf die Erde niederzusenden. Ein Widerspruch war nicht möglich.

Da dachte der alte Drache bei sich selbst: ›Der Drachenkönig kennt die Zukunft doch besser als ich. Wenn ich nun aber ein Schlammolch werden sollte, wäre das gar zu schmählich.‹ So ließ er denn nur zwei Zoll Regen fallen und berichtete dem himmlischen Hofe, daß der Befehl erfüllt sei.

Aber der Kaiser Tai Dsung hatte ebenfalls ein Gebet dargebracht, um dem Himmel zu danken. Darin hieß es: ›Das köstliche Naß wurde uns zuteil in einer Höhe von zwei Zoll. Wir bitten untertänigst, noch mehr herabzusenden, damit die dürren Saaten sich erholen können.‹

Als der Herr dieses Gebet las, ward er sehr zornig und sprach:

›Der verbrecherische Drache der Milchstraße hat es gewagt, den von mir bestimmten Regen zu verringern. Er darf sein schuldiges Leben nicht fortsetzen. Darum soll unter den Menschen der Feldherr We Dschong ihn enthaupten zur Warnung für alle lebenden Wesen.‹

Des Abends hatte der Kaiser Tai Dsung einen Traum. Er sah einen Riesen eintreten, der ihn mit verhaltenen Tränen anflehte: ›Rettet mich, o Kaiser! Der Herr hat, weil ich eigenmächtig den Regen verringert habe, in seinem Groll befohlen, daß We Dschong mich morgen um die Mittagsstunde enthaupten soll. Wenn Ihr nun um diese Zeit den We Dschong nicht einschlafen laßt und abermals ein Gebet darbringt, um mich zu retten, so kann das Unglück noch einmal vorübergehen.‹

Der Kaiser sagte zu. Jener verneigte sich und ging.

Am andern Tage ließ der Kaiser den We Dschong kommen. Er trank mit ihm zusammen Tee und spielte Schach. Um die Mittagszeit wurde We Dschong plötzlich müde und schläfrig; aber er wagte nicht, sich zu verabschieden. Der Kaiser aber, weil einer seiner Bauern geschlagen worden war, blickte einen Augenblick nieder auf das Spiel und dachte nach, und schon schnarchte We Dschong mit donnerähnlichem Getöse. Der Kaiser erschrak sehr und rief ihm eilig zu; doch jener erwachte nicht. Er ließ ihn durch zwei Eunuchen rütteln; aber es dauerte eine lange Zeit, bis er wieder zu sich kam.

›Was seid Ihr nur so plötzlich eingeschlafen?‹ sprach der Kaiser.

›Es träumte mir‹, antwortete jener, ›der höchste Gott habe mir befohlen, den alten Drachen zu enthaupten. Eben habe ich ihm den Kopf heruntergeschlagen, und noch immer tut mir der Arm von der Anstrengung weh.‹

Noch ehe er fertig gesprochen hatte, fiel plötzlich aus der Luft ein Drachenkopf herab, groß wie ein Scheffelmaß. Der Kaiser erschrak und stand auf.

›Ich habe mich am alten Drachen versündigt‹, sagte er, zog sich zurück in die Gemächer seines Schlosses und ward verstört im Geiste. Er blieb auf seinem Lager liegen, schloß die Augen und redete nichts mehr. Ganz schwach nur ging der Atem noch durch seine Nase.

Plötzlich sah er zwei Leute in purpurnen Gewändern, die eine Namenkarte in der Hand hatten. Sie sprachen also zu ihm: ›Der alte Drache der Milchstraße hat den Kaiser in der Unterwelt verklagt. Wir bitten, den Wagen anspannen zu lassen.‹
Unwillkürlich folgte der Kaiser den beiden nach, und vor dem Schlosse war auch schon der Wagen angespannt. Der Kaiser bestieg ihn, und im Fluge ging es durch die Luft. Im Augenblicke war er in der Totenstadt. Als er eintrat, sah er den Gott des Großen Berges in der Mitte sitzen und die zehn Höllenfürsten rechts und links gereiht. Sie alle erhoben sich, verneigten sich vor ihm und ließen ihn sitzen.
Dann sprach der Gott des Großen Berges: ›Der alte Drache der Milchstraße hat wirklich ein strafwürdiges Vergehen auf sich geladen. Doch Eure Majestät hatten versprochen, für ihn zum höchsten Herrn zu bitten, wodurch das Leben des alten Drachen wohl gerettet worden wäre. Daß diese Sache über dem Schachspiel versäumt wurde, dürfte wohl auch ein Fehler sein. Nun beklagt sich der alte Drache unaufhörlich bei mir. Wenn ich bedenke, daß er seit tausend Jahren sich der Heiligung beflissen hat und nun wieder in den Kreislauf der Wandlungen zurückfallen soll, so ist das wirklich traurig. Darum habe ich mit den Fürsten der zehn Hallen mich beraten, einen Ausweg zu finden und Eure Majestät hierher gebeten, um die Sache zu besprechen. Im Himmel, auf der Erde und in der Unterwelt ist allein Buddhas Lehre ohne Grenzen. Wenn Eure Majestät daher auf die Welt zurückkehren, so mögen für die dreiunddreißig Himmelsherrn große Opfer gefeiert werden. Es sollen dreitausendsechshundert heilige Buddhistenpriester die Sutren verlesen, um den alten Drachen zu erlösen, damit er wieder zum Himmel aufsteigen kann und seine ursprüngliche Gestalt behalten darf. Aber die Schriften und Zaubersprüche in der Menschenwelt sind nicht wirksam genug. Man muß nach dem westlichen Himmel gehen und dort wahre Worte holen.‹
Der Kaiser sagte zu, und der Gott des Großen Berges und die zehn Höllenfürsten erhoben sich und sprachen sich verbeugend: ›Wir bitten zurückzukehren!‹
Plötzlich öffnete Tai Dsung die Augen wieder, da lag er auf

seinem kaiserlichen Bett. Darauf veröffentlichte er ein Bekenntnis seiner Schuld und ließ die heiligsten Buddhistenpriester rufen, um im westlichen Himmel die Sutren zu holen. Es war der Mönch vom Yangtsekiang mit Namen Hüan Dschuang, der, dem Befehle folgend, sich bei Hofe einstellte[47].«

Hesse hatte natürlich Richard Wilhelms *Chinesische Volksmärchen* – der Band enthält genau 100 Geschichten – gelesen und gebührend rezensiert. Leider ist diese Rezension[48] nicht so aufschlußreich wie die, welche er der Übertragung Martin Bubers widmete, der nur 16 Erzählungen übersetzt hatte. Aber einige Aufschlüsse hat ihm die Stimmung von Richard Wilhelm dennoch vermittelt. Wir wollen daher Hesses Äußerung hier festhalten:

»Was ich aus diesen Märchen lese, stimmt nun durchaus überein mit dem Eindruck, den mir die Chinesen Singapores gemacht haben. Wir finden viel Naivität, Kindlichkeit und Spielerei, daneben eine große Feinfühligkeit im Ästhetischen, Betonung der poetischen Einzelheit, Freude am Detail überhaupt neben einer gewissen Gleichgültigkeit gegen den erzählerischen Aufbau (mit Ausnahme der Kunstmärchen), Geisterglaube und andere animistische Vorstellungen herrschen durchaus, selten siegt persönliche Überlegenheit über diese dämonischen Abhängigkeiten. Dafür aber steht der Gebundenheit und Primitivität solcher Anschauungen ein Gebäude von moralisch-politischer Lebensbeherrschung gegenüber, eine Autorität der Sitte, eine Zucht der Höflichkeit, eine Heiligkeit der auf der Familie aufgebauten sozialen Autorität, die wir voll Hochachtung bewundern müssen.«

Im Jahre 1915 summierte Hesse seine Lese-Erfahrungen mit chinesischen Erzählungen:

»Noch eine Ecke in meiner Bibliothek, eine kleine, aber bevorzugte und gepflegte, hat Bereicherungen erfahren. Es ist die Abteilung, wo die orientalischen Dichtungen und Märchen stehen, Tausendundeine Nacht, Schi King, Bhagavad-Gita und solche Sachen, auch japanische Gedichte und indische Sprüche

47 S. 282 ff.

48 *März*, Jg. 8, 1914, Bd. III, S. 218, bzw. *Schriften zur Literatur*, Bd. 2, bzw. WA, Bd. 12, a. a. O., S. 31 f.

und die Gespräche des Konfuzius. Es fehlten in dieser Abteilung bis vor wenigen Jahren fast ganz die chinesischen Erzähler. Da erschien, vor vier Jahren, die kleine Auswahl chinesischer Geistergeschichten von Martin Buber, ein wundervolles Büchlein, und da ich damals eben selber einen erstaunten und nahezu verliebten Blick in das Leben der Chinesen auf einer asiatischen Reise getan hatte, fanden mich diese zauberhaften Geschichten wohl vorbereitet und haben mir einen tieferen Eindruck gemacht als alles, was ich sonst seither gelesen habe. Aber es war nur ein erster, entscheidender Blick in eine neue Welt gewesen, ich kannte ungefähr den Umfang dieser chinesischen populären Erzählungsliteratur aus Grubes Literaturgeschichte und aus Gesprächen mit Kennern, und nun hatte ich ein Auge auf dies höchst merkwürdige Gebiet, und wie es im Frühjahr mit den Blumen geht, daß man lang und ungeduldig wartet, und dann doch plötzlich alles überraschend da ist, so ging es mir auch hier. Es kam Jahr für Jahr irgend etwas hinzu, und jetzt vor wenigen Wochen noch die zwei Bändchen »Chinesische Novellen«, die H. Rudelsberger im Inselverlag herausgegeben hat. Außerdem sei jenes kleine feine Buch von Buber genannt und die »Chinesischen Abende« von Leo Greiner sowie die bei Diederichs erschienenen chinesischen Märchen von Wilhelm. Von Paul Kühnel ist ein Band chinesischer Novellen bei Georg Müller in München herausgekommen, drei von seinen Erzählungen findet man bei Rudelsberger mit kleinen Änderungen wieder. Es öffnet sich also auch schon die Ahnung eines Weges zur Kontrolle der Übersetzer, zur Textvergleichung. Diese paar Bücher, deren jedes ein eigenes Stück China bringt und deutlich die Subjektivität seiner Auswahl spüren läßt, diese paar Bücher haben mich ungezählte Tage beschäftigt und unterhalten, sie sind in der letzten Zeit neben dem vielbändigen Goethe meine fast tägliche Lektüre gewesen. Das doppelte Gesicht Chinas sieht mir daraus entgegen; denn alles chinesische Wesen, vor allem alle chinesische Dichtung hat für mein Gefühl zwei Gesichter, zwei Seiten, zwei Pole. Die eine Seite ist eine stille, naive Gegenwärtigkeit, ein konservativ praktisches Verharren bei den Realitäten des täglichen Lebens, eine Achtung vor Leben, Gesundheit, Familienglück, vor Gedeihen, Besitz, Reichtum in jeder Form. Das zweite Gesicht, das viel indische Einflüsse zeigt, ist eine Neigung zur Kontemplation, welche bei den eigentlichen Denkern des alten China rein geistig und nahezu bildlos bleibt, die aber im Volk eine Mythologie und Dämonologie von großer Buntheit und oft grotesker Fremdartigkeit erzeugt hat. Stünde über alledem nicht heiligend die große uralte Idee des Ostens, die Erkenntnis von der Einheit alles Seienden, so könnte man die Höllen und Himmel, Teufel und Zaubereien dieser Phantasiewelt gewiß nicht überall liebend gelten lassen. So aber sind sie schnurrige Zipfel am Gewande des wahren Gottes, und wenn man sich recht besinnt, findet man nicht nur in unserm Mittelalter, sondern im Glauben heutiger Europäer Gegenbeispiele genug.

Wir Westländer stehen erstaunt vor dieser Mischung von klarstem Wirklichkeitssinn mit ungehemmter Phantastik, deren Rätsel erst dann durchsichtig wird, wenn wir uns die paradiesische Einheit von Denken und Fühlen vorstellen, die noch heute im Osten lebt. Wer eine Ahnung von China bekommen möchte, dem sagen die Erzählungen mehr als die höhere chinesische Literatur. Ich wollte, es käme jedes Jahr ein neuer Zuwachs zu dieser Lieblingsecke meiner Bücherei[49].«

Inhaltsverzeichnis.

Handschriftliche Notizen Hesses in seinem Exemplar von Paul Kühnels ›Die chinesische Novelle‹

49 »Ein Bibliotheksjahr« in: *Neue Zürcher Zeitung*, Nr. 811 vom 27. 6. 1915.

Zu diesem Zeitpunkt kannte Hesse ungefähr 200 chinesische Erzählungen, die neben Goethe »seine tägliche Lektüre« waren. Dem Zitat entnehmen wir, daß er Textvergleiche angestellt hat. Die Bücher aus Hesses Besitz zeigen in den Inhaltsverzeichnissen entsprechende eigenhändige Bemerkungen bei Geschichten, die sich in anderen Ausgaben wiederholen, und zwar immer mit dem Namen des Übersetzers, oft sogar mit genauen Seitenangaben. Aber dies läßt noch nicht erkennen, mit welcher Genauigkeit er die Erzählungen gelesen hat. Als Beispiel nehmen wir Paul Kühnels *Chinesische Novellen*[50]. Es sind neun Geschichten, acht davon aus dem *Kin Ku Ki Kwan* (deutsch: Wundersame Geschichten aus alter und neuer Zeit), einer umfassenden Sammlung von vierzig Novellen aus der Ming-Dynastie (1368–1644). Im Inhaltsverzeichnis hat Hesse diese acht nach der Reihenfolge des chinesischen Originals numeriert! Aber dies ist noch nicht alles. Kühnels Buch enthält eine ausführliche Einleitung, welche über vier chinesische Novellensammlungen berichtet, von denen *Kin Ku Ki Kwan* wiederum nur eine ist. Nach jeder Charakterisierung folgt ein genaues Inventar aller Geschichten, die in eine europäische Sprache übersetzt worden sind. Daß Hesse in einer solchen Angabe das Erscheinungsjahr berichtigt hat, zeigt die Sorgfältigkeit seiner »Textvergleiche«.
Bei seiner vergleichenden Lektüre verschiedener Übersetzungen derselben chinesischen Textvorlage stellte er z. B. »nicht unbedeutende Abweichungen« bei der Erzählung vom lachenden Mädchen Ying-Ning in der Buberschen und Wilhelmschen Version der Übertragung fest. Nebenbei bemerkt: Ying-Ning ist die Tochter einer »Füchsin«, die in menschlicher Gestalt die Nebenfrau eines Mannes wird. Als »die Füchsin« weggehen muß, nimmt der Geist der verstorbenen Hauptfrau Ying-Ning mit in das Grab und erzieht sie, bis sich eines Tages ein junger Mann – es stellt sich heraus, daß er ein Vetter Ying-Nings ist – in sie verliebt und sie heiratet. Diese Erzählung las Hesse zuerst in Bubers Übersetzung und war sichtlich beeindruckt von »der Liebe auf den ersten Blick«,

50 München: Georg Müller, 1914.

so daß er auch in seiner Rezension über die folgende Szene berichtet hat:

»Es geht da so zart und anmutig zu: ›Er bemerkte eine junge Dame mit ihrer Dienerin. Sie hatte eben einen Pflaumenblütenzweig gebrochen, und ihr lächelndes Gesicht war unwiderstehlich. Er starrte sie an, ohne den Anstand zu beachten; und als sie vorbeigegangen war, sagte sie zu ihrer Dienerin: ‚Dieser junge Mensch hat glühende Augen wie ein Dieb'. Als sie lächelnd und schwatzend weiterging, ließ sie die Blüte fallen; Wang hob sie auf und stand trostlos da, als wäre seine Seele von ihm gegangen. Dann kehrte er in einer sehr schwermütigen Verfassung heim; und nachdem er die Blüte unter sein Kissen getan hatte, legte er sich nieder.‹ – Wer sollte denken, daß dies hübsche Mädchen ein Geist, ja eine ›Füchsin‹ sei! Sie ist es aber und sie wird später von Wang gewonnen, und versilbert sein Leben mit ihrem heiteren Lachen.«

Dieses Motiv hat Hesse in sein Gedicht »An die Sängerin Ying-Ning«[51] aufgenommen.

Auf dem stillen Flusse sind wir am Abend gefahren,
Rosig stand und beglänzt der Akazienbaum,
Rosig strahlten die Wolken. Ich aber sah sie kaum,
Sah nur die Pflaumenblüte in deinen Haaren.

Lächelnd saßest du vorn im geschmückten Boote,
Hieltest die Laute in der geübten Hand,
Sangest das Lied vom heiligen Vaterland,
Während in deinen Augen die Jugend lohte.

Schweigend stand ich am Mast und wünschte mir, ohne Ende
Dieser glühenden Augen Sklave zu sein,
Ewig dem Liede zu lauschen in seliger Pein
Und dem beglückenden Spiel deiner blumenhaft zarten Hände.

Auf den ersten Blick mag der Titel des Gedichts verwundern. Was hat eine chinesische Sängerin mit jener Ying-Ning zu tun, deren Merkmal das Lachen und nicht das Singen ist? Wenn

51 Erschienen in: *Simplizissimus*, Jg. 18, Nr. 4 vom 21. 4. 1913, S. 59.

man aber das Gedicht ein zweites Mal durchliest, entdeckt man die Analogien. Ying-Ning hat einen Pflaumenblütenzweig in der Hand, die Sängerin Pflaumenblüten in den Haaren. Der junge Mann, der das lachende Mädchen erblickt, hat nur Augen für sie, Hesse »sah nur die Pflaumenblüten in deinen Haaren«. Der junge Mann ist so verzaubert, als »wäre seine Seele von ihm gegangen«, während Hesse sich wünschte, »ohne Ende / Dieser glühenden Augen Sklave zu sein«. Doch lassen wir auch die Atmosphäre des Gedichts auf uns wirken. Auf einem stillen Fluß in Singapur hat Hesse wahrscheinlich selbst mit einer chinesischen Sängerin eine Bootsfahrt unternommen. Sie sang und begleitete ihre Lieder mit einer Laute, eine Art kurzer Mandoline, die man senkrecht auf dem Schoß hält, offenbar das chinesische *pi-pa* – und war bezaubert.

V
Interpretationen

Zu dem Gedicht »An die Sängerin Ying-Ning« gehört auch das »Chinesenfest in Singapur«[1], das später unter dem Titel »Nachtfest der Chinesen in Singapur« in die Aufzeichnungen *Aus Indien* aufgenommen wurde:

Bei den wehenden Lichtern
Oben auf dem bekränzten Balkon
Kauern sie ruhevoll in der festlichen Nacht,
Sprechen Lieder von lang verstorbenen Dichtern,
Horchen beglückt auf der Laute schwingenden Ton,
Der die Augen der Mädchen größer und schöner macht.

Durch die sternlose Nacht klirrt die Musik
Gläsern wie Flügelschlag großer Libellen,
Braune Augen lachen in lautlosem Glück –
Keiner, der nicht ein Lächeln im Auge hat!
Drunten wartet schlaflos mit tausend hellen
Lichteraugen am Meere die glänzende Stadt.

Bei diesem »Nachtfest der Chinesen« handelt es sich um das Mittherbstfest, das jährlich am fünfzehnten Tag des achten Monats, nach dem chinesischen Mondkalender, gefeiert wird. Wie das jüdische Neujahr, das ebenfalls nach dem (jüdischen) Mondkalender gerechnet wird, fällt auch das Mittherbstfest jedes Jahr auf einen anderen Tag, wenn man vom heutigen europäischen Sonnenkalender ausgeht, wird aber in der Regel im Oktober gefeiert. Da der Mond in dieser Nacht angeblich besonders rund, groß und hell sein soll, nennt man es auch das »Mondfest«.
Es wird heute noch überall, wo sich eine größere chinesische Gemeinde angesammelt hat – auch in Nordamerika – gefeiert.
In der Informationsschrift[2], die vom »Singapore Tourist Pro-

1 Erschienen in: *Wissen und Leben*, Jg. 6, 1912/13, Bd. XII, S. 193.
2 *Singapore in Ihrer Tasche*, Singapur, o. J., S. 42.

motion Board« herausgegeben wird, wird das Fest so beschrieben: »... dabei handelt es sich in erster Linie um ein Fest für Dichter, Kinder und Frauen ... Die Kinder feiern außerdem mit Papierlaternen, in welchen nachts Kerzen brennen.«

Bei der Darstellung des Lampenfestes in Hesses chinesischem Märchen »Der Dichter«[3] kommt sowohl persönliches Erlebnis als auch Leseerfahrung zum Ausdruck, wie wir auch einem Brief vom Dezember 1937 an Otto Korradi entnehmen können, daß Spuren seiner Beschäftigung »mit den alten Chinesen« in dieser Erzählung und in den – später noch zu analysierenden – Märchen zu finden seien:

»Da geschah es an einem Abend, da ein Lampenfest auf dem Flusse begangen wurde, daß Han Fook allein am jenseitigen Ufer des Flusses wandelte. Er lehnte sich an den Stamm eines Baumes, der sich über das Wasser neigte, und sah im Spiegel des Flusses tausend Lichter schwimmen und zittern, er sah auf den Booten und Flößen Männer und Frauen und junge Mädchen einander begrüßen und in festlichen Gewändern wie schöne Blumen glänzen, er hörte das schwache Gemurmel der beleuchteten Wasser, den Gesang der Sängerinnen, das Schwirren der Zither und die süßen Töne der Flötenbläser, und über dem allem sah er die bläuliche Nacht wie das Gewölbe eines Tempels schweben. Dem Jünglinge schlug das Herz, da er als einsamer Zuschauer, seiner Laune folgend, alle diese Schönheit betrachtete.«

Das Märchen »Der Dichter«, bereits 1913 unter dem Titel »Der Weg zur Kunst« veröffentlicht, weist eine Vielzahl chinesischer Elemente auf. Die Hauptgestalt trägt den Namen Han Fook. Peter Heinz Herzog spekuliert in seinem Aufsatz, Han Fook könne »a southern Chinese dialect from Han Fu, i. e. Han Fu Tse, who died in 233 B. C.«[4] sein. Doch gibt es in der chinesischen Geschichte keinen Han Fu Tse, sondern nur einen Han Fe Dsi (eine andere Transkription: Han Fei Tse), der

3 Erstabdruck in: O *mein Heimatland*, Jg. 3, 1914, S. 76-81, bzw. WA, Bd. 6, a. a. O., S. 32 ff.

4 »Hesse and China. I. Chinese Influence in the earlier Works of the German Poet«, *United College Journal*, Bd. 8, 1970-1971, S. 44.

233 v. Ch. starb. Damit erweist sich die Annahme Han Fu gleich Han Fook als Irrtum. Dieser Irrtum Peter Heinz Herzogs wäre vermeidbar gewesen, wenn er geprüft hätte, ob Hesse Han Fe Dsi überhaupt gekannt hat. In den chinesischen Werken, die Hesse vor der Niederschrift seiner Erzählung vertraut waren, wird Han Fe Dsi nur in Richard Wilhelms Übersetzung des Dschuang Dsi, *Das wahre Buch vom südlichen Blütenland*, zweimal flüchtig erwähnt, einmal in einer Anmerkung: »Han Fe Dsi berichtet über ihn (Sung Yin Dsi), daß er ein Gegner des Konfuziusschülers Tsi Dian Kai gewesen sei«[5], und einmal in einer Vorbemerkung: »... Von hier führten zum Regierungstaoismus eines Han Fe Dsi, der aus dem Taoismus eine Grundlage für die absolute Monarchie gemacht hat, ...«[6] Es ist nicht anzunehmen, daß Hesse diesen flüchtigen Erwähnungen größere Aufmerksamkeit schenkte. Aber selbst wenn er sich die mehreren hundert chinesischen Namen aus den damals bekannten China-Büchern gemerkt haben sollte, wie käme er dazu, einen Legalisten Han Fe Dsi, der »einen nahezu diametralen Gegensatz« zu Dschuangs Lehre gebildet habe, wie Wilhelm in seiner Vorbemerkung hervorhob, in einen vollkommenen Dichter zu verwandeln? Noch eine weitere Erwägung muß in Betracht gezogen werden. Woher sollte Hesse, der weder die chinesische Schrift noch die Hochsprache kannte, einen südchinesischen Dialekt – in diesem Fall Kantonesisch – kennen? Wem sowohl die Hochsprache wie auch das Kantonesische geläufig ist, der weiß, daß Fu in der Zusammensetzung Fu Tse in beiden Sprachen gleich ausgesprochen wird. Fu Tse (eine andere Transkription ist Fu Dsi) bezeichnet einen Ehrentitel, etwa »ehrenhafter Meister«; Fu alleine wird niemals gebraucht; genauer: man kann sagen Kung Tse (Dsi) oder Kung Fu Tse (Dsi), aber niemals Kung Fu bzw. Han Fu.

Peter Heinz Herzog hat jedoch richtig erkannt, daß Fook die Aussprache eines südchinesischen Dialekts ist. Es ist Kantonesisch und bedeutet etwa »Lebensglück«. Wenn man es hat, lebt man im Wohlstand, das Geschäft blüht, man hat tüchtige und

5 S. 219.
6 S. 96.

ehrerbietige Kinder etc. Es ist die erste der drei Glücksarten. Die beiden anderen sind hohes Amt und langes Leben. Besonders die niederen Volksschichten geben ihren Kindern eines dieser drei Zeichen – oft in der Zusammensetzung mit einem weiteren Zeichen – als Vornamen, um damit das gewünschte Glück heraufzubeschwören. Da Hesse nicht Chinesisch konnte, ist nicht anzunehmen, daß er den Namen Han Fook selbst erfunden hat – die zweite Möglichkeit, die Herzog erwägt. Viel wahrscheinlicher ist, daß Hesse diesen Namen etwa bei einem chinesischen Bediensteten kennengelernt hat, dem er während seiner Asienreise begegnet ist, wie er sich auch an die Namen zweier anderer Chinesen genau erinnerte, an den Zauberer Han Peng Chien und den Kulissenmaler Chek May.
Nach diesen Überlegungen, den Namen des »Dichters« betreffend, können wir uns nun den chinesischen Elementen der Erzählung zuwenden.
Vor allem fällt auf, daß das »Märchen« taoistische Einflüsse zeigt. Der fünfte der acht Unsterblichen in der Volkssage – Lan Tsai Ho – hat z. B. ständig eine Flöte bei sich. Doch lernte Hesse diese acht Unsterblichen in Richard Wilhelms *Chinesische Volksmärchen* erst kennen, nachdem er sein Märchen vom »Dichter« schon geschrieben hatte. Seinen Bleistiftmarkierungen nach zu urteilen, erschien ihm darin besonders das Leben des dritten Unsterblichen interessant. Unter Ausklammerung jener »acht Unsterblichen« und der *Volksmärchen* von Richard Wilhelm bleiben als Quellen Lao Tse, Dschuang Dsi und Liä Dsi, die Hesse bereits vor dem Jahr 1913 gelesen hatte. Besonders kommen in Betracht die Anekdoten, die vom Vergessen handeln, z. B. »Selbstvergessen« (II,3), die »schlimme Heilung« der Vergeßlichkeit (III,8) bei Liä Dsi oder »Die Zauberperle« (III,1), »Vom Schüler zum Meister« (XXIII,1) bei Dschuang Dsi. Vergessen bedeutet Reinigung von den Einwirkungen der äußeren Welt, was gleichzeitig die Voraussetzung zu einem Neubeginn ist. Nur so können alle Gedanken und Handlungen im Sinne des Tao geschehen. Diesen Weg geht auch Hesses »Dichter«, nachdem er ein Schüler »des Meisters des vollkommenen Wortes« geworden ist:

»Ein Monat verging, da hatte er gelernt, alle Lieder, die er zuvor gedichtet hatte, zu verachten, und er tilgte sie aus seinem Gedächtnisse. Und wieder nach Monaten tilgte er auch die Lieder, die er daheim von seinen Lehrern gelernt hatte, aus seinem Gedächtnis. Der Meister sprach kaum ein Wort mit ihm, er lehrte ihn schweigend die Kunst des Lautenspielens, bis das Wesen des Schülers ganz von Musik durchflossen war.«

Das ist der neue Anfang Han Fooks. Er lernt die Laute, die Zither und dann die Flöte spielen. Doch lernt er vor allem, sich selbst zu vergessen, die Ich-Bezogenheit zu überwinden. Sie äußert sich zunächst als Heimweh, dann als »Glück«:

»Als zwei Jahre vergangen waren, spürte der Jüngling ein heftiges Heimweh nach den Seinigen, nach der Heimat und nach seiner Braut, und er bat den Meister, ihn reisen zu lassen.

Der Meister lächelte und nickte. ›Du bist frei‹, sagte er, ›und kannst gehen, wohin du willst. Du magst wiederkommen, du magst wegbleiben, ganz wie es dir gefällt.‹

Da machte sich der Schüler auf die Reise und wanderte rastlos, bis er eines Morgens in der Dämmerung am heimatlichen Ufer stand und über die gewölbte Brücke nach seiner Vaterstadt hinübersah. Er schlich verstohlen in seines Vaters Garten und hörte durchs Fenster des Schlafzimmers seines Vaters Atem gehen, der noch schlief, und er stahl sich in den Baumgarten beim Hause seiner Braut und sah vom Wipfel eines Birnbaumes, den er erstieg, seine Braut in der Kammer stehen und ihre Haare kämmen. Und indem er dies alles, wie er es mit seinen Augen sah, mit dem Bilde verglich, das er in seinem Heimweh davon gemalt hatte, ward es ihm deutlich, daß er doch zum Dichter bestimmt sei, und er sah, daß in den Träumen der Dichter eine Schönheit und Anmut wohnt, die man in den Dingen der Wirklichkeit vergeblich sucht. Und er stieg von dem Baume herab und floh aus dem Garten und über die Brücke aus seiner Vaterstadt und kehrte in das hohe Tal im Gebirge zurück. Da saß wie einstmals der alte Meister vor seiner Hütte auf der bescheidenen Matte und schlug mit seinen Fingern die Laute, und statt der Begrüßung sprach er zwei Verse von den Beglückungen der

Kunst, bei deren Tiefe und Wohllaut dem Jünger die Augen voll Tränen wurden.
Wieder blieb Han Fook bei dem Meister des vollkommenen Wortes, der ihn nun, da er die Laute beherrschte, auf der Zither unterrichtete, und die Monate schwanden hinweg wie Schnee im Westwinde. Noch zweimal geschah es, daß ihn das Heimweh übermannte. Das eine Mal lief er heimlich in der Nacht davon, aber noch ehe er die letzte Krümmung des Tales erreicht hatte, lief der Nachtwind über die Zither, die in der Tür der Hütte hing, und die Töne flohen ihm nach und riefen ihn zurück, daß er nicht widerstehen konnte. Das andere Mal aber träumte ihm, er pflanze einen jungen Baum in seinen Garten, und sein Weib stünde dabei, und seine Kinder begössen den Baum mit Wein und Milch. Als er erwachte, schien der Mond in seine Kammer, und er erhob sich verstört und sah nebenan den Meister im Schlummer liegen und seinen greisen Bart sachte zittern; da überfiel ihn ein bitterer Haß gegen diesen Menschen, der, wie ihm schien, sein Leben zerstört und ihn um seine Zukunft betrogen habe. Er wollte sich über ihn stürzen und ihn ermorden, da schlug der Greis die Augen auf und begann alsbald mit einer feinen, traurigen Sanftmut zu lächeln, die den Schüler entwaffnete.
›Erinnere dich, Han Fook‹, sagte der Alte leise, ›du bist frei, zu tun, was dir beliebt. Du magst in deine Heimat gehen und Bäume pflanzen, du magst mich hassen und erschlagen, es ist wenig daran gelegen.‹
›Ach, wie könnte ich dich hassen‹, rief der Dichter in heftiger Bewegung. ›Das ist, als ob ich den Himmel selbst hassen wollte.‹«
Han Fooks Fluchtversuche und die Reaktion des Meisters lassen sich mit einer Episode bei Liä Dsi vergleichen:
»Süo Tan lernte den Gesang bei Tsin Tsing. Noch ehe er dessen Kunst erschöpft, hielt er dafür, daß er fertig sei; so nahm er Abschied und wollte heimkehren. Tsin Tsing hielt ihn nicht zurück. Beim Abschiedsmahl am Scheideweg schlug er den Takt und sang eine Elegie. Von deren Klang erzitterten die Bäume des Waldes, und von dem Echo wurden die ziehenden Wolken

aufgehalten. Süo Tan bat da um Verzeihung und flehte wieder zurück zu dürfen. Sein Leben lang wagte er nicht mehr von Heimkehr zu reden[7].«

Trotz aller Unterschiede sind zwei Ähnlichkeiten unverkennbar. Der Schüler ist frei, und der Meister hält ihn nicht zurück von der Heimkehr.

Eines Tages ist Han Fook soweit. Er hat sogar die Zeit überwunden und die Identität mit sich selbst erreicht. Zu diesem Zeitpunkt verschwindet auch sein Meister, dessen er nun nicht mehr bedarf:

»Han Fook wußte nicht mehr, wie viele Jahre er bei dem Meister an der Quelle des großen Flusses verweilt habe; oft schien es ihm, als sei er erst gestern abend in dieses Tal getreten und vom Saitenspiel des Alten empfangen worden, oft auch war ihm, als seien hinter ihm alle Menschenalter und Zeiten hinabgefallen und wesenlos geworden.

Da erwachte er eines Morgens allein in der Hütte, und wo er auch suchte und rief, der Meister war verschwunden. Über Nacht schien plötzlich der Herbst gekommen, ein rauher Wind rüttelte an der alten Hütte, und über den Grat des Gebirges flogen große Scharen von Zugvögeln, obwohl es noch nicht ihre Zeit war.

Da nahm Han Fook die kleine Laute mit sich und stieg in das Land seiner Heimat hinab, und wo er zu Menschen kam, begrüßten sie ihn mit dem Gruß, der den Alten und Vornehmen zukommt, und als er in seine Vaterstadt kam, da war sein Vater und seine Braut und seine Verwandtschaft gestorben, und andere Menschen wohnten in ihren Häusern. Am Abend aber wurde das Lampenfest auf dem Flusse gefeiert, und der Dichter Han Fook stand jenseits auf dem dunkleren Ufer, an den Stamm eines alten Baumes gelehnt, und als er auf seiner kleinen Laute zu spielen begann, da seufzten die Frauen und blickten entzückt und beklommen in die Nacht, und die jungen Männer riefen nach dem Lautenspieler, den sie nirgends finden konnten, und riefen laut, daß noch keiner von ihnen jemals solche Töne einer Laute gehört habe. Han Fook aber lächelte.

7 Buch v, Abs. 12.

Er schaute in den Fluß, wo die Spiegelbilder der tausend Lampen schwammen; und wie er die Spiegelbilder nicht mehr von den wirklichen zu unterscheiden wußte, so fand er in seiner Seele keinen Unterschied zwischen diesem Feste und jenem ersten, da er hier als ein Jüngling gestanden war und die Worte des fremden Meisters vernommen hatte.«

Die Ich-Bezogenheit muß durch die Aufhebung der Zeit notwendigerweise überwunden werden. In der Zeit ist der Mensch ein historisches Wesen. Verwirklicht er jedoch sich selbst, so ist er ein zeitloses Wesen, das Vergangenheit, Gegenwart und Zukunft in sich trägt und in Beziehung steht mit allem Sein, mit der Einheit aller Natur und des Lebens. Er kennt schlechthin keine Unterschiede, er ist alles, alles ist er; so auch das zeitlose Wesen, der Mensch mit seiner hochdifferenzierten Befähigung, über der Zeit zu stehen. In dieser Hinsicht läuft die Entwicklung Han Fooks parallel mit der Liä Dsis, wie er sie selbst geschildert hat:

»Nachdem ich mich an meinen Meister gewandt und Freundschaft geschlossen mit jenem andern, vergingen drei Jahre. Ich wagte im Herzen nicht über Recht und Unrecht nachzudenken noch mit meinem Munde über Vorteil und Nachteil zu reden. Da erst bekam ich von meinem Meister einen einzigen Blick. Nach fünf Jahren dachte ich in meinem Herzen wieder an Recht und Unrecht und redete mit meinem Munde wieder über Vorteil und Nachteil. Da erst heiterte sich die Miene des Meisters auf, und er lächelte. Nach sieben Jahren machte ich mir im Herzen wieder keine Gedanken mehr über Recht und Unrecht und redete mit meinem Munde keine Worte mehr über Vorteil und Nachteil. Da erst ließ mich mein Meister auf derselben Matte mit ihm sitzen. Nach neun Jahren, da machte ich einen Strich durch die Gedanken meines Herzens und die Worte meines Mundes. Ich wußte nicht mehr, ob es sich um *mein* Recht und Unrecht, um *meinen* Vorteil und Nachteil handle oder um die von andern. Noch wußte ich mehr, daß der Meister mein Lehrer war, oder jener andere mein Freund. Der Unterschied von Ich und Nicht-Ich war zu Ende[8].«

8 Buch II, Abs. 3.

Auch bei Han Fook wird durch das Verschwinden des »Meisters des vollkommenen Wortes«[9] eine Auflösung der Unterschiede angedeutet. Da der Schluß der Erzählung Han Fooks erste Begegnung mit dem Meister wiederholt – besonders hervorzuheben ist, daß nun Han Fook selbst ebenso begrüßt wird, wie er seinerzeit den Meister begrüßt hatte –, scheint die Annahme berechtigt, daß der Dichter und sein Meister eins geworden sind. Die Einswerdung von Meister und Schüler ist ein Lieblingsmotiv Hesses. Wir finden es auch in dem etwa zur gleichen Zeit entstandenen Märchen »Flötentraum«[10]:

»Aber als ich am Steuer saß und die Laterne neben mir stehen hatte, da war ich allein im Schiff, ich erkannte es mit einem tiefen Schauder, der Mann war verschwunden ... mir schien, es sei der schöne Wandertag und Brigitte und mein Vater und die Heimat nur ein Traum gewesen, und ich sei alt und betrübt und sei schon immer und immer auf diesem nächtlichen Fluß gefahren.

Um zu wissen, was ich schon ahnte, beugte ich mich über das Wasser hinaus und hob die Laterne, und aus dem schwarzen Wasserspiegel sah mir ein scharfes und ernstes Gesicht mit grauen Augen entgegen, ein altes, wissendes Gesicht, und das war ich[11].«

Wir sehen, auch hier verschwinden die Unterscheidungen der Wirklichkeit; gleichzeitig wird die Zeit aufgehoben. Über Nacht hat der fröhliche Jüngling die Gestalt und das Wesen des verschwundenen Meisters angenommen. In Hesses späteren Werken kehrt das Motiv der Einswerdung in den unterschiedlichsten Formen wieder, in *Demian*, *Siddhartha* und in der *Morgenlandfahrt*.

Zunächst soll noch ein anderes Element der Erzählung »Der Dichter« untersucht werden, nämlich das der Musik und ihrer Macht, ein Element, das zuletzt im *Glasperlenspiel* eine so wichtige Rolle spielt:

9 Ohne überhaupt einen Grund zu erwähnen, identifiziert ihn Herzog mit Lao Tse und sein Verschwinden gibt er als Tod an.

10 Zuerst unter dem Titel »Märchen« in: *Licht und Schatten*, Jg. 4, 1913/14, Nr. 13 veröffentlicht, siehe auch WA, Bd. 6, S. 40 ff.

11 WA, Bd. 6, S. 47.

»... Einst machte Han Fook ein kleines Gedicht, worin er den Flug zweier Vögel am herbstlichen Himmel beschrieb, und das ihm wohlgefiel. Er wagte nicht, es dem Meister zu zeigen, aber er sang es eines Abends abseits von der Hütte, und der Meister hörte es wohl. Er sagte jedoch kein Wort. Er spielte nur leise auf seiner Laute, und alsbald ward die Luft kühl und die Dämmerung beschleunigt, ein scharfer Wind erhob sich, obwohl es mitten im Sommer war, und über den grau gewordenen Himmel flogen zwei Reiher in mächtiger Wandersehnsucht, und alles dies war so viel schöner und vollkommener als des Schülers Verse, daß dieser traurig wurde und schwieg und sich wertlos fühlte. Und so tat der Alte jedesmal ...«

Diese Episode erinnert uns wieder an jene Anekdote des Musikmeisters und seines Schülers bei Liä Dsi, die bereits zitiert wurde. Auch das Motiv von der Macht der Musik finden wir bei Liä Dsi vorgebildet:

»Wenn Gu Ba die Zither schlug, so kreisten die Vögel über ihm und die Fische sprangen aus dem Wasser hervor. Der Musikmeister Wen von Dscheng hörte es. Er verließ sein Haus und folgte dem Meister Siang auf seinen Wanderungen. Er rührte mit dem Finger die Saiten drei Jahre lang, ohne daß es eine Melodie wurde. Der Meister Siang sprach: ›Geh nur wieder nach Hause.‹

Nicht lange danach trat er wieder vor den Meister Siang. Der sprach: ›Wie steht's mit deinem Zitherspiel?‹ Der Meister Wen sprach: ›Ich habe es erreicht; bitte, prüfet mein Spiel.‹

Darauf schlug er während des Frühlings die Schang-Saite an und ließ das achte Rohr begleiten. Da erhob sich plötzlich ein kühler Wind, und Kraut und Baum trugen Früchte. Als es Herbst geworden, schlug er die Güo-Saite an und ließ das zweite Rohr erwidern. Da kam laue Luft linde geflossen, und Kraut und Baum entfalteten ihre Pracht. Während des Sommers schlug er die Yü-Saite an und ließ sie von dem elften Rohr begleiten. Da fiel Reif und Schnee durcheinander, die Flüsse und Seen wurden plötzlich starr. Als es Winter geworden, da schlug er die Dschï-Saite an und ließ das fünfte Rohr erwidern. Da ward der Schein der Sonne stechend heiß, und das harte Eis schmolz rasch zusammen. Zuletzt ließ er die Gung-Saite ertönen und vereinigte sie mit den vier anderen Saiten, da säuselten liebliche Winde, glückbringende Wolken schwammen, süßer Tau fiel herab, und kräftig rauschten die Quellen.

Der Meister Siang schlug an sein Herz und sprang empor und sprach: ›Zauberhaft ist Euer Spiel. Auch der Meister Kuang (der Wolken und Winde) mit seinen Melodien (meistern konnte) und Dsou Yän (der) mit seiner Flöte (dem eisigen Norden Korn entlockte) konnten es nicht besser. Sie mögen mit der Zither unter dem Arm und der Flöte in der Hand Euch hinten nachfolgen[12].‹«

Nachdem Han Fook die Kunst der Laute, der Zither und der Flöte beherrscht, lernt er zu dichten:

»... er lernte langsam jene heimliche Kunst, scheinbar nur das Einfache und Schlichte zu sagen, damit aber in des Zuhörers Seele zu wühlen wie der Wind in einem Wasserspiegel. Er beschrieb das Kommen der Sonne, wie sie am Rand des Gebirges zögert, und das lautlose Huschen der Fische, wenn sie wie Schatten unter dem Wasser hinfliehen, oder das Wiegen einer jungen Weide im Frühlingswind, und wenn man es hörte, so war es nicht die Sonne und das Spiel der Fische und das Flüstern der Weide allein, sondern es schien der Himmel und die Welt jedesmal für einen Augenblick in vollkommener Musik zusammenzuklingen, und jeder Hörer dachte dabei mit Lust oder Schmerzen an das, was er liebte oder haßte, der Knabe ans Spiel, der Jüngling an die Geliebte und der Alte an den Tod.«

Bei Liä Dsi, den Hesse 1912 gelesen hat, findet sich eine weitere Anekdote, welche die Macht der Lyrik veranschaulicht:

»Tsin Tsing wandte sich an seinen Freund und sprach: ›Vor alters lebte in Han ein Mädchen namens Wo. Die kam einst nach Osten bis Tsi. Da mangelte es ihr an Brot. Sie kam durch Yung Men und sang für Geld, um Nahrung zu bekommen. Nachdem sie weg war, umgab der Nachklang noch die Dachbalken drei

12 Buch v, Abs. 11.

Tage lang, ohne zu verklingen, so daß die Anwesenden dachten, sie sei noch nicht gegangen.
Sie kam an einer Straßenherberge vorbei. Die Leute der Herberge beschimpften sie. Da erhub sie ihre Stimme, klagte und weinte, daß meilenweit die Alten und die Jungen vor Wehmut Tränen vergossen und sich ansahen und drei Tage lang nicht essen konnten. Dann liefen sie ihr nach und holten sie ein. Da erhub sie abermals die Stimme und sang ein Lied, daß meilenweit die Alten und die Jungen vor Freude hüpften und sprangen, ohne sich halten zu können. Und sie vergaßen ihre frühere Trauer und entließen sie reich beschenkt[13].«
Die Anekdoten, die wir von Liä Dsi zitiert haben, sind keineswegs identisch mit den Passagen aus dem »Dichter« – das spräche nicht für Hesse. Aber die Ähnlichkeiten sind so stark, daß wir annehmen müssen, daß Hesse mit der Geschichte von Han Fook und einigen anderen seiner Märchen Leseerlebnisse mit chinesischer Literatur, die für ihn wichtig wurden, gestalten wollte, wobei ihm zu seinem Märchen »Der Dichter« Martin Bubers Übersetzung der sechzehn Geschichten den Rahmen, die taoistischen Weisen jedoch die Substanz des Stoffes vermittelt haben.

Das Haus der Träume

Nach Martin Bubers Übersetzung der chinesischen Erzählungen las Hesse die Übertragungen von Leo Greiner, Richard Wilhelm und Hans Rudelsberger, welche seine Kenntnisse der chinesischen Mentalität nochmals erheblich erweitert haben. In dem Fragment »Das Haus der Träume«[14] bekannte sich Hesse in der Hauptperson des Neander zu einem Weltbild, in welchem ihn zweifellos die chinesischen Erzählungen bestärkt hatten. Er selbst hat gesagt, daß er Neander nach »asiatischem

13 Buch v, Abs. 12.
14 Erstveröffentlichung in: *Der schwäbische Bund*, Jg. 2, Heft 2, Nov. 1920, S. 92-114, aufgenommen in *Prosa aus dem Nachlaß*, herausgegeben von Ninon Hesse, Frankfurt a. Main 1965, S. 379 ff.

Vorbild«, und zwar nach dem indischen und chinesischen Vorbild eines Weisen gestaltet habe[15]. In einem Gespräch mit seinem Sohn Hans philosophiert Neander:

»Neander ließ die Hand seines Sohnes los und ging ein paar Schritte weiter, blieb stehen, kam zurück und sagte: ›In der Jugend, Hans, ist man viel allein, und man spürt, daß das Alleinsein nicht gut ist. Darum sucht man Freunde, und verliebt sich, und entdeckt Familie und Vaterland. Das ist sehr gut, dabei gedeiht die Welt. Aber wenn man alt genug geworden ist, dann genügt das der Seele nicht mehr. Dann ist Freundschaft und Liebe und Vaterland auch bloß wieder eine Schale, die uns vom anderen trennt, die uns vom Ganzen trennt. Dann wollen wir zum Ganzen. Das Ganze ist Gott. – Hast du nie chinesische Erzählungen gelesen?‹

›Ich glaube nicht. Nein. Warum?‹

›Einerlei. In den chinesischen Geschichten kommt immer und immer wieder derselbe Mann vor, in verschiedenen Gestalten. Als Jüngling gehorcht er den Eltern und lernt einen Beruf. Als Mann heiratet er und sorgt für seine Familie. Darüber lernt er das Vaterland lieben und bei allem an Ahnen und an Nachkommen denken. Er wird tätig und nützlich, er hilft den Staat leiten. Aber zuletzt, in der letzten Reife, da erkennt er, daß auch alles das noch Einsamkeit und Selbstsucht ist. Dann verläßt er eines Nachts seine Hütte und sein Feld, sein Weib und seine Untertanen, sein Amt und seine Bücher, und verschwindet. Seine Zeit ist gekommen. Er geht in die Berge, um von Tau und Blumenblättern zu leben und um alles abzustreifen, was noch Schale an ihm ist. Dann geht er zu den Unsterblichen ein.‹

Wieder ging er einige ruhige Schritte auf und nieder, sein weißes Haar schimmerte blaß in der Nacht. Dann gab er Hans nochmals die Hand.

›Schlaf wohl, Hans. Du wirst einmal Freude an diesen Chinesenbüchern haben, es stehen gute Sachen drin. Das und der alte Goethe, der ganz alte Goethe, ist mir von allen Büchern jetzt am liebsten. Aber das hat noch Zeit für dich, noch viel Zeit. Du

15 Hermann Hesses Vorwort zu der ersten Buchausgabe des *Hauses der Träume* im Verlag der Vereinigten Oltner Bücherfreunde, 1936, S. 14 f.

bist noch kaum über den Werther hinaus, noch in den Lehrjahren.‹«

Auffallend ist hier, wie sehr das, was Neander über die Jugend sagt, mit Charakterisierungen chinesischer Erzählungen übereinstimmt. Dieses Weltbild war Hesse wahlverwandt.

An einem andern Tag wird das Gespräch fortgesetzt:

»›Ich muß noch immer an das denken‹, sagte Hans, ›was du mir neulich am Abend von jenen alten Chinesen gesagt hast. Glaubst du wirklich, daß sie dann von Blumenblättern gelebt haben?‹

Der Vater griff nach einer neuen Pflanze.

›Ich weiß nicht‹, sagte er. ›Ich glaube, das ist nicht wichtig. Aber ich kann mich täuschen. Ich bin kein Chinese, und ich bin lange nicht so weit, wie die es waren, die sich in die Berge zurückzogen und zu den Unsterblichen eingingen. Wir haben es vielleicht schwerer, und über die Unsterblichen wissen wir so gut wie nichts. Unsere Zeit ist anders, wir haben leider keine Götter, und wir werden daran einmal zugrunde gehen. Aber wir haben viel in der Natur herumstudiert, und es zeigt sich, daß die Welt doch nicht ärmer geworden ist. Gottheiten haben wir nicht, aber wir haben einige solche Geheimnisse wie die Röntgenstrahlen. Die reißen plötzlich ein Loch in die bekannte Welt und zeigen, daß alles noch viel wunderbarer ist, als die uns bekannten Mythologien. Ärmer sind wir nicht geworden, nein, wir sind im Gegenteil etwas schnell reich geworden, darum fehlt uns die Hauptsache.‹

›Und was wäre denn die Hauptsache?‹ fragte Hans zögernd.

›Die Einfachheit‹, sagte der Vater kurz und bestimmt. Dann setzte er spielender hinzu: ›Im Neuen Testament heißt es Einfalt[16].‹«

Die Frage von Hans, ob die »Chinesen« wirklich von Blumenblättern gelebt haben, erlaubt Rückschlüsse auf die Herkunft der Rahmenhandlung dieser unvollendeten Dichtung. In den Sagen und Erzählungen Chinas essen diejenigen, die Unsterblichkeit erlangen wollen, zwar nicht ausdrücklich Blumenblätter,

16 Ebenda, S. 63 ff.

sondern »weder Rauch noch Feuer«, d. h. nichts Gekochtes. In der Erzählung »Blumennarr« – übersetzt von Leo Greiner –, die Hesse im Inhaltsverzeichnis seines Exemplars angestrichen hat, heißt es:

»Seit dieser Zeit aber aß Tschou Schian täglich von den Blättern der hunderterlei abgefallenen Blüten, entwöhnte sich allmählich der Speisen, die über Rauch und Feuer zubereitet werden ...[17]«

Dadurch erlangt der Blumennarr Tschou Schian, der Zeit seines Lebens nur die Blumen und Bäume in seinem Garten gepflegt und für sie gelebt hat, nicht nur die Unsterblichkeit, sondern wird außerdem vom Himmelsherrn zum »Herrscher über alle Blumen der Erde« ernannt und kann lebendigen Leibes in den Himmel aufsteigen. Freilich, so märchenhaft-naiv erzählt Hesse die Geschichte des Neander nicht, doch sind gewisse Parallelen zu der Erzählung »Blumennarr« unverkennbar. Der alte Neander gleicht dem »Blumennarr«, er hat sich auf den engen Bezirk seines Gartens beschränkt, »wo Baum und Gras, Strauch und Beet ihm vertraut und zu eigen, von ihm gepflegt, von ihm erdacht, von ihm geschaffen, geformt und geleitet, lebten ...[18]« Doch Neanders Garten ist nicht nur ein Garten, er ist zugleich Sinnbild seines Wesens und seiner Wandlung:

»Aber tiefer und inniger noch lebte der Greis in seinen grünen Träumen, ihm nur bekannt und deutbar wurzelten im Garten überall Erinnerungen und Sinnbilder seines inneren Lebens, Trauermale und Dankopfer, Gedenkzeichen der Jugend und hinausdeutende Ahnungen von Tod und Wiederkehr ... so fühlte er über die Jahre hinweg dieses tausendfältig lebende Gebilde als ein Bildnis seiner selbst, als das geheimnisvolle Werk und Abbild seiner Seele[19].«

Wir sind damit wieder an jenem Punkt angelangt, wo sich die Unterschiede auflösen: Der wirkliche Garten ist zugleich der seiner Psyche, in welcher Vergangenheit (seine Jugend), Gegenwart und Zukunft (Ahnungen von Tod und Wiederkehr) vereint sind.

17 *Chinesische Abende*, S. 157.
18 *Haus der Träume*, a. a. O., S. 24.
19 Ebenda.

Im übrigen entspricht Neanders äußerer Lebenslauf demjenigen der Chinesen, die Hesse in den Erzählungen kennengelernt hatte: »Ein Leben lang war dieser alte Mensch in tausend tätigen Beziehungen und hohen Ämtern gestanden«, er hat Familie und Kinder. Im Alter geht er zwar nicht in die Berge der chinesischen Erzählungen, verweilt aber in seinem vielschichtigen »Garten«. Er ist »tiefer ins Tal der langen Schatten hinabgestiegen ... seine Gedanken hatten die Flucht vor dem Tod aufgegeben. Von wo er kam, und wohin er ging, schien ihm ein und dasselbe Land ... Leben und Tod, das waren nur Namen, aber die weckende Stimme [des Lebens] war da, und sang und zog und hieß ihn im guten Takt der Tage schreiten, und der Weg führte nach der Heimat«[20]. Diese Empfindungen Neanders enthalten zwei wichtige Gedanken der taoistischen Philosophie. Das »Tal der langen Schatten« erinnert an den fünften Abschnitt des *Tao Te King*, der in Julius Grills Übersetzung – die erste, die Hesse las und als wissenschaftlich brauchbar bezeichnete – folgendermaßen lautet:

»Der ›Talgeist‹ (die Weltseele) ist unsterblich. Er heißt das übersinnliche Weibliche.

Das, was des übersinnlichen Weiblichen Ausgangsort ist, das heißt des Himmels und der Erde Wurzel.

Endlosem Faden gleich dauert es fort; so sehr es auch in Anspruch genommen wird, arbeitet es doch nicht mühsam.«

Das Tal ist bildlich gesehen eine Senkung zwischen zwei Bergen, daher die langen Schatten. Tao zieht sich zurück, verhält seine Macht, dadurch entsteht die Senkung, das Tal, das dem Leben Neanders entspricht, welcher in Zurückgezogenheit lebt und zu sich selbst findet. Das Tal der Senkung ist das ewig Weibliche, die Mutter aller Wesen. Neander ist der Blumenvater, von welchem »Baum und Gras, Strauch und Beet« erdacht, geschaffen, geformt und geleitet werden, auch er arbeitet »doch nicht mühsam«. Da Tao – der Geist der Senkung – ewig ist, so sind »Leben und Tod nur Namen« und führt der Weg »nach der Heimat«. Der letzte Satz kann freilich auch

20 Ebenda, S. 28.

eine Anlehnung an jenes Novalis-Wort sein: »Wo gehen wir denn hin? Immer nach Hause«, das Hesse in der *Morgenlandfahrt* zitiert. Doch kann es ebensogut taoistisch verstanden werden. Denn Liä Dsi nennt die Verstorbenen die Heimgekehrten. Derselbe Gedanke findet sich auch bei Dschuang Dsi: Tod als Rückkehr in die ewige Wandlung.

Der Gegenpol jenes »Tales der langen Schatten« ist der Berg, der, indem er sich aufbäumt, es auszehrt. Ein solches Gegenstück zum Sinn der Senkung findet sich auch im *Haus der Träume*. Für Neander symbolisieren die Alpen den prometheisch-faustischen Berggeist, den er in seiner Jugend gelebt hat:

»... der große Wall der Alpen war ihm ewiges Sinnbild des Zwiespaltes und Hemmnisses in der eigenen Seele, wo der sehnsüchtige Kampf von Süden und Norden zum Mittelpunkt aller Bewegung geworden war wie in der Geschichte der Menschheit[21].«

In seinem Geleitwort zum *Haus der Träume* schrieb Hesse, die Figur des Neander solle die »Verleiblichung« eines asiatischen Vorbildes darstellen. Mit Neander hat er die Gestalt eines alt gewordenen Menschen gezeichnet, der – so schreibt Hesse im April 1958 an Hermann Herrigel – »das Seine in der Welt getan und erlebt, sich auf vielen Gebieten differenziert hat und jetzt, im Lebensabend langsam und ohne Kampf das Differenzierte wieder sich vereinfachen und auflösen läßt«. Die Arbeit an dieser Dichtung, die Hesse jahrelang für das beste Stück Prosa gehalten hat, das er geschrieben habe, wurde durch den ersten Weltkrieg unterbrochen. Als »der Krieg und die durch ihn erschütterte Welt, um Jahre später, mich [Hesse] wieder losließ, und mir die Konzentration zu neuer Arbeit erlaubte, war ich längst nicht mehr der, der im Jahre 1914 die Geschichte vom alten Neander begonnen hatte[22]«. Diese Mitteilung berechtigt uns zu der Annahme, daß das *Haus der Träume* eine Übergangsdichtung gewesen ist, die vielleicht auch ohne den Krieg ein Fragment geblieben wäre. Neander sagt deutlich –

21 Ebenda, S. 26 f.
22 Ebenda, S. 15.

wie wir gesehen haben –, daß er kein Chinese, sondern trotz aller spezifischen Eigentümlichkeiten ein Europäer sei, darum sei der entscheidende Passus wiederholt:

»›. . . Ich bin kein Chinese, und ich bin lange nicht so weit, wie die es waren, die sich in die Berge zurückzogen und zu den Unsterblichen eingingen. Wir haben es vielleicht schwerer, und über die Unsterblichen wissen wir so gut wie nichts. Unsere Zeit ist anders, wir haben leider keine Götter, und wir werden daran einmal zugrunde gehen. Aber wir haben viel in der Natur herumstudiert, und es zeigt sich, daß die Welt doch nicht ärmer geworden ist. Gottheiten haben wir nicht, aber wir haben einige solche Geheimnisse wie die Röntgenstrahlen. Die reißen plötzlich ein Loch in die bekannte Welt und zeigen, daß alles noch viel wunderbarer ist, als die uns bekannten Mythologien. Ärmer sind wir nicht geworden, nein, wir sind im Gegenteil etwas schnell reich geworden, darum fehlt uns die Hauptsache.‹

›Und was wäre denn die Hauptsache?‹ fragte Hans zögernd.

›Die Einfachheit‹ sagte der Vater kurz und bestimmt. Dann setzte er spielender hinzu: ›Im Neuen Testament heißt es Einfalt‹.«

Diese Erkenntnis Neanders zeigt, daß bei ihm die westlich analytischen, nicht die östlich synthetischen Wesenszüge vorherrschen. D. T. Suzuki beschreibt die Unterschiede der beiden Welten so:

»Demnach ist der westliche Geist analytisch, unterscheidend, differenzierend, induktiv, individualistisch, intellektuell, objektiv, wissenschaftlich, verallgemeinernd, begrifflich, schematisch, unpersönlich . . . Die Wesenszüge des Ostens [sind] synthetisch . . . deduktiv . . . intuitiv . . . subjektiv[23].«

Neander versucht die synthetische Lebenshaltung auf analytisch-intellektuelle Weise zu erreichen, was unmöglich ist. An einer einseitigen Anlehnung an die chinesische Weltanschauung müssen die Europäer Hesse und Neander notwendigerweise scheitern, erst der indisch-chinesisch-christliche Siddhartha er-

23 »Über Zen-Buddhismus«, in: *Zen-Buddhismus und Psychoanalyse*, herausgegeben von Erich Fromm, Frankfurt a. Main 1972, S. 13.

langt jene Synthese, welche Neander, dem Europäer im chinesischen Gewand, versagt ist. Vom »älteren Bruder« im *Glasperlenspiel,* einem Wahlchinesen, abgesehen, hat Hesse keine europäische Figur mehr in östlicher Verkleidung gestaltet. Er kehrte zu seinem Ideal der Internationalität der Kultur zurück und lehnte nationale Begrenzungen ab, wie sein im Jahre 1916 erschienener Aufsatz »Chinesen« zeigt:

»Diese Wurzel der chinesischen Kultur ist unseren aktuellen Kulturidealen so entgegengesetzt, daß wir uns freuen sollten, auf der anderen Hälfte der Erdkugel einen so festen und respektablen Gegenpol zu besitzen. Es wäre töricht, zu wünschen, die ganze Welt möchte mit der Zeit europäisch oder chinesisch kultiviert werden; wir sollten aber von diesem fremden Geist lernen und den fernsten Osten ebenso zu unseren Lehrern rechnen, wie wir es seit Jahrhunderten mit dem westasiatischen Orient getan haben[24].«

»Zu unseren Lehrern machen« bedeutet nicht blindlings nachahmen. Neander hat dies unbewußt, Hesse bewußt erfahren. Seine Erkenntnis formulierte er in einem Brief vom 28. 1. 1933 an Gottfried Bermann-Fischer:

»Ich bin in meine Sorgen und Hemmungen verwickelt, und meine seelische Schulung reicht aus, sie zu ertragen, nicht aber zu überwinden, denn ich bin über das Überwinden und Siegen und alle Verherrlichung des Willens und der Energie seit 1914 äußerst skeptisch. So steht zwischen mir und meiner Arbeit, außer den anderen Schwierigkeiten, eine gewisse Interesselosigkeit, ein Wissen um den Unwert alles Tuns und Schreibens, und das wäre ja in Ordnung und schön, wenn ich mit dem Nichttun und der Weisheit des Lao Tse zufrieden wäre, aber ich bin ein heißhungriger und egoistischer Europäer wie wir alle, wenn auch wissender als die Menge, und sehne mich doch nach dem naiven Glück des Schaffens, des Zeugens, Produzierens[25].«

Aus diesen beiden Zitaten entnehmen wir, daß Hesse weder sich selbst noch Europa sinisiert haben wollte. Vielmehr ging es ihm

24 *Vorwärts* (Berlin) vom 18. 3. 1916.

25 *Materialien zu Hermann Hesse »Das Glasperlenspiel«*, a. a. O., Bd. 1, S. 60.

um eine Erweiterung der europäischen Kultur, um ein Korrektiv und einen dialektischen Gegenpol zum »heißhungrigen« Aktivismus und euphorischen Rationalismus des Westens. So wie das alte China den Buddhismus integriert, ihn selbständig geprägt und aufs neue fruchtbar gemacht hatte, wünschte sich Hesse eine Integration chinesischen Denkens zur Belebung und Differenzierung des europäischen. Noch im hohen Alter hat er sich für die Verwirklichung dieses Ideals eingesetzt, wie u. a. sein Geleitwort zur 16bändigen japanischen Ausgabe seiner Werke zeigt, geschrieben im Mai 1955:

»... der fernste Osten ist willig, uns kennen zu lernen, auf unsre Gedanken und Spiele einzugehen, von uns zu lernen, mit uns geistigen Tauschhandel zu treiben. Leider kann ich nicht sagen, daß die abendländische Intelligenz ebenso bereit und begierig wäre, sich mit dem Geist des Ostens zu befreunden und vertraut zu machen. Gewiß, es gibt europäische Anhänger des Vedanta, es gibt europäische Buddhisten, auch Liebhaber und Sammler chinesischer und japanischer Kunst. Aber diese Liebe zur östlichen Welt ist auf kleine Kreise beschränkt und sie ist in vielen Fällen unfruchtbar, ist eine Art von Flucht aus den aktuellen Nöten des Westens zu einer schönen Traumwelt. Die ernsthafte und fruchtbare Verständigung zwischen Ost und West ist nicht nur auf politischem und sozialem Gebiet die große, noch unerfüllte Forderung unsrer Zeit, sie ist eine Forderung und Lebensfrage auch auf dem Gebiet des Geistes und der Lebenskultur. Es geht heute nicht mehr darum, Japaner zum Christentum, Europäer zum Buddhismus oder Taoismus zu bekehren. Wir sollen und wollen nicht bekehren und bekehrt werden, sondern uns öffnen und weiten, wir erkennen östliche und westliche Weisheit nicht mehr als feindlich sich bekämpfende Mächte, sondern als Pole, zwischen denen fruchtbares Leben schwingt.«

Hesse war nicht der einzige Europäer, der die Notwendigkeit solcher Integration erkannt hat. Auch C. G. Jung, um nur einen von vielen zu erwähnen, hat vierzehn Jahre nach Hesses Aufsatz »Chinesen« in seinem Nachruf auf Richard Wilhelm dasselbe gefordert:

»Heute, wo in Rußland weit Unerhörteres geschieht als damals in Paris, wo in Europa selber das christliche Symbol einen derartigen Schwächezustand erreicht hat, daß selbst die Buddhisten den Moment für Mission in Europa für gekommen erachten, ist es Wilhelm, der, wie er kam von der Seele Europas, uns ein neues Licht von Osten bringt. Dies ist die Kulturaufgabe, die Wilhelm gefühlt hat. Er hat erkannt, wie vieles der Osten uns geben könnte zur Heilung unserer geistigen Not.

Einem Armen ist nicht damit geholfen, daß wir ihm ein mehr oder weniger großes Almosen in die Hand drücken, trotzdem er danach begehrt. Ihm ist viel besser geholfen, wenn wir ihm den Weg zeigen, wie er sich durch Arbeit dauernd aus seiner Not befreien kann. Die geistigen Bettler unserer Tage sind leider allzu geneigt, das Almosen des Ostens in specie anzunehmen, d. h. unbesehen die geistigen Besitztümer des Ostens sich anzueignen und seine Art und Weise blindlings nachzuahmen. Das ist die Gefahr, vor der nicht genug gewarnt werden kann, und die auch Wilhelm deutlich gefühlt hat. Dem geistigen Europa ist mit einer bloßen Sensation oder einem neuen Nervenkitzel nicht geholfen. Was China in Tausenden von Jahren aufgebaut, können wir nicht stehlen. Wir müssen vielmehr lernen zu erwerben, um zu besitzen. Was der Osten uns zu geben hat, soll uns bloße Hilfe sein bei einer Arbeit, die wir noch zu tun haben. Was nützt uns die Weisheit der Upanishaden, was die Einsichten des chinesischen Yoga, wenn wir unsere eigenen Fundamente wie überlebte Irrtümer verlassen und uns wie heimatlose Seeräuber an fremden Küsten diebisch niederlassen? Die Einsichten des Ostens, vor allem die Weisheit des I Ging, haben keinen Sinn, wo man sich vor der eigenen Problematik verschließt, wo man ein mit hergebrachten Vorurteilen künstlich zurechtgemachtes Leben lebt, wo man sich seine wirkliche Menschennatur mit ihren gefährlichen Untergründen und Dunkelheiten verschleiert. Das Licht dieser Weisheit leuchtet nur in der Dunkelheit, nicht im elektrischen Scheinwerferlicht des europäischen Bewußtseins- und Willenstheaters.

Wir bedürfen eines richtigen drei-dimensionalen Lebens, wenn wir die Weisheit Chinas als lebendig erfahren wollen. Darum bedürfen wir wohl zunächst der europäischen Wahrheit über uns selbst. Unser Weg beginnt bei der europäischen Wirklichkeit und nicht bei Yogaübungen, die uns über unsere Wirklichkeit hinwegtäuschen sollen. Wir müssen Wilhelms Übersetzungsarbeit in weiterem Sinne fortsetzen, sollen wir uns als würdige Schüler des Meisters erweisen. Wie er östliches Geistesgut in europäischen Sinn übersetzte, so sollten wir wohl diesen Sinn in Leben übersetzen[26].«

Diese 1930 publizierte Forderung C. G. Jungs hat Hesse seit dem unvollendet gebliebenen, noch vor Kriegsausbruch geschriebenen Fragment *Das Haus der Träume* immer konsequenter in seiner Dichtung zu verwirklichen gesucht. Das gilt insbesondere für die längeren Prosawerke, doch auch in den *Märchen* läßt sich diese Tendenz nachweisen.

Faldum

Das Märchen von »Faldum«[27], kurz nach dem *Haus der Träume* entstanden, ist ein ernst-heiteres Spiel. Heiter, weil der Anfang der Geschichte auf einem Jahrmarkt stattfindet, und weil es ein Zaubermärchen ist. Es geht darin um »die Magie des Selbstverständlichen«, einen Begriff, mit dem auch Martin Buber seine Auswahl der *Chinesischen Geister- und Liebesgeschichten* charakterisiert hat[28].

Der Hessesche Zauberer, der Mann aus dem Walde mit schwarzen, glänzenden Augen, begehrt nichts von der Welt, er beobachtet nur alles genau und übersieht nichts: ein westöstlicher Unsterblicher, begierdelos, doch analytisch. Auf dem Jahrmarkt erfüllt er jedem einen Wunsch. Bald werden die Wünsche aller Einwohner erfüllt bis auf diejenigen von zwei jungen Männern.

26 »Zum Gedächtnis Richard Wilhelms«, in: Richard Wilhelm und C. G. Jung [Hg.], *Das Geheimnis der goldenen Blüte,* Zürich: Rascher Verlag, 1939, S. XIII-XIV.

27 Erstveröffentlichung in: *Westermanns Monatshefte,* Jg. 60, 1915/16, Bd. 120, S. 69-78. Siehe auch WA, Bd. 6, S. 88 ff.

28 Siehe Bubers Vorwort, S. IX.

Der eine, ein Musiker, wünscht sich eine Geige, »auf der ich so wunderbar spielen kann, daß die ganze Welt mit ihrem Lärm nicht mehr an mich kommt«. Sein Wunsch wird erfüllt, er spielt auf der neuen Geige, wird bald »von den Unsichtbaren emporgenommen« und verschwindet »in den Lüften, und noch von weiter Ferne klang seine Musik mit leisem Glanz wie Abendrot herüber«. Diese Episode erinnert uns an ähnliche Bilder in chinesischen Erzählungen. Die Macht und den Zauber der Musik haben wir bereits erörtert und werden ihn im Zusammenhang mit dem *Glasperlenspiel* nochmals untersuchen. Die »Unsichtbaren« in dieser Begebenheit entsprechen den »Unsterblichen« der chinesischen Erzählungen. Das Emporsteigen in den Himmel haben wir bereits anläßlich der Geschichte »Der Blumennarr« erwähnt. Dieses Motiv kommt noch in zahlreichen anderen chinesischen Erzählungen vor, die Hesse gelesen hat, z. B. in »Der Flötenspieler«, übersetzt von Leo Greiner, oder in »Die acht Unsterblichen«, übertragen von Richard Wilhelm, etc. Die Legende von der Himmelfahrt des Dichters Li Tai Pe kannte Hesse bereits 1907 durch Hans Bethges Nachwort zu seiner *Chinesischen Flöte*; er hat sie in *Klingsors letzter Sommer* ausdrücklich erwähnt. Der Musiker in Faldum hatte bereits in Abgeschiedenheit von der Welt gelebt und sich, schon bevor der Zauberer auftrat, nur seiner Musik hingegeben. In dieser Hinsicht ist er eine chinesische Gestalt. Er gelangt deshalb auch zu Recht zu den Unsterblichen. Anders verhält es sich mit dem zweiten Jüngling, der stets dem Musizieren seines Freundes zugehört hat. In ihrer Beziehung zueinander erinnern uns die beiden an Siddhartha und Govinda. Siddhartha erlangt die Erleuchtung, nachdem er nicht mehr danach strebt, während Govinda Zeit seines Lebens forciert und bewußt gesucht, aber nichts gefunden hat. So heißt es schon in Hesses Gedicht »Glück«[29], das 1908 erstmals publiziert wurde:

Solang du nach dem Glücke jagst,
Bist du nicht reif zum Glücklichsein,
Und wäre alles Liebste dein.

29 WA, Bd. 1, S. 35.

Solang du um Verlornes klagst
Und Ziele hast und rastlos bist,
Weißt du noch nicht, was Friede ist.

Erst wenn du jedem Wunsch entsagst,
Nicht Ziel mehr noch Begehren kennst,
Das Glück nicht mehr mit Namen nennst,

Dann reicht dir des Geschehens Flut
Nicht mehr ans Herz, und deine Seele ruht.

Der »Geiger« lebt nur für die Musik und wird »unsterblich«. Sein Freund, der »Zuhörer«, wünscht sich aber Dauer in der Vergänglichkeit, ein Wunsch, der auch in Hesses Gedichten häufig wiederkehrt. Er »mag nichts haben als Zuhören und Zuschauen und mag nur an das denken, was vergänglich ist«. Er möchte deshalb zu einem großen Berg werden. Dem Bergsymbol sind wir schon im *Haus der Träume* begegnet. Doch entspricht dies nur teilweise dem Berg des Märchens, nur als Zwiespalt, als Widerspruch zwischen Wandlung und Dauer. Ein Berg gehört dem Bereich der Natur an, welchem nur Wandlung möglich ist. Alle Hochkulturen kennen den Gedanken, daß das Erzeugte vergänglich und nur der Erzeugende ewig ist. Auch bei Lao Tse, Dschuang Dsi und Liä Dsi trifft man diesen Gedanken an. Der Jüngling wird zum Berg, der eines Tages vergeht. Er, der an der Erde haftet und sich nach ihr sehnt, hat keinen Dank zu erwarten. Für ihn ist der Weg schwer, wenn nicht sogar unmöglich.

Der schwere Weg

Das zweite Märchen, das wir hier betrachten wollen, heißt »Der schwere Weg«; es erschien 1917[30]. Wieder ist der Berg das tragende Symbol, hier als Sinnbild des Prometheisch-Faustischen. Der Held geht den schweren Weg und bezwingt einen Berggipfel, auf welchem ein Baum »unausdenklich einsam und

30 *Die neue Rundschau*, Jg. 28, 1917, S. 542-546, bzw. WA, Bd. 6, S. 67 ff.

seltsam hart und starr im Fels, das kühle Himmelsblau zwischen seinen Ästen« steht. Auf diesem Baum sitzt ein Vogel, »sein rauhes Lied hieß Ewigkeit, Ewigkeit«. Die Ewigkeit ist aber der Ort der Unsterblichen, nicht der eines Prometheus oder Faust, die ihn mit Gewalt zu erreichen suchen:

»Der schwarze Vogel sang, sein blankes, hartes Auge sah uns an wie ein schwarzer Kristall. Schwer zu ertragen war sein Blick, schwer zu ertragen war sein Gesang, und furchtbar war vor allem die Einsamkeit und Leere dieses Ortes, die schwindelnde Weite der öden Himmelsräume. Sterben war unausdenkliche Wonne, Hierbleiben namenlose Pein[31].«

Plötzlich geschieht etwas. Der Vogel wirft sich »stürzend in den Weltraum«, der (Berg-)Führer (Indien? China?) fällt »in den zuckenden Himmel« und fliegt davon. Prometheus-Faust aber stürzt »hinabwärts, an die Brust der Mutter«, kehrt zu seiner Herkunft, zu den Wurzeln zurück.

Iris

In diesem Zusammenhang stellt auch das Märchen »Iris«[32] eine wichtige Stufe in Hesses Entwicklung dar, denn dieses Märchen wurzelt nicht nur in seiner Heimat, sondern hat zusätzlich gleichfalls asiatische Elemente aufgenommen und assimiliert. Außerdem veranschaulicht es seine Vorstellung von der dreistufigen Menschwerdung, die Hesse in seiner Betrachtung »Ein Stückchen Theologie« entwickelt hat. Der Titel »Iris« zeigt die Kulturweite dieses Märchens. In Altägypten ist Iris die Göttin des Regenbogens. Bei Homer tritt sie als Botin der Götter auf. In Hesses Märchen ist sie sowohl ein Mädchen – das an die Blumenfee in chinesischen Erzählungen erinnert – als auch die blaue Schwertlilie, die anspielt auf die blaue Blume des *Heinrich von Ofterdingen* von Novalis. Aber man assoziiert auch die blaue Wasserlilie Ägyptens, die blaue Lotos-

31 WA, Bd. 6, S. 72.

32 Erstveröffentlichung in: *Die neue Rundschau*, Jg. 29, 1918, S. 1566-1579, bzw. WA, Bd. 6, S. 110 ff.

blume, welche laut altägyptischer Überlieferung aus dem Urwasser entsprossen sei und auf der das Sonnenkind gesessen habe. Auch in der buddhistischen Überlieferung spielt die Lotosblume eine Rolle. Weil sie im Schlamm wächst und trotzdem ihre Reinheit bewahrt, gilt sie als der Inbegriff des Reinen. Auf ihr sitzend oder neben ihr stehend wird oft Buddha dargestellt. In chinesischen Erzählungen ist sie das Sinnbild jener Güte und Liebe, welche die Gottheit zu den Menschen kommen läßt und sie befreit. Die chinesisch-buddhistische Göttin der Barmherzigkeit, Kuan Yin, die Hesse u. a. von Richard Wilhelms Übersetzung der *Chinesischen Volksmärchen* her kannte, sitzt auf einer solchen Blume; der Gott Notscha hat einen Lotosleib[33]. Diese Hinweise mögen die vielfältigen Bezüge des Titelmotives andeuten. Wenden wir uns nun dem Inhalt von Hesses »Iris«-Märchen zu:

Anselm, der Held der Geschichte, liebt die blauen Lilien, die ihm Gleichnis »alles Nachdenkenswerten und Wunderbaren« sind. Wenn er in den Anblick der Schwertlilie versunken ist, dann blickt »seine Seele in das Tor, wo die Erscheinung zum Rätsel und das Sehen zum Ahnen wird«. Zuweilen träumt er von dem Blumenkelch, der wie »das Tor eines himmlischen Palastes« die ganze Welt umfaßt und »jede Erwartung zur Erfüllung und jede Ahnung Wahrheit« werden läßt. Mit diesem Gleichnis weist Hesses blaue Lilie über die blaue Blume von Novalis hinaus, dem Symbol unerfüllter romantischer Sehnsucht. Durch die Erklärung des Bildes wird der Unterschied noch augenfälliger:

»Jede Erscheinung auf Erden ist ein Gleichnis, und jedes Gleichnis ist ein offenes Tor, durch welches die Seele, wenn sie bereit ist, in das Innere der Welt zu gehen vermag, wo du und ich, Tag und Nacht alle Eines sind ... Wenige freilich gehen durch das Tor und geben den schönen Schein dahin für die geahnte Wirklichkeit des Innern[34].«

Diese Erklärung mag romantisch, ja christlich-mythisch – man denke an Meister Eckhart – anmuten, doch ist sie es nicht,

33 Das 18. Märchen in Richard Wilhelms *Chinesischen Volksmärchen*, a. a. O.
34 WA, Bd. 6, S. 113.

denn es fehlt ihr der Gottesbegriff. Die »Wirklichkeit des Innern« ist nicht Gott. Sie ist das Eine, die Einheit allen Seins; es ist gleichgültig, ob man sie als Brahma oder Tao bezeichnet. Dschuang Dsi sagte dasselbe mit anderen Worten:

»Meister Ostweiler befragte den Dschuang Dsï und sprach: ›Was man den SINN nennt, wo ist er zu finden?‹

Dschuang Dsï sprach: ›Er ist allgegenwärtig.‹

Meister Ostweiler sprach: ›Du mußt es näher bestimmen.‹

Dschuang Dsï sprach: ›Er ist in dieser Ameise.‹

Jener sprach: ›Und wo noch tiefer?‹

Dschuang Dsï sprach: ›Er ist in diesem Unkraut.‹

Jener sprach: ›Gib mir ein noch geringeres Beispiel!‹

Er sprach: ›Er ist in diesem tönernen Ziegel.‹

Jener sprach: ›Und wo noch niedriger?‹

Er sprach: ›Er ist in diesem Kothaufen.‹

Meister Ostweiler schwieg stille.

Da sagte Dschuang Dsï: ›Eure Fragen berühren das Wesen nicht. Ihr macht es wie der Marktaufseher, der den Büttel fragt, wie fett die Schweine sind. Je weiter unten man noch Fett findet, wenn man ihnen auf die Beine tritt, desto besser. Ihr müßt nur nicht in einer bestimmten Richtung suchen wollen, und kein Ding wird sich Euch entziehen. Denn so ist der höchste SINN. Er ist wie die Worte, die den Begriff der Größe bezeichnen. Ob ich sage: ›allgemein‹ oder ›überall‹ oder ›gesamt‹: es sind nur verschiedene Ausdrücke für dieselbe Sache, und ihre Bedeutung ist Eine. Versuche es, mit mir zu wandern in das Schloß des Nicht-Seins, wo alles Eins ist. Da wollen wir reden über die Unendlichkeit. Versuche es, mit mir zu kommen zum Nichts-Tun, zur Einfalt und Stille, zur Versunkenheit und Reinheit, zur Harmonie und Ruhe. Dort sind alle Unterschiede verschwunden. Mein Wille hat kein Ziel, und ich weiß nicht, wohin ich komme. Ich gehe und komme und weiß nicht, wo ich Halt mache. Ich wandere hin und her und weiß nicht, wo es endet. Schwebend überlasse ich mich dem unendlichen Raum. Hier findet auch das höchste Wissen keine Grenzen. Der den Dingen ihre Dinglichkeit gibt, ist nicht äußerlich von ihnen abgegrenzt; nur die Einzeldinge haben Grenzen. Was man die Grenzen der

Dinge nennt, fängt da an, wo die Dinge aufhören, und hört da auf, wo die Dinge anfangen. Man redet von Fülle und Leere, von Verfall und Abnahme. Das, was Fülle und Leere wirkt, ist nicht selber voll oder leer. Was Verfall und Abnahme wirkt, ist nicht selber Wurzel oder Wipfel. Was Sammeln und Zerstreuen wirkt, ist nicht selber Sammeln und Zerstreuen[35]‹.«

Anselm wird erwachsen, geht in die Welt und wird ein bekannter Professor. Doch ist er nicht glücklich. Wir werden wieder daran erinnert, was der alte Neander seinem Sohn über die chinesische Erzählung gesagt hat. Es ist an der Zeit, daß Anselm die bürgerliche Welt verläßt und in die Berge geht. Den Weg dazu ebnet ihm seine Freundin Iris, die ihn an die Schwertlilie seiner Kindheit erinnert. In der Beschreibung wirkt Iris sehr unwirklich in ihrer Zartheit und »mit ihrer vogelleichten Stimme«. Wenn wir in den Kategorien der chinesischen Überlieferung denken, könnte sie durchaus eine Schwertlilie sein, die Anselm, den untreu gewordenen »Blumennarr«, zu sich zurückholt. Auf jeden Fall steht sie in ihrer Lebensweise dem Tao nahe:

»Am liebsten lebte sie, mit Blumen und Musik und etwa einem Buch um sich, in einsamer Stille, wartete, ob jemand zu ihr käme und ließ die Welt ihren Gang gehen[36].

Blumen, Musik und Einsamkeit sind Begriffe, die wir bereits untersucht haben. Iris ruft in Anselm die Erinnerung wach und macht ihm das Vergessene bewußt. Sie ist sein Wegweiser:

»Mir geht es jedesmal so ... wenn ich an einer Blume rieche. Dann meint mein Herz jedesmal, mit dem Duft sei ein Andenken an etwas überaus Schönes und Kostbares verbunden, das einmal vorzeiten mein war und mir verlorengegangen ist. Mit der Musik ist es auch so, und manchmal mit Gedichten – da blitzt auf einmal etwas auf, einen Augenblick lang, wie wenn man eine verlorene Heimat plötzlich unter sich im Tale liegen sähe, und ist gleich wieder weg und vergessen[37].«

Als Anselm um ihre Hand bittet, erwidert sie, daß sie nur einen

35 Buch XXII, Abs. 5. SINN ist die Übersetzung Wilhelms für Tao.

36 Ebenda, S. 117. Diese Beschreibung trifft auch auf Hesses erste Frau zu.

37 Ebenda, S. 118.

Mann heiraten wolle, dessen »innere Musik mit der meinen gut und fein zusammenstimmt«. Sie stellt ihm die Aufgabe, seine Erinnerung an das vergessene Weltinnere wiederzufinden. Um diese Aufgabe erfüllen zu können, muß er sich von seinen bürgerlichen Verpflichtungen zurückziehen und sich der Versenkung in die Vergangenheit widmen. Tatsächlich tritt bei Anselm das Vergessen ein – wir haben über die Bedeutung des Vergessens schon gesprochen –, und vieles Vergangene wird ihm bewußt und allmählich wieder gegenwärtig. Manchmal glaubt er, »diese Erinnerungen könnten wohl auch über das Leben zurück in Vergangenheiten eines vorigen Daseins reichen, obwohl er darüber lächelte«[38] – hier klingt die Idee der Wiedergeburt und des buddhistischen Yoga an, ohne weitergeführt zu werden. Doch gibt es noch eine wesentliche Lücke in seinem Gedächtnis, er kann sich nicht entsinnen, welche Bedeutung der Name Iris für ihn hat. Gerade zu diesem Zeitpunkt liegt Iris auf dem Sterbebett, »sie will sterben«. Und nun wird ihr Blumenwesen deutlicher:

»Sie gab Anselm ihre weiße leichte Kinderhand, die lag wie eine Blume in seiner, und ihr Gesicht war wie verklärt[39].«

Die Fee ist im Begriff, in ihre Heimat, zu ihrem Ursprung zurückzukehren. Bezeichnend sind dabei ihre Abschiedsworte an Anselm:

»Du hast viel gesucht in deinem Leben. Du hast die Ehre gesucht, und das Glück, und das Wissen, und hast mich gesucht, deine kleine Iris. Das alles sind nur hübsche Bilder gewesen, und sie verließen dich, wie ich dich nun verlassen muß. Auch mir ist es so gegangen. Immer habe ich gesucht, und immer waren es schöne liebe Bilder, und wieder fielen sie ab und waren verblüht. Ich weiß nun keine Bilder mehr, ich suche nichts mehr, ich bin heimgekehrt und habe nur noch einen kleinen Schritt zu tun, dann bin ich in der Heimat[40].«

Diese Worte geben die buddhistische und taoistische Weltanschauung wieder. Ehre, Glück und Wissen sind nach diesen

38 Ebenda, S. 124.
39 Ebenda, S. 125.
40 Ebenda, S. 126.

Lehren Hindernisse bei der Erlangung der Wahrheit. Doch unverkennbar ist der Hesse-Zusatz in den Worten der Iris. Weder in der hinduistischen, buddhistischen, noch in der taoistischen Lehre wären diese »Bilder« als schön bezeichnet worden.

Auch Novalis spielt in den Abschiedsworten der Iris eine Rolle. Sein »nach Hause gehen« gleicht der Heimkehr Liä Dsis und Dschuang Dsis. Es ist auffallend, daß sich kein eindeutig europäisches Element, außer dem der deutschen Romantik, in diesem, die Entwicklung Anselms schildernden Märchen aufspüren läßt. Der Kerngedanke, die Bildlosigkeit als Weltinneres, als reines Sein, ist Brahman, Tao oder Nirwana, aber nicht der persönliche Gott des Christentums, der streng genommen ja auch ein »Bild« ist. Anselms Lebenswandel nach dem Tod von Iris, seines letzten »Bildes«, ist nicht christlich oder europäisch, allenfalls könnte man ihn als romantisch bezeichnen. Doch unterscheidet sich Anselm beispielsweise stark von Eichendorffs »Taugenichts«. Seine Wanderschaft gleicht eher derjenigen eines »Unsterblichen« oder eines exzentrischen Zen-Buddhisten, als z. B. der Wanderschaft von Jesus in die Wüste, um dort vom Teufel versucht zu werden. Allmählich gerät Anselm in eine vollkommene Erinnerungslosigkeit und erreicht den Zustand des Nicht-Mehr-Unterscheiden-Könnens:

»Er war ohne Stätte, fremd lief er durch die Lande, schlief in Häusern, schlief in Wäldern, aß Brot oder aß Beeren, trank Wein oder Tau aus den Blättern der Gebüsche, er wußte nichts davon[41].«

Obwohl die Rastlosigkeit europäisch ist, sind das »Vergessen« und »Tautrinken« taoistisch, ebenso wie Anselms zunehmende Fähigkeit, mit einem abgebrochenen Zweig oder einem Stein reden zu können. Außer der Gottheit oder Buddha-Natur, dem Atman oder Tao nimmt er nichts mehr wahr. Er ist bildlos geworden und reif, den Urgrund alles Seins zu erfahren. Er geht in das Geistestor einer Felswand und versinkt »im Geheimnis, das hinter allen Bildern liegt«[42].

41 Ebenda, S. 127.
42 Ebenda, S. 129.

Das Bild von der Felswand und vom unterirdischen Gang klingt romantisch und chinesisch zugleich. Die Helden romantischer Märchen entdecken im Traum oder Wachsein Höhlen, sie finden dort Schätze oder baden sich in goldener Flüssigkeit. In den Höhlen der chinesischen Erzählungen wohnen die Unsterblichen, die manchmal sichtbar, manchmal von einer Felswand verdeckt sind. Die Geschichte »Edelweiß« in der Sammlung *Chinesische Volksmärchen*[43] von Richard Wilhelm erzählt von solch einem Unsterblichen. Überhaupt liegen hinter Felswänden Geheimnisse verborgen, wie die folgende Episode in der Erzählung *Die Rächer*[44] veranschaulicht:

»... [Ich] hatte mich dreißig Jahre mit dem Tao beschäftigt, als ich eines Tages plötzlich eine Stimme aus der Felswand vernahm, die meinen Namen rief. Als ich zusah, war nichts zu finden. So ging es mehrere Tage, da wurde die Felsenwand von einem Donner gesprengt. Darin fand ich drei Himmelsbücher, ihr Name ist ›die Himmelsbücher Ten Kie‹.«

Auch in »Iris« erkennen wir Hesses Bestreben, das Asiatische zu assimilieren. Es ist schwer, in diesem Märchen einerseits das Indische vom Chinesischen, andererseits das Asiatische vom Romantischen zu unterscheiden. Trotz allem aber überwiegen in diesen Märchen eindeutig die asiatischen Elemente.

Piktors Verwandlungen

Der nächste Versuch, einen taoistischen Gedanken zu europäisieren, unternahm Hesse mit seinem Märchen »Piktors Verwandlungen«[45]. Im Paradies sucht Piktor den Baum des Lebens. Er sieht einen Baum, der Mann und Frau zugleich ist, er sieht einen anderen, der Sonne und Mond ist. Doch von den Bäumen bekommt er keine Antwort. Er trifft einen Vogel, dessen Gefieder alle Farben zu enthalten scheint. Auf seine Frage, wo

43 S. 333 ff.

44 Leo Greiner, a. a. O., S. 84 ff.

45 Geschrieben im Jahre 1921, Erstveröffentlichung von der Gesellschaft der Bücherfreunde zu Chemnitz im Jahre 1925.

das Glück zu finden sei, bekommt er zu hören, es sei überall. Daraufhin beginnt sich der Vogel zu verwandeln, er wird zur Blume, zum Schmetterling und zuletzt zum Kristall. Piktor ergreift diesen Kristall. Die Schlange im Paradies verrät ihm: »Der Stein verwandelt dich in was du sein willst. Schnell sage ihm deinen Wunsch, eh es zu spät ist!« Piktor verwandelt sich daraufhin in einen Baum und ist für viele Jahre glücklich, bis er gewahr wird, daß sich alle Wesen im Paradies verwandeln, während er selbst stagniert, immer derselbe Baum bleibt und darüber die Kraft zu weiterer Verwandlung eingebüßt hat. Zusehends verfällt und verkümmert er. Doch eines Tages verläuft sich in diese Gegend ein Mädchen, das bisher noch nie daran gedacht hat, sich die Gabe der Verwandlung zu wünschen. Piktor sieht es und spürt ein starkes Verlangen nach Glück. Er besinnt und erinnert sich an die Bäume, in welchen Sonne und Mond, Mann und Frau vereint waren, und erkennt die Irreführung im Rat der Schlange. Durch die Intensität seines Verlangens und die Bereitschaft des Mädchens erlangt auch er die Zauberkraft, das Mädchen in sich aufzunehmen. Beide werden eins. Dadurch kann er erneut an der ewigen Verwandlung teilnehmen.

In diesem Märchen hat sich Hesse eine Grundidee der taoistischen Weltanschauung zu eigen gemacht: Yin und Yang, die alle Verwandlungen auslösen, bilden eine Einheit. »Piktors Verwandlungen« ist das letzte der kurzen Prosastücke Hesses, worin er taoistische Ideen assimiliert hat. Die anderen Versuche sind in längere Prosastücke eingebettet. Das bedeutet aber nicht, daß in seinen Erzählungen nicht weiterhin chinesische Elemente vorhanden wären.

Kurzgefasster Lebenslauf

Im »Kurzgefaßten Lebenslauf« – die ersten Entwürfe dazu reichen zurück bis in das Jahr 1922 –, der 1925 veröffentlicht wurde, begegnen wir wieder Elementen, die Hesse durch die Lektüre chinesischer Erzählungen kennengelernt hat. Doch werden sie hier nicht mehr europäisiert. Ursprünglich trug dieser Text den Titel »Der Zauberer« und war eine Synthese des »Kurzgefaßten Lebenslaufs« mit dem später separierten autobiographischen Märchen »Kindheit des Zauberers«. Diese Urfassung »Der Zauberer« hat Hesse mit dem Motto versehen: »Ohne zu wissen, warum ich es so mache, mache ich es so, das ist mein Schicksal.« Liä Dsi, Kapitel 9. Im »Kurzgefaßten Lebenslauf« ist Biographisches und Fiktives einzigartig verflochten. Hier faßt Hesse sein Leben bis zum Zeitpunkt der Niederschrift zusammen und projiziert sich dann in die Zukunft, indem er sein künftiges Leben erzählt: Er ist hauptsächlich mit Malen und chinesischen Zaubermethoden beschäftigt; auch ist er in Lao Tse und im I Ging weit genug vorgedrungen, »um die Zufälligkeit und Verwandelbarkeit der sogenannten Wirklichkeit zu kennen[46].«

Wegen Verführung eines jungen Mädchens durch Zauberei wird er noch im Alter von mehr als siebzig Jahren in Untersuchungshaft genommen. Auf seine Bitte erhält er die Erlaubnis, in seiner Zelle malen zu dürfen:

»Glücklich und kindlich trieb ich mein Schöpfungsspiel, und malte also eine Landschaft an die Wand meiner Zelle. Diese Landschaft enthielt fast alles, woran ich im Leben Freude gehabt hatte, Flüsse und Gebirge, Meer und Wolken, Bauern bei der Ernte und noch eine Menge schöner Dinge, an denen ich mich vergnügte. In der Mitte des Bildes aber fuhr eine ganz kleine Eisenbahn. Sie fuhr auf einen Berg los und stak mit dem Kopf schon im Berge drin wie ein Wurm im Apfel, die Lokomotive war schon in einen kleinen Tunnel eingefahren, aus dessen dunkler Ründung flockiger Rauch herauskam.

Noch nie hatte mein Spiel mich so entzückt wie dieses Mal. Ich vergaß über dieser Rückkehr zur Kunst nicht bloß, daß ich ein Gefangener und Angeklagter war und wenig Aussicht hatte, mein Leben anderswo als in einem Zuchthause zu enden – ich vergaß oft sogar meine magischen Übungen und schien mir Zauberer genug, wenn ich mit dünnem Pinsel einen winzigen Baum, eine kleine helle Wolke schuf.

46 Ebenda, S. 409.

Vor diesem Bilde stand ich einst in meinem Gefängnis, als die Wärter wieder mit ihren langweiligen Vorladungen gelaufen kamen und mich meiner glücklichen Arbeit entreißen wollten. Da empfand ich eine Müdigkeit und etwas wie Ekel gegen all den Betrieb und diese ganze brutale und geistlose Wirklichkeit. Es schien mir jetzt an der Zeit, der Qual ein Ende zu machen. Wenn es mir nicht erlaubt war, ungestört meine unschuldigen Künstlerspiele zu spielen, so mußte ich mich eben jener ernsteren Künste bedienen, welchen ich so manches Jahr meines Lebens gewidmet hatte. Ohne Magie war diese Welt nicht zu ertragen.

Ich erinnerte mich der chinesischen Vorschrift, stand eine Minute lang mit angehaltenem Atem und löste mich vom Wahn der Wirklichkeit. Freundlich bat ich dann die Wärter, sie möchten noch einen Augenblick Geduld haben, da ich in meinem Bilde in den Eisenbahnzug steigen und etwas dort nachsehen müsse. Sie lachten auf die gewohnte Art, denn sie hielten mich für geistig gestört.

Da machte ich mich klein und ging in mein Bild hinein, stieg in die kleine Eisenbahn und fuhr mit der kleinen Eisenbahn in den schwarzen kleinen Tunnel hinein. Eine Weile sah man noch den flockigen Rauch aus dem runden Loche kommen, dann verzog sich der Rauch und verflüchtigte sich und mit ihm das ganze Bild und mit ihm ich.

In großer Verlegenheit blieben die Wärter zurück[47].«

Wie bereits erwähnt, ist diese Episode auf Hesses Lektüre der chinesischen Erzählungen zurückzuführen. In Martin Bubers *Chinesischen Geister- und Liebesgeschichten,* die Hesse 1912 rezensiert hat, war er wohl zum ersten Mal dem »Einsteigen« in ein Wandbild begegnet, nämlich in der ersten Geschichte, die den Titel »Das Wandbild« trägt. Darin geht ein junger Mann mit seinem Freund in einen buddhistischen Tempel, wo er auf einem Wandgemälde ein hübsches Mädchen sieht. Er ist so verzaubert, daß er auf einer Wolke in das Bild hineinreitet. Er beginnt ein Liebesverhältnis mit dem Mädchen und bleibt dort mehrere Tage, bis ein Gott kommt, um nach dem Rechten zu

47 WA, Bd. 6, S. 409 ff.

sehen. Der junge Mann versteckt sich unter dem Bett des Mädchens. Um diese Zeit bemerkt sein zurückgebliebener Freund das Verschwinden und fragt einen alten Mönch nach dem Verbleib des andern. Der Mönch klopft an die Wand und ruft den jungen Mann zurück. Das Mädchen im Bild hatte zuvor die Frisur einer Unverheirateten, jetzt aber hat es die Frisur einer Frau!

Doch ist diese Geschichte nicht die unmittelbare Vorlage für Hesses Episode im »Lebenslauf«. O. Fischer brachte 1921 bei Kurt Wolff einen Band *Chinesische Landschaftsmalerei* heraus. Darin hat Hesse eine Episode über den Maler Wu Tao Tse aus der Tang-Dynastie gelesen, welcher man in seinem »Tagebuch 1920/21« wiederbegegnet:

»Wunderbar ist die Erzählung vom Tode des berühmtesten chinesischen Malers, des Wu Tao Tse: er malt, in Gegenwart von Zuschauern und Freunden, an eine Wand ein Landschaftsbild, dann geht er magisch in sein gemaltes Bild hinein, verschwindet darin in einer gemalten Höhle und ist weg, mit ihm ist auch sein Bild verschwunden.«

Die Ähnlichkeit ist augenfällig, auch wenn der Hesse des »Kurzgefaßten Lebenslaufs« in einen Zug einsteigt, während Wu Tao Tse in einer Höhle verschwindet. Im Gegensatz zu den früheren Märchen Hesses handelt es sich bei dieser Episode bloß um ein Spiel. Der Assimilierungsversuch steht nicht mehr im Vordergrund, an seine Stelle tritt eine spielerische Selbstironie.

König Yus Untergang

Die meisten chinesischen Motive, die wir bisher aufgezeigt haben, werden sich modifiziert oder erweitert bei der Untersuchung der Romane Hesses in der einen oder anderen Form wiederfinden. Dabei wird es sich zeigen, daß die Motive sowohl chinesisch geblieben als auch Hessesch geworden sind.

Die nächste chinesische Erzählung »König Yus Untergang«[48]

48 Geschrieben im Jahre 1929, zuerst in: *Kölnische Zeitung*, 1929, WA, Bd. 6, S. 453 ff.

ist weder Assimilierung noch Spielerei. Es handelt sich hier um die Bearbeitung eines Stoffes aus der chinesischen Geschichte. Derselbe Stoff hatte auch Heinrich Heine angezogen, der ihn an den Anfang des dritten Buches der *Romantischen Schule* stellte, um im Gegensatz hierzu die »Lächerlichkeit« der deutschen Romantik zu veranschaulichen. Otto Julius Bierbaum war der erste deutsche Schriftsteller, der diesen Stoff dann unter dem Titel *Das schöne Mädchen von Pao, Ein chinesischer Roman*[49] bearbeitet hat. Es ist nicht bekannt, ob Hesse Bierbaums »chinesischen Roman« kannte, sicher ist nur, daß er die (gekürzte) Übersetzung aus *Tung Chou Lieh Kuo Tse* (Geschichte der verschiedenen Länder unter der östlichen Chou-Dynastie) in Leo Greiners Übersetzung unter dem Titel »Die Tochter aus Drachensamen« gelesen hatte. Diese mythologische, eine schicksalhafte Vorausbestimmung schildernde Geschichte handelt vom Untergang der Chou-Dynastie. Eine Palastdienerin wird schwanger durch Drachengeifer aus grauer Vorzeit. Nach vierzig Jahren gebärt sie ein Mädchen, das sie im Fluß aussetzt. Es wird gefunden und wächst zu unvergleichlicher Schönheit heran. Eine Familie kauft es, um es dem König zu schenken mit der Bitte, dafür ihr Familienoberhaupt freizulassen. Der König läßt den Mann, der ihn der Tyrannei bezichtigt hatte, frei. So kommt das schöne Mädchen Bau Si in den Palast, und der König verliebt sich in sie. Bau Si ist zwar wunderschön, doch ist sie immer betrübt. Der König versucht, ihr mit allen Mitteln zu schmeicheln, um sie zum Lächeln zu bringen. Er läßt Seide zerreißen, weil Bau Si dieses Geräusch liebt. Aber sie freut sich nicht. Einer schlägt vor, man solle auf allen Wachtürmen Warnfeuer anzünden, um einen Barbarenüberfall vorzutäuschen, so daß die Lehensfürsten umsonst zur Rettung herbeieilten. Bau Si würde lachen, wenn sie die verwirrten und enttäuschten Gesichter der Soldaten sähe. Dieser Plan wird ausgeführt – und gelingt. Jedoch bald darauf überfallen die Barbaren tatsäch-

49 Berlin und Leipzig: Verlag von Schuster & Loeffler, 1899. Ernst Rose hat das Motiv in seinem aufschlußreichen Aufsatz »The Beauty from Pao. Heine–Bierbaum–Hesse« in *The Germanic Review*, Jg. 32, 1957, Nr. 1, S. 5-8, ausführlich untersucht.

lich das Land. Wieder werden die Warnfeuer angezündet, doch diesmal eilt keiner mehr zur Rettung herbei. Das ist das Ende der Chou-Dynastie.

In seiner Legende »König Yu« hat Hesse diese Geschichte modernisiert und das Mythologische gänzlich ausgelassen. Es wird Bau Si nicht aus grauer Vorzeit vorherbestimmt, den Untergang der Dynastie herbeizuführen, und der König ist auch nicht wie im chinesischen Original ein Tyrann. Hesse hat aus dem Stoff eine psychologische Studie gemacht und die Geschichte für heutige Leser glaubwürdiger erzählt:

»Nicht häufig sind in der alten chinesischen Geschichte die Beispiele von Regenten und Staatsmännern, welche ihren Untergang dadurch fanden, daß sie unter den Einfluß eines Weibes und einer Verliebtheit gerieten. Eins dieser seltenen Beispiele, ein sehr merkwürdiges, ist das des Königs Yu von Dschou und seiner Frau Bau Si.

Das Land Dschou stieß im Westen an die Länder der mongolischen Barbaren, und seine Residenz Fong lag mitten in einem unsichern Gebiet, das von Zeit zu Zeit den Überfällen und Raubzügen jener Barbarenstämme ausgesetzt war. Darum mußte daran gedacht werden, den Grenzschutz möglichst zu verstärken und namentlich die Residenz besser zu schützen.

Von König Yu nun, der kein schlechter Staatsmann war und auf gute Ratgeber zu hören wußte, berichten uns die Geschichtsbücher, daß er es verstand, durch sinnreiche Einrichtungen die Nachteile seiner Grenze auszugleichen, daß aber alle diese sinnreichen und bewundernswerten Einrichtungen durch die Launen einer hübschen Frau wieder zunichte gemacht wurden.

Der König nämlich richtete mit Hilfe aller seiner Lehnsfürsten an der Westgrenze einen Grenzschutz ein, und dieser Grenzschutz hatte gleich allen politischen Gebilden eine doppelte Gestalt: eine moralische nämlich und eine mechanische. Die moralische Grundlage des Übereinkommens war der Schwur und die Zuverlässigkeit der Fürsten und ihrer Beamten, deren jeder sich verpflichtete, sofort auf den ersten Notruf hin mit seinen Soldaten der Residenz und dem König zu Hilfe zu eilen. Die

Mechanik aber, deren der König sich bediente, bestand in einem wohl ausgedachten System von Türmen, die er an seiner Westgrenze bauen ließ. Auf jedem dieser Türme sollte Tag und Nacht Wachdienst getan werden, und die Türme waren mit sehr starken Trommeln ausgerüstet. Geschah nun an irgendeiner Stelle der Grenze ein feindlicher Einbruch, so schlug der nächste Turm seine Trommel, und von Turm zu Turm flog das Trommelzeichen in kürzester Zeit durch das ganze Land.
Lange Zeit war König Yu mit dieser klugen und verdienstvollen Einrichtung beschäftigt, hatte Unterredungen mit seinen Fürsten, hörte die Berichte der Baumeister, ordnete das Einexerzieren des Wachdienstes an. Nun hatte er aber eine Lieblingsfrau mit Namen Bau Si, eine schöne Frau, die es verstand, sich mehr Einfluß auf Herz und Sinn des Königs zu verschaffen, als für einen Herrscher und sein Reich gut ist. Bau Si verfolgte gleich ihrem Herrn die Arbeiten an der Grenze mit großer Neugier und Teilnahme, so wie zuweilen ein lebhaftes und kluges Mädchen den Spielen der Knaben mit Bewunderung und Eifer zusieht. Einer der Baumeister hatte ihr, um die Sache recht anschaulich zu machen, von dem Grenzschutz ein zierliches Modell aus Ton verfertigt, bemalt und gebrannt; da war die Grenze dargestellt und das System von Türmen, und in jedem der kleinen zierlichen Tontürme stand ein unendlich kleiner tönerner Wächter, und statt der Trommel war ein kleinwinziges Glöckchen eingehängt. Dieses hübsche Spielzeug machte der Königsfrau unendliches Vergnügen, und wenn sie zuweilen schlechter Laune war, so schlugen ihre Dienerinnen ihr meistens vor, ›Barbarenüberfall‹ zu spielen. Dann stellten sie alle die Türmchen auf, zogen an den Zwergglöckchen und wurden dabei sehr vergnügt und ausgelassen.
Es war ein großer Tag in des Königs Leben, als endlich die Bauten fertig, die Trommeln aufgestellt und ihre Bediener eingedrillt waren und als nun nach vorheriger Verabredung an einem glückbringenden Kalendertag der neue Grenzschutz auf die Probe gestellt wurde. Der König, stolz auf seine Taten, war voll Spannung; die Hofbeamten standen zum Glückwunsch bereit, am meisten von allen aber war die schöne Frau Bau Si

in Erwartung und Aufregung und konnte es kaum erwarten, bis alle vorbereitenden Zeremonien und Anrufungen vollendet waren.

Endlich war es soweit, und es sollte zum erstenmal im Großen und Wirklichen jenes Turm- und Trommelspiel gespielt werden, das der Königsfrau so oft Vergnügen bereitet hatte. Kaum konnte sie sich zurückhalten, selbst in das Spiel einzugreifen und Befehle zu geben, so groß war ihre freudige Erregung. Mit ernstem Gesicht gab ihr der König einen Wink, und sie beherrschte sich. Die Stunde war gekommen; es sollte nun im großen und mit wirklichen Türmen, mit wirklichen Trommeln und Menschen ›Barbarenüberfall‹ gespielt werden, um zu sehen, wie alles sich bewähre. Der König gab das Zeichen, der erste Hofbeamte übergab den Befehl dem Hauptmann der Reiterei, der Hauptmann ritt vor den ersten Wachtturm und gab Befehl, die Trommel zu rühren. Gewaltig dröhnte der tiefe Trommelton, feierlich und tief beklemmend rührte der Klang an jedes Ohr. Bau Si war vor Erregung bleich geworden und fing zu zittern an. Gewaltig sang die große Kriegstrommel ihren rauhen Erdbebengesang, einen Gesang voll Mahnung und Drohung, voll von Zukünftigem, von Krieg und Not, von Angst und Untergang. Alle hörten ihn mit Ehrfurcht. Nun begann er zu verklingen, da hörte man vom nächsten Turm die Antwort, fern und schwach und rasch ersterbend, und dann hörte man nichts mehr, und nach einer kleinen Weile nahm das feierliche Schweigen ein Ende, man sprach wieder, man ging auf und ab und begann sich zu unterhalten.

Unterdessen lief der tiefe, drohende Trommelklang vom zweiten zum dritten und zehnten und dreißigsten Turm, und wo er hörbar wurde, mußte nach strengem Befehl jeder Soldat alsbald bewaffnet und mit gefülltem Brotbeutel am Treffpunkt antreten, mußte jeder Hauptmann und Oberst, ohne einen Augenblick zu verlieren, den Abmarsch rüsten und aufs äußerste beschleunigen, mußte gewisse vorbestimmte Befehle ins Innere des Landes senden. Überall wo der Trommelklang gehört worden war, wurde Arbeit und Mahlzeit, Spiel und Schlaf unterbrochen, wurde gepackt, wurde gesattelt, gesammelt, marschiert und geritten. In kürzester Frist waren aus allen Nachbarbezirken eilige Truppen unterwegs zur Residenz Fong.

In Fong, inmitten des Hofes, hatte die Ergriffenheit und Spannung, welche beim Ertönen der furchtbaren Trommel sich jedes Gemüts bemächtigt hatte, bald wieder nachgelassen. Angeregt und plaudernd bewegte man sich in den Gärten der Residenz, die ganze Stadt hatte Feiertag, und als nach weniger als drei Stunden schon von zwei Seiten her kleine und größere Kavalkaden sich näherten, und dann von Stunde zu Stunde neue eintrafen, was den ganzen Tag und die beiden folgenden Tage andauerte, ergriff den König, die Beamten und Offiziere eine immer wachsende Begeisterung. Der König wurde mit Ehrungen und Glückwünschen überhäuft, die Baumeister bekamen ein Gastmahl, und der Trommler vom Turm I, der den ersten Trommelschlag getan hatte, wurde vom Volk bekränzt, in den Straßen umhergeführt und von jedermann beschenkt.

Völlig hingerissen und wie berauscht aber war jene Frau des Königs, Bau Si. Herrlicher als sie es sich je hatte vorzustellen vermögen, war ihr Türmchen- und Glöckchenspiel Wirklichkeit geworden. Magisch war der Befehl, gehüllt in die weite Tonwelle des Trommelklangs, in das leere Land hinein entschwunden; und lebendig, lebensgroß, ungeheuer kam seine Wirkung aus den Fernen zurückgeströmt, aus dem herzbeklemmenden Geheul jener Trommel war ein Heer geworden, ein Heer von wohlbewaffneten Hunderten und Tausenden, die in stetigem Strom, in stetiger eiliger Bewegung vom Horizont her geritten und marschiert kamen: Bogenschützen, leichte und schwere Reiter, Lanzenträger erfüllten mit zunehmendem Getümmel allmählich allen Raum rund um die Stadt herum, wo sie empfangen und an ihre Standorte gewiesen, wo sie begrüßt und bewirtet wurden, wo sie sich lagerten, Zelte aufschlugen und Feuer entzündeten. Tag und Nacht dauerte es an, wie ein Märchenspuk kamen sie aus dem grauen Erdboden heraus, fern, winzig, in Staubwölkchen gehüllt, um zuletzt hier, dicht vor den Augen des Hofes und der entzückten Bau Si, in überwältigender Wirklichkeit aufgereiht zu stehen.

König Yu war sehr zufrieden, und besonders zufrieden war er

mit dem Entzücken seiner Lieblingsfrau; sie strahlte vor Glück wie eine Blume und war ihm noch niemals so schön erschienen. Feste haben keine Dauer. Auch dies große Fest verklang und wich dem Alltag: keine Wunder geschahen mehr, keine Märchenträume wurden erfüllt. Müßigen und launischen Menschen scheint dies unerträglich. Bau Si verlor einige Wochen nach dem Fest all ihre gute Laune wieder. Das kleine Spiel mit den tönernen Türmchen und den an Bindfäden gezogenen Glöcklein war so fad geworden, seit sie das große Spiel gekostet hatte. O wie berauschend war das gewesen! Und da lag nun alles bereit, das beseligende Spiel zu wiederholen: da standen die Türme und hingen die Trommeln, da zogen die Soldaten auf Wache und saßen die Trommler in ihren Uniformen, alles wartend, alles auf den großen Befehl gespannt, und alles tot und unnütz, solange der Befehl nicht kam!
Bau Si verlor ihr Lachen, sie verlor ihre strahlende Laune; mißmutig sah der König sich seiner liebsten Gespielin, seines Abendtrostes beraubt. Er mußte seine Geschenke aufs höchste steigern, um nur ein Lächeln bei ihr erreichen zu können. Es wäre nun der Augenblick für ihn gewesen, die Lage zu erkennen und die kleine süße Zärtlichkeit seiner Pflicht zu opfern. Yu aber war schwach. Daß Bau Si wieder lache, schien ihm wichtiger als alles andre.
So erlag er ihrer Versuchung, langsam und unter Widerstand, aber er erlag. Bau Si brachte ihn so weit, daß er seiner Pflicht vergaß. Tausendmal wiederholten Bitten erliegend, erfüllte er ihr den einzigen großen Wunsch ihres Herzens: er willigte ein, der Grenzwache das Signal zu geben, als sei der Feind in Sicht. Alsbald erklang die tiefe, erregende Stimme der Kriegstrommel. Furchtbar schien sie diesmal dem König zu tönen, und auch Bau Si erschrak bei dem Klang. Dann aber wiederholte sich das ganze entzückende Spiel: es tauchten am Rand der Welt die kleinen Staubwolken auf, es kamen die Truppen geritten und marschiert, drei Tage lang, es verneigten sich die Feldherrn, es schlugen die Soldaten ihre Zelte auf. Bau Si war selig, ihr Lachen strahlte. König Yu aber hatte schwere Stunden. Er mußte bekennen, daß kein Feind ihn überfallen habe,

daß alles ruhig sei. Er suchte zwar den falschen Alarm zu rechtfertigen, indem er ihn als eine heilsame Übung erklärte. Es wurde ihm nicht widersprochen, man verbeugte sich und nahm es hin. Aber es sprach sich unter den Offizieren herum, man sei auf einen treulosen Streich des Königs hereingefallen, nur seiner Buhlfrau zuliebe habe er die ganze Grenze alarmiert und sie alle in Bewegung gesetzt, alle die Tausende. Und die meisten der Offiziere wurden unter sich einig, einem solchen Befehl künftig nicht mehr zu folgen. Inzwischen gab der König sich Mühe, den verstimmten Truppen durch reichliche Bewirtung die Laune zu heilen. So hatte Bau Si ihr Ziel erreicht.

Noch ehe sie aber von neuem in Launen verfallen und das gewissenlose Spiel abermals erneuern konnte, traf ihn und sie die Strafe. Die Barbaren im Westen, vielleicht zufällig, vielleicht auch weil eine Kunde von jener Geschichte zu ihnen gedrungen war, kamen eines Tages plötzlich in großen Schwärmen über die Grenze geritten. Unverzüglich gaben die Türme ihre Zeichen, dringlich mahnte der tiefe Trommelklang und lief bis zur fernsten Grenze. Aber das vortreffliche Spielzeug, dessen Mechanik so sehr zu bewundern war, schien jetzt zerbrochen zu sein – wohl tönten die Trommeln, nichts aber tönte diesmal in den Herzen der Soldaten und Offiziere des Landes. Sie folgten der Trommel nicht, und vergebens spähte der König mit Bau Si nach allen Seiten; nirgends erhoben sich Staubwolken, nirgendher kamen die kleinen grauen Züge gekrochen, niemand kam ihm zu Hilfe.

Mit den wenigen Truppen, welche gerade vorhanden waren, eilte der König den Barbaren entgegen. Aber diese waren in großer Zahl; sie schlugen die Truppen, sie nahmen die Residenz Fong ein, sie zerstörten den Palast, zerstörten die Türme. König Yu verlor sein Reich und sein Leben, und nicht anders erging es seiner Lieblingsfrau Bau Si, von deren verderblichem Lachen noch heute die Geschichtsbücher erzählen.

Fong wurde zerstört, das Spiel war Ernst geworden. Es gab kein Trommelspiel mehr, und keinen König Yu, und keine lachende Frau Bau Si. Yus Nachfolger, König Ping, fand keinen andern Ausweg, als daß er Fong aufgab und die Residenz

weit nach Osten verlegte; er mußte die künftige Sicherheit seiner Herrschaft durch Bündnisse mit Nachbarfürsten und durch Abtretung großer Landstrecken an diese erkaufen.«
Wer das chinesische Original von Kindheit an kennt, kann sich kaum noch objektiv über die Änderungen Hesses äußern. Doch ein Punkt steht außer Frage. Dadurch, daß Hesse sowohl den König als auch Bau Si psychisch nicht festlegt, während sie in der chinesischen Geschichte von vornherein und unabänderlich Bösewichte sind, haben die Gestalten an Lebendigkeit und psychologischer Tiefe gewonnen. Auch die veränderte Handlung – das Spiel mit dem vorgetäuschten Barbaren-Überfall, das schließlich zum tatsächlichen Überfall führt, ist logischer, spannender, realer und glaubwürdiger als die chinesische Version. Es macht Hesses Geschichte tragischer und ihre Protagonisten sympathischer, weil sie durch menschliche Schwäche zu Fall kommen. Trotz dieser Änderungen bleibt die Moral der ursprünglichen Version erhalten, sie ist im Kern immer noch chinesisch, allerdings konfuzianisch-chinesisch, wonach der Mensch Mitgestalter seines eigenen Schicksals ist. Diese Auffassung vermittelt auch das chinesische Original in der folgenden Passage, wo man über ein Gassenlied berät, das als böses Omen aufgefaßt werden muß:

> Maulbeerholzbogen und Kigrasgewebe,
> der Mond wird steigen, die Sonne ertrinken,
> das Kaiserhaus Djou wird zugrunde sinken ...

»Da sprach der Hofwahrsager: ›Alle grundlosen Worte, die von dem Markte oder aus den Straßen kommen, sind Verkündigungen ...‹ Ein anderer Beamter erwiderte: ›Die Sonne ist männlich, der Mond ist weiblich. ›Der Mond wird steigen, die Sonne ertrinken‹ heißt: Weibliches wird hervortreten und Männliches zurücktreten. Es steht zu fürchten, es werde eine Herrin geben, die Unheil bringen wird.‹ ... Der Beamte entgegnete: ›Das Deutwort sagte: *wird* steigen und *wird* ertrinken, bezieht sich also nicht auf die Verhältnisse der Gegenwart. Zudem ist in dem Worte «wird» noch kein bestimmtes Urteil enthalten. Wenn Ihr von nun an der Tugend die Ehre gebt, kann sich das Unheil noch in Glück verwandeln. Wozu bedarf es also der Verbrennung von Bogen und Pfeilen?‹[50]«

Chinesische Legende

Hesses Hinwendung zum Konfuzianismus bedeutet jedoch keine Absage an die taoistische Weltanschauung. Das beweist seine »Chinesische Legende«[51]:

»Von Meng Hsiä wird berichtet:

Als ihm zu Ohren kam, daß neuerdings die jungen Künstler sich darin übten, auf dem Kopfe zu stehen, um eine neue Weise des Sehens zu erproben, unterzog Meng Hsiä sich sofort ebenfalls dieser Übung, und nachdem er es eine Weile damit probiert hatte, sagte er zu seinen Schülern: ›Neu und schöner blickt die Welt mir ins Auge, wenn ich mich auf den Kopf stelle.‹

Dies sprach sich herum, und die Neuerer unter den jungen Künstlern rühmten sich dieser Bestätigung ihrer Versuche durch den alten Meister nicht wenig.

Da dieser als recht wortkarg bekannt war und seine Jünger mehr durch sein bloßes Dasein und Beispiel erzog als durch Lehren, wurde jeder seiner Aussprüche beachtet und weiter verbreitet.

Und nun wurde, bald nachdem jene Worte die Neuerer entzückt, viele Alte aber befremdet, ja erzürnt hatten, schon wieder ein Ausspruch von ihm bekannt. Er habe, so erzählte man, sich neuestens so geäußert:

›Wie gut, daß der Mensch zwei Beine hat! Das Stehen auf dem Kopf ist der Gesundheit nicht zuträglich, und wenn der auf dem Kopf Stehende sich wieder aufrichtet, dann blickt ihm, dem auf den Füßen Stehenden, die Welt doppelt so schön ins Auge.‹

An diesen Worten des Meisters nahmen sowohl die jungen Kopfsteher, die sich von ihm verraten oder verspottet fühlten, wie auch die Mandarine großen Anstoß.

›Heute‹, so sagten die Mandarine, ›behauptet Meng Hsiä

50 Leo Greiner, a. a. O., S. 22 ff.

51 St. Gallen (Privatdruck) 1959.

dies, und morgen das Gegenteil. Es kann aber doch unmöglich zwei Wahrheiten geben. Wer mag den unklug gewordenen Alten da noch ernst nehmen?‹

Dem Meister wurde hinterbracht, wie die Neuerer und wie die Mandarine über ihn redeten. Er lachte nur. Und da die Seinen ihn um eine Erklärung baten, sagte er:

›Es gibt die Wirklichkeit, ihr Knaben, und an der ist nicht zu rütteln. Wahrheiten aber, nämlich in Worten ausgedrückte Meinungen über das Wirkliche, gibt es unzählige, und jede ist ebenso richtig wie sie falsch ist.‹

Zu weiteren Erklärungen konnten ihn die Schüler, so sehr sie sich bemühten, nicht bewegen.«

Das Verhalten der Schüler Meng Hsiä gegenüber, die ihn, solange er die relative Berechtigung ihrer Tendenz respektierte, als Neuerer priesen, um ihn später – als er auch die gegenteilige Auffassung nachvollziehen konnte – als Traditionalisten zu verachten, entspricht Hesses eigener Erfahrung mit dem Literaturbetrieb. Mit seinem *Demian* und dem *Steppenwolf* war er der von den Jungen bewunderte und von den Alten verachtete Neuerer. Doch mit dem *Glasperlenspiel* wurde Hesse wieder zu einem von den »jungen Kopfstehern« verpönten »Traditionalisten«. Die Mandarine der »Legende« sind die Literaturkritiker, die um die Mitte der fünfziger Jahre begannen, den achtzigjährigen Hesse wegen seiner Distanz zur aktiven Teilnahme an der Tagespolitik als »Dichter im Elfenbeinturm« zu verspotten und seine Dichtung als Kitsch zu deklarieren. Daraufhin schrieb Hesse diese »Chinesische Legende«. Sie erinnert an die taoistische Weisheit, daß die »in Worten ausgedrückten Meinungen über das Wirkliche« immer nur Teilaspekte und Tendenzen sind, die Wirklichkeit aber niemals komplex zu umfassen vermögen. Das Wirkliche entspricht dem in Worten nicht zu fassenden Tao.

Ein Brief Hesses an Otto Engel vom Oktober 1960 gibt Anhaltspunkte für die Richtigkeit dieser Interpretation der »Legende«. In jenem Brief greift Hesse wieder auf Meng Hsiä zurück:

»Die gelegentlichen Anpöbelungen oder Verhöhnungen durch literarische Halbstarke nehme ich nicht so ernst. Man ist in jungen Jahren grausamer als später, auch ich habe mich einst über manches ehrwürdige Haupt schonungslos lustig machen können, wenn auch nicht öffentlich. Meng Hsiä sagt in solchen Fällen: ›Knabe hat alten Kerl mit Dreck beworfen. Alter Kerl bürstet sich den Rock.‹ Und dann ist ja etwas an der Kritik der Avantgardisten richtig: Ich habe mich zwar stets um eine anständige Form bemüht, habe auch manche nur einem Spieltrieb folgende Künste geübt, im großen Ganzen aber war mir doch beim Schreiben das Was etwa ebenso wichtig wie das Wie, und diese Einstellung ist jedem reinen Artisten ein Greuel, er schwöre nun auf Mallarmé, auf George oder auf die Surrealisten. Ich habe immer neben dem Spieltrieb und Künstler-Ehrgeiz andere Anliegen gehabt, man kann sie religiöse oder psychotherapeutische oder wie immer nennen, ich habe schon früh die abendländische Untergangsstimmung gewittert und habe mich, da es mir nicht immer gelang, den Kopf in den Sand zu stecken, immer wieder zu den Weisheiten und Lebenslehren hingezogen gefühlt, die uns vom Altertum und vom Orient her überliefert sind.«

Wer überhaupt ist oder war Meng Hsiä? Franz Baumer betrachtet ihn in seiner Hesse-Biographie[52] als historische Gestalt. Dabei stützt er seine Annahme auf die »Worte des Meng Hsiä« (altchinesisch):

»Wenn einer alt geworden ist und das Seine getan hat, steht es ihm zu, sich in der Stille mit dem Tode zu befreunden.

Nicht bedarf er der Menschen. Er kennt sie, er hat ihrer genug gesehen. Wessen er bedarf, ist Stille.

Nicht schicklich ist es, einen Solchen aufzusuchen, ihn anzureden, ihn mit Schwatzen zu quälen.

An der Pforte seiner Behausung ziemt es sich vorbeizugehen, als wäre sie Niemandes Wohnung.«

Diese »Worte« hat Hesse an seiner Wohnungstür in Montagnola angebracht, um unerwartete Besucher zur Umkehr zu bewegen[53]. Peter Heinz Herzog, der den Einfluß Chinas auf Hesse

52 Hermann Hesse, Berlin: Colloquium Verlag, 1959 (Köpfe des xx. Jahrhunderts, Nr. 10).

53 Dieselben »Worte« finden sich auch in einem Brief an eine Leserin, vgl. *Briefe*. Erw. Ausgabe, 1964, a. a. O., S. 281.

untersuchte, bringt Meng Hsiä – Herzog hat in seinem Aufsatz den Umlaut vergessen – in einen Zusammenhang mit Li Tai Pe und Thu Fu und behauptet, diese drei Dichter aus der Tang-Dynastie seien es gewesen, die Hesse am stärksten beeinflußt hätten. War Meng Hsiä wirklich ein Dichter der Tang-Dynastie? Weder unter den namhaften noch unter den weniger bekannten Dichtern jener Zeit läßt sich einer dieses Namens finden. Auch sonst findet sich unter den uns überlieferten Persönlichkeiten der Literatur und Philosophie Chinas kein Meng Hsiä. Unter all den Legenden, Sprüchen und Gleichnissen Chinas gibt es keine, die vergleichbar wären mit denen jenes Meng Hsiä, die Hesse vorgibt zu überliefern. Dasselbe gilt von einer anderen Meng-Hsiä-Episode: »Von Meng Hsiä wird berichtet: Befragt, welche drei Dinge er auf eine rückkehrlose Reise nach dem Monde mitnehmen würde, gab er zur Antwort: ›Eine Rolle Papier, einen Pinsel und eine Tusche-Schale.‹« Dieser »Bericht« ist an sich schon ein fester Beweis, daß der Betreffende kein Chinese sein kann. Denn der Konfuzianer ist zu weltorientiert, um sich für den Mond zu interessieren, während für die Taoisten und Dichter der Mond bereits von »Feen« in großartigen Palästen bewohnt ist. Für die Buddhisten ist der Mond einfach irrelevant. Trotzdem habe ich eine Anzahl von Sinologen von Weltrang um Auskunft über diesen Meng Hsiä gebeten und konnte ihn mit einer historischen Person in Verbindung bringen. Doch keiner von ihnen ist diesem Namen je begegnet. Wenn wir die »Legende« im Zusammenhang mit den Sprüchen Meng Hsiäs betrachten und diese – besonders durch den Brief an Otto Engel – mit Hesses Leben in Verbindung bringen, wie wir es bei der Interpretation der Legende getan haben, so können wir unschwer erkennen, daß Meng Hsiä niemand anderes ist als Hesse selbst im chinesischen Gewand. Die Sprüche Meng Hsiäs sind seine, alles Emotionale bewußt umgehende Antwort auf die erwähnten Angriffe. Um Mißverständnisse persönlicher Art zu vermeiden, hat er seine Antwort einem Meng Hsiä in den Mund gelegt.

Bei der Analyse der kürzeren Erzählungen haben wir gesehen, daß Hesse weder ein spezifisch westliches noch ein spezifisch östliches Prosawerk geschrieben hat. Fast überall finden sich Elemente beider Kulturwelten ineinander verflochten. Manche Motive sind westlich und östlich zugleich. Dies entspricht Hesses Auffassung vom Zusammenhang aller Kulturen, welche Pole einer Einheit sind, sich also nicht gegenseitig ausschließen, sondern ergänzen. Diese Grundidee wird auch in seinen längeren Werken variiert, besonders in den nach dem Roman *Roßhalde* entstandenen. Im Zusammenhang mit Hesses Einheitsdenken und -streben muß das Herausarbeiten der chinesischen Züge seiner Dichtung in vieler Hinsicht notwendig eine Betrachtung aus chinesischer Sicht werden. Es ist durchaus möglich, daß dieselben Elemente von einem anderen Standpunkt aus interpretiert werden können, doch dürfte das Ergebnis von unserem kaum wesentlich verschieden sein, vorausgesetzt natürlich, daß Hesses Ideen berücksichtigt bleiben.

Demian, Die Geschichte von Emil Sinclairs Jugend ist Hesses erster Roman nach *Roßhalde.* Im ganzen gesehen, ist der *Demian* stärker von Nietzsches »Antichrist« und der Gnostik beeinflußt, doch lassen sich auch hier chinesische Motive nachweisen. Eines davon ist Sinclairs »Traumvogel«, der Sperber, ein zentrales Symbol, das sich wie ein roter Faden durch den Roman hindurchzieht. Wie der Adler ist er ein Greifvogel, mit seinen »scharfen, durchdringenden Augen ... seiner scharfgeschnittenen Nase, seinen dünnen Lippen und den gesamten Gesichtszügen« der Inbegriff der westlichen Eigenart, nämlich »eine hochentwickelte Intelligenz und eine Bereitschaft zum Handeln«[54]. Doch Sinclairs Sperber wird etwas anders charakterisiert:

»Nun war es ein Raubvogel, mit einem scharfen, kühnen Sperberkopf. Er stak mit halbem Leibe in einer dunkeln Welt-

54 Siehe »Über den Zen-Buddhismus« von D. T. Suzuki, in: *Zen-Buddhismus und Psychoanalyse*, a. a. O., S. 14.

kugel, aus der er sich wie aus einem riesigen Ei herausarbeitete, auf einem blauen Himmelsgrunde[55].«

Bei dieser Beschreibung erkennen wir, daß Sinclairs Sperber nur einen der beiden Züge des Adler-Symbols besitzt, nämlich die Bereitschaft zum Handeln. Auch bei seinem Flug ist nur dieser Zug ausgeprägt:

»Da kam über den Himmel weg eine lockere gelbe Wolke getrieben ... und der Wind formte in wenigen Sekunden aus dem Gelben und Blauen ein Bild, einen Riesenvogel, der sich aus blauem Wirrwarr losriß und mit weiten Flügelschlägen in den Himmel hinein verschwand. Dann wurde der Sturm hörbar ...[56].«

Die Flugbeschreibung dieses Riesensperbers erinnert an Dschuang Dsis Beschreibung des Vogels »Pöng«:

»Sein Rücken gleicht dem großen Berge; seine Flügel gleichen vom Himmel herabhängenden Wolken. Im Wirbelsturm steigt er kreisend empor, viele tausend Meilen weit bis dahin, wo Wolken und Luft zu Ende sind und er nur noch den schwarzblauen Himmel über sich hat[57].«

Dieser Vogel Pöng ist das Sinnbild des höchsten, taoistischen Menschen. Wer es versteht, »das innerste Wesen der Natur sich zu eigen zu machen und sich treiben zu lassen von dem Wandel der Urkräfte, um dort zu wandern, wo es keine Grenzen gibt, der ist von keinem Außending mehr abhängig«[58]. In gewisser Hinsicht verkörpert auch Hesses Sperber jenes Symbol des höchsten Menschen, denn er wird Sinclair zum Schicksal:

»Als ich es [das Wappen] geschluckt hatte, spürte ich mit ungeheuerem Erschrecken, daß der verschlungene Wappenvogel in mir lebendig sei, mich ausfülle und von innen zu verzehren beginne[59].«

Sinclairs Aufgabe wird von nun an darin bestehen:

55 WA, Bd. 5, S. 89.
56 Ebenda, S. 151.
57 Buch 1, Abs. 1.
58 Ebenda.
59 WA, Bd. 5, S. 88.

»... daß jeder von uns so ganz er selbst werde, so ganz dem in ihm wirksamen Keim der Natur gerecht werde und zu Willen lebe, daß die ungewisse Zukunft uns zu allem und jedem bereit finde, was sie bringen möchte[60].«

Tatsächlich muß Sinclair künftig mit Hilfe von Leitpersonen Bilder aus seinem Unbewußten schaffen, aber nur, um sie hinter sich zu lassen, bis er bildlos geworden ist bzw. das letzte verbleibende Bild selbst darstellt. Das ist die Selbstverwirklichung, die Hesse auch mit der Formel »Weg nach Innen« umschrieben hat. Auch hierzu finden wir in den frühen taoistischen Schriften viele Parallelgedanken. Nur eine Stelle sei als Beispiel zitiert:

»Wer auf das Äußere achthat beim Wandern, versteht nicht, aufs Innere achtzugeben. Der Wanderer, der nach außen blickt, sucht die Vollkommenheit bei den Dingen. Wer nach innen blickt, findet Genüge im eigenen Selbst. Genüge im eigenen Selbst zu finden, das ist des Wanderns höchste Stufe[61].«

Außerdem wissen wir, daß der vollkommene Mensch der taoistischen Anschauung ohne Traum, d. h. ohne Bild lebt. Trotz all dieser Ähnlichkeiten müssen wir uns aber hüten, den Sperber mit dem Vogel Pöng völlig zu identifizieren. Sinclairs Sperber mit halbem Leib in einer Ei-Weltkugel ähnelt gleichzeitig einem christlichen Symbol. Wenn wir den Raubvogel durch ein Küken ersetzen, haben wir das Sinnbild von Ostern, der Auferstehung. Dasselbe Symbol hatte einst den englischen Schriftsteller D. H. Lawrence, der wie Hesse auch als letzter Romantiker bezeichnet wurde, angeregt, die Novelle *The Man who died* zu schreiben. Nur ist die Erzählung des Engländers pessimistisch gefärbt – Jesus reflektiert nach seiner Auferstehung, daß es sich nicht gelohnt habe, für die Menschen gekreuzigt worden zu sein –, während Hesse–Sinclair vor Beendigung des Ersten Weltkriegs[62] noch optimistisch gesinnt war:

Die alte Welt – das Ei – muß in Trümmer gehen, damit eine

60 Ebenda, S. 144.

61 Liä Dsi, a. a. O., Buch VI, Abs. 7.

62 Das Manuskript des *Demian* wurde im Herbst 1917 abgeschlossen und an den S. Fischer Verlag geschickt.

neue Welt entstehen kann. Dieser Optimismus mußte an der Nachkriegs-Wirklichkeit scheitern. Die Welt rüstete zu einem noch schrecklicheren Krieg.

Der Sperber ist nicht das einzige chinesische Element im *Demian.* Auch die mystischen Praktiken erinnern an chinesische bzw. indische Übungen der Meditation und der Ausstrahlung des konzentrierten Willens. Zweimal beschreibt Hesse eine solche Meditation. Der Meditierende ist Demian:

»... die Augen ... waren nicht sehend, sie waren starr und nach innen oder in eine große Ferne gewendet. Vollkommen regungslos saß er da, auch zu atmen schien er nicht, sein Mund war wie aus Holz oder Stein geschnitten. Sein Gesicht war blaß, gleichmäßig bleich, wie Stein ... Seine Hände lagen vor ihm auf der Bank, leblos und still wie Gegenstände, wie Steine oder Früchte, bleich und regungslos, doch nicht schlaff, sondern wie eine feste gute Hülle um ein verborgenes starkes Leben[63].«

Das zweite Mal heißt es:

»Er hatte die Arme regungslos hängen, die Hände im Schoß, sein etwas vorgeneigtes Gesicht mit offenen Augen war blicklos und erstorben ... Das bleiche Gesicht war in sich versunken und ohne anderen Ausdruck als den einer ungeheuren Starrheit, es sah aus wie eine uralte Tiermaske am Portal eines Tempels. Er schien nicht zu atmen[64].«

Wir wissen, daß auch die christliche Mystik – zumal Meister Eckhart – die Meditation kannte. Im Alter schreibt Hesse in einem Brief vom Oktober 1953 an Herrn H. G. Sch.-R.:

»Ich kann Ihrem Brief in allem zustimmen. Irrig ist nur Ihre Annahme, meine Quelle für das Wissen um Meditation etc. sei Eckhart. Dem ist nicht so. Ich habe zwar in meiner Jugend (ich bin 65 Jahre alt) auch Auszüge aus E. kennengelernt, aber er ist nicht der einzige Lehrer auf diesem Gebiet, wenn auch innerhalb der deutsch-christlichen Welt der größte. Die Versenkung ist manche Jahrhunderte, ehe es ein Deutschland und ehe es ein Christentum gab, in zahlreichen Formen und Schulen Indiens, Chinas, Japans gelehrt und geübt worden, sie ist eine

63 WA, Bd. 5, S. 67.
64 Ebenda, S. 509.

der fundamentalen Möglichkeiten des Menschengeistes, unabhängig von Nation und Religion, sie wird heute noch in Indien und Japan, neuerdings auch unter indischen Lehrern in Amerika gelehrt und gepflegt[65].«

Wenn wir die beiden Beschreibungen von Demians Meditation lesen, können wir nichts Christliches entdecken. Sie wirken eher »heidnisch«. Man assoziiert Holz, Stein, Früchte und eine Tiermaske am Portal eines Tempels. Gott und die Freude an seiner Schöpfung – in der christlichen Mystik unumgänglich – werden nicht erwähnt. Dagegen finden sich Gemeinsamkeiten mit Dschuang Dsi:

»Lückenbeißer fragte den Strohmantel nach dem SINN.

Strohmantel sprach: ›Beherrsche den Leib und sieh auf das Eine, so wird des Himmels Friede nahen. Sammle dein Wissen und plane das Eine, so werden die Götter kommen und bei dir wohnen. Das LEBEN wird dir Schönheit geben, der SINN wird dir ruhige Wohnung geben. Dann blickst du einfältig wie ein neugeborenes Kalb und fragst nicht mehr nach Gründen und Ursachen.‹

Ehe er fertig geredet, war Lückenbeißer eingeschlafen. Da war Strohmantel hoch erfreut, ging von ihm und sang im Gehen:

›Sein Leib ist starr wie trockenes Gebein,
Wie tote Asche ist des Herzens Stille,
Und sein Erkennen ging zur Wahrheit ein.
Von der Bedingung Band ist frei sein Wille;
Wogende Nacht stillt des Bewußtseins Wähnen.
Zu Ende ist das Denken und das Sehnen.
Was ist das für ein Mensch?‹[66]

Kung Dsï besuchte den Lau Dan. Lau Dan hatte eben gebadet und ließ sein Haar zum Trocknen herabhängen. Er saß leblos da, allem Menschlichen vollkommen entrückt. Da wartete Kung Dsï.

Nach einer Weile trat er vor ihn und sprach: ›War ich geblendet, oder ist es wirklich so? Euer Körper, Herr, erschien mir eben erstarrt wie ein dürrer Baum, als hättet Ihr die Welt verlassen

65 *Ausgewählte Briefe*, a. a. O., S. 409.
66 Buch XXII, Abs. 2.

und Euch von den Menschen geschieden und stündet in der Einsamkeit.‹[67]«

Nur der »höchste Mensch« vermag diese Stufe der Meditation zu erreichen, die Entrückung von der Welt, die den Geist zum jenseitigen Schauen befähigt. Was macht diesen »höchsten Menschen« aus? Wir bedienen uns eines taoistischen Gleichnisses, um sein Wesen zu veranschaulichen:

»Lau Dan sprach: ›Nicht also! Das Wasser eines Sprudels tut selber nichts, sondern folgt einfach seiner Natur. Also verhält sich der höchste Mensch zum LEBEN. ... Er ist wie der Himmel, der hoch ist durch sich selber, wie die Erde, die fest ist durch sich selber, wie Sonne und Mond, die klar sind durch sich selber[68].«

Das Gleiche strebt der Weg Sinclairs zu sich selbst an. Dies ist die zentrale Aussage des Romans, die Botschaft Demians und Evas.

Die andere mystische Praktik Demians, die Ausstrahlung des konzentrierten Willens, wird von ihm so erklärt:

»Wenn ein Tier oder Mensch seine ganze Aufmerksamkeit und seinen ganzen Willen auf eine bestimmte Sache richtet, dann erreicht er sie auch. ... Er sucht nur das, was Sinn und Wert für ihn hat, was er braucht, was er unbedingt haben muß. Und eben da gelingt ihm auch das Unglaubliche ... aber ausführen und genügend stark wollen kann ich nur, wenn der Wunsch ganz in mir selber liegt, wenn wirklich mein Wesen ganz von ihm erfüllt ist[69].«

Diese Aussage Demians entspricht der These Liä Dsis, daß die Seele in sich abgeschlossen ist, oder dem Satz des Meisters Kung: »Wer seinen Willen gebraucht ohne Zerteilung, dem verdichtet er sich zu einer geistigen Macht[70].« Liä Dsi berichtet viele seltsame Begebenheiten[71], die durch Abgeschlossenheit der Seele vollbracht werden können, vom leicht zu Fassenden bis hin zum Wunderbaren:

67 Buch XXI, Abs. 4.
68 Ebenda.
69 WA, Bd. 5, S. 57 f.
70 Liä Dsi, a. a. O., Buch II, Abs. 10.
71 Diese befinden sich vorwiegend im Buch II.

»Die Adepten gehen durch Gegenstände ohne Hindernis hindurch, sie treten auf Feuer und werden nicht heiß, sie wandeln über der Welt dahin und zittern nicht[72].
Gi Siau Dsï richtete für den König Süan vom Hause Dschou einen Kampfhahn zu. Nach zehn Tagen fragte der König: ›Kann der Hahn schon kämpfen?‹ Er sprach: ›Noch nicht, er ist noch eitel, stolz und zornig.‹ Nach aber zehn Tagen fragte er wieder. Er sprach: ›Noch nicht, er geht noch auf jeden Laut und Schatten los.‹ Nach aber zehn Tagen fragte er wieder. Er sprach: ›Noch nicht, er blickt noch heftig und strotzt vor Kraft.‹ Nach aber zehn Tagen fragte er wieder. Er sprach: ›Nun geht es. Wenn andere Hähne krähen, so macht das keinen Eindruck mehr auf ihn.‹ Der Hahn war anzusehen wie aus Holz. Sein Wesen war vollkommen. Fremde Hähne wagten nicht mit ihm anzubinden, sie kehrten um und liefen weg[73].«
Vergleichen wir die Beispiele des Liä Dsi mit der Erklärung Demians, dann wird bewußt, daß die Voraussetzung zur Sammlung der Willenskraft die Versenkung in sich selbst ist. In Sinclairs Entwicklung geschieht dies stufenweise. Es beginnt mit dem Bewußtwerden seines Inneren, welches eine Steigerung seines Selbst bewirkt. Sinclair malt Motive aus dem Unbewußten, eins davon ist jenes Bild vom Sperber, das er aus einem innern Zwang heraus an Demian schickt. Die Antwort erreicht ihn auf einem eigenartigen Weg: Demian hat sie einem Buch beigelegt. Diese Episode erinnert an die chinesische Erzählung »Musik« (übersetzt von Martin Buber[74]), worin unerklärlicherweise bei zwei Familien ein Blatt mit Versen auftaucht und eine Eheverbindung der beiden Familien herbeiführt. Doch handelt es sich hier um die Manipulation eines weiblichen Geistes, also um etwas, was in Hesses Roman nicht vorkommt. Unbewußt übt Sinclair die Versenkung – langes Schauen ins Feuer –, bis ihm die Wirkung bewußt wird:
»Denn ich merkte, daß ich eine gewisse Stärkung und Freude, eine Steigerung meines Gefühls von mir selbst, die ich seither

72 Buch II, Abs. 4.
73 Buch II, Abs. 20.
74 A. a. O., S. 166 ff.

spürte, lediglich dem langen Starren ins offene Feuer verdankte ...

... das Betrachten solcher Gebilde, das Sichhingeben an irrationale, krause, seltsame Formen der Natur erzeugt in uns ein Gefühl von der Übereinstimmung unseres Innern mit dem Willen, der diese Gebilde werden ließ[75].«

Die Grenze zwischen Innen und Außen wird aufgehoben. Sinclair nähert sich dem, was die Taoisten als Tao bezeichnen:

»... wir sehen die Grenze zwischen uns und der Natur zittern und zerfließen und lernen die Stimmung kennen, in der wir nicht wissen, ob die Bilder auf unserer Netzhaut von äußeren Eindrücken stammen oder von inneren. Nirgends so einfach und leicht wie bei dieser Übung machen wir die Entdeckung, wie sehr wir Schöpfer sind, wie sehr unsere Seele immerzu teilhat an der beständigen Erschaffung der Welt. Vielmehr ist es dieselbe unteilbare Gottheit, die in uns und die in der Natur tätig ist, und wenn die äußere Welt unterginge, so wäre einer von uns fähig, sie wieder aufzubauen, denn Berg und Strom, Baum und Blatt, Wurzel und Blüte, alles Gebildete in der Natur liegt in uns vorgebildet, stammt aus der Seele, deren Wesen Ewigkeit ist, deren Wesen wir nicht kennen, das sich uns aber zumeist als Liebeskraft und Schöpferkraft zu fühlen gibt[76].«

Dies liest sich zwar wie der Traktat eines christlichen Mystikers, ist aber in Wirklichkeit weit entfernt davon. Es wäre Gotteslästerei im christlichen Sinne, wenn einer sich anmaßen würde, die Welt nach einem Untergang wieder aufbauen zu wollen. Damit würde er sich Gott gleichsetzen. Die unteilbare Gottheit, deren Wesen sich »uns aber zumeist als Liebeskraft und Schöpferkraft zu fühlen gibt«, ist vielmehr – nach der Interpretation von Julius Grill – Tao. Der Gedanke, daß die ganze Natur, die ganze Evolution in uns vorgebildet ist und daß wir sie neu erschaffen können, findet gleichfalls seine Parallele in den taoistischen Schriften. In diesem Zusammenhang sei wieder Liä Dsi zitiert:

75 WA, Bd. 5, S. 104.
76 Ebenda, S. 104 f.

»Es war einmal ein göttlicher Zauberer, der kam von Tsi und ließ sich in Dscheng nieder. Sein Name hieß: Gi Hiän. Er wußte Tod und Leben, Sein und Nichtsein, Glück und Unglück, langes und kurzes Leben auf Jahr, Monat, Woche und Tag hinaus genau zu bestimmen wie ein Gott. Wenn die Leute von Dscheng seiner ansichtig wurden, so gingen sie ihm alle aus dem Wege.

Liä Dsï besuchte ihn, und sein Herz ward betört. Er kehrte zurück, um es dem Meister Hu Kiu anzusagen und sprach: ›Anfangs hielt ich des Meisters Sinn und Lehre für vollkommen, nun aber gibt es eine, die doch wohl noch vollkommener ist.‹ Meister Hu sprach: ›Ich kam mit dir nur bis zum Buchstaben, nicht bis zum Wesen selbst, und nun hast du wirklich den geheimen SINN erlangt? Was für Eier legen denn die Hennen ohne Hahn? Daß du über den geheimen SINN mit der Welt streitest, zeigt deine Arglosigkeit, darum hat der Mensch dich in die Hand bekommen und aus deinen Mienen gelesen. Versuche es einmal, ihn mit hierher zu bringen, damit ich es ihm zeige.‹

Andern Tags kam Liä Dsï mit ihm vor den Meister Hu. Beim Hinausgehen sprach er zu Liä Dsï: ›Wehe, dein Lehrer wird sterben und nicht am Leben bleiben, er kann es höchstens noch eine Woche lang treiben. Ich habe Wunderliches gesehen, ich habe feuchte Asche gesehen.‹

Liä Dsï ging wieder hinein und weinte bitterlich, also daß die Tränen seine Kleider feuchteten, und sagte es dem Meister Hu. Meister Hu sprach: ›Ich habe ihm soeben im Geiste die äußere Form der Erde gezeigt, wenn die Keime sich noch nicht regen und noch nicht da sind. So sah er wohl die Wirkung meiner Lebenskraft in verhaltenem Zustand. Komm noch einmal mit ihm.‹

Tags darauf kam er wieder mit ihm vor den Meister Hu. Beim Hinausgehen sprach er zu Liä Dsï: ›Zum Glück hat dein Lehrer mich getroffen. Er ist geheilt. Er hat völliges Leben. Ich sah eine gleichstehende Waage.‹

Liä Dsï ging hinein und sagte es dem Meister Hu. Meister Hu sprach: ›Ich habe ihm soeben im Geiste den vom Himmel

befruchteten Boden gezeigt. Ohne daß von außen her ein Begriff oder etwas Wirkliches in ihn eingeht, regte sich zu meinen Füßen der Kreislauf des Lebens. Das war die gleichstehende Waage. So sah er mich wohl im Zustand meiner Güte. Komm noch einmal mit ihm.‹
Tags darauf kam er wieder mit ihm vor den Meister. Beim Hinausgehen sagte er zu Liä Dsï: ›Dein Lehrer ist nicht gesammelt, darum kann ich nicht in seinen Mienen lesen. Er soll versuchen sich zu sammeln, dann will ich wieder seine Mienen deuten.‹
Liä Dsï ging hinein und sagte es dem Meister Hu. Meister Hu sagte: ›Eben zeigte ich ihm im Geiste die große unergründliche Tiefe. So hat er wohl etwas von den Wirkungen meiner Beharrungskraft verspürt. Aber komm wieder mit ihm.‹
Tags darauf kam er wieder mit ihm vor den Meister. Aber noch ehe er sich richtig hingestellt hatte, verlor er die Fassung und lief weg. Meister Hu sprach: ›Lauf ihm nach!‹ Liä Dsï lief ihm nach, holte ihn aber nicht ein. Er kam zurück, meldete es dem Meister Hu und sprach: ›Er ist verschwunden, er hat sich verloren, ich konnte seiner nicht habhaft werden.‹
Meister Hu sprach: ›Eben habe ich ihm im Geiste gezeigt, wie vor aller Dinge Anfang mein Vater (der SINN) hervortrat. Ich bot ihm das Wesenlose und war unpersönlich. Er wußte nicht, was er daraus machen sollte. Es war ihm wie stürmender Wirbel, es war ihm wie fließende Wogen, darum lief er weg.‹
Danach meinte Liä Dsï, daß er noch nicht die ersten Anfänge gelernt habe. Er ging heim und kam drei Jahre lang nicht wieder hervor. Er kochte für sein Weib und brachte den Schweinen das Futter, gleich als ob es Menschen wären. Um andere Geschäfte kümmerte er sich nicht. Allerhand Schmuck und Zier schaffte er ab. Nur die einfache Form ließ er bestehen. Alles Zerstreuende beseitigte er. Und das Eine dadurch erlangte er.«
Liä Dsis Lehrer hat die Identität mit Tao erreicht. Kraft seines Wesens wäre er imstande, die Welt neu zu erschaffen, während dagegen ein christlicher Mystiker nur fähig sein könnte und dürfte, die Schöpfung nachzuerleben.

Sinclairs Versenkung in äußere Formen ist noch eine frühe Stufe der Konzentration. Er entwickelt sie weiter und öffnet sich seinem Unbewußten, das er zunächst nur als Bild erlebt. Es ist das Bild Evas, der Mutter Demians, das bald wie eine Frau, bald wie ein Mann, ein Mädchen, ein kleines Kind aussieht, bald zu einem Fleck verschwimmt und bald wieder groß und klar wird. Sinclair hat die letzte Stufe noch nicht erreicht, er muß noch sein Unbewußtes – ein Taoist würde es Tao nennen – als Bild nach außen projizieren und es als Vision erleben. Auf der nächsten Stufe der symbolischen Handlung verbrennt Sinclair in einem Zustand von Halbwirklichkeit das Bild und ißt die Asche. Damit ist die geistige Macht aber noch immer nicht zu geistiger Kraft geworden. Noch ist nicht jene Vollkommenheit erlangt, die keiner Vision und Träume mehr bedarf, wie Liä Dsi sagt:

»Daher sind die Vorstellungen des Tages und die Träume der Nacht äußere Einwirkungen auf Körper und Geist. Darum, wessen Geist in sich fest geworden, für den verschwinden ganz von selbst Vorstellungen und Träume[77].«

Diesen Zustand wird Sinclair erreichen. Doch bis dahin bedarf es noch weiterer symbolischer Handlungen, die nach und nach an Traumhaftigkeit verlieren und (innere) Wirklichkeit werden. Sinclair begegnet Eva und sehnt sich nach ihr. Eines Tages glückt es ihm, seine ganze Willenskraft zu konzentrieren und sie zu rufen:

»Ich stellte mich mitten in meinem Zimmer auf, faßte mein ganzes Bewußtsein zusammen und dachte an Eva. Ich wollte die Kräfte meiner Seele zusammennehmen, um sie meine Liebe fühlen zu lassen, um sie zu mir her zu ziehen. Sie mußte kommen und meine Umarmung ersehnen, mein Kuß mußte unersättlich in ihren reifen Liebeslippen wühlen.

Ich stand und spannte mich an, bis ich von den Fingern und Füßen her kalt wurde. Ich fühlte, daß Kraft von mir ausging. Für einige Augenblicke zog sich etwas in mir fest und eng zusammen, etwas Helles und Kühles; ich hatte einen Augen-

77 Buch III, Abs. 4.

blick die Empfindung, ich trage einen Kristall im Herzen, und ich wußte, das war mein Ich[78].«

Der Kristall ist der festgewordene Geist, den Liä Dsi meint. In manchen mystischen Meditationspraktiken wird er bildlich als ein Kind im Innern des Leibes dargestellt, seelische Wiedergeburt symbolisierend (siehe Abbildung). Sinclair hat mit seinem »Rufen« Erfolg. Doch kommt nicht Eva, sondern ihr Sohn Demian.

Hier müssen wir unsere Betrachtung der Entwicklung Sinclairs vorläufig unterbrechen, um die Rolle von Demian und Eva zu untersuchen. Erst dann kann Sinclairs letzte Metamorphose klar hervortreten.

Sowohl Demian als auch Eva sehen wir immer nur durch Sinclairs Augen. Zuerst sollen daher Sinclairs Beobachtungen untersucht werden. Als er noch mit Demian zur Schule geht, bemerkt er eines Tages, daß in Demians Gesicht sowohl männliche wie weibliche Züge vereint sind. Außerdem wirkt dieses Gesicht »irgendwie zeitlos, von anderen Zeitläufen als wir sie leben gestempelt. Tiere konnten so aussehen, oder Bäume, oder Sterne«[79]. – Später verliebt sich Sinclair heimlich in ein Mädchen, dem er in der Phantasie den Namen Beatrice gibt. Da er vergebens ihr Gesicht zu malen versucht, zeichnet er aus dem Unbewußten ein Bild, das »halb männlich, halb weiblich, ohne Alter, ebenso willensstark wie träumerisch, ebenso starr wie lebendig«[80] wirkt.

Er hat den Eindruck, daß ihn das Bild »wie eine Mutter« zu kennen scheint. Eines Morgens erkennt er: das ist Demians Gesicht! Während dieser Zeit hat Sinclair viele Träume. Einmal träumt ihm, er gehe nach Hause:

»... im Hause kam mir meine Mutter entgegen – aber als ich eintrat und sie umarmen wollte, war es nicht sie, sondern eine nie gesehene Gestalt, groß und mächtig, dem Max Demian und meinem gemalten Blatte ähnlich, doch anders, und trotz der Mächtigkeit ganz und gar weiblich. Diese Gestalt zog mich an

78 WA, Bd. 5, S. 155 f.
79 Ebenda, S. 52.
80 Ebenda, S. 82.

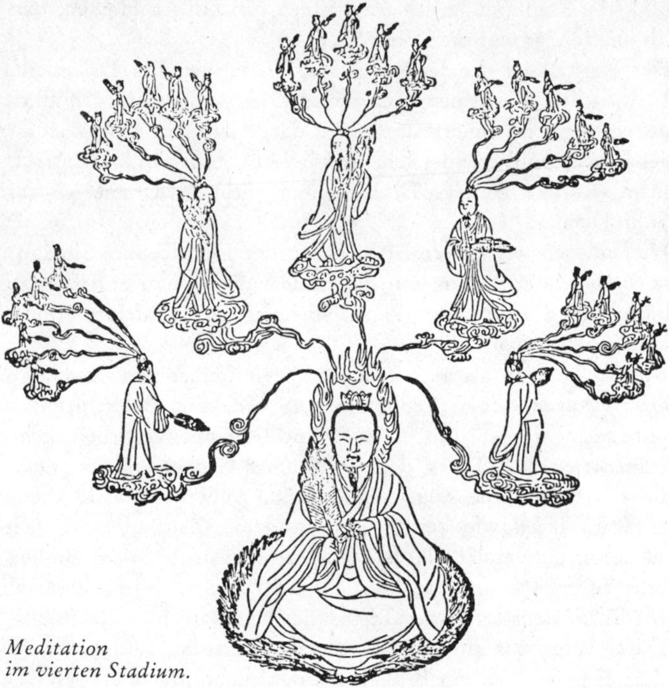

Meditation
im vierten Stadium.

sich und nahm mich in eine tiefe, schauernde Liebesumarmung auf. Wonne und Grausen waren vermischt, die Umarmung war Gottesdienst und war ebenso Verbrechen. Zu viel Erinnerung an meine Mutter, zu viel Erinnerung an meinen Freund Demian geisterte in der Gestalt . . .[81].«

Auch diese Überschneidung von Demian und der eigenen Mutter wird von Emil Sinclair gemalt. Dabei entsteht jenes Bild, das er verbrennt und dessen Asche er ißt, ein Vorgang, den wir bereits als Projektion des Unbewußten ins Bildliche und als Verfügbarkeit über dieses gedeutet haben. Als Sinclair später jener

81 Ebenda, S. 94. Der Psychoanalytiker wird in dieser Beschreibung Mutterkomplex und homoerotische Gefühle identifizieren und die darauffolgende Entwicklung als eine Bemühung um Sublimierung sehen.

Frau Eva tatsächlich begegnet, erlebt er dies wie eine Heimkehr. Doch Heimkehren bedeutet zurückkehren zum Ursprung, wie wir von Liä Dsi wissen. Sinclair empfindet: »sie ist wie die Mutter aller Wesen«[82]. Sie ist auch das Sammelbecken allen Wissens:

»Sie war für jeden von uns, der seine Gedanken äußerte, ein Zuhörer und Echo, voll von Vertrauen, voll von Verständnis, es schien, als kämen die Gedanken alle aus ihr und kehrten zu ihr zurück[83].«

Hier assoziiert man wieder eine Stelle bei Liä Dsi:

»Wer nicht an seinem Eignen haftet, dem gibt sich die Leiblichkeit und die Außenwelt kund. In seinen Handlungen ist er (schmiegsam) wie das Wasser. In seiner Ruhe ist er wie ein Spiegel. In seinen Gegenwirkungen ist er wie das Echo. Darum ist sein SINN ein treues Abbild der Außenwelt. Die Außenwelt widerstrebt wohl ihrerseits dem SINN, aber der SINN widerstrebt nicht der Außenwelt. Darum, wer sich auf diesen SINN versteht, der bedarf nicht des Ohrs, noch des Auges, noch der Stärke, noch des Bewußtseins[84].«

Demnach hat Frau Eva den »Sinn«, also das Tao, erlangt. Doch sie verkörpert noch mehr, sie ist Tao selbst, denn das Schicksal trägt »irgendwie die Züge der Frau Eva«[85]; sie ist »das Sinnbild meines Innern und wollte mich tiefer in mich selbst hineinführen«[86], zugleich ist sie »das Meer, in das ich strömend«[87] münde. Noch vor seiner Verwundung im Krieg hat Sinclair eine Vision – seine letzte –, die Vision des Todes und der Neugeburt in einer »Göttergestalt«, welche die Züge der Frau Eva trägt.

Nun wollen wir das »Rufen« Sinclairs nach Frau Eva weiter verfolgen. Dabei zeigt sich, daß nicht sie, sondern Demian dem Rufe folgt und Sinclair fragt, ob er ihn oder seine Mutter

82 Ebenda, S. 142.
83 Ebenda, S. 145.
84 Buch IV, Abs. 15.
85 WA, Bd. 5, S. 146.
86 Ebenda, S. 148.
87 Ebenda, S. 149.

gerufen habe. Denn Demian macht keinen Unterschied zwischen sich und seiner Mutter. Diese »Identität« wird noch einmal hervorgehoben in seinen Abschiedsworten, die er an Sinclair richtet:

»Wenn Du mich dann rufst, dann komme ich nicht mehr so grob auf einem Pferd geritten oder mit der Eisenbahn. Du mußt dann in Dich hinein hören, dann merkst Du, daß ich in Dir drinnen bin[88].«

Wieder wird das »Rufen« betont. Sowohl Demian als auch Frau Eva sind Projektionen von Sinclairs Psyche. Demian gibt Sinclair sogar als Frau Eva einen Kuß. Nach diesem Ritual verschwindet er und auch seine Mutter. Sie sind beide im Innern Sinclairs:

»Aber wenn ich manchmal den Schlüssel finde und ganz in mich hinuntersteige, da wo im dunkeln Spiegel die Schicksalsbilder schlummern, dann brauche ich mich nur über den schwarzen Spiegel zu neigen und sehe dann mein eigenes Bild, das nun ganz Ihm gleicht, Ihm, meinem Freund und Führer[89].«

Alle drei sind eins geworden. Hat Hesse damit eine neue Trinität – Mutter, Sohn und Freund–Liebhaber – aufgestellt? Oder wie ist dieses Einswerden zu verstehen? Frau Eva und Demian scheinen dem Yin- und Yang-Prinzip zu entsprechen, wie es in der Figur Tai Gi erscheint, die in Richard Wilhelms Übersetzung des *Tao Te King* abgebildet und erklärt ist, die Hesse also bekannt war. Tai Gi bedeutet Uranfang und liegt diesseits von Tao. Die schwarze Hälfte ist Yin, das weibliche Prinzip, das zugleich einen weißen Kreis mit schwarzem Punkt enthält. Das Weiße ist Yang, das männliche Prinzip. Die Zusammensetzung bedeutet, daß Yin das männliche Prinzip enthält und umgekehrt. Auf Frau Eva und Demian übertragen

88 Ebenda, S. 162.
89 Ebenda, S. 163.

bedeutet das, Frau Eva hat auch männliche Züge, obwohl das Weibliche überwiegt. Umgekehrt verhält es sich mit Demian. Das Zusammenwirken von Yin und Yang bewirkt die Schöpfung und Wandlung alles Seienden. Da Eva und Demian das Innere Sinclairs ausmachen, kann er zu Recht sagen, daß in ihm die ganze Natur abgebildet sei. Hesse hat Yin und Yang als Bilder nach außen projiziert. Sinclairs Selbstwerdung besteht aus der bildlichen Rückkehr der beiden Prinzipien in ihn. Deshalb erreicht er auch einen zunehmend vollkommeneren Zusammenklang zwischen sich und der Natur, je näher er seiner Selbstverwirklichung kommt.

Klingsors letzter Sommer

Ist die Präsenz chinesischen Gedankengutes in *Demian* noch verborgen, so bekennt sich Hesse in der Erzählung *Klingsors letzter Sommer* ohne Umschweife zu ihr: im Rausch nennt sich Klingsor Li Tai Po (699–762 A. D.) und seinen Freund, den Dichter, Hermann (Hesse), Thu Fu. Hans Jürg Lüthi hat versucht, diese Erzählung mit dem »magischen Idealismus« des Novalis, den Hesse verehrte, zu interpretieren[90]. Gewiß erinnern die übersinnlichen Elemente in Hesses Dichtung – sucht man nach Parallelen in der deutschen Literatur – am ehesten an die magische Welt des Novalis. Doch mit Novalis allein können Hesses Werke nur ungenügend interpretiert werden. Bereits das erste Zitat, das Lüthi von Novalis anführt, um die magische Welt Klingsors zu erklären, steht im Gegensatz zu Hesses Anschauung: »Das Äußere ist gleichsam nur ein verteiltes – übersetztes Innre – ein höheres Innre.« Bei Hesse ist aber das Äußere Erscheinung, die erst dann im ontologischen Sinne wirklich ist, wenn sie mit dem Inneren in Verbindung tritt, wie wir es in unserer Erörterung des Märchens »Iris« gesehen haben. In *Klingsors letzter Sommer* wird »das höhere Innre« des

90 »Klingsor in Montagnola«, in: *Geschichte, Deutung, Kritik*. Herausgegeben von Maria Bindscheler und Paul Zinsli, Bern: Francke Verlag, 1969, S. 231-245.

Novalis sogar ausdrücklich als Seifenblase bezeichnet: »Die Welt war Seifenblase, war Oper, war froher Unsinn.« Lüthis Überschätzung des Einflusses von Novalis auf Hesse geht so weit, daß er sogar die Fähigkeit Demians, der »durch die Macht seines Geistes in die Gedanken anderer Menschen eindringen und sie nach seinem Willen zwingen kann«, Novalis zuschreibt. Diese Annahme erweist sich als falsch, wenn wir *Siddhartha. Eine indische Dichtung* hinzuziehen. Siddhartha hat dieselbe Fähigkeit wie Demian, er hat sie aber von den Yogis erworben, ebenso wie der Held in Somerset Maughams Roman *On Razor's Edge.*

Es ist zwar nicht zu leugnen, daß Hesses Klingsor an den Klingsohr des *Heinrich von Ofterdingen* erinnert, doch die magische Welt Klingsors, die Lüthi anspricht, ist nicht Magie schlechthin:

»Die Fußreise der Freunde ist eine Wanderung in das Morgenland des Wirklichkeit gewordenen Märchens. Der still und blendend im verzauberten Mittag liegende Dorfplatz von Kareno wird zur Opernbühne, zur Bühne der selbstherrlichen Phantasie, auf der neue Welten erschaffen werden. Das Haus wird zum Palast der Königin der Berge, der morgenländischen Prinzessin Fatme; aber die Morgenländerin ist ja die Poesie an sich, die Poetisierung der Welt vollzieht sich, und der blau schwellende Traum von Kareno läßt ein Paradies entstehen: die Gebilde der Natur und der Kunst verbinden sich, Gestalten nahen aus zeitlicher und räumlicher Ferne, steigen aus schwebenden Phantasiereichen herunter in den Kreis der sommerlich berauschten Freundesrunde. Immer dichter verweben sich die magischen Fäden, umschlingen und verzaubern die Freunde und lassen das Paradox möglich werden und wirklich erscheinen: die Schönheit der Vergänglichkeit wird zum Paradies, zur Gegenwart ohne Zeit. Aus ihm steigen die bunten Zauber und wandeln Welt und Menschen: ›Hoch saßen sie in schwebender Schaukel überm Abgrund der Welt und Nacht, Vögel in goldenem Käfig, ohne Heimat, ohne Schwere, den Sternen gegenüber. Sie sangen, die Vögel, sangen exotische Lieder, sie phantasierten aus berauschten Herzen in die Nacht, in den Himmel, in den Wald, in das fragwürdige, bezauberte Weltall hinein. Antwort kam von Stern und Mond, von Baum und Gebirg, Goethe saß da und Hafis, heiß duftete Ägypten und innig Griechenland heraus, Mozart lächelte, Hugo Wolf spielte den Flügel in der irren Nacht.‹ (III, 582) Hier ist die Verzauberung vollendet: das Wirkliche ist unwirklich, das Phantastische Wirklichkeit geworden; das Ferne ist nah, die Zeit aufgehoben: ein neuer magischer Raum ist entstanden, in welchem die Illusionen wirklich, die Seifenblasen Welt geworden sind. ›Klingsor, König der Nacht, hohe Krone im Haar, rückgelehnt auf steinernem Sitz‹ (III, 583), dirigiert den Tanz dieser Welt; die alte wirkliche ist zusammengefallen, eine neue entstanden. Klingsor ist der Demiurg, der Schöpfer dieser neuen Welt, nach dem Takte des eigenen Blutes dirigiert er ihre Sterne, die Farbenkreise seiner Netzhaut und die Schwebungen seiner Seele setzen sich nach außen fort, schwingen im Winde der Nacht und werden Welt. – Das ist die Vollendung der magischen Poiesis: die Neuerschaffung der Welt durch die selbstherrliche Allmacht des schöpferischen Ichs[91].«

Dies alles existiert nur in der Phantasie Klingsors. Es ist nicht die Magie des Selbstverständlichen, die wir sonst in den Dichtungen Hesses wie *Demian, Iris, Flötentraum* etc. finden. Der Verschiebung von Zeit und Raum, die wir in der Phantasie Klingsors miterleben, begegnen wir z. B. in der *Morgenlandfahrt* wieder. Doch dort ist es nicht mehr Phantasie, sondern magische Wirklichkeit. Die Phantasie ist eine Vorstufe und Voraussetzung des Magischen, vergleichbar den Träumen und Visionen im *Demian.* Gerade weil Klingsor »phantasieren« kann, ist er schließlich in der Lage, sein vieldeutig kosmisches Porträt zu malen. Wäre Klingsor von Anfang an ein Magier, dann würde wohl nicht gerade in dem Kapitel »Musik des Untergangs« ein »Bote aus dem Osten«[92] auftauchen, ein armenischer Astrologe, der ihn jedoch nicht armenische Weisheit lehrt, sondern fernöstliche. Bezeichnend für den Widerstand Klingsors der Magie gegenüber ist das folgende Gespräch:

91 Lüthi, a. a. O., S. 235 f.
92 WA, Bd. 5, S. 330.

»Klingsor trank und flüsterte mit seiner etwas heisern Stimme zurück: ›Kann man denn Schicksal wenden? Gibt es denn Freiheit des Wollens? Kannst denn du, Sterndeuter, meine Sterne anders lenken?‹
›... Es gibt Freiheit des Wollens. Sie heißt Magie.‹
›Warum soll ich Magie treiben, wenn ich Kunst treiben kann? Ist Kunst nicht ebenso gut?‹
›Alles ist gut. Nichts ist gut. Magie hebt Täuschungen auf. Magie hebt jene schlimmste Täuschung auf, die wir «Zeit» heißen.‹
›Tut das Kunst nicht auch?‹
›Sie versucht es. Ist dein gemalter Juli, den du in deinen Mappen hast, dir genug? Hast du Zeit aufgehoben? Bist du ohne Angst vor dem Herbst, vor dem Winter?‹
Klingsor seufzte und schwieg ...[93].«
Die Kernlehre des Boten aus dem Osten ist die Einheit:
»›... Alle Gegensätze sind Täuschungen: weiß und schwarz ist Täuschung, Tod und Leben ist Täuschung, gut und böse ist Täuschung ...‹[94].«
Novalis würde nie sagen, Gut und Böse seien Täuschungen. Doch sind auch in der Maya-Philosophie der Inder die guten Werke ausschlaggebend, um in das Nirwana zu gelangen. Wenn wir statt Täuschung »relativ« sagen, dann sind wir der taoistischen Anschauung näher. Gleichnisse und Lehren über das Relative gibt es zahlreiche. Als Beispiel sei eine Stelle von Dschuang Dsi zitiert:
»Die Begrenzungen sind nicht ursprünglich im Tao des Daseins begründet. Die festgelegten Bedeutungen sind nicht ursprünglich den Worten eigentümlich. Die Unterscheidungen entstammen erst der subjektiven Betrachtungsweise[95].«
Der Taoist kennt keine Gegensätze, denn diese sind rein subjektiv. Der Armenier in Hesses *Klingsor* äußert sich ähnlich: Alle Gegensätze – Begrenzungen, festgelegte Bedeutungen –

93 Ebenda, S. 333.
94 Ebenda, S. 330.
95 Buch II, Abs. 7.

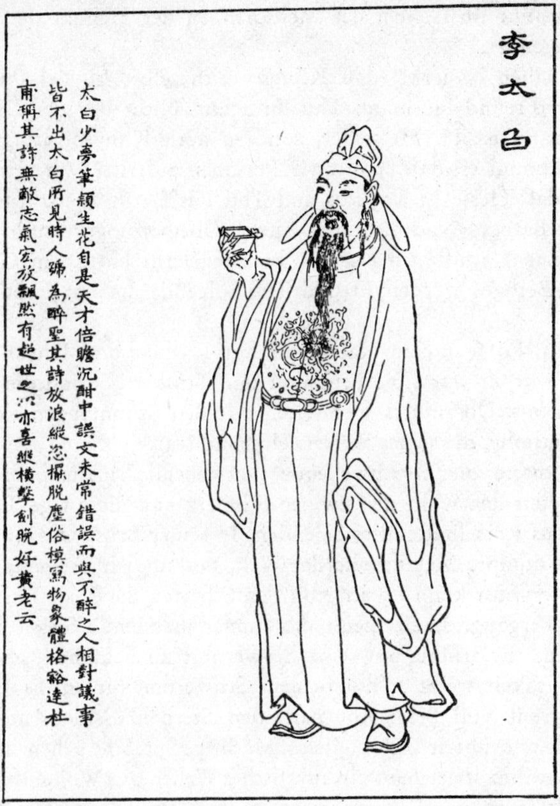

Li Tai Po (701–762)
Über ihn schrieb Richard Wilhelm: »Schon früh hatte er das Leben durchschaut und sich frei von seinen Wechselfällen gemacht. Er lebte jenseits von menschlich-gesellschaftlichen Bindungen in der Freiheit der Natur mit Mond und Wolken, Bergen und Wassern ... Er sah wohl den Wurm, der unter der scheinbar glänzenden Oberfläche nagte: Eunuchenwirtschaft und Genußsucht, mangelnder Ernst und Verweichlichung. Aber man dachte bei Hof nicht daran, dem Dichter Einfluß zu gewähren ... Sein Leben blieb dasselbe auch nach seiner Heirat ... Seine Frau, eine höhere Tochter, verzweifelte an dem Taugenichts und ließ ihn mit seinen Kindern im Stich. Er war kein geborener Ehemann, obwohl er zeitlebens im Dienst der Frau stand ...«

leben »nur im Gehirn der Menschen, in der Heimat der Täuschungen«[96].

Wir haben bemerkt, daß Klingsor sich selbst Li Tai Po und seinen Freund Hermann Thu Fu nennt. Nicht nur der Dichter Hermann ist H. H. selber, sondern auch Klingsor ist Hesse. Wie kommt es, daß er in zwei Personen auftritt? Wir erinnern uns, daß Hesse Li Tai Pos und Thu Fus Lyrik zuerst 1907 in Hans Bethges Nachdichtung – jeder Übersetzungsversuch kann nur eine Nachdichtung sein – kennengelernt hatte. Im Geleitwort Bethges werden Li und Thu folgendermaßen charakterisiert:

»Li-Tai-Po war eine Natur, die auf Freiheit und Unruhe gestellt war, er war ein Abenteurer und Trinker ... und die Launen seines Übermutes wechselten mit den Stimmungen tiefster Melancholie, die seines Wesens Urgrund war.

Er dichtete die verschwebende, verwehende, unaussprechliche Schönheit der Welt, den ewigen Schmerz und die ewige Trauer und das Rätselhafte alles Seienden. In seiner Brust wurzelte die ganze dumpfe Melancholie der Welt, und auch in Augenblicken höchster Lust kann er sich von den Schatten der Erde nicht lösen. ›Vergänglichkeit‹ heißt das immer mahnende Siegel seines Fühlens. Er trinkt, um seine Schwermut zu betäuben, aber in Wirklichkeit treibt er nur in neue Schwermut hinein. Er trinkt und greift voll Sehnsucht nach den Sternen. Seine Kunst ist irdisch und überirdisch zugleich. Mächtige Symbole gehen in ihm um. Bei ihm spürt man ein mystisches Wehen aus Wolkenfernen, der Schmerz des Kosmos webt in ihm. In ihm hämmert das unbegriffene Schicksal der Welt.

Thu-Fu ist nicht so brausend, er ist eher sentimental, und sein Herz ist mehr bewegt von den zeitlichen Geschicken der Erde als von den Rätseln des Seins[97].«

Li und Thu stehen für die Polaritäten der Psyche Hermann Hesses. Es fällt besonders auf, daß Bethges Beschreibung von Li vollständig dem Wesen Klingsors entspricht. Auch er ist ein

96 WA, Bd. 5, S. 330. Wer einen Beweis für »jenseits von Gut und Böse« haben will, kann ihn u. a. in Buch VIII der Schriften Dschuang Dsis finden.

97 A. a. O., S. 107 ff.

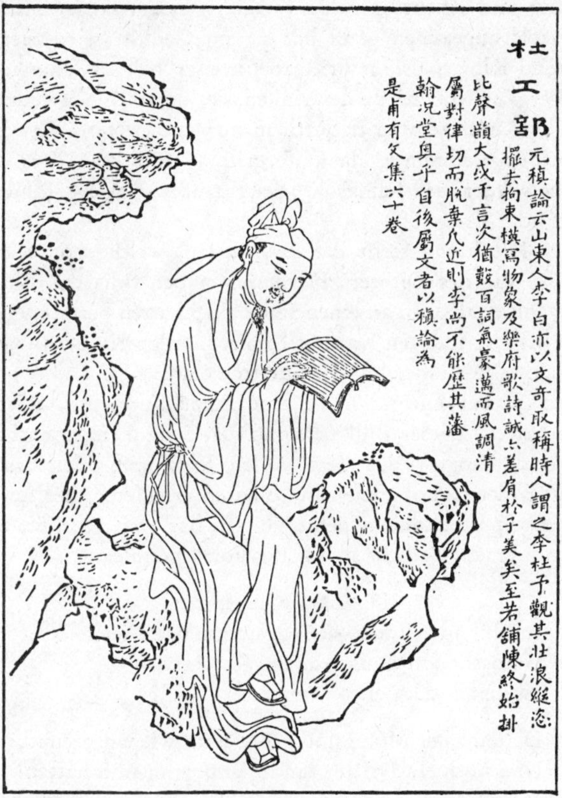

Der Dichter Thu Fu (712–770)
Über ihn schrieb Richard Wilhelm: »Er hatte sich in seiner Jugend an den öffentlichen Prüfungen beteiligt, allerdings ohne Erfolg ... Liang K'i Tsch'ao hat Thu Fu den Dichter der Leidenschaft genannt und hat damit den Kernpunkt seines Wesens getroffen. Sein Selbstbewußtsein und sein leidenschaftlicher Stolz haben es selbst seinen Freunden nicht leicht gemacht, ihm zu helfen. Geschmeichelt und sich heruntergegeben hat er nie. Das hat ihm auch den Aufenthalt bei Hof verdorben. Sein soziales Empfinden war ungemein stark.«

Trinker und Abenteurer. Beide fühlen sich von der Schönheit der Welt angezogen – Li hat sie im Gedicht wiedergegeben, während Klingsor sie malt. Dabei kreisen beider Gedanken um die Vergänglichkeit. Beide trinken sie, um ihre Schwermut zu betäuben, und geraten dadurch in nur noch tiefere Schwermut. In beiden »dämmert das unbegriffene Schicksal der Welt«. Immer wieder sagt Klingsor: »Sei gegrüßt Schatten, standhafter Zinnsoldat.«
In der Erzählung stellt die Faszination, welche von Klingsor ausgeht, die des Dichters Hermann in den Schatten. So wird Hermann denn auch an einer Stelle als Schatten bezeichnet:
»Alle Kinder mußten Karussell fahren. Allen Kindern gab Thu Fu Geld, alle Kinder lud der Schatten ein[98].«
Hermann, der Dichter – die eine Polarität Hesses –, ist also ein Schatten. Dieses Bild scheint zwei Gedanken zu enthalten: während Klingsor aus dem vollen lebt, muß Hermann das Schicksal des standhaften Zinnsoldaten erleiden. Aber auch die Einsamkeit ist damit gemeint, so wie das »Sei gegrüßt, Schatten« mit einem Gedicht Li Tai Pos korrespondiert:

Die drei Kameraden

In blühnder Laube sitz ich stumm beim Wein
Und sehne mich nach einem Kameraden –
Ist keiner da, der mit mir zechen will?

Da naht der Mond und grüßt mich wie ein Freund,
Und noch ein Dritter taucht empor: mein Schatten!
Mein Schatten und der Mond! Bei Gott, zwei stille
Kumpane – und sie trinken keinen Tropfen!
Mein Schatten rührt sich grade so wie ich,
Blaß ist der Mond, – Genossen, seid willkommen!
Auf, laßt uns saufen, bis der Frühling naht![99]

In der Erzählung *Klingsors letzter Sommer* hat der Dichter darüber hinaus noch Verszeilen aus zwei Gedichten Lis zu rezitieren, welche beide die Vergänglichkeit zum Inhalt haben

98 WA, Bd. 5, S. 331.
99 Hans Bethge, a. a. O., S. 38.

und Klingsors Verhalten reflektieren. Die ersten Verszeilen sind dem Gedicht »Beim vollen Becher« entnommen, und zwar wörtlich der Nachdichtung Hans Heilmanns[100].

Das Leben vergeht wie ein Blitzstrahl,
Dessen Glanz kaum so lange währt, daß man
ihn sehen kann.
Wenn die Erde und der Himmel ewig unbeweglich stehen,
Wie rasch fliegt die wechselnde Zeit über das Antlitz der
Menschen.
O du, der du beim vollen Becher sitzest und nicht trinkst,
O sage nur, auf wen wartest du noch?

Die anderen vier Zeilen stammen aus dem Gedicht »Der ewige Rausch«, in der Nachdichtung Klabunds[101]:

Noch am Morgen glänzten deine Haare wie schwarze Seide,
Abend hat schon Schnee auf sie getan,
Wer nicht will, daß er lebendigen Leibes sterbend leide,
Schwinge den Becher und fordre den Mond als Kumpan[102].

Mit diesen Versen wiederholt der Schatten Thu Fu die Charakterisierung von Klingsor, welche bereits zu Beginn der Erzählung gegeben wurde:
»Er hat zu gewissen Zeiten, und so auch in den letzten Monaten seines Lebens, nicht nur Freude am häufigen Pokulieren gehabt, sondern auch den Weinrausch bewußt als Betäubung seiner Schmerzen und einer oft schwer erträglichen Schwermut gesucht[103].«
Das Gespräch zwischen Klingsor und dem Sterndeuter ist im Kapitel »Musik des Untergangs« wiedergegeben. Mit Untergang meint Hesse–Klingsor den Untergang Europas. Dieser ist aber nicht im Sinne Spenglers pessimistisch zu verstehen,

100 (S. 28), WA, Bd. 5, S. 308.
101 *Li-tai-pe,* Nachdichtungen von Klabund, Leipzig: Insel Verlag, o. J. (geschrieben im März 1915), S. 14. In Hesses Exemplar befindet sich ein Strich neben den vier Verszeilen.
102 WA, Bd. 5, S. 308.
103 Ebenda, S. 284.

sondern – wie bereits im *Demian* – als Hoffnung und unumgängliche Voraussetzung für einen vollständigen Neubeginn:
»›Jeder hat seine Sterne‹, sagte Klingsor langsam, ›jeder hat seinen Glauben. Ich glaube nur an eines: an den Untergang. Wir fahren in einem Wagen überm Abgrund, und die Pferde sind scheu geworden. Wir stehen im Untergang, wir alle, wir müssen sterben, wir müssen wieder geboren werden, die große Wende ist für uns gekommen. Es ist überall das gleiche: der große Krieg, die große Wandlung in der Kunst, der große Zusammenbruch der Staaten des Westens. Bei uns im alten Europa ist alles das gestorben, was bei uns gut und unser eigen war; unsre schöne Vernunft ist Irrsinn geworden, unser Geld ist Papier, unsere Maschinen können bloß noch schießen und explodieren, unsre Kunst ist Selbstmord. Wir gehen unter, Freunde, so ist es bestimmt, die Tonart Tsing Tse ist angestimmt[104].‹«
Diese Wiedergeburt Europas hat Hesse nicht erleben können. Aber er hat während der finstersten Jahre seines Lebens mit dem Entwurf Kastaliens ein Alternativmodell für eine Wiedergeburt Europas entworfen. Wir werden in unserer Untersuchung des *Glasperlenspiels* darauf zurückkommen. Zunächst aber soll geklärt werden, was Tsing Tse in *Klingsors letzter Sommer* bedeutet. Peter Heinz Herzog rätselt daran herum, obwohl er einige Anspielungen in den Gesprächen zwischen Klingsor und dem Sterndeuter als Entlehnungen aus Li Tai Pos Gedichten identifizieren konnte. Er kam auf sonderbare Assoziationen. Tsing Tse, so meint er, bedeute wahrscheinlich »Ching Tse«, was wiederum »Totensutra« heißen soll. Doch gibt es keine Totenschrift im chinesischen Schrifttum. Außerdem kann »Ching Tse« auf keinen Fall mit »Totensutra« aus dem Chinesischen übersetzt werden, ganz gleich, welchen Subdialekt Chinas man untersucht. Seine zweite Vermutung ist ebenso mysteriös wie die erste: nämlich Tsing Tse könne auch für Tsang Tse stehen[105]. Mit Tsang Tse meint er Dschuang Dsi. Wie Herzog diese beiden Möglichkeiten annehmen konnte, bleibt unerklärlich, zumal Hesse ausdrücklich darauf hinweist, daß

104 Ebenda, S. 329 f.
105 S. 46.

Tsing Tse eine *Tonart* ist. Außerdem heißt ja der Abschnitt »Musik des Untergangs«.
»Musik des Untergangs« ist in einem chinesischen Geschichtsroman der Titel einer Episode über die *östliche Chou-Dynastie.* Leo Greiner hat eine deutsche Übersetzung dieser Schilderung in seine *Chinesischen Abende* aufgenommen. Dieses Buch hat Hesse 1915 rezensiert. Da sowohl die Version der chinesischen »Musik des Untergangs« als auch der Ausdruck Tsing Tse Hesses Anliegen in *Klingsors letzter Sommer* veranschaulichen, zudem aber auch im *Glasperlenspiel* eine gewisse Rolle spielen, sei die Geschichte hier wiedergegeben:

Die Musik des Untergangs

Zur Zeit, als der Fürst von We, Ling Kung, eben neu gekrönt worden war, begab er sich persönlich zu dem Nachbarfürsten Ping Kung von Djin, um ihm seinen Besuch abzustatten. Denn dieser hatte einen Palast von solcher Pracht aufführen lassen, daß die Fürsten aller Länder zu ihm kamen, ihm Glück zu wünschen. Der Palast aber hieß Se Ki. Als nun Ling Kung auf seiner Fahrt an den Pufluß kam, nahm er in einem Gasthof Nachtquartier. Doch vermochte er nicht einzuschlafen, obwohl es schon mitten in der Nacht war. Es klang ihm in den Ohren, als höre er die Töne einer Zither. Er warf einen Mantel um, saß im Bette auf, lehnte sich in die Kissen und horchte hinaus. Die Klänge waren sehr leise, aber wohl zu unterscheiden. Niemals hatte er dergleichen gehört, es war eine Tonart, die nie zuvor von Menschenohren vernommen wurde. Er fragte das Gefolge, aber alle sagten aus, sie hörten nichts.
Ling Kung war der Musik gewohnt und liebte sie. Nun besaß er einen Hofmusikus, Küan mit Namen, begabt, neue Tonarten zu erfinden und die Melodie der vier Jahreszeiten zu setzen, daß es Frühling, Sommer, Herbst und Winter schien, wenn er spielte. Deshalb liebte ihn Ling Kung sehr und nahm ihn überall mit, wo immer er sich aufhielt. So schickte er denn auch jetzt das Gefolge, Küan zu rufen. Küan kam. Das Lied draußen

war noch nicht zu Ende. »Hörst du es?« fragte Ling Kung, »es klingt wie die Musik der bösen Geister.« Küan lauschte gespannt, nach einer Weile wurde es still. »Ich kenne die Melodie schon im allgemeinen«, sagte Küan. »Noch eine Nacht brauche ich, so kann ich sie aufschreiben.« So blieb denn Ling Kung noch eine Nacht am Orte. Um Mitternacht begann das Lied der Zither wieder zu tönen. Der Hofmusikus nahm seine Zither und übte, bis er zuletzt des Liedes Schönheiten vollkommen in sich aufgenommen hatte.

Als sie nun in Djin ankamen, huldigten und glückwünschten, und die Zeremonien beendet waren, ließ Ping Kung auf der Se Ki-Terrasse ein Festmahl rüsten. Man hatte schon reichlich vom Weine genossen, da sagte Ping Kung: »Längst hörte ich, daß Ihr in We einen Musikus namens Küan habt, der begabt sein soll, neue Tonarten zu erfinden. Ist er jetzt nicht hier?« »Er ist im Erdgeschoß unter der Terrasse«, erwiderte Ling Kung. »So bitte ich Euch, ihn um meinetwillen herzurufen«, entgegnete Ping Kung. Ling Kung rief, da kam Küan auf die Terrasse herauf. Gleichzeitig ließ Ping Kung auch seinen eigenen Hofmusikus Kuang kommen; dieser war blind, ein Führer geleitete ihn hinauf. Die beiden warfen sich an der Treppenschwelle nieder und begrüßten die Fürsten. Da fragte Ping Kung: »Sagt an, Küan, welcherlei neue Tonarten gibt es in letzter Zeit?« Küan berichtete: »Unterwegs«, sagte er, »vernahm ich gelegentlich etwas Neues. Gern hätte ich eine Zither, um es Euch vorzuspielen.«

Sogleich befahl Ping Kung dem Gefolge, einen Tisch bereitzustellen, die alte lackbaumhölzerne Zither herbeizubringen und vor Küan hinzulegen. Küan stimmte zuerst die sieben Saiten, dann begann er die Finger zu regen und spielte. Schon nach wenigen Tönen lobte Ping Kung die Melodie. Diese aber war noch nicht zur Hälfte gediehen, da legte der blinde Musikus Kuang die Hand auf die Zither und sprach: »Diese Melodie des Reichsunterganges sollt Ihr nicht spielen. Laßt ab davon!« »Was meint Ihr damit?« fragte Ping Kung. Da antwortete Kuang: »Als die Zeit der vergangenen Dynastie zu Ende ging, erfand ein Musiker namens Yiang eine Tonart, die den Namen

Meme trägt. Es ist diese. Der Kaiser Djou hörte sie und vergaß darüber seine Müdigkeit. Aber bald darauf wurde er von dem Fürsten Wu Wang gestürzt, da floh der Musiker Yiang mit seiner Zither gen Osten und sprang in den Pufluß. Wenn nun einer, der die Musik liebt, dort vorüberkommt, so tönt diese Melodie aus dem Wasser herauf. Hat Küan sie unterwegs gehört, so kann es nur am Puflusse gewesen sein.«
Ling Kung wunderte sich heimlich über die Wahrheit dieser Rede. Ping Kung aber fragte: »Was kann es schaden, dieses Lied einer gestürzten Dynastie zu spielen?« »Djou verlor das Reich durch sinnliche Musik«, erwiderte Kuang, »dies ist eine Melodie des Unheils, man soll sie nicht spielen.« »Ich aber liebe die neue Musik«, rief Ping Kung. »Küan soll mich das Lied zu Ende hören lassen.« Da stimmte Küan abermals die Saiten und beschrieb in seinem Spiel alle Zustände der Seele zwischen Ruhe und Bewegung. Es war wie Reden und Weinen. Ping Kung, freudig erregt, fragte Kuang: »Wie nennt sich diese Tonart?« »Sie nennt sich Tsing Schang«, erwiderte Kuang. »Tsing Schang ist wohl die traurigste von allen?« fragte Ping Kung. »Tsing Schang ist wohl traurig«, entgegnete Kuang, »aber noch trauriger ist die Tonart Tsing Tse.« Da fragte Ping Kung: »Kann ich Tsing Tse zu hören bekommen?« »Unmöglich«, fiel ihm Kuang ins Wort. »Wenn frühere Herrscher Tsing Tse zu hören bekamen, so waren es tugendhafte und aufrechte Männer. Heute ist der Herrscher Tugend gering, sie dürfen diese Tonart nicht vernehmen.« »Ich aber brenne in Leidenschaft für neue Musik«, rief Ping Kung, »du darfst es mir nicht verweigern.«
Da konnte Kuang nicht anders, nahm die Zither und spielte. Kaum war der erste Satz zu Ende, so kam eine Schar schwarzer Störche von Süden herangeflogen und sammelte sich auf den Toren und dem Gebälk des Palastes. Man konnte sie zählen, es waren acht Paare. Kuang spielte weiter. Da schlugen all die Störche die Flügel und sangen. Dann ließen sie sich in Reihen auf der Treppe zur Terrasse nieder, und standen acht und acht auf jeder Seite. Kuang spielte den dritten Satz. Die Störche reckten die Hälse, sangen, schlugen die Flügel und tanzten.

Hochauf schallte die Melodie bis zum Himmel und der Milchstraße. Ping Kung klatschte in die Hände in großartigem Ergötzen, all die menschenvollen Tische schwollen vor Freude, oberhalb und unterhalb der Terrasse tanzten und sprangen alle Zuschauer, das Schauspiel zu bewundern. Ping Kung ergriff einen Pokal von weißem Edelstein, angefüllt mit dem köstlichsten Weine, und reichte ihn eigenhändig dem Kuang, der ihn leerte. Dann seufzte Ping Kung und sprach: »Bis zum Tsing Tse geht es, Höheres aber gibt es nicht.«»Noch Höheres gibt es«, erwiderte Kuang, »es ist dies die Tonart Tsing Kiao.« Ein tiefer Schrecken durchfuhr Ping Kung: »Gibt es noch Höheres als Tsing Tse, warum lässest du mich's nicht hören?« »Tsing Kiao«, sagte Kuang, »kann wieder nicht mit Tsing Tse verglichen werden. Ich wage nicht, es zu spielen. In grauer Vorzeit sammelte der Kaiser Huang Ti Dämonen und Geister auf dem Gebirge Taischan. Er fuhr auf seinem Elefantenwagen und hatte Krokodile und Drachen davorgespannt. Der Paladin Pi-Fang war sein Begleiter, der Paladin Tse-Yu saß vorn. Der Windfürst fegte den Staub vor ihm, der Regenmann begoß ihm die Straßen, Tiger und Wölfe schritten voran, Dämonen und Geister folgten dem Zuge. Riesige Schlangen lagen auf dem Weg, Phönixe bedeckten den Himmel. Da ersann eine große Versammlung der Dämonen und Geister die Tonart Tsing Kiao. Seither hat sich die Tugend der Fürsten vermindert, sie vermögen nicht mehr, die Dämonen und Geister zu ketten, und das Menschenreich ist vom Geisterreiche gänzlich abgetrennt. Wenn man nun diese Tonart spielt, so sammeln sich wieder die Dämonen und Geister und es gibt Unheil und kein Glück mehr.« Ping Kung aber rief: »Bin ich nun schon so alt, so will ich wahrlich einmal die Tonart Tsing Kiao vernehmen. Ist es mein Tod, so werd' ich es nicht bereuen.« Kuang weigerte sich hartnäckig. Ping Kung jedoch sprang auf und zwang ihn zwei- und dreimal.

Da vermochte Kuang nicht länger zu widerstehen, nahm wieder die Zither und spielte. Beim ersten Satze kamen schwarze Wolken aus der westlichen Himmelsrichtung heran, beim zweiten erhob sich ein jäher Sturm, zerriß die Vorhänge und Decken und warf die Pokale und Teller vom Tisch. Dachziegel flogen durcheinander, die Säulen der Terrasse zerbarsten. Dann erscholl ein schneller Donner und ein Schlag. Ein gewaltiger Regen ergoß sich und setzte die Terrasse einige Fuß tief unter Wasser. Im Innern der Terrasse verbreitete sich Flut, und das Gefolge floh vor Schrecken. Ping Kung und Ling Kung verbargen sich ängstlich hinter der Tür eines Nebenzimmers. Endlich hörte der Sturm und Regen auf. Das Gefolge sammelte sich allmählich wieder und stützte die beiden Fürsten, als sie die Terrasse bestiegen. In der gleichen Nacht aber befiel Ping Kung ein tiefer Schrecken, sein Herz begann zu pochen, er verfiel in Krankheit, seine Gedanken verwirrten sich, sein Wille wurde gelähmt, bis ihn bald darauf der Tod überfiel und tötete.

Im *Glasperlenspiel* beschäftigt sich Hesse wieder mit dem Wesen der chinesischen Musik, mit welcher auch die Struktur dieses Spiels zusammenhängt. Um die Macht der Musik und ihre Wurzel in der Einheit allen Seins zu illustrieren, skizziert Hesse im *Glasperlenspiel* den Inhalt eben dieser Geschichte:
»Übrigens hat das Verhältnis unsrer Kultur zur Musik noch ein uraltes und höchst ehrwürdiges Vorbild, ihm bringt das Glasperlenspiel hohe Verehrung dar. Im sagenhaften China der ›alten Könige‹, erinnern wir uns, war der Musik im Staats- und Hofleben eine führende Rolle zuerteilt; man identifizierte geradezu den Wohlstand der Musik mit dem der Kultur und Moral, ja des Reiches, und die Musikmeister hatten streng über der Wahrung und Reinhaltung der ›alten Tonarten‹ zu wachen. Verfiel die Musik, so war das ein sicheres Zeichen für den Niedergang der Regierung und des Staates. Und die Dichter erzählten furchtbare Märchen von den verbotenen, teuflischen und dem Himmel entfremdeten Tonarten, zum Beispiel der Tonart Tsing Schang und Tsing Tse, der ›Musik des Untergangs‹, bei deren frevelhaftem Anstimmen im Königsschloß alsbald der Himmel sich verfinsterte, die Mauern erbebten und stürzten und Fürst und Reich zu Falle kamen[106].«
Dieser Aspekt soll anläßlich der Interpretation des *Glasperlen-*

106 WA, Bd. 9, S. 27.

spiels weiter verfolgt werden. Zunächst aber kehren wir zu unseren Ausführungen über *Klingsors letzter Sommer* zurück und erinnern uns an das Gespräch Klingsors mit dem Boten aus dem Osten. Dort ist die Rede von der Überwindung der Zeit durch die Kunst, welche die sogenannte Wirklichkeit »schon oft in die Flucht geschlagen habe« und dazu auch künftig in der Lage sei[107]. Auch das »Tagebuch 1920/21« zeigt die realistische Haltung Hesses China gegenüber. Hier heißt es z. B.: »Wir können und dürfen nicht Chinesen werden, wollen es im Innersten auch gar nicht. Wir dürfen Ideal und höchstes Bild des Lebens nicht in China und nicht in irgendeiner Vergangenheit suchen, sonst sind wir verloren und hängen an einem Fetisch. Wir müssen China, oder das, was es uns bedeutet, in uns selber finden und pflegen.« Hesse versucht also dasselbe durch die Kunst zu erreichen, was die Chinesen auf magischem Weg finden: die Überwindung der durch Zeit bedingten Wirklichkeit.

Klingsor–Hesse lebt mit dem Tod nach wie vor in einem Spannungsverhältnis. Dies zeigt ein Gedicht »aus den Tagen, in welchen er an seinem Selbstbildnis« malte:

Trunken sitz ich des Nachts im durchwehten Gehölz,
An den singenden Zweigen hat Herbst genagt,
Murmelnd läuft in den Keller,
Meine leere Flasche zu füllen, der Wirt.

Morgen, morgen haut mir der bleiche Tod
Seine klirrende Sense ins rote Fleisch,
Lange schon auf der Lauer
Weiß ich ihn liegen, den grimmigen Feind.

Ihn zu höhnen, sing ich die halbe Nacht,
Lalle mein trunkenes Lied in den müden Wald;
Seiner Drohung zu lachen
Ist meines Liedes und meines Trinkens Sinn.

Vieles tat und erlitt ich, Wandrer auf langem Weg,
Nun am Abend sitz ich, trinke und warte bang,

107 WA, Bd. 5, S. 333.

Bis die blitzende Sichel
Mir das Haupt vom zuckenden Herzen trennt[108].

Dieses Gedicht vergleicht Ernst Rose[109] mit den Gedichten Thu Fus. Peter Heinz Herzog jedoch bestreitet eine solche Gemeinsamkeit, seiner Ansicht nach ist Klingsors Gedicht ganz im Stil Li Tai Pos geschrieben. Tatsächlich trifft Rose den Kern, während Herzog an der Oberfläche bleibt. Zwar findet sich bei Li das Trinken und Singen, doch ist für Thu Fu die wartende und resignierende Haltung charakteristisch. Li Tai Po hatte durch Wein und Gesang den Tod überwunden, wie z. B. in seinem Gedicht »Ein Frühlingstag«:

Wenn das Leben ein Traum ist
Warum sich mühen und plagen!
Ich, ich berausche mich den ganzen Tag,
Und wenn ich zu schwanken beginne, dann
sink ich vor der Tür meines Hauses zum Schlafe nieder.

Wieder erwachend schlag ich die Augen auf,
Ein Vogel singt in den blühenden Zweigen.
Ich frage ihn, in welcher Jahreszeit wir leben,
Er sagt mir, in der Zeit, da der Hauch des Frühlings
den Vogel singen macht.

Ich bin erschüttert, Seufzer schwellen mir die Brust.
Doch wieder gieß ich mir den Becher voll.
Mit lauter Stimme sing ich, bis der Mond erglänzt.
Und wenn mein Sang erstirbt, hab ich auch
wieder die Empfindung für die Welt um mich
verloren[110].

Die Strophe Lis, die Herzog zitiert, um Rose zu widerlegen, ist nicht glücklich gewählt. Es handelt sich um die erste Zeile der vierten Strophe im Klingsor-Gedicht: »Vieles tat und erlitt ich, Wandrer auf langem Weg«, die Herzog mit folgender Strophe Lis vergleicht:

108 Ebenda, S. 346.
109 *Faith from the Abyss*, London: Peter Owen, 1966, S. 63.
110 Hans Heilmann, a. a. O., S. 28 f.

O schwer ist das Wandern!
Schwer ist das Wandern!
So wirr sind die Wege
Von einem Ort zum andern[111].

Das Wandern in dem Gedicht Klingsor–Hesses ist aber ein ganz anderes als das in der von Herzog zitierten Strophe Lis, worin er die schwierigen Gebirgspässe seiner Heimatprovinz Szechuan beschreibt. Der lange Weg Klingsors ist der Lebensweg und hat nichts mit dem Erklimmen oder Passieren von Bergpässen zu tun.

Thu Fu lebte während der zweiten Hälfte seines Lebens in der Verbannung und mußte immer »wandern«. Er war ein unfreiwilliger Knulp. In seinen Gedichten liegt Herbststimmung. Wir zitieren einige charakteristische Strophen:

Der Verbannte

...
Ich blicke wie im Traume auf die Sträucher
Der Felsenwand, darauf der Vollmond flimmert –
Das ganze Leben seh ich wie im Traum.

Tief unten dämmern in dem halben Lichte
Der Nacht die Inseln. Blasses Schilf des Herbstes
Umblüht sie. Es ist Herbst, o meine Seele!

Das verbrannte Haus

...
O weh, der Mond war traurig, da er so
Mein Lied vernahm. Mit einer großen Wolke
Hat er sein greises Angesicht verhüllt.

...
Da fühlte ich, daß alle meine Lust
Und meiner Kindheit Wunder in der Asche
Begraben lagen, wo mein Haus einst stand.
...

111 Siehe Peter Heinz Herzog, a. a. O., S. 47 f.

Das Flötenlied des Herbstes

...

Doch wehe! Wenn das Flötenlied des Herbstes
Dein Ohr trifft: das Gezirpe der Zikaden, –
Und wenn der Sturmwind durch die Wolken wühlt![112]

...

In Klingsors Gedicht steht über der Szene des Trinkers das typisch europäisch-christliche Bild des Todes mit Sichel und Sense. Die chinesische Lyrik dagegen ist in ihrer Naturverbundenheit tief verflochten mit der taoistischen Weltanschauung, in welcher der Tod eine Heimkehr bedeutet, und kennt nicht solche krassen Bilder wie »der bleiche Tod haut mir seine klirrende Sense ins rote Fleisch« oder »trennt mir das Haupt vom zuckenden Herzen«. Durch die Verschmelzung christlicher und chinesischer Elemente hat Hesse in sich selbst ein eigenes »China« gefunden. Dies zeigt auch sein Gedicht »Vergänglichkeit«, das der Dichter Hermann an Klingsor schickt:

Vom Baum des Lebens fällt
Mir Blatt um Blatt.
O taumelbunte Welt,
Wie machst du satt,
Wie machst du satt und müd,
Wie machst du trunken!
Was heut noch glüht,
Ist bald versunken.
Bald klirrt der Wind
Über mein braunes Grab,
Über das kleine Kind
Beugt sich die Mutter herab.
Ihre Augen will ich wiedersehn,
Ihr Blick ist mein Stern,
Alles andre mag gehn und verwehn,
Alles stirbt, alles stirbt gern.
Nur die ewige Mutter bleibt,

112 Hans Bethge, a. a. O., S. 40, S. 43, S. 48.

Von der wir kamen,
Ihr spielender Finger schreibt
In die flüchtige Luft unsre Namen.[113]

Der Dichter Hermann ist die andere »Seele« Hesses. Dementsprechend erhält der Tod bei ihm auch ein anderes Bild, er ist Heimkehr zu der ewigen Mutter. Das Gedicht hat eine entfernte Ähnlichkeit mit Li Tai Pos »Trinklied vom Jammer der Erde«.

...
Das Firmament blaut ewig, und die Erde
Wird lange feststehn auf den alten Füßen, –
Du aber, Mensch, wie lange lebst denn du?
Nicht hundert Jahre darfst du dich ergötzen
An all dem morschen Tande dieser Erde,
Nur ein Besitztum ist dir ganz gewiß:
Das ist das Grab, das grinsende, am Ende.
Dunkel ist das Leben, ist der Tod.

Seht dort hinab! Im Mondschein auf den Gräbern
Hockt eine wild-gespenstische Gestalt.
Ein Affe ist es! ...[114]

Hermann, der Dichter, bejaht den Tod als Heimkehr, während Li sich ausgeliefert fühlt. Bei Hermann ist es die ewige Mutter, die sich über das Grab beugt, bei letzterem der Affe! Doch das Gefühl des Ausgeliefertseins ist bei Li Tai Po nur die Laune eines melancholischen Moments. In anderen Augenblicken war er optimistischer:

Die ewigen Lettern

Indem ich Verse bilde, sehe ich
Von meinem stillen Fenster aus dem Schwanken
Der Bambussträucher in dem Winde zu.

113 WA, Bd. 5, S. 337 f.
114 Hans Bethge, a. a. O., S. 21 f.

Wie aufgeregtes Wasser scheinen sie,
Und das Geraschel in den Blättern klingt
Fast wie das Rauschen hüpfender Kaskaden.

Ich werfe meine Lettern aufs Papier,
Sie sehen aus, als seien Pflaumblüten
Wirr durcheinander in den Schnee gestürzt.

Der frische Duft der Mandarinenfrüchte
Vergeht, wenn eine Frau sie allzu lange
In ihres Kleides dunkeln Falten trägt.

Der Reif erlischt, wenn ihn die Sonne anscheint, –
Nur meine Lettern, die ich niederschreibe,
Sind ewig, ewig! – Dies weiß ICH, Li-Tai-Po[115].

Hier kommen wir auf das eigentliche Thema der Erzählung *Klingsors letzter Sommer* zurück: Die Überwindung der Zeit durch die Kunst. Li erreicht sie mit seinen »Lettern« – Schriftzeichen –, mit seiner Poesie, Klingsor mit seiner Malerei, zuletzt mit seinem Selbstbildnis. Das Malen dieses Selbstporträts ist für ihn das Sich-selbst-Begreifen, er malt sowohl aus der Erinnerung als auch aus der Phantasie. Dieser Weg zu sich selbst nimmt eigenartige Formen an, denn er malt nicht alles »auswendig«, er betrachtet sich im Spiegel, »streckte den Kopf vor, riß die Augen auf, schnitt Gesichter«[116]. In seinem Spiegelbild entdeckt er unzählig viele mögliche Gesichter. Sein Selbstbildnis wird daher zu einem Porträt der ganzen Skala der menschlichen Psyche und gleicht dem magischen Abrollen der Menschheitsgeschichte in jener Szene, in der Govinda Siddharthas Stirn mit den Lippen berührt. Die Widerspiegelungstechnik bzw. das Spiegel-Motiv ist uns nicht fremd. In *Demian* erscheint es als der dunkle Spiegel im Innern Sinclairs, worin »die Schicksalsbilder schlummern«, die zugleich auch die Einheit Sinclair–Demian darstellen. Hier wird die Übereinstimmung des Selbst mit der Welt, ja mit dem ganzen Kosmos

115 Hans Bethge, a. a. O., S. 39.
116 WA, Bd. 5, S. 348.

angedeutet. In *Klingsors letzter Sommer* taucht das Spiegel-Motiv bereits vor der Schlußszene mit dem Selbstbildnis auf, einmal an einer Stelle, wo ihn seine Träume in den »Spiegelsaal« des Lebens führen:

»... hunderttausend Träume quollen in Klingsors leichtem Schlummer auf, seine Seele schritt durch den Spiegelsaal seines Lebens, wo alle Bilder vervielfacht und jedesmal mit neuem Gesicht und neuer Bedeutung sich begegneten und neue Verbindungen eingingen, als würde ein Sternhimmel im Würfelbecher durcheinander geschüttelt[117].«

Das zweite Mal als Symbol der Resonanz, die wir bei anderen Menschen suchen:

»Ich kann begehren, und kann mich in anderen Menschen suchen, nach Echo aushorchen, nach einem Spiegel verlangen ...[118]

Wenn das Selbst die Außenwelt widerspiegelt, und sich zugleich in anderen Menschen widerspiegelt, dann hören alle trennenden Unterschiede auf, und die Welt, der Kosmos, ist eine Einheit. Deshalb vermag das Selbstbildnis Klingsors auch das gesamte Weltgeschehen von der Urzeit bis heute zusammenzufassen.

Wenn wir nach den Quellen dieser Gedanken suchen, so gilt es wieder die taoistischen Weisen zu konsultieren. Liä Tsi sagte: »Jeder einzelne Körper steht mit seiner Fülle und Leere, seiner Not und Ruhe im durchgehenden Zusammenhang mit der ganzen Welt und steht in Wechselwirkung mit allen Dingen«[119]. Auch Emil Sinclair in Hesses *Demian* glaubt, er könne die Welt, wenn sie einmal zerstört würde, wieder aufbauen. Noch entscheidender für das Spiegel-Motiv in *Klingsors letzter Sommer* ist aber der mögliche Einfluß Dschuang Dsis, der sagte: »Der höchste Mensch gebraucht sein Herz wie einen Spiegel. Er geht den Dingen nicht nach und geht ihnen nicht entgegen; er spiegelt sie wider«[120]. Genau auf diesem Weg erreicht Klingsor sein »Selbstbildnis«. Doch noch eine weitere Quelle für das Spiegel-Motiv wäre anzuführen: der Zauberspie-

117 Ebenda, S. 300.
118 Ebenda, S. 324.
119 Buch III, Abs. 4.
120 Buch VII, Abs. 6.

gel. Wir finden ihn in einer der von Richard Wilhelm übersetzten chinesischen Erzählungen. Zwar weist der dort geschilderte Spiegel eine stärkere Ähnlichkeit mit den Spiegeln im Magischen Theater des *Steppenwolf* auf, doch sei diese Verbindung in unserem Zusammenhang immerhin erwähnt. In der Erzählung vom Zauberspiegel wird ein Scholar wegen Beleidigung des Höllenfürsten in die Unterwelt geführt. Dort läßt er sich bespiegeln:

»Der blickte lange hinein. Von frühster Jugend an bis zur Zeit, da er erwachsen war, alles, was er getan hatte, ob er auch nur ein Mückchen getötet oder eine Ameise zertreten oder aber die kleinste gute Tat vollbracht hatte, auch was er im dunklen Kämmerlein einsam mit sich selbst gesprochen hatte: nichts, das nicht im Spiegel zu sehen war[121].«

Siddhartha

Um die Überwindung der Zeit geht es auch in *Siddhartha*, eine Legende, die Hesse mit dem Untertitel *Eine indische Dichtung* versah. Voraussetzung zur Niederschrift dieses Buches waren, wie Hesse in einem Brief vom 5. 2. 1923 schrieb, »nicht bloß drei Jahre voll Arbeit und schwerem Erleben«, »sondern auch mehr als zwanzig Jahre einer innigen, vielfältigen Beschäftigung mit ostasiatischer Weisheit«. Ostasiatisch bedeutet nicht nur Indien, sondern auch China, zumal Hesse im selben Brief sagt, daß die Lektüre des *Tao Te King* für ihn »das befreiendste Erlebnis war«. Im Februar 1922 schreibt er an Felix Braun:

». . . Der Weg des Heraklius ist auch mir vertraut, ich spinne schon lang an etwas Ähnlichem, in indischem Kleid, das von Brahman und Buddha ausgeht und bei Tao endet.«

Und am 27. 11. 1922 bekennt er Stefan Zweig, nachdem er dessen Legende *Die Augen des ewigen Bruders* gelesen hatte:

»Schon als ich Ihre Legende vom gerechten Richter las, schien mir dies meinem ›Siddhartha‹ ein wenig verwandt zu sein. Mein

121 Richard Wilhelm, a. a. O., S. 122.

Heiliger ist indisch gekleidet, seine Weisheit steht aber näher bei Lao Tse als bei Gotama. Lao Tse ist ja jetzt in unserem guten armen Deutschland sehr Mode, aber fast alle finden ihn doch eigentlich paradox, während sein Denken gerade *nicht* paradox, sondern streng bipolar, zweipolig ist, also eine Dimension mehr hat. An seinem Brunnen trinke ich oft.«
In diesen Selbstzeugnissen bezeichnet Hesse ganz deutlich den Weg seines Protagonisten: Der Brahmanen-Sohn wird zunächst Asket, dann hört er die Lehre Buddhas, verläßt ihn, geht in die Welt, um nicht länger »Gelehrsamkeit und Gedanken auf Kosten der Sinne zu mästen«, und um schließlich den Einklang mit Tao zu suchen und zu finden. Mit diesem Tao müssen wir uns näher beschäftigen.
Siddhartha ist bewandert in der Tradition seiner Väter. Er weiß um das Eine, den Atman, das der ungeschulte Mensch nur im Tiefschlaf erleben kann, wie es in den Upanishaden des Somadewa steht. Doch selbst alles Wissen der Brahmanen kann nicht dazu befähigen, Atman im Wachsein, im Leben zu erfahren. Um den Weg zu Atman zu finden, verläßt Siddhartha seine Heimat. Er gelangt zunächst auf Irrwege, deren Sinn und Notwendigkeit wir erst später einsehen. Obwohl er als Brahmanen-Sohn vom Hörensagen weiß, daß der »Urquell im eigenen Ich« wohnt, geht er zu den Samanas, um dort das Abtöten des sinnlichen Ich, die Entselbstung durch Meditation zu erlernen. Doch nach drei Jahren muß er erkennen, daß alles nur Betäubung, nur Flucht vor dem Ich war, die er ebensogut in »jeder Kneipe eines Hurenviertels« und »unter den Fuhrleuten und Würfelspielern« hätte lernen können, vorausgesetzt, daß Weisheit überhaupt erlernbar ist. Es stellt sich heraus, daß gerade das Wissenwollen dabei das Hindernis ist. Er verläßt die Samanas, geht zu Buddha, um die Verkündung seiner Erlösungslehre zu hören. Obwohl Siddhartha Buddha als den Erleuchteten hoch verehrt, mißtraut er seiner Lehre. Denn er kommt zu der »Überzeugung, keinem wird Erlösung zuteil durch Lehre«, denn zwischen der Mitteilung einer Erfahrung und der Erfahrung selbst besteht für ihn ein entscheidender Unterschied. Die Praxis läßt sich nicht durch Theorie ersetzen.

Wo eine solche Haltung institutionalisiert wird, ist die Theorie der Entwicklung und der wirklichen Erkenntnis im Wege. »Die Wahrheit wird gelebt und nicht doziert«, heißt es in einem Brief Hesses aus jener Zeit. Nach seinen Erfahrungen mit der Lehre Buddhas wird ihm bewußt, daß er einen selbständigeren Weg einzuschlagen hat, einen Weg, der das eigene Erlebnis und Risiko nicht meidet. Dadurch verändert sich auch sein Verhältnis zur Umwelt und zur Natur, die ihm nun nicht mehr »sinnlose und zufällige Vielfalt der Erscheinungswelt ist«, sondern deren sinnvoll aufeinander bezogenes Zusammenspiel ihm plötzlich wahrnehmbar wird. Hatte Siddhartha zuvor nur die geistige Welt der Askese, der Unterdrückung des Physischen erlebt, so öffnet er sich jetzt der sogenannten profanen Welt, reüssiert als Kaufmann und in der Liebeskunst, kostet das Sinnliche aus bis zum Überdruß, bis er reif ist für eine neue Zäsur. Erst jetzt, nachdem er sich nicht mehr einzig vom Hörensagen, sondern durch selbständiges Erleben überzeugt hat, befindet er sich auf dem direkten Weg zu Tao. Siddhartha muß also einen Umweg gehen, um das Ziel zu erreichen. Er geht vom Ich aus und kommt zum Ich zurück, somit bewegt er sich im Kreis. Daß der Kreis bei vielen Völkern Symbol für etwas Magisch-Heiliges ist – für die Chinesen ist er das Zeichen des Himmels –, mag hier eine Bedeutung haben. Das wichtigste dabei aber ist der taoistische Gedanke der Wandlung, man erinnere sich an den 36. Spruch des Lao Tse:

> Was man zusammenziehen will,
> das muß man erst sich richtig ausdehnen lassen.
> Was man schwächen will,
> das muß man erst richtig stark werden lassen.
> Was man beseitigen will,
> das muß man erst richtig sich ausleben lassen.
> ...

oder an die beiden Zeilen, die Hesse sich bei Liä Dsi angestrichen hatte:

> Eh' nicht das Äußerste erreicht ist,
> kehrt sich nichts ins Gegenteil.

Nicht das Unterdrücken, sondern das Ausleben seiner sinnlichen und intellektuellen Anlagen befähigt Siddhartha, sie zu überwinden. Aus demselben Grunde mußte er Vater werden und die Rolle des Vaters bis zum Ende erleiden, bevor er endgültig zum Erwachen, zu Tao kommen konnte.

Siddhartha hat viele Lehrer: Brahmanen, Samanas, Buddha – dessen Lehre der Höhepunkt der spekulativen Erlösungsversuche ist –, Kamala, Kamaswami, Vasudeva und den Fluß. Die beiden letzten sind die entscheidenden. Vasudeva ist die personifizierte, der Fluß die unpersönliche Verkörperung des Tao.

Zunächst wollen wir das Symbol des Flusses analysieren, denn der Fluß ist es, von dem auch Vasudeva »gelernt« hat. Zuerst erlebt Siddhartha den Fluß als Spiegel:

»Eine schauerliche Leere spiegelte ihm aus dem Wasser entgegen, welcher die furchtbare Leere in seiner Seele Antwort gab ...

Mit verzerrtem Blick starrte er ins Wasser, sah sein Gesicht gespiegelt und spie danach[122].«

Dies geschieht, nachdem er das sinnliche Leben bis zur Neige und zum Selbstekel gekostet hat. Nach seinem *traumlosen* Schlaf – seiner Neugeburt – löst der Anblick des Wassers ganz andere Empfindungen bei ihm aus:

»Zärtlich blickte er in das strömende Wasser ... Lichte Perlen sah er aus der Tiefe steigen, stille Luftblasen auf dem Spiegel schwimmen, Himmelsbläue darin abgebildet[123].«

In einem weiteren Stadium des psychischen Prozesses wird die Ähnlichkeit zwischen dem Fluß und dem Spiegel Klingsors deutlich:

»Siddhartha schaute ins Wasser, und im ziehenden Wasser erschienen ihm Bilder: sein Vater erschien, einsam, um den Sohn trauernd, er selbst erschien, einsam, auch er mit den Banden der Sehnsucht an den fernen Sohn gebunden; es erschien sein Sohn, einsam auch er, der Knabe, begehrlich auf der brennenden Bahn seiner jungen Wünsche stürmend, jeder auf

122 WA, Bd. 5, S. 420 f.
123 Ebenda, S. 431.

sein Ziel gerichtet, jeder vom Ziel besessen, jeder leidend. Der Fluß sang mit einer Stimme des Leidens ...
Siddhartha bemühte sich, besser zu hören. Das Bild des Vaters, sein eigenes Bild, das Bild des Sohnes flossen ineinander, auch Kamalas Bild erschien und zerfloß, und das Bild Govindas, und andere Bilder, und flossen ineinander über, wurden alle zum Fluß ... Siddhartha sah ihn eilen, den Fluß, der aus ihm und den Seinen und aus allen Menschen bestand, die er je gesehen hatte, alle die Wellen und Wasser eilten, leidend, Zielen zu ... Aber die sehnliche Stimme hatte sich verändert. Noch tönte sie, leidvoll ...[124].«

Hier unterbrechen wir die Betrachtung des Flusses, um zu untersuchen, warum eigentlich das Wort ›leidend‹ so häufig wiederholt und somit betont wird. Der 71. Spruch des Lao Tse gibt Antwort auf diese Frage:

Nur wer an seinem Leiden leidet,
wird frei von Leiden.

Siddhartha leidet zutiefst unter seiner Hilflosigkeit als Vater, dem es nicht gelingt, seinem Sohn Erfahrungen zu ersparen, die auch er selbst erst absolvieren mußte, um unabhängig zu werden. Dieses Leiden unter der Emanzipation seines Sohnes ist das letzte und intensivste Leiden, dem er ausgesetzt ist, bevor er, nach dem Ertragen des Schmerzes, das Tao erreicht.

Warum »hörte« Siddhartha Bilder? Dies erinnert an eine Stelle bei Dschuang Dsi:

»Du hörst nicht mit den Ohren, sondern hörst mit dem Verstand; du hörst nicht mit dem Verstand, sondern hörst mit der Seele. Das äußere Hören darf nicht weiter eindringen als bis zum Ohr; der Verstand darf kein Sonderdasein führen wollen, so wird die Seele leer und vermag die Welt in sich aufzunehmen. Und das Tao ist's, das diese Leere füllt[125].«

Die Art und Weise, wie Hesse dieses »Hören« und »Sehen« Siddharthas beschreibt, macht klar, daß es sich hier um keine sinnlichen Wahrnehmungen im üblichen Sinne handeln kann. Er hört und sieht mit seiner Seele:

124 Ebenda, S. 457 f.
125 Buch IV, Abs. 1.

»Stimmen der Freude und des Leides, gute und böse Stimmen, lachende und trauernde, hundert Stimmen, tausend Stimmen. ... Schon konnte er die vielen Stimmen nicht mehr unterscheiden ... alles war eins ... war die Welt. Alles zusammen war der Fluß des Geschehens, war die Musik des Lebens[126].«

Es ist die Fähigkeit zu objektiver Spiegelung, die Siddhartha vom Fluß lernt. Er wird ganz Lauscher, ganz Echo. Er mischt sich nicht mehr ein, wird offen und transparent. Auf diese Weise gelingt es ihm, das Einzelne und das Ganze frei von Wertung wahrzunehmen, es so zu sehen wie es ist, als sinnvoll aufeinanderbezogen innerhalb der Einheit. Dabei wird Siddhartha unversehens selbst zum Medium, ähnlich wie es für ihn der Fluß war. Als ihn der Jugendfreund Govinda, der sich von ihm trennte, um ein Jünger Buddhas zu werden, bei der letzten Begegnung um etwas bittet, was auch er verstehen könne, fordert Siddhartha ihn auf, ihm die Stirn zu küssen. Dabei erlebt Govinda folgendes:

»Er sah seines Freundes Siddhartha Gesicht nicht mehr, er sah statt dessen andre Gesichter, viele, eine lange Reihe, einen strömenden Fluß von Gesichtern, von Hunderten, von Tausenden, welche alle kamen und vergingen, und doch alle zugleich dazusein schienen, welche alle sich beständig veränderten und erneuerten, und welche doch alle Siddhartha waren. Er sah das Gesicht eines Fisches ... eines neugeborenen Kindes ... eines Mörders ... er sah Tierköpfe ... Götter ... jedes war ein Sterbenwollen ... und keiner starb doch, jedes verwandelte sich nur ... bekam stets ein neues Gesicht, ohne daß doch zwischen einem und dem anderen Gesicht Zeit gelegen wäre ...[127].«

Nicht zufällig wählt Hesse das strömende Wasser als die unpersönliche Verkörperung des Tao. Denn der Fluß ist Inbegriff aller Wandlung. In den *Gesprächen* des Konfuzius heißt es: »So fließt alles dahin wie dieser Fluß, ohne Aufhalten Tag und Nacht[128].« Wer aber die Wandlung erkannt hat, richtet

126 WA, Bd. 5, S. 458.

127 Ebenda, S. 469 f.

128 Buch IX, Abs. 16. Vgl. »... dies Wasser lief und lief, immer lief es, und

seinen Blick nicht auf das Vergängliche, sondern auf das, was die Wandlung bewirkt, also auf Tao. In der Tat lautet der 32. Spruch des Lao Tse:

»... Man kann das Verhältnis des Tao zur Welt vergleichen mit den Bergbächen und Talwassern, die sich in Ströme und Meere ergießen.«

Lao Tse war wortkarg, aber diese zwei Zeilen entsprechen dem Bild, das Hesse dem Fluß in *Siddhartha* gab:

»... alle die Wellen und Wasser eilten, leidend, Zielen zu, vielen Zielen, dem Wasserfall, dem See, er Stromschnelle, dem Meere, und alle Ziele wurden erreicht, und jedem folgte ein neues, und aus dem Wasser ward Dampf und stieg in den Himmel, ward Regen und stürzte aus dem Himmel herab, ward Quelle, ward Bach, ward Fluß, strebte aufs neue, floß aufs neue[129].«

Wasser bedeutet nicht nur Wandlung und Dauer, sondern noch mehr, wie der 78. Spruch des Lao Tse zeigt:

Auf der ganzen Welt gibt es nichts Weicheres als das Wasser.
Und doch in der Art, wie es dem Harten zusetzt,
kommt nichts ihm gleich.
Es kann durch nichts verändert werden.
Daß Schwaches das Starke besiegt
und Weiches das Harte besiegt,
weiß jedermann auf Erden,
aber niemand vermag danach zu handeln.

Wasser ist Wandlung und Dauer, Vielfalt und Einheit zugleich. Dies hat Hesse am Beispiel des Flusses im *Siddhartha* gezeigt. Nach Siddharthas traumlosem Schlaf zu Beginn seiner Neugeburt nimmt er eine Affinität zwischen sich und dem Fluß wahr:

»... jetzt fange ich wieder von vorn und beim Kinde an! Wieder mußte er lächeln. Ja, seltsam war sein Geschick! Es ging abwärts mit ihm, und nun stand er wieder leer und nackt und dumm in der Welt ...

war doch immer da, war immer und allzeit dasselbe und doch jeden Augenblick neu«, in: WA, Bd. 5, S. 432.

129 WA, Bd. 5, S. 458.

›Abwärts geht es mit dir‹, sagte er zu sich selber und lachte dazu, und wie er es sagte, fiel sein Blick auf den Fluß, und auch den Fluß sah er abwärts gehen, immer abwärts wandern, und dabei singen und fröhlich sein[130].«

Das äußere »Abwärtsgehen« Siddharthas kennzeichnet zugleich sein inneres »Aufwärtsgehen«, den Beginn seiner Annäherung an Tao. Dies entspricht dem Wesen des Tao, wie es im 66. Spruch des Lao Tse steht:

> Daß Ströme und Meere die Könige sind aller Täler,
> das kommt davon, daß sie tüchtig sind im Untensein.

Eben weil es mit ihm abwärts geht, ist er imstande, vom Wasser zu lernen und die Vollendung zu erlangen. Denn:

> Höchste Güte ist wie das Wasser,
> Des Wassers Güte ist es, allen Wesen zu nützen ohne Streit.
> Es weilt an Orten, die alle Menschen verachten.
> Drum steht es nahe dem Tao[131].

Die beiden letzten Zitate charakterisieren nicht nur eine Eigenschaft des Wassers, sondern auch die Weisheit des Fährmanns, des anderen Lehrers von Siddhartha. Vasudeva, der Fährmann, gibt der Neugeburt Siddharthas, diesem »in die Tiefe fließen«, eine neue Deutung und Bedeutung. Er sagt zu Siddhartha:

»Sieh, auch das hast du schon vom Wasser gelernt, daß es gut ist, nach unten zu streben, zu sinken, die Tiefe zu suchen. Der reiche und vornehme Siddhartha wird ein Ruderknecht, der gelehrte Brahmane Siddhartha wird ein Fährmannn: auch dies ist dir vom Fluß gesagt worden[132].«

Vasudeva, der Interpret des Flusses, ist tüchtig im »Untensein«, er versteht es, allen Wesen zu nützen. Er ist Zeit seines Lebens ein Fährmann geblieben, ein Diener anderer Menschen, obwohl er ein Vollendeter, ein Heiliger ist wie Buddha. Doch er unterscheidet sich in vielem von Buddha, der ja eine höchst komplizierte Lehre von Ursache und Wirkung, von Erlösung aus dem

130 Ebenda, S. 427.
131 *Tao Te King*, 8. Spruch.
132 WA, Bd. 5, S. 435.

Leiden predigt. Buddhas Lehre ist – wie Siddhartha sagt – nur durch etwas »Fremdes« zu erreichen, während Vasudeva weder im Sprechen noch im Denken geübt ist, sondern sich nur die einfache Fähigkeit bewahrt hat, zuzuhören und offen zu sein. Er hat keine Rezepte und ist »kein Freund der Worte«. Er übt, wie es im 2. Spruch des *Tao Te King* steht, »Belehrung ohne Wort und verweilt im Wirken ohne zu handeln«.

Dschuang Dsi hat dies anschaulich in ein Gleichnis gekleidet:

»Erkenntnis wanderte im Norden an den Ufern des dunklen Wassers und bestieg den Berg des steilen Geheimnisses. Da begegnete sie von ungefähr dem schweigenden Nichtstun.

Erkenntnis redete das schweigende Nichtstun an und sprach: ›Ich möchte eine Frage an dich richten. Was muß man sinnen, was denken, um den SINN zu erkennen? Was muß man tun und was lassen, um im SINNE zu ruhen? Welche Straße muß man wandern, um den SINN zu erlangen?‹

Dreimal fragte sie, und das schweigende Nichtstun antwortete nicht. Nicht daß es absichtlich die Antwort verweigert hätte; es wußte nicht zu antworten. So konnte Erkenntnis nicht weiter fragen und kehrte um. Da kam sie im Süden an das weiße Wasser und bestieg den Berg der Zweifelsendung. Da erblickte sie Willkür. Erkenntnis stellte dieselben Fragen an Willkür.

Willkür sprach: ›Oh, ich weiß es; ich will es dir sagen.‹

Aber während sie eben reden wollte, hatte sie vergessen, was sie reden wollte, und Erkenntnis konnte nicht weiter fragen. Da kehrte sie zurück zum Schloß des Herrn, trat vor den Herrn der gelben Erde und fragte ihn. Der Herr der gelben Erde sprach: ›Nichts sinnen, nichts denken: so erkennst du den SINN; nichts tun und nichts lassen: so ruhst du im SINN; keine Straße wandern: so erlangst du den SINN.‹

Erkenntnis fragte den Herrn der gelben Erde und sprach: ›Wir beide wissen es, jene beiden wußten es nicht. Wer hat nun recht?‹

Der Herr der gelben Erde sprach: ›Schweigendes Nichtstun hat wirklich recht; Willkür kommt ihm nahe; wir beide erreichen es ewig nicht . . .‹

Erkenntnis fragte den Herrn der gelben Erde: ›Wieso erreichen wir es nicht?‹

Der Herr der gelben Erde sprach: ›Das schweigende Nichtstun ist wirklich im Recht, deshalb weil es kein Erkennen hat; Willkür kommt ihm nahe, weil sie Vergessen hat; wir beide erreichen es ewig nicht, weil wir Erkennen haben.‹
Willkür hörte es und meinte vom Herrn der gelben Erde, daß er zu reden verstehe ...[133].«
Vasudeva hat nie gelehrt, wie man den Sinn – Tao – erlangt. Was Siddhartha durch sein Beispiel lernt, ist lediglich: Das Zuhören, das Lauschen mit stillem Herzen, mit wartender, geöffneter Seele, ohne Leidenschaft, ohne Wunsch, ohne Urteil, ohne Meinung[134].

Dies ist dasselbe, was Lao Tse in seinem 10. Spruch sagt:

> Wer leuchtend seinen Geist bewahrt, daß er Eines nur umfängt,
> der mag wohl innern Zwiespalt vermeiden.
> Wer seine Seele einfältig macht und demütig,
> der mag wohl werden wie ein Kindlein.

und Dschuang Dsi:
»Der Berufene ist einfältig und schlicht; er faßt die Jahrtausende zusammen, und das Eine vollendet sich in seiner Reinheit[135].«
So ist Vasudeva und später auch Siddhartha. Als für den Fährmann die Zeit seiner »Heimkehr« kommt, teilt er Siddhartha mit, er gehe in die Einheit. Denn »ist man frei von Verwicklungen, so erreicht man Gerechtigkeit und Frieden. Hat man Gerechtigkeit und Frieden, so findet man Wiedergeburt in Tao[136].«
Lao Tse scheint dem Weg Siddharthas zur Vollendung so sehr Pate gestanden zu haben, daß die Vermutung nicht von der Hand zu weisen ist, die Gestalt des Vasudeva sei ein Porträt Lao Tses. In Lao Tses Selbstdarstellung beschreibt er sich als einen »Tor« (Wilhelms und A. Ulars Übersetzung), einen »Schwachsinnigen«, einen »Wirrkopf« (Julius Grill) oder einen

133 Buch XXII, Abs. 1.
134 WA, Bd. 5, S. 436.
135 Buch II, Abs. 9.
136 Ebenda, Buch XIX, Abs. 1.

»Idioten« (Suzuki). Auch Vasudeva wirkt stumm, sonderbar und verblödet[137]. In einem Brief vom 2. 6. 1922 an Emmy Ball-Hennings spricht Hesse im Hinblick auf Vasudeva von einem »freundlichen alten Trottel, der immer lächelt und heimlich ein Heiliger ist«. Die Ähnlichkeit zwischen ihm und Lao Tse ist also augenfällig. Jeder Vollendete, der das Tao erreicht hat, wird auf seine Mitmenschen so wirken. Auch Siddhartha beginnt mit fortschreitender Reife äußerlich dem Vasudeva immer stärker zu gleichen. Das legt die Vermutung nahe, daß Hesse in seinem *Siddhartha* nicht nur die Lehren, sondern auch die Person des Lao Tse dargestellt hat. Diese Vermutung wird zusätzlich bestätigt durch Hesses Äußerung, Siddhartha ende im Tao.

Am Ende der Legende, als Govinda Siddhartha bittet, ihm seine Lehre mitzuteilen, gibt dieser ihm zu verstehen, daß Worte und Gedanken immer nur Teilaspekte des Ganzen seien und notgedrungen immer ihre Antithese hervorriefen, wie Nirwana und Sansara, Gutes und Böses etc. Wirklich sei nur die Natur, wirklich seien nur die Dinge, weil Tao Himmel und Erde, Flüsse und Wälder etc. hervorgebracht habe und jedem »Ding« innewohne[138]. Dasselbe formuliert Dschuang Dsi mit dem Satz: »Der Berufene sieht die Dinge im Lichte der Ewigkeit[139].« Doch die Hauptsache für Siddhartha ist die Liebe. Sie ist für viele Interpreten – zuweilen auch für Hesse selbst – ein ausschließlich christliches Element. Doch hat das Christentum, obwohl die Botschaft Christi zweifellos eine Botschaft der Liebe ist, durchaus nicht das Monopol auf sie. Das hat Siddhartha-Hesse erkannt und in bezug auf Buddha geäußert:

»Wie sollte denn auch Er die Liebe nicht kennen. Er, der alles Menschensein in seiner Vergänglichkeit, in seiner Nichtigkeit erkannt hat, und dennoch die Menschen so sehr liebte, daß er ein langes, mühevolles Leben einzig darauf verwendet hat, ihnen zu helfen, sie zu lehren[140]!«

137 Siehe WA, Bd. 5, S. 438.
138 Vgl. die Analyse des Märchens »Iris«.
139 Buch II, Abs. 3.
140 WA, Bd. 5, S. 467.

Die Liebe ist ein nicht unwichtiger Aspekt des Tao, ja in gewisser Hinsicht sogar seine Hauptsache, denn Tao beschirmt und umfaßt alle Wesen. Die Liebe wird im *Tao Te King* an dritter Stelle hinter Tao und Te[141] aufgeführt. Dabei können Tao und Te nicht gezählt werden, denn sie sind eine Voraussetzung aller Wesen, ohne welche nichts ist und vollzogen werden kann. Deshalb nimmt auch im Taoismus die Liebe einen entscheidenden Platz ein. Folgerichtig lesen wir bei Dschuang Dsi:

»Es gab Dinge, die der Entstehung von Himmel und Erde vorausgingen; aber was den Dingen ihre Dinglichkeit gibt, ist nicht selbst ein Ding. Innerhalb der Welt der Dinge aber kann man nicht jenseits der Dinge zurückkehren, und da es zu jeder Zeit Dinge gab, ist kein Aufhören. Der berufene Heilige, der die Menschen liebt, ohne jemals damit aufzuhören, hat ebenfalls diese Wahrheit erkannt[142].«

Doch müssen wir noch fragen, ob die Liebe, die Siddhartha meint, überhaupt die christliche Liebe sein kann. Er erklärt seine Idee der Liebe am Beispiel eines Steins:

»... dieser Stein ist Stein, er ist auch Tier, er ist auch Gott, er ist auch Buddha, ich verehre und liebe ihn nicht, weil er einstmals dies oder jener werden könnte, sondern weil er alles längst und immer ist ...[143].«

Ist das christliche Liebe? Sie mutet uns viel eher geradezu »heidnisch« an! Gewiß ist es nicht die Liebe der orthodoxen Lehre. Es kann aber auch nicht die Liebe eines christlichen Mystikers sein, schon gar nicht eines Meister Eckhart, denn Siddhartha liebt den Stein, nicht weil er ein Teil der Schöpfung Gottes ist, sondern weil er Dauer und Wandlung symbolisiert, mit anderen Worten: weil er Tao ist. Aus demselben Grund kann Siddhartha, wie er sagt, auch einen Baum, ein Stück Rinde, ja jedes »Ding« lieben. Gewiß ist es kein Zufall, daß beide, Hesse und Dschuang Dsi, den Ausdruck »Ding« verwenden.

141 38. Spruch.
142 Buch XXII, Abs. 9.
143 WA, Bd. 5, S. 465.

Chinesische Elemente lassen sich auch im *Steppenwolf* feststellen, allerdings in einer komplizierteren Verbindung. Im »Magischen Theater« wird Harry Haller folgende Lektion erteilt:

»Die fehlerhafte und Unglück bringende Auffassung, als sei ein Mensch eine dauernde Einheit, ist Ihnen bekannt. Es ist Ihnen auch bekannt, daß der Mensch aus einer Menge von Seelen, aus sehr vielen Ichs besteht. Die scheinbare Einheit der Person in diese vielen Figuren auseinanderzuspalten gilt für verrückt, die Wissenschaft hat dafür den Namen Schizophrenie erfunden. Die Wissenschaft hat damit insofern recht, als natürlich keine Vielheit ohne Führung, ohne eine gewisse Ordnung und Gruppierung zu bändigen ist. Unrecht dagegen hat sie darin, daß sie glaubt, es sei nur eine einmalige, bindende, lebenslängliche Ordnung der vielen Unter-Ichs möglich ... Wir zeigen demjenigen, der das Auseinanderfallen seines Ichs erlebt hat, daß er die Stücke jederzeit in beliebiger Ordnung neu zusammenstellen und daß er damit eine unendliche Mannigfaltigkeit des Lebensspiels erzielen kann[144].«

Danach beobachtet Haller zwei derartige Lebensspiele auf dem Schachbrett und bemerkt:

»Das zweite Spiel war dem ersten verwandt: es war dieselbe Welt, dasselbe Material, aus dem er es aufbaute, aber die Tonart war verändert, das Tempo gewechselt, die Motive anders betont, die Situationen anders gestellt[145].«

Beide Zitate sind eigentlich Bekenntnisse Hesses, die Einblicke in die Gestaltung seiner Dichtungen ermöglichen. Er selbst ist dabei die Einheit, das »Über-Ich«, das seinen »Unter-Ichs«, je nach seiner Exposition, das Wort erteilt. Diese Beobachtung bestätigt auch unsere Feststellung, daß Sinclair, Demian und Eva, oder Klingsor und der Dichter Hermann im Grunde Komponenten ein und derselben Person sind. Im *Steppenwolf* setzt sich dieses »Über-Ich« aus den Figuren Harry Haller,

144 WA, Bd. 7, S. 385 f.
145 Ebenda, S. 386.

Hermine und Pablo zusammen. So ist auch der *Steppenwolf*, trotz des ganz anderen Tempos, der neuen Tonlage, Motive und Situationen, mit den früheren Büchern Hesses sehr verwandt. Ebenso wie im *Klingsor* und in gewisser Hinsicht auch im *Siddhartha* ist hier der Spiegel das dominierende Symbol, und hier wie dort ist die Vielfalt in der Einheit das Leitmotiv. Harry Haller reflektiert oder spiegelt sich in den Gestalten der Hermine und des Saxophonisten Pablo, doch in den Spiegeln des Magischen Theaters erweisen sie sich alle als Komponenten der Psyche Harry Hallers. Das gibt Pablo ihm auch unmißverständlich zu verstehen, bevor er ihn in das Magische Theater einführt:

»... ich kann Ihnen keinen andern Bildersaal öffnen als den Ihrer Seele ... Ich helfe Ihnen, Ihre eigene Welt sichtbar machen[146].«

Der Begriff der »Seele« im Deutschen entspricht dem des »Herzens« im Chinesischen, wo das Herz als der Sitz aller Formen des Bewußtseins gilt. Daher mag es kommen, daß Harry Haller ebenso wie seine Vorgänger seine »Seele« wie einen Spiegel gebraucht. Doch dabei ist eine Verschiebung festzustellen. Denn Dschuang Dsi sagt, man solle sein Herz wie einen Spiegel gebrauchen, um den ganzen Kosmos widerzuspiegeln, d. h. in sich aufzunehmen. Dies ist bei Klingsor und auch bei Siddhartha der Fall. Harry Haller dagegen verwendet den Spiegel, um sein wahres Ich, die Einheit seines Ichs wiederzufinden. Das klingt eher nach Psychotherapie. In der Tat spielt auch bei C. G. Jung das Motiv des Spiegels und die Spiegelungsfähigkeit des Wassers eine wichtige Rolle:

»Das Wasser ist das geläufige Symbol für das Unbewußte ... ist der ›Talgeist‹[147], der Wasserdrache des Tao, dessen Natur dem Wasser gleicht, ein in Yin aufgenommenes Yang. Wasser heißt darum psychologisch: Geist, der unbewußt geworden ist ... der Spiegel ... zeigt getreu, was in ihn hineingeschaut, nämlich jenes Gesicht, das wir der Welt nie zeigen, weil wir es durch die Persona, die Maske des Schauspielers, verhüllen. Der

146 Ebenda, S. 367.

147 Über den »Talgeist« siehe die Analyse des *Hauses der Träume*.

Spiegel aber liegt hinter der Maske und zeigt das wahre Gesicht[148].«

Abgesehen davon, daß Jungs Ausführungen erst 1935 veröffentlicht wurden (*Der Steppenwolf* bereits 1927), zeigt die Sprache C. G. Jungs, wie sehr auch er den taoistischen Erkenntnissen verpflichtet ist. C. G. Jung hat das Metaphysische ins Psychologische übersetzt. Es ist daher einerlei, ob Hesse sein Wissen um die psychologische Qualität des Spiegels direkt von C. G. Jung, ob er sie dem Jung-Schüler J. B. Lang, von dem er behandelt wurde, oder seinem Kontakt mit C. G. Jungs Psychologischem Club in Zürich verdankte, denn auch Jungs Quelle war die taoistische Lehre. Das Spiegel-Motiv im Magischen Theater des *Steppenwolf* belegt sowohl Hesses Beschäftigung mit den Schriften C. G. Jungs als auch seine Auseinandersetzung mit den Schriften des alten China.

Es weist außerdem gewisse Parallelen zu einem chinesischen Meditationsbuch auf, das in der Übersetzung Richard Wilhelms unter dem Titel *Geheimnis der goldenen Blüte* erschienen ist und von C. G. Jung mit einem Kommentar versehen wurde. In seiner Vorrede zur 2. Auflage dieses Buches (1936) bekannte Jung, daß ihn *Das Geheimnis der goldenen Blüte* bei seiner »Untersuchung der Prozesse des kollektiven Unbewußten zuerst auf die richtige Spur« geführt hat. Unser Ausdruck »psychologischer Wert des Spiegels« stammt aus einer Studie Jungs über das kollektive Unbewußte.

Um die Ähnlichkeit der *goldenen Blüte* mit einigen wichtigen Elementen im *Steppenwolf* nachzuweisen, wäre ein Vergleich der beiden Bücher angebracht, doch ist für europäische Leser *Das Geheimnis der goldenen Blüte* ein schwer zugängliches Buch, da es buddhistische und taoistische Meditation mit Alchimie in Verbindung bringt, d. h. die buddhistisch-taoistische Joga-Übung mit Begriffen aus der chinesischen Alchimie umschreibt. Deshalb ist es besser, C. G. Jungs Kommentar für europäische Leser zu zitieren, denn die moderne Psychologie eröffnet eine Verständnismöglichkeit hierzu. Im *Steppenwolf*

148 »Über die Archetypen des kollektiven Unbewußten«, in *Eranos Jahrbuch*, Zürich 1935, S. 198 ff.

heißt es, Harry Hallers Seelenkrankheit sei »nicht die Schrulle eines Einzelnen, sondern die Krankheit der Zeit selbst, die Neurose jener Generation, welcher Haller angehört«. Somit ist der Roman zu verstehen als ein Versuch, »die große Zeitkrankheit ... selber zum Gegenstand der Darstellung zu machen«[149]. Es ist ein Gang »durch das Chaos einer verfinsterten Seelenwelt«[150]. Dem gegenüber lesen wir in Jungs Kommentar, der europäische Geist sei im 19. Jahrhundert nach und nach zu einem unverbindlichen Intellektualismus entartet und darauf habe in jüngster Zeit eine Reaktion eingesetzt. (Dasselbe ist mit der »Zeitkrankheit« im *Steppenwolf* gemeint.) Der Intellekt klammert das Gemüt aus, während der Geist es integriert. Der Geist strebt »nach übermenschlichen, lichten Höhen«, es ist das Streben Harry Hallers zu den Unsterblichen. Doch steht ihm »das Weibliche, Dunkle, das Erdhafte (Yin) entgegen mit seiner in zeitliche Tiefen und körperliche Wurzelzusammenhänge hinabreichenden Emotionalität und Instinktivität«[151]. Der Steppenwolf jedoch lebt in einem Zwischenbereich. Daraus resultiert seine Schizophrenie, die Spaltung seines Ichs in Mensch und Wolf. Er muß in seiner Person das Yin voll und ganz rehabilitieren, um den Weg zu den Unsterblichen beschreiten zu können. Die Heilung seiner Schizophrenie erfolgt durch Auflösung der Wolf- und der Menschnatur in tausende, ja unzählige Polpaare. Das Medium zu dieser Auflösung ist das Magische Theater. Haller stellt sich vor einen »riesengroßen Wandspiegel« und sieht:

»... der ganze Riesenspiegel war voll von lauter Harrys oder Harry-Stücken ... Einige von diesen vielen Harrys waren so alt wie ich, einige älter, einige uralt, andere ganz jung, Jünglinge, Knaben, Schulknaben, Lausbuben, Kinder[152].«

Vergleichen wir diese Stelle mit dem Beginn von C. G. Jungs Abschnitt über »Die Auflösung des Bewußtseins«:

»Das Zusammentreffen des eng umschränkten, dafür aber inten-

149 WA, Bd. 7, S. 203.
150 WA, Bd. 7, S. 203.
151 S. 6.
152 WA, Bd. 7, S. 371.

siv klaren individuellen Bewußten mit der ungeheuern Ausdehnung des kollektiven Unbewußten[153] ist eine Gefahr, denn das Unbewußte hat eine ausgesprochen auflösende Wirkung auf das Bewußtsein. Diese Wirkung gehört sogar, nach der Darlegung des Hui Ming King, zu den eigentümlichen Erscheinungen der chinesischen Jogaübung. Es heißt dort: ›Jeder Teilgedanke gewinnt Gestalt, und wird sichtbar in Farbe und Form. Die Gesamtseelenkraft entfaltet ihre Spuren.‹ Die dem Buche beigegebene Abbildung zeigt einen in der Kontemplation begriffenen Weisen, das Haupt von Feuer umlodert und daraus hervorgehend fünf menschliche Gestalten, die sich ihrerseits wieder in 25 kleinere zerspalten. Das wäre ein schizophrener Prozeß, wenn er sich als Zustand festsetzen sollte. Daher sagt die Anweisung: ›Die durch das Geistfeuer gebildeten Gestalten sind nur leere Farben und Formen. Das Licht des Wesens strahlt zurück auf das Ursprüngliche, Wahre[154].‹«
Nicht nur sind die kleinen Harrys die »Gedankengestalten«, sondern das ganze Magische Theater, das Bilderkabinett, repräsentiert und enthält die »Teilgedanken«, die natürlich nur »leere Farben und Formen« sind. Daher lautet die Anklage gegen Harry, nachdem er Hermine getötet hat, wie folgt:
»Haller hat ... die hohe Kunst beleidigt, indem er unsern schönen Bildersaal mit der sogenannten Wirklichkeit verwechselte und ein gespiegeltes Mädchen mit einem gespiegelten Messer totgestochen hat[155].«
Eine zweite wichtige Gemeinsamkeit der *goldenen Blüte* mit dem *Steppenwolf* besteht zwischen den Symbolen »Animus und Anima« und den Figuren »Pablo und Hermine«. Jung erläutert die Bedeutung von Animus und Anima:
»Zu den Figuren des Unbewußten gehören nach unserem Text nicht nur die Götter, sondern auch *Animus* und *Anima*. Das Wort ›hun‹ wird von Wilhelm als Animus übersetzt und in der Tat paßt der Begriff ›animus‹ trefflich auf hun, dessen Schrift-

153 Dies ist bei Haller vor dem Magischen Theater im Maskenball vollzogen worden, siehe WA, Bd. 7, S. 360 ff.
154 *Das Geheimnis der goldenen Blüte*, S. 33.
155 WA, Bd. 7, S. 410.

zeichen aus dem Zeichen für ›Wolken‹ und dem Zeichen für ›Dämon‹ zusammengesetzt ist. Hun heißt also Wolkendämon, eine höhere Hauchseele, dem Yangprinzip zugehörig, daher männlich. Nach dem Tode steigt hun empor und wird zu ›schen‹, dem ›sich ausdehnenden und offenbarenden‹ Geist oder Gott. *Anima,* ›po‹ genannt, mit dem Zeichen für ›weiß‹ und dem für ›Dämon‹ geschrieben, also das ›weiße Gespenst‹, die niedere, chthonische Körperseele, dem Yinprinzip zugehörig, daher weiblich ... ›Der Animus ist im himmlischen Herzen ...‹ Er ist das, ›was wir von der großen Leere bekommen haben, das mit dem Uranfang von einer Gestalt ist.‹ Die Anima dagegen ist ›die Kraft des Schweren und Trüben‹, verhaftet dem körperlichen, fleischlichen Herzen. ›Lüste und Zornerregungen‹ sind ihre Wirkungen[156].«

Im *Steppenwolf* wird Harry Haller von Hermine in das sinnliche Leben eingeführt. Sie führt ihm auch Maria zu, die Verkörperung des Geschlechtlichen, deren Symbol eine Blume ist. Dabei ist bezeichnend, daß es zwischen Haller und Hermine zu keiner geschlechtlichen Beziehung kommt, da ihm eine solche Beziehung mit der eigenen Anima ebenso unmöglich ist, wie sie für Demian mit Eva, der »Urmutter«, unmöglich war. Doch Hermine führt Haller auch Pablo zu, ihren Gegenpart, der zunächst allerdings den Anschein erweckt, als sei er ein rein sinnliches Wesen. Bezeichnenderweise gelingt es Haller vorläufig nicht, mit Pablo, der sich später als die Verkörperung Mozarts entpuppt, »über das Wesen der Musik« zu sprechen. Denn als ein »verkleideter Unsterblicher« symbolisiert er Hallers Animus oder Logos, welcher ihn zu den Unsterblichen führen wird. Dagegen muß Haller Hermine »eines Tages töten«, denn als Anima muß sie sich von Haller–Pablo trennen.

Interessant dabei ist, daß Pablo, der verborgene Logos Hallers, unverkennbar nur Mann ist, während Hermine hermaphroditische Züge trägt. Der Grund dafür mag in Jungs Deutung der Anima liegen, die er dem »affektiven Charakter« in der Psychologie gleichsetzt und erklärt:

156 S. 41.f.

»Bei sorgfältiger Untersuchung zeigt es sich, daß der affektive Charakter beim Manne weibliche Züge hat ... Die tiefere Introspektion oder die ekstatische Erfahrung enthüllt die Existenz einer weiblichen Figur im Unbewußten, daher die weibliche Namengebung ... Man kann die Anima auch definieren als Imago oder Archetypus oder Niederschlag aller Erfahrungen am Weibe. Darum ist das Animabild auch in der Regel in die Frau projiziert ... Die Beziehung, welche die Anima nach chinesischer Auffassung zum Spuk hat, ist für den Parapsychologen insofern interessant, als die »controls« sehr häufig gegengeschlechtlich sind[157].«

Diese Erkärung Jungs entspricht dem Wesen Hermines und ihrem Verhalten. Sie symbolisiert tatsächlich Hallers »Niederschlag aller Erfahrungen am Weibe« und umfaßt darüber hinaus auch hermaphroditische Komponenten.

Bei seinem Versuch, den chinesischen Begriff des Tao in ein adäquates deutsches Wort zu übersetzen, zitiert Jung folgende Verse und erklärt sie:

›Willst Du vollenden den diamantnen Leib ohne Ausströmen,
Mußt Du mit Fleiß die Wurzel des Bewußtseins und Lebens erhitzen,
Du mußt *erleuchten* das stets nahe selige Land
Und dort immer dein wahres Ich verborgen wohnen lassen.‹

»Diese Verse enthalten eine Art von alchymistischer Anweisung, eine *Methode* oder einen Weg zur Erzeugung des ›diamantnen Leibes‹, der auch in unserm Texte gemeint ist. Hierzu bedarf es einer ›Erhitzung‹ resp. Steigerung des Bewußtseins, damit die Wohnung des Geistwesens ›erleuchtet‹ werde. Doch nicht nur das Bewußtsein, sondern auch das *Leben* muß gesteigert werden[158].«

Im *Steppenwolf* wird sowohl Hallers Bewußtsein als auch die Intensität seines Lebens gesteigert, und zwar durch sinnliche Liebe und Drogen. Die Zusammenkünfte mit Maria bewirken Wunder:

157 S. 43.
158 S. 21.

»Maria lehrt mich – in jener wunderlichen ersten Nacht und in den folgenden Tagen – vieles, nicht nur holde neue Spiele und Beglückungen der Sinne, sondern auch neues Verständnis, neue Einsichten, neue Liebe ... Marias liebevolle Worte [über Jazz etc.], ihr sehnsüchtig aufblühender Blick riß breite Breschen in meine Ästhetik. Wohl gab es einiges Schöne, einiges wenige auserlesene Schöne, das mir über jeden Streit und Zweifel erhaben schien, obenan Mozart, aber wo war die Grenze ...
Und wunderlich! – beständig blieb die schöne Blume [Maria] dennoch das Geschenk, das mir Hermine gemacht hatte! Beständig stand jene hinter ihr, war maskenhaft von ihr umschlossen! Und zwischenein plötzlich dachte ich an Erika, an meine ferne böse Geliebte ...
Und so stiegen viele Bilder meines Lebens in dieser schönen, zärtlichen Nacht vor mir auf, der ich so lange leer und arm und bilderlos gelebt hatte. Jetzt, vom Eros zauberhaft erschlossen, sprang die Quelle der Bilder tief und reich ... wie voll hoher ewiger Sterne und Sternbilder der Seele ...[159].«

Die Drogen erhält Haller von Pablo. Sie sind es auch, die seinen Weg ins Magische Theater ebnen.

Auf seiner Suche nach einem adäquaten deutschen Begriff für Tao fand C. G. Jung nur eine Definition, wie sie im *Geheimnis der goldenen Blüte* erscheint:

»Wenn wir Tao als Methode oder als bewußten Weg, der Getrenntes vereinigen soll, auffassen, so dürften wir dem psychologischen Gehalt des Begriffes wohl nahe kommen ... und die Absicht dieser Vereinigung ist die Erzielung bewußten Lebens, chinesisch ausgedrückt: *Herstellung des Tao*[160].«

Könnte nicht der *Steppenwolf* mit seinem wölfischen Traktat, seiner Darstellung von Hallers »Lernwochen des Lebens« und seinem Magischen Theater als ein Versuch verstanden werden, »Tao herzustellen«, selbst wenn Harry Haller der Versuch nicht gleich auf Anhieb geglückt ist? Haller wird ihn wiederholen, denn er weiß:

»Einmal würde ich das Figurenspiel besser spielen. Einmal

159 WA, Bd. 7, S. 328 ff.
160 S. 22.

würde ich das Lachen lernen. Pablo wartet auf mich. Mozart wartet auf mich[161].«

Nach diesem Vergleich der Erzählung *Steppenwolf* mit dem Meditationsbuch das *Geheimnis der goldenen Blüte* kann es nicht mehr verwundern, daß Hesse in C. G. Jungs »Psychologischem Club« aus dem *Steppenwolf* vorgelesen hat, noch ehe das Buch gedruckt war. Auch erinnert Hesses Aquarell »Maskenball« aus dem Jahre 1926 stark an ein Mandala, dessen Symbolik C. G. Jung genau untersucht und interpretiert hat.

Ein detaillierter Nachweis aller chinesischen Motive im Handlungsablauf des *Steppenwolf* kann hier nicht geleistet werden. Der kundige Leser wird selber entdecken, daß Hesse in seinem Roman die Präsenz des Tao aus der Natur in den technischen und sozialen Bereich übertragen hat, und daß auch hier die Magie des Selbstverständlichen eine Rolle spielt, wie sie uns aus den chinesischen Erzählungen bekannt ist. Besonders die Höllenszene mit Brahms und Wagner erinnert an die Darstellung der Hölle bei den Chinesen – z. B. in der Geschichte »Wie einer den Höllenfürsten beschimpft«[162] – wo jeder seinen Sünden entsprechend bestraft wird. Wer z. B. Lebensmittel verschwendet, muß hungern, etc. Auch das Spiegel-Motiv erscheint in dieser Geschichte.

Im Folgenden wollen wir uns damit begnügen, nur noch auf den Aspekt im *Steppenwolf* hinzuweisen, der die Verwandtschaft mit taoistischen Erkenntnissen illustriert.

Der »Traktat vom Steppenwolf« gibt allen »Steppenwölfen«, die den Sprung ins Kosmische und zu den »Unsterblichen« nicht wagen, den Wink, sie mögen der bürgerlichen Welt mit Humor begegnen:

»In der Welt zu leben, als sei es nicht die Welt, das Gesetz zu achten und doch über ihm zu stehen, zu besitzen, ›als besäße man nicht‹, zu verzichten, als sei es kein Verzicht – all diese beliebten und oft formulierten Forderungen einer hohen Lebensweisheit ist einzig der Humor zu verwirklichen fähig[163].«

161 WA, Bd. 7, S. 413.
162 Richard Wilhelm, *Chinesische Volksmärchen.*
163 WA, Bd. 7, S. 238.

Diese vier Umkehrungen sind dem Geist des *Tao Te King* verwandt. »Als besäße man nicht« ist eine Eigenart des Tao, welche alles hervorbringt, ohne etwas davon zu behalten oder zu besitzen. Auch Dschuang Dsi sagt Ähnliches in dem Abschnitt, der mit »In der Welt, aber nicht von der Welt« überschrieben ist. Nachfolgend sei daraus nur eine Passage zitiert:

»Wer aber sich dem SINN und LEBEN anvertraut, um (diese Welt) zu überfliegen, dem geht es nicht also. Er ist erhaben über Lob und Tadel, bald wie der Drache, bald wie die Schlange; entsprechend den Zeiten wandelt er sich und ist allem einseitigen Tun abgeneigt; bald hoch oben, bald tief unten, wie es das innere Gleichgewicht erfordert; er schwebt empor zum Ahn der Welt. Die Welt als Welt behandeln, aber nicht von der Welt sich zur Welt herabziehen lassen: so ist man aller Verwicklung enthoben[164].«

Doch der Humor, dem Hesse die Priorität gibt, ist seine eigene Lösung, die Welt erträglich zu machen. Ein Chinese würde Gleichmut sagen statt Humor. Humor allerdings bedarf es zur Lektüre des zweiten Teils von Peter Heinz Herzogs Aufsatz[165] über Hesse und China. Das einzige chinesische Element, das er im *Steppenwolf* entdecken kann, ist, daß Harry Haller im Magischen Theater mit »der glatten Chinesin geschlafen« habe[166], die er zuvor einmal im Hafen von Marseille gesehen hat.

NARZISS UND GOLDMUND

Vielen der bereits erwähnten chinesischen Motive Hesses begegnet man wieder in der unmittelbar nach Beendigung des *Steppenwolf* begonnenen Erzählung *Narziß und Goldmund* (1930). Das wichtigste ist wohl das Bild der Urmutter, die hier um einige Eigenschaften bereichert ist. Sie ist Anima, das Yin-

164 Buch xx, Abs. 1.
165 In: *United College Journal*, Bd. 9, 1971, S. 231 ff.
166 Ebenda, S. 234.

Prinzip und zugleich das Tao. Zunächst tritt sie als das verdrängte Bild der leiblichen Mutter Goldmunds in Erscheinung, das sich zur Anima steigert. Nach einem geschlechtlichen Erlebnis verläßt Goldmund das Kloster, wo er Mönch werden sollte, um sich in einem extrovertierten und sinnlichen Leben künstlerisch-produktiv zu verwirklichen. Mit der Akkumulation seiner Erlebnisse wird das Bild der Mutter und Anima zur Urmutter erhoben. Sie ist die Mutter des Lebens, die auch den Tod in sich birgt:

»... Sie war die Quelle des Glücks und die Quelle des Todes, sie gebar ewig, tötete ewig, in ihr waren Liebe und Grausamkeit eins ...[167].«

Vergleichen wir die Eigenschaften der Urmutter mit der des Yin-Prinzips, wie es im *I Ging* steht, so fallen die Ähnlichkeiten sofort auf:

»Ebenso wie es nur einen Himmel gibt, gibt es auch nur eine Erde. Während aber beim Himmel die Verdoppelung des Zeichens zeitliche Dauer bedeutet, bedeutet sie bei der Erde die räumliche Ausdehnung und Festigkeit, mit der sie alles, was da lebt und webt, trägt und erhält. Die Erde in ihrer Hingebung trägt ohne Ausnahme Gut und Böse ...

Wie die lichte Kraft das Leben darstellt, so die schattige Kraft den Tod. Im Herbst, wenn der Frühreif fällt, ist die Kraft des Dunkels und der Kälte erst in der Entfaltung. Nach den ersten Spuren werden sich nach festen Gesetzen die Äußerungen des Todes allmählich mehren, bis schließlich der starre Winter mit seinem Eis da ist[168].«

In *Narziß und Goldmund* hat das Motiv der Urmutter endgültig das konventionelle Todesbild mit Skelett und Sense – das noch in Klingsors Gedicht anklang – abgelöst. Urmutter und Tod symbolisieren den Wandel schlechthin, doch dieser wird nicht allein von Yin, sondern im Zusammenwirken mit Yang verursacht. So ist für den Bildhauer Goldmund die Kunst:

»... eine Vereinigung von väterlicher und mütterlicher Welt,

167 WA, Bd. 8, S. 174.
168 *I Ging*, S. 8.

von Geist und Blut; sie konnte im Sinnlichen beginnen und ins Abstrakteste führen, oder konnte in einer reinen Ideenwelt ihren Anfang nehmen und im blutigsten Fleische enden. Alle jene Kunstwerke, die wahrhaft erhaben und nicht nur gute Gauklerstückchen, sondern vom ewigen Geheimnis erfüllt waren, zum Beispiel jene Mutter Gottes des Meisters, alle jene echten und unzweifelhaften Künstlerwerke hatten dies gefährliche, lächelnde Doppelgesicht, dies Mann-Weibliche, dies Beieinander von Triebhaftem und reiner Geistigkeit. Am meisten aber würde die Eva–Mutter dieses Doppelgesicht einst zeigen, wenn es ihm einst gelänge, sie zu gestalten[169].«

Somit repräsentiert die Eva–Urmutter das Yin- und Yang-Prinzip zugleich. Sie entspricht dem Bild des Tai-Gi. Aus dem Zusammenwirken von Yin und Yang entstehen Schöpfung, Wandlung und Dauer. Yin und Yang sind Eigenschaften des Tao, welches im Tao Te King manchmal auch als Urmutter und spendende Mutter vorkommt. Darum empfindet Goldmund sein Sterben als Heimkehr, als Rückkehr zur Mutter und ist nicht imstande, das Bild dieser Urmutter zu malen, da es den Kosmos mit allem Weltgeschehen darzustellen hätte. Es wäre daraus ein Strom von Bildern geworden, oder ein Symbol des Tai-Gi. Hesse hat Goldmund als die Verkörperung des Yin- und Narziß als die des Yang-Prinzips dargestellt. Doch sowohl im Yin ist das Yang vorhanden, als auch umgekehrt. Das zeigt sich bei Hesse bereits in den Namen. Der geistige Mensch heißt Narziß, wie die Gestalt aus der griechischen Mythologie, wo sie jedoch nicht ein Exponent des Geistigen, sondern des Sinnlichen ist. Der Vertreter der Sinnlichkeit heißt Goldmund. Sein Namenspatron ist der Heilige Chrysostomus, der als großer Prediger galt. Zur inneren Einheit der Pole in der jeweiligen Person gesellt sich die äußere: Narziß und Goldmund bilden durch ihre Liebe zueinander je eine Hälfte des Ganzen. Das erinnert an das Bild Tai-Gi, welches sowohl den Makrokosmos als auch den Mikrokosmos symbolisiert. Trotz der einheitlich orientierten Disposition seiner Protagonisten sind die beiden Pole für Hesse nicht gleichwertig. Zwar dient Narziß dem

169 Ebenda, S. 175.

Geist und beherrscht seine Mitmenschen dadurch, daß er ihnen dient – ein Thema, das wir in der *Morgenlandfahrt* und im *Glasperlenspiel* wiederfinden –, gleichwohl weiß er sich Goldmund von Anfang an unterlegen:
»›Gewiß‹, sprach Narziß weiter. ›Die Naturen von deiner Art ... die Beseelten, die Träumer, Dichter, Liebenden, sind uns andern, uns Geistmenschen, beinahe immer überlegen ...[170]‹«
Dieselbe Unterlegenheit kommt nochmals, allerdings indirekter, am Sterbebett seines Freundes zum Ausdruck:
»›... Dir allein danke ich es, daß mein Herz nicht verdorrt ist, daß eine Stelle in mir blieb, die von der Gnade erreicht werden kann‹[171].«
Auch Goldmund spürt, daß Narziß etwas fehlt, das zeigt seine letzte Frage vor dem Tod:
»Und mit einer Bewegung, als versuche er den Kopf zu schütteln, flüsterte er: ›Aber wie willst Du einmal sterben, Narziß, wenn du doch keine Mutter hast? Ohne Mutter kann man nicht lieben. Ohne Mutter kann man nicht sterben‹[172].«
Das Muttermotiv haben wir zuletzt als einen Bestandteil des Tao erkannt, doch auch das Yang-Prinzip ist eine Eigenschaft des Tao. Warum weist Hesse seinem Narziß eine scheinbar übergeordnete, in Wirklichkeit aber eine untergeordnete Rolle an? Irrt unsere Interpretation, oder hatte Hesse diesem »Geist« gegenüber Zweifel? Symbolisiert Narziß den Geist oder bloß den Intellekt? Oder ist der Geist europäischer Provenienz so »männlich«, daß er das Yin-Prinzip nicht mehr enthält? Dies sind keine akademischen Fragen, denn die Figuren in Hesses Dichtungen sind Personifizierungen seiner eigenen Erlebnisse, Konflikte und Widersprüche, welchen sein »Über-Ich« das Wort erteilt und sie zusammenhält. Eine endgültige Antwort auf diese Fragen können wir nicht geben. Statt dessen seien zwei Gedanken von Narziß erwähnt, denen auch im *Glasperlenspiel* eine wichtige Rolle zukommt.
Narziß bedarf des Klosters und des Klosterlebens, weil »das

170 Ebenda, S. 49.
171 Ebenda, S. 315.
172 Ebenda, S. 320.

reine Denken ... einen gewissen Schutz vor der Welt«[173] verlangt, wie er sagt. Die »Schutzmauer« des Klosters entspricht der Idee der pädagogischen Provinz Kastaliens, wo ähnlich wie in Mariabronn der reine Geist gepflegt wird.
Später stellt Narziß sich selbst diese Frage, ohne jedoch eine Antwort darauf zu finden (Siddharthas Antwort wäre ein unmißverständliches Nein gewesen):
»War der Mensch wirklich dazu geschaffen, den Aristoteles und Thomas von Aquin zu studieren, Griechisch zu können, seine Sinne abzutöten und der Welt zu entfliehen?«
Vor ähnlichen Fragen steht auch der Protagonist des *Glasperlenspiels,* Josef Knecht, bevor er Kastalien verläßt. Vielleicht gelingt es uns, anhand von Hesses Modell der pädagogischen Provinz auf diese Fragen eine Antwort zu finden.

Die Morgenlandfahrt

Bevor Hesse sein Alterswerk *Das Glasperlenspiel* schreiben konnte, das klarer und emotionsloser als die meisten seiner frühen Bücher abgefaßt ist, mußte er die *Morgenlandfahrt* schreiben, ein autobiographisches Märchen, das Hesses Leben von seiner Kindheit bis 1930 rekapituliert. Dies zeigt sich nicht nur in dem dreistufigen Aufbau des Textes – kindliche Unschuld, Verzweiflung und Selbstanklage, Reinigung –, sondern auch im Rekapitulieren vieler Gestalten seiner früheren Bücher, von Anselm bis Pablo, sowie in den zahlreichen poetischen Porträts persönlicher Freunde. Um der Irritation seiner Leser zuvorzukommen, zitiert Hesse gleich zu Beginn der *Morgenlandfahrt* Siddhartha:
»... Allein das Paradoxe muß immer wieder gewagt, das an sich Unmögliche muß immer neu unternommen werden. Ich halte es mit Siddhartha, unserem weisen Freund aus dem Osten, der einmal gesagt hat: ›Die Worte tun dem geheimen Sinn nicht gut, es wird immer alles gleich ein wenig anders, ein wenig verfälscht, ein wenig närrisch – ja, und auch das ist gut,

173 Ebenda, S. 286.

auch damit bin ich einverstanden, daß das, was eines Menschen Schatz und Weisheit ist, dem andern immer wie Narrheit klingt[174].‹«

Mit diesem Zitat wird eine Brücke geschlagen zwischen der *Morgenlandfahrt* und China. Ergänzen könnte man es um die folgende Passage aus einem undatierten Brief Hermann Hesses:

»Wer nicht beweisen, sondern Weisheit atmen und leben will, dem geht es immer wie es Lao Tse ging, dem weisesten der Menschen, welcher erkannte, daß jeder Versuch, die eigentliche Weisheit in Formeln auszusprechen, sie schon zur Narrheit mache[175].«

Die Gemeinsamkeiten zwischen dem Diener Leo der *Morgenlandfahrt* und Lao Tse werden uns noch beschäftigen. Zunächst einige weitere Analogien:

Von Anfang an weisen die »Überperson« des Autors und H. H., seine »Unterperson«, darauf hin, daß die Morgenlandfahrt keine tatsächliche Reise, sondern eine »seelische Erlebnisschicht«[176] darstelle. Sie ist zu verstehen als ein »Heimwärtsstreben der Geister nach Morgen, nach der Heimat« oder um es mit den Worten von Novalis zu sagen: »Wo gehen wir denn hin? Immer nach Hause[177].« Aus dieser großen Un- bzw. Überwirklichkeit heraus versteht es sich von selbst, daß technische Errungenschaften jeder Art abgelehnt werden müssen für diese Reise. H. H. betont dies an zwei Stellen. Bezeichnend ist hier, wie er es motiviert:

»Den Vorschriften getreu, lebten wir als Pilger und machten von keiner jener Einrichtungen Gebrauch, welche einer von Geld, Zahl und Zeit betörten Welt entstammen und das Leben seines Inhaltes entleeren; vor allem gehörten dazu die Maschinen, wie Eisenbahn, Uhren und dergleichen[178].«

Der Akzent liegt also auf den *Maschinen* der verblendeten

174 WA, Bd. 8, S. 325.
175 Ebenda.
176 Ebenda.
177 Ebenda, S. 329. Diese »Heimat« ist uns inzwischen so vertraut geworden, daß wir hier kein Wort darüber zu verlieren brauchen.
178 Ebenda, S. 324 und S. 329.

Welt. Doch verbirgt sich in dieser scheinbar harmlosen Emphase Entscheidendes. Bei Dschuang Dsi können wir folgende Episode nachlesen: Ein Schüler des Konfuzius beobachtet einen alten Mann, der selber in den Brunnen steigt, um dort sein Gefäß mit Wasser zu füllen und es sodann in die Bewässerungsgräben auszugießen. Der Jünger Kungs lacht ihn aus und belehrt ihn, es gäbe doch so etwas wie einen Ziehbrunnen, mit dem man das Wasser mühelos hochholen könnte. Der Alte aber antwortet:

»Ich habe meinen Lehrer sagen hören: Wenn einer Maschinen benützt, so betreibt er all seine Geschäfte maschinenmäßig; wer seine Geschäfte maschinenmäßig betreibt, der bekommt ein Maschinenherz. Wenn einer ein Maschinenherz in der Brust hat, dem geht die reine Einfalt verloren. Bei wem die reine Einfalt hin ist, der wird ungewiß in den Regungen seines Geistes. Ungewißheit in den Regungen des Geistes ist etwas, das sich mit dem Tao nicht verträgt[179].«

Es ist bezeichnend, daß – unabhängig von der *Morgendlandfahrt* – D. T. Suzuki dasselbe Gleichnis zitiert, um den Unterschied zwischen den »Chinesen und andern asiatischen Völkern« und den Abendländern zu verdeutlichen. Er betont, daß die Chinesen »das Leben so lieben, wie es ist«, und gibt zu bedenken, daß die Voraussetzung zur Mechanisierung Verstandesarbeit sei, der Verstand aber einseitig zweckorientiert denke[180]. Im Gegensatz dazu bezeichnet Hesse bewußt die Einfalt als eine Voraussetzung zur Teilnahme an der Morgenlandfahrt und wendet sich damit gegen die ständig zunehmende Verdrängung des naiven durch das rationale Verhalten. Wer, wie es auch H. H. in der *Morgenlandfahrt* zustößt, diese Einfalt verliert, gerät in Verzweiflung. Denn das ausschließlich zweckorientierte Denken verfehlt das Ziel der Morgenlandfahrer, die ja unabhängig geworden sind von der durch »Geld, Zahl und Zeit betörten« Umwelt. Deshalb wird in der *Morgenlandfahrt*, als ein junger Mann den »Bund« verläßt,

179 Buch XII, Abs. 11.

180 »Über den Zen-Buddhismus«, in: *Zen-Buddhismus und Psychoanalyse*, a. a. O., S. 15 ff.

betont, daß er »zur Eisenbahn, zur Vernunft und zur nützlichen Arbeit zurückkehren«[181] wird, also in die verstandes- und zweckgebundene Welt. Dschuang Dsi ebenso wie die *Morgenlandfahrt* zeigen uns, wohin der Verlust der Naivität führt: zur »Ungewißheit in den Regungen des Geistes« und schließlich zur Verzweiflung.

Doch bevor die Ratio und die notwendig mit ihr verbundene Verzweiflung auftreten, herrscht die Einfalt, diese Gemeinsamkeit der Morgenlandfahrer, die ihnen ihr traumwandlerisch sicheres Heimwärtsstreben ermöglicht. Sie durchqueren in Hesses autobiographischer Fabel auf ihrer Reise Schwaben, die Schweiz und Italien und sind in Kontakt mit der Bevölkerung. Indem sie das Leben lieben, wie es ist, sind sie in der Lage, die wirkliche Welt zu erleben. Gleichzeitig aber besitzen sie die magische Kraft, »alles Erdenkliche gleichzeitig zu erleben, Außen und Innen spielend zu vertauschen, Zeit und Raum wie Kulissen zu verschieben ... so riefen wir das Gewesene, das Zukünftige, das Erdichtete schöpferisch in den gegenwärtigen Augenblick«[182]. Denn die Überwirklichkeit ist hier mit der Realität noch verschmolzen, dies gilt auch für die Teilnehmer an der Morgenlandfahrt, die aus historischen Personen, Freunden Hesses sowie Gestalten eigener und wahlverwandter Dichtungen bestehen. Sie alle folgen einem Kindertraum:

»Ich erinnere mich einer auserlesenen kleinen Gruppe, mit welcher wir einige Tage gemeinsam marschierten und lagerten; diese Gruppe hatte es auf sich genommen, die in Afrika gefangenliegenden Bundesbrüder und die Prinzessin Isabella aus den Händen der Mauren zu befreien. Von ihnen hieß es, sie besäßen das Horn des Hüon, und unter ihnen waren der mir befreundete Dichter Lauscher, der Maler Klingsor und der Maler Paul Klee ... ihre Bibel war das Buch von den Taten Don Quichotes ... Ich traf Jup, den Magier, der das Glück seines Lebens in Kaschmir zu pflücken gedachte, ich traf Collofino, den Rauchzauberer, seine Lieblingsstelle aus dem Abenteuerlichen Simplizissimus zitierend, ich traf Louis den Grau-

181 WA, Bd. 8, S. 333.
182 Ebenda, S. 338.

samen, dessen Traum es war, im Heiligen Lande einen Ölgarten zu pflanzen und Sklaven zu halten, Arm in Arm ging er mit Anselm, der die blaue Irisblume seiner Kindheit suchen ging. Ich traf und liebte Ninon . . .[183].«

Dies ist nur eine der zahlreichen Passagen, in denen gleichzeitig Wirklichkeit und Überwirklichkeit zusammenwirken. Wir erfassen sie unmittelbar als die »Magie des Selbstverständlichen«, welche Hesse schon 1912 bei seiner Lektüre von Martin Bubers Übertragung der *Chinesischen Geister- und Liebesgeschichten* gefesselt hat. Die Sensibilität hierfür hat er auch künftig bewahrt, ja weiterentwickelt, wie z. B. seine Rezension des 1935 im Insel Verlag erschienenen Romans *Die Räuber vom Liang Schan Moor* zeigt:

»Die Abenteuer dieser figurenreichen Geschichte (sie ist ein ganzer kleiner Sagenkreis) aus dem dreizehnten Jahrhundert zu lesen, ist ähnlich wie einen Gobelin oder eine alte orientalische Malerei zu betrachten; mir kommt es dabei nicht auf den geschichtlichen Inhalt an, obwohl auch er interessant ist, sondern auf das Wandeln in einem Garten der Überwirklichkeit, der Abenteuer, Erfindungen und schön gewundenen Verschlingungen; im Gegensatz zu unserem naiven Naturalismus wird hier das Nahe fern, das Wirkliche zum Spiegelbild gemacht: hinter einem magischen Vorhang, hinter einem Zauberglas spielen die Vorgänge sich ab, eingerahmt von der reichen Ornamentik der klassischen Lebensweisheit und des religiösen Ritus. Es thronen Kung Fu Tse und Buddha in stilisierten Wolken hoch über den Ereignissen[184].«

Was Hesse hier über den magischen Vorhang und die klassische Lebensweisheit sagt, trifft auch auf die *Morgenlandfahrt* zu. Damit wollen wir nicht behaupten, er habe die chinesischen Erzählungen imitiert, dies wäre falsch, nicht nur, weil der Erlebnisgehalt der Dichtungen Hesses dies ausschließt. Doch ist nicht zu leugnen, daß es ihm gleichfalls gelungen ist, sich diese »Magie des Selbstverständlichen« anzueignen. Das wird besonders auffällig, wenn wir die beiden ersten Teile der *Morgen-*

183 Ebenda, S. 335 f.

184 *Die neue Rundschau*, Jg. 46, Bd. 1, 1935, S. 325-335.

landfahrt mit Martin Bubers Charakterisierung der Eigenart chinesischer Erzählungen vergleichen:

»Die Ordnung der Natur wird hier nicht durchbrochen, sondern erweitert: nirgends stockt die Fülle des Lebendigen, und alles Lebendige trägt den Samen des Geistes. Nicht allein in Tieren, Pflanzen und Gestein erblüht das Dämonische und will sich zur Menschengestalt wie zu einer Frucht verdichten: was deine Hand verfertigt hat, begehrt zu atmen und sich Atmendem zu vermählen; was dein Sinn erdacht hat, regt und reckt sich als ein Wirkliches in die Sichtbarkeit hinein; jede Tat kann dir einen Dämon zeugen, der als dein Freund, als deine Gattin, als dein Sohn in dein Haus tritt und dir vergilt[185].«

Aus diesem Zitat läßt sich auch erkennen, daß Hesse bereits die »Magie des Selbstverständlichen« hinter sich gelassen hat. Dies zeigt sich an Leo, der Schlüsselfigur der *Morgenlandfahrt.*

R. A. H. Farquharson glaubte Leo mit Hesses Kater Löwe identifizieren zu können. Es habe, so führt er aus, bisher keine zufriedenstellende Interpretation der *Morgenlandfahrt* gegeben, und er meint sodann, »daß das Erkennen von Löwe als die Inspiration für Leo vielleicht das Wichtigste«[186] sei. Dabei ignoriert er, daß Hermann Hesse derartige Abhandlungen nicht sonderlich schätzte, sondern sie den Eigenarten des »feuilletonistischen Zeitalters« zuordnete. Spekulationen dieser Art finden durchaus ihre Parallelen in den Produkten der Feuilletonepoche:

»Beliebte Inhalte solcher Aufsätze waren Anekdoten aus dem Leben berühmter Männer ... sie hießen etwa ›Friedrich Nietzsche und die Frauenmode um 1870‹ oder ›Die Lieblingsspeisen des Komponisten Rossini‹ oder ›Die Rolle des Schoßhundes im Leben großer Kurtisanen‹ und ähnlich[187].«

Die »Hersteller dieser Tändeleien« sollen u. a., wie die Ge-

185 S. IX f.

186 »The Identity and Significance of Leo in Hesses ›Morgenlandfahrt‹«, in: *Monatshefte*, Bd. LV, Nr. 3, März 1963, S. 127.

187 WA, Bd. 9, S. 18.

schichtsschreiber des *Glasperlenspiels* vorgeben, »Hochschullehrer von Ruf« und ihre Produkte die »Selbstpersiflage ihrer Urheber«[188] gewesen sein.

Thesen wie diese, daß Leo mit Hesses Kater Löwe identisch sei, sind Schulbeispiele für willkürliche Interpretation. Belegen will Farquharson seine Entdeckung damit, daß Leo im Morgenland die Sprache der Vögel erlernen will, daß er sich auf Nägelschneiden, Fußpflege und Massage verstehe, daß er Heilsalben und Kräuterkuren mache und in schlechten Zeiten Hunde dressiere und schere. Entsprechen derartige Fertigkeiten den Bedürfnissen und Fähigkeiten eines Katers? Solche Fragen stellt sich der Verfasser nicht, führt statt dessen aber Leos Gang als Beweis für seine These an. Denn der Gang eines Katers sei, so schreibt er, ebenfalls »lautlos«, »kaum hörbar«, »elastisch«. Auch daß er »geduldig« und »vornehm« sei, lassen wir gelten. Aber geht ein Kater auch »sorgfältig wohlwollend«? Farquharson führt noch eine Reihe solcher »Analogien« an: daß Leo ein Geschlechtsname sei, daß er bei einer Wiederbegegnung H. H. nicht erkenne, daß er kein Kenner von Menschen, sondern von Hunden, Vögeln und Katzen sei, daß er singe und daß Leo im Bundesarchiv als »Chattorum v. gest.« verzeichnet sei. Dabei meidet Farquharson Fragen wie die folgenden: warum ein Kater die Vogelsprache lernen sollte (etwa um diese dann besser fangen zu können?), wie er »wohlwollend« gehen oder Hunde dressieren kann, warum er ein Knabengesicht hat, warum der Wolfshund Necker mit Kater Leo in »vertrauter Freundschaft«, aber zu H. H. in Feindschaft stehe, warum Leo in zehn Jahren nicht gealtert ist (die durchschnittliche Lebenserwartung einer Katze beträgt etwa zehn Jahre), warum er den Regen liebt, wo er seine Weisheit her hat, usw. Die Antworten darauf würden wohl zeigen, daß Leo kein Kater im päpstlichen Gewand sein kann. Viel eher ähneln die Eigenschaften Leos denen eines Franz von Assisi, über welchen Hesse bereits sehr früh ein Büchlein schrieb und der die Weltanschauung seines *Peter Camenzind* entscheidend prägte.

188 Ebenda, S. 17 f.

Wir wollen Leo aus einer anderen Perspektive betrachten. Zu seinen oben zitierten Eigenschaften sollten auch die folgenden hinzugezogen werden: Leo ist »einfach und natürlich«, »gesund und freundlich anspruchslos«[189]. Wir brauchen nur die 81 Sprüche des *Tao Te King* durchzulesen, um zu entdecken, daß diese Eigenschaften genau auf diejenigen eines »Berufenen« zutreffen. Wenn man so will, ist das sichtbare Tao der Makrokosmos. Wer ihn in sein Leben einbezieht, ist natürlich. Wie wir bei der Analyse der Wassersymbolik in *Siddhartha* festgestellt haben, ist Tao »freundlich anspruchslos«. Außerdem ist der »Berufene« notwendigerweise einfältig und gesund (man erinnere sich an den alten Mann in Dschuang Dsis Brunnen-Gleichnis), denn der »Berufene« macht das Herz leer und den Leib tüchtig, Eigenschaften, wie sie Lao Tse mehrmals betont. Darüber hinaus scheint Leos Freundschaft und Vertrauen jedem Tier, jedem Regentropfen, jedem Fleck Erdboden zu gehören, und er scheint in ständiger Hingabe unentwegt in »fließender, wogender Beziehung und Gemeinschaft mit seiner Umgebung zu stehen, alles zu kennen, von allen gekannt und geliebt zu sein«[190].

Wer auf diese Weise kraft seines Wesens alles durchdringt und von allen geliebt wird, ist eins mit der Mutter der Welt oder dem Schöpfer. Die Nomenklatur spielt hier keine Rolle mehr, denn für Hesse waren »Gnade« oder »Tao« nur verschiedene Namen für ein und denselben Begriff:

»Ich glaube, die Gnade, oder das Tao oder wie man es nennen will, umgibt uns immerzu, sie ist das Licht und ist Gott selbst, und wo wir einen Augenblick offenstehen, geht sie in uns ein, in jedes Kind wie in jeden Weisen[191].«

In einem anderen Brief sagt Hesse:

»Unter den Bekenntnissen, die die Menschheit sich formuliert hat, verehre ich am höchsten das der alten Chinesen und das der katholischen Kirche. Auch in diesen Bekenntnissen findet der Einzelne, der zur Persönlichkeit Bestimmte nicht einfach

189 Ebenda, S. 337.
190 Ebenda, S. 365.
191 Brief an Otto Basler vom 1. 12. 1937.

Ruhe, denn sein ›Sinn‹ ist eben nicht die Ruhe, zu seinem ›Sinn‹ gehört, daß er sich viel Unruhe schaffen muß[192].«
Das ist nicht verwunderlich. Schon Julius Grill und Hesses Vater Johannes hatten auf die Analogien zwischen dem *Tao Te King* und der *Bibel* hingewiesen. In der Vorbemerkung zu seinem Buch über Lao Tse schrieb Johannes Hesse:
»Was ich selbst in dieser Studie biete, ist 1. eine sachlich geordnete und mit eigenen Schriften versehene Auswahl der schönsten Sprüche des Lao-Tsze nach der Grillschen Übersetzung in 34 kurzen Abschnitten; 2. eine Sammlung von biblischen Parallelstellen, die je dem betreffenden Abschnitt beigefügt sind . . .[193].«
Grill und Johannes Hesse waren nicht die einzigen, die zwischen der Bibel und dem Buch Lao Tses Ähnlichkeiten fanden. Auch Martin Buber war einer unter den vielen. Er hatte u. a. festgestellt, daß die Eigenschaft des Tao »sich gleich einem Staub«[194] zu machen, identisch sei mit dem Annehmen der Knechtsgestalt im *Neuen Testament*. Er sagte:
»Staub = Abfall. Das ganze Vergängliche. Mit seinem Abfall identifiziert er sich. Er gibt sein Substanzsein auf, identifiziert sich mit seiner Peripherie. Analogie mit dem neuen Testament: Knechtsgestalt annehmen, aber beim Tao nicht historisch gefaßt, sondern als ewige Wirkungsweise[195].«
Der Berufene wählt sich Tao als Vorbild. Er macht sich zu Staub bzw. wird zum Knecht. So auch Leo. Er ist Diener, er ist einer der massiert, dressiert, pedikürt. Er ist ganz »Staub«, ganz Knecht, zugleich aber Oberster der Oberen im päpstlichen Ornat, denn er besitzt die drei Schätze des Lao Tse: Liebe, Genügsamkeit und Demut. Liebe macht mutig, Genügsamkeit weitherzig und »Demut macht, daß man fähig wird zu herrschen«[196]. Diesen Eigenschaften Leos entspricht auch seine Lehre:

192 *Ausgewählte Briefe*, a. a. O., S. 134.

193 *Lao-Tsze, ein vorchristlicher Wahrheitszeuge*, Basel: Verlag der Basler *Missionsbuchhandlung*, 1914, S. 4.

194 4. Spruch bei Lao Tse.

195 Besprechungen mit Martin Buber über Lao Tses Tao-te-king, in Ascona, August 1924, a. a. O., S. 5.

196 67. Spruch.

nicht streben, sondern dienen[197]. Sie ist taoistisch und christlich zugleich, während seine Auffassung, daß »das Leben bloß ein Spiel sei«, keine christlichen Elemente mehr enthält, sondern ausschließlich taoistische. Denn die Lebensweise eines Taoisten läßt sich in einem Wort zusammenfassen: Natürlichsein. Wer nach seiner eigenen und der Tao-Natur lebt, für den ist das Leben »schön und glücklich«[198]. Wirren entstehen nur, wenn man nach anderem strebt oder das Leben zu ernst nimmt.

Die Übereinstimmung seiner Anlagen mit seinem Leben macht Leo vollkommen. Auch er ist wie Vasudeva ein Vollendeter und daher eins mit Tao. Das macht die Doppelfigur H. H.–Leo verständlich. Denn die Kunst ist umfassender als der Künstler. Die Gestalten einer Dichtung sind vollkommener als ihre Urheber. Leo, der Vollendete, hat die Essenz seines Gestalters absorbiert, daher verwelkt H. H., während Leo immer lebendiger wird. Metaphysisch betrachtet, wäre die Doppelfigur als ein Wunsch des Verfassers zu verstehen, seinem Protagonisten Leo gleich zu werden, könnte also als Fortsetzung des Motivs der »Unsterblichen« im *Steppenwolf* gedeutet werden. Auch H. H. in der *Morgenlandfahrt* erreicht das Ziel nicht, aber er weiß jetzt ganz genau; Leo muß wachsen, H. H. muß sich verringern.

In diesem Zusammenhang darf eine Analyse des Bundesarchivs nicht fehlen. Augenfällig ist seine Ähnlichkeit mit dem Magischen Theater des *Steppenwolfs*, denn beide sind Schauplatz einer Selbstanklage. Harry Haller wird zur Strafe ausgelacht, bei H. H. wird dieses Auslachen zum »Auslächeln«. Doch das Bundesarchiv ist über die Dimensionen des Magischen Theaters hinausgewachsen. Erkennen läßt sich das sowohl am unendlichen Ausmaß des Archivs, als auch an der Zusammensetzung der »Oberen«, deren Zahl nicht mehr registrierbar ist. Allein Pablo–Mozart stellt die Verbindung zum früheren Rahmen her. Während das Magische Theater als die Psyche Hesses aufgefaßt werden kann, symbolisiert das Bundesarchiv sein »Herz« in chinesischem Sinn, zugleich aber ist es das »Herz«

197 WA, Bd. 8, S. 341, S. 368, S. 378.
198 Ebenda, S. 363.

der Welt, denn zu den Mitbegründern des Bundes zählen »Zoroaster, Lao Tse, Platon, Xenophon, Pythagoras, Albertus Magnus, Don Quichotte, Tristram Shandy, Novalis, Baudelaire«[199].

Der Gedanke des umfassenden Bundesarchives findet später seine Parallelen im *Glasperlenspiel*.

Das Glasperlenspiel

Neben der Einführung in die Entwicklungsgeschichte des Spiels, wie sie zu Beginn des Buches gegeben wird, existieren noch drei frühere Versionen einer Einleitung[200]. Alle vier Fassungen weisen als Gemeinsamkeit die inhaltliche Ausweitung des Spieles auf, das anfänglich mit Karten oder mit Perlen beginnt.

Das Glasperlenspiel, wie wir es im Roman kennenlernen, ist längst eine Sprache geworden. Es ist eine Sprache ohne nationale und völkische Grenzen, sie ist jedem Gelehrten und Eingeweihten verständlich, ähnlich wie das Latein im Mittelalter. Sie hat wie jede Sprache ihre Regeln und Grammatik, sogar ihre eigene Kurzschrift. Dazu hat das Glasperlenspiel wie jede Wissenschaft seine Formeln, Abbreviaturen und Kombinationsmöglichkeiten. Doch soll es nicht die Fachsprache einer Disziplin sein, vielmehr soll es die Fähigkeit haben, alle Wissensgebiete, einschließlich der Künste, auszudrücken. Dabei hat die Sprache des Glasperlenspiels nicht etwa eine Gruppe von Termini für jedes einzelne Gebiet der Wissenschaft oder Kunst; sie scheint vielmehr ein geschlossenes System von Ausdrücken oder Symbolen für alle Gebiete der Kultur zu besitzen. Denn schon in den Anfängen soll das Spiel in der Lage sein, astronomische und musikalische Formeln zu verbinden und Mathe-

199 Ebenda, S. 352.

200 Die drei ersten Versionen befinden sich im Hesse-Archiv des Schiller-Nationalmuseums in Marbach. Die erste und dritte Fassung sind enthalten in den *Materialien zu Hermann Hesse, »Das Glasperlenspiel«*, a. a. O., Bd. 1, S. 8-39 bzw. S. 305-313.

matik und Musik auf einen Denominator zu bringen. Es gilt nicht, den Inhalt verschiedener Disziplinen nur neben- oder gegen-, sondern ineinander zu stellen. In der Hochblüte des Glasperlenspiels ist die Spielsprache sogar fähig, sämtliche geistigen Weltinhalte zueinander in Beziehung zu bringen.

Es versteht sich von selbst, daß eine solche Universalsprache elastisch, assoziationsreich und symbolhaft sein muß. Wie Ezra Pound, der für die Lyrik eine Ideographie nach chinesischem Muster fordert, weil sie besondere Elastizität und Suggestivkraft besitze, stützten sich auch die Erfinder der Spielsprache auf die chinesischen Ideogramme, um eine neue künstliche Zeichensprache zu entwickeln, die allen Anforderungen des Glasperlenspiels gerecht wird. Wie das Chinesische müßte diese innovierte Ideographie aus konkreten Symbolen bestehen, um suggestiv genug zu sein, damit Begriffe wie Bilder bei den Eingeweihten hervorgerufen werden könnten und aus einer gezielten Gruppierung von Ideogrammen ein Bilderstrom entstehen könnte. Aus demselben Grunde scheint auch die Kalligraphie eine wichtige Rolle in der Sprache des Glasperlenspiels zu spielen.

Die Spielsprache müßte außerdem – wie Chinesisch – eine analytische Sprache sein, was an sich schon durch die Ideogramme bedingt ist. Denn ein Zeichen ist frei von Endungen und kann demzufolge beliebig als Substantiv, Adjektiv, Adverb oder auch Verb verwendet werden, was die formale Logik sprengt und der Sprache deshalb eine höchstmögliche Elastizität verleiht. Diese ›offene Struktur‹ ermöglicht auch eine bestimmte Reihe von Assoziationen. Das chinesische Zeichen Yin der bekannten Kombination Yin und Yang, zum Beispiel, bezeichnet nicht nur eins der Urelemente des Tao, sondern es ist auch das Weibliche, das Weib, das Schattige, das Kühle, das Feuchte, das Verborgene, das Versteckte, das Zusammenziehende, das Empfangene, der Unterwelt Zugehörige, etc. Außerdem bedeutet es auch kühl, feucht, schattig, weiblich, weibisch, leise, verborgen, intrigenhaft, gefährlich, unterweltlich und dergleichen mehr. Dazu kommen noch die verbalen Entsprechungen. Schließlich aber besitzt dasselbe Zeichen noch eine nahezu unübersehbare Möglichkeit, sich mit einem oder mehreren Zeichen zu einem neuen Begriff, einem Kompositum, zu verbinden, und bringt dabei mehrere seiner Eigenschaften mit. Als Beispiel sei hier nur der ›Yin-Wind‹ angeführt, ein Ausdruck, der nicht übersetzbar ist, denn er impliziert einen Wind, der unangenehm kühl und feucht ist, der Dunkelheit hervorruft oder nur in der Dunkelheit vorkommt, der Furcht erregt und geisterhaft wirkt. Es ist etwas, was man sich bildlich vorstellen kann, besonders wenn man sich noch die Zeichen dazu vergegenwärtigt. Durch seine Vielseitigkeit und Elastizität bedingt, kann das Symbol Yin nahezu in allen Gebieten der Wissenschaft und Künste benutzt werden, sei es in der Biologie, Chemie, Physik, Philosophie, Dichtung, den bildenden Künsten, der Astronomie, u. a. Und durch eine geschickt manipulierte Anwendung ist es durchaus im Rahmen der Möglichkeit, die Grenze der verschiedenen Disziplinen aufzuheben, diese Disziplinen zu verbinden und auf einen Nenner zu bringen. Eine solche Sprache hat noch den Vorteil, daß jeder, der ihre Gesetze beherrscht, nach Bedarf neue Symbole zu schaffen vermag. Die chinesische Schriftsprache kennt sechs bzw. vier solcher Regeln, um neue Zeichen zu bilden und vorhandene zu analysieren bzw. zu erfassen. Ein schriftgebildeter Chinese kann mit ihrer Hilfe ein Zeichen verstehen oder zumindest dessen Bedeutung ahnen, auch wenn er es nicht kennt. Ein jeder kann also neue Ideogramme schaffen, die auch von anderen verstanden werden, solange sich der Schöpfer an die Regeln der Zeichenbildung hält. So ist auch die Gefahr des Nichtverstandenwerdens für die Sprache des Glasperlenspiels begrenzt, sogar dann, wenn die Zahl der Symbole ins Unendliche wachsen sollte. Ein solches Wachstum verhindert jedoch die Weltkommission der Magister der pädagogischen Provinzen, die über die Aufnahme neuer Zeichen entscheidet. Solche Aufnahmen werden nur noch selten genehmigt. Gottfried Koller[201] meint, allein die Erlernung der Charaktere würde den ganzen Lebensinhalt eines Gelehrten ausmachen und nur Genies könnten es bis zum Beginn der Arterienver-

201 Gottfried Koller: Kastalien und China. In: Annales Universitatis Saraviensis, 1, 1952, S. 5-18.

kalkung schaffen und mit eigener Schöpfung beginnen, was offensichtlich eine Übertreibung ist – das Trauma eines Studenten der Sinologie. Es ist wohl bekannt, daß der Wortschatz eines Menschen niemals den ganzen Sprachschatz irgendeiner Sprache ausmachen kann, sei er Dichter, Philosoph oder Philologe. Trotzdem ist er in der Lage zu dichten, zu philosophieren oder philologisch zu arbeiten. Außerdem scheint man auch nicht in Kastalien zu verlangen, daß einer die gesamten Ideogramme beherrscht. Es gibt dort Anfänger, Fortgeschrittene, die Elite und den Magister Ludi. Und es ist nirgendwo erwähnt, daß diese letzten zwei Kategorien sämtliche Zeichen kennen müssen. Außerdem ist es auch nicht der Zweck und das Ziel des Glasperlenspiels, immer neue Charaktere zu produzieren, sondern mit den vorhandenen die verschiedenen Disziplinen zur Harmonie, zur Einheit zu führen. Auch eine andere Behauptung Kollers ist verfehlt. Er meint, die chinesische Dichtung gehe nicht von der Musik der Sprache aus und müsse deshalb gelesen und nicht gehört werden. Das stimmt aber nur, wenn man die Sprache mangelhaft beherrscht. Zudem ist sich die Forschung darüber einig, daß die chinesische Dichtung aus der Lieddichtung entspringt. In der Tat ist die älteste überlieferte Dichtung in China eine Liedersammlung, das ›Buch der Lieder‹! Somit ist auch seine andere Behauptung unhaltbar, daß das Chinesische nur deswegen bei der Konzeption der Spielsprache des Glasperlenspiels Pate gestanden habe, weil es vor allem eine Schriftsprache sei. Denn auch das Glasperlenspiel ist eine gesprochene Sprache. Bei den feierlichen Jahresspielen werden die Ideogramme des Magister Ludi für diejenigen, die wegen Überfüllung nicht in der Halle sein können, von Sprechern laut ausgerufen und sogar vom Rundfunk übertragen. Vermutlich hat man sich den Vorgang des Erfassens beim Hören einer Übertragung eines Glasperlenspiels ähnlich vorzustellen wie den Vortrag eines chinesischen Gedichts. Man erfreut sich an der Melodik der Sprache und stellt sich instinktiv, wenn auch vielleicht etwas vage, die Symbole vor, so daß die damit assoziierten Bilder unwillkürlich bei dem Hörer entstehen. Eben wegen der angeführten Eigenschaften einer Ideographie ist es möglich, daß ein

Glasperlenspiel seiner eigenen Gesetzmäßigkeit nach formal konstruiert wird – denn ohne gewisse Regeln und Logik wird es chaotisch und unverständlich –, ohne daß die persönliche Fantasie des Spielers verlorengeht. Denn dieser muß die Auswahl bestimmter Charaktere treffen, um gezielte Bilder und Assoziationen, die auch durch seine Handschrift beeinflußt werden, bei den Teilnehmern suggestiv hervorzurufen. Aus diesen Gründen scheint der Autor des Romans behaupten zu können: »Die abstrakte und scheinbar zeitlose Welt des Spiels war elastisch genug, in hundert Nuancen auf Geist, Stimme, Temperament und Handschrift einer Persönlichkeit zu reagieren, die Persönlichkeit groß und kultiviert genug, ihre Einfälle nicht für wichtiger zu halten als die unantastbare Eigengesetzlichkeit des Spieles . . . [und die Teilnehmer schritten] durch die unendlichen, vieldimensionalen Vorstellungsräume des Spieles!«
Die Ideographie ist aber lediglich ein Mittel, um ein Spiel ausführen zu können. Mit ihr allein wäre das Glasperlenspiel nur eine Sprache, auch wenn sie eine Universalsprache mit unübersehbarer Ausdrucks- und Assoziationsmöglichkeit und ein hochintellektuelles Spiel darstellte. Doch soll das Glasperlenspiel für die selbständigen Spieler »in erster Linie ein Musizieren« sein. Gemeint sind das Sinnliche und der Geist sowohl der abendländischen als auch der chinesischen Musik. Wie bei der Musik soll man beim Glasperlenspiel tastend von dem Sinnlichen ausgehen, um zu dem Geist zu gelangen – oder wie Josef Knecht sagt: »man muß diese äußerlichen und bildlichen Kennzeichen sinnlich und intensiv erfaßt und geschmeckt haben«.
Das Sinnliche des Glasperlenspiels ist nun die Ideographie, wie wir oben gesehen haben. Aber was ist der Geist der abendländischen und chinesischen Musik, der eins der wichtigsten Bestandteile des Glasperlenspiels ausmacht? Die klassische Musik gibt dem Glasperlenspiel die tragische, aber zugleich tapfere und heitere Würde: Die Tragik des Menschengeschicks muß mit einem Trotzdem, mit dem Todesmut und mit einem Klang von übermenschlichem Lachen bejaht werden. Die chinesische Musik dagegen verbindet das Glasperlenspiel mit dem Ursprung

des Seins. Im alten China soll die Musik in Tao wurzeln, das Yin und Yang enthält, die alles erzeugt haben. Zugleich sei die Musik auch die Seele des Volkes. Wenn die Musik den oberen Gesetzen des Tao folge, so sei sie vollkommen, und demzufolge herrsche auch Harmonie in der Welt, im Kosmos und unter den Menschen; auch die Leidenschaft befinde sich auf der Bahn zur Selbstvervollkommnung und zu Tao, das Rechte dominiere. Denn nach Konfuzius stellt die Musik die höchste Stufe der Sittlichkeit dar. Wer das rechte Wesen der Musik erfaßt, der erkennt auch den Weg zu Tao, dem Weltsinn; wo das rechte Wesen der Musik herrscht, ist alles im Einklang mit der Harmonie zwischen Yin und Yang. Somit wird das Glasperlenspiel mit dem Einen in Beziehung gebracht. Es ist bezeichnend, daß Hesse in diesem Zusammenhang aus *Frühling und Herbst des Lü Bu We* in Richard Wilhelms Übersetzung zitiert:

»›Die Ursprünge der Musik liegen weit zurück. Sie entsteht aus dem Maß und wurzelt in dem großen Einen. Das große Eine erzeugt die zwei Pole; die zwei Pole erzeugen die Kraft des Dunkeln und des Lichten.

Wenn die Welt in Frieden ist, wenn alle Dinge in Ruhe sind, alle in ihren Wandlungen ihren Oberen folgen, dann läßt sich die Musik vollenden. Wenn die Begierden und Leidenschaften nicht auf falschen Bahnen gehen, dann läßt sich die Musik vervollkommnen. Die vollkommene Musik hat ihre Ursache. Sie entsteht aus dem Gleichgewicht. Das Gleichgewicht entsteht aus dem Rechten, das Rechte entsteht aus dem Sinn der Welt. Darum vermag man nur mit einem Menschen, der den Weltsinn erkannt hat, über die Musik zu reden.

Die Musik beruht auf der Harmonie zwischen Himmel und Erde, auf der Übereinstimmung des Trüben und des Lichten.

Die verfallenen Staaten und die zum Untergang reifen Menschen entbehren freilich auch nicht der Musik, aber ihre Musik ist nicht heiter. Darum: je rauschender die Musik, desto melancholischer werden die Menschen, desto gefährdeter wird das Land, desto tiefer sinkt der Fürst. Auf diese Weise geht auch das Wesen der Musik verloren.

Was alle heiligen Fürsten an der Musik geschätzt haben, war ihre Heiterkeit. Die Tyrannen Giä und Dschou Sin machten rauschende Musik. Sie hielten die starken Klänge für schön und Massenwirkungen für interessant. Sie strebten nach neuen und seltsamen Klangwirkungen, nach Tönen, die noch kein Ohr gehört; sie suchten einander zu überbieten und überschritten Maß und Ziel.

Ursache des Verfalls des Staates Tschu war, daß sie die Zaubermusik erfanden. Rauschend genug ist ja eine solche Musik, aber in Wahrheit hat sie sich vom Wesen der Musik entfernt. Weil sie sich vom Wesen der eigentlichen Musik entfernt hat, darum ist diese Musik nicht heiter. Ist die Musik nicht heiter, so murrt das Volk, und das Leben wird geschädigt. Das alles entsteht daraus, daß man das Wesen der Musik verkennt und nur auf rauschende Klangwirkung aus ist.

Darum ist die Musik eines wohlgeordneten Zeitalters ruhig und heiter, und die Regierung gleichmäßig. Die Musik eines unruhigen Zeitalters ist aufgeregt und grimmig, und seine Regierung ist verkehrt. Die Musik eines verfallenden Staates ist sentimental und traurig, und seine Regierung ist gefährdet.‹

Die Sätze dieses Chinesen nun weisen uns ziemlich deutlich auf die Ursprünge und auf den eigentlichen, beinahe vergessenen Sinn aller Musik hin . . .[202].« Während sich die Chinesen bemühten, die alte, rechte Tonkunst zu bewahren und reinzuhalten, sucht die klassische Musik mit »unsterblicher Heiterkeit« das Zufällige des Menschengeschicks zu überwinden. Die chinesische Musik gibt dem Glasperlenspiel das Wissen um das Eine, und die klassische Musik das unbeirrbare Suchen, um zu ihm zu gelangen. Beide drücken Begeisterung, Sicheinordnen, Ehrfurcht hinsichtlich des Einen und Dienst am Kultus aus, und beide sollen das Wesen des Glasperlenspiels durchdringen. Ausgehend von verschiedenen und feindlichen Themen und unversöhnbaren Gegensätzen, sucht ein jedes Spiel die Harmonie, das Tao, worin Yin und Yang konfliktfrei eins sind, den Weltsinn zu erreichen und ihn im Spiel zu verwirklichen.

202 Ebenda, Bd. 9, S. 27 ff. Hesses Zitat gibt nicht den vollen Wortlaut aus *Frühling und Herbst* wieder.

Mit der Musik verläßt nun das Glasperlenspiel den Bereich des Wirklichen und tritt in den Raum des Metaphysischen und Mystischen über. Nicht ohne Grund war das Glasperlenspiel in seinem früheren Stadium auch als das »magische Theater« bekannt, das die gegebene Wirklichkeit sprengt und das ›Über-Wirkliche‹ möglich macht. Die Brücke zwischen den beiden Welten stellt die Meditation dar. Mit ihr ist das Glasperlenspiel nicht nur zum »magischen Theater« geworden, sie bewahrt auch die Ideogramme vor der Entartung zu bloßen Zeichen einer Sprache der Intellektuellen, die nur ein geistreiches Spielchen treiben. Denn es ist ein Gebot, daß Spieler sowie Zuschauer und -hörer sich einer Meditation über ein jedes Zeichen, seinen Gehalt, seine Herkunft und seinen Sinn hingeben. Dadurch wird nicht nur die Lebendigkeit der Aussagekraft der Ideographie gesichert, verstärkt und jedesmal bei dem Ausübenden erneuert und erweitert, sondern die Versenkung stärkt auch das Individuelle inmitten der Gesetzlichkeit des Spiels und macht die Zuschauer und Zuhörer zu Mitspielern, da die Meditation immer vom Einzelnen, von dessen Konzentrationsvermögen, Anlage und Intensität der Hingabe abhängt. So wird ein Spiel zu tausendfach verschiedenen Spielen und bleibt doch dasselbe Spiel, vergleichbar mit Tao – der Einheit –, das durch Yin und Yang den Kosmos mit allen seinen Einzelheiten hervorbringt, die aber in ihm wurzeln und letzten Endes doch mit ihm eins sind.

Die Meditation ist zwar der letzte Bestandteil, der in das Glasperlenspiel aufgenommen wurde, doch ist sie zusammen mit der Musik die Hauptsache des Ganzen geworden. Sie verleiht dem Glasperlenspiel die Wendung zum Religiösen und gibt ihm eine ›Seele‹. Mit der Versenkung berühren wir bei Hesse die indische Welt, der wir bei der Betrachtung der ersten beiden Bestandteile nicht begegnet sind. Obwohl Meditation auch eine taoistische Praktik ist, schien Hesse durchaus an die Yogaübung zu denken, wenngleich man statt im Lotossitz im Roman nur still auf einem Stuhl sitzt: Josef Knecht bekommt für den Anfang einen Yogameister als Helfer für seine Meditationsübungen, nachdem er Magister Ludi geworden ist. So

haben wir die drei geistigen Welten – die europäische, indische und chinesische –, denen wir sonst auch in Hesses späteren Werken begegnen. Die Meditation ist nach wie vor eine Atemübung, verbunden mit der Konzentration auf eine bestimmte Vorstellung. Die Versenkung ist für das Glasperlenspiel notwendig, weil sie nicht nur die Ideogramme vor Entartung bewahrt, sondern auch der Weg aus der Vielfalt zur Einheit, zu Tao, der Urquelle alles Seins und Werdens ist. Der Weg zu Tao setzt aber voraus, daß man die Gegensätze als Pole einer Einheit erkennt, daß die Antithesen nur als subjektive Eindrücke und nur die Pole objektiv vorhanden sind. Nur so ist es möglich, daß ein Spieler jedes Symbol und jede Verbindung von Ideogrammen auf Tao hinführt, wo, in Josef Knechts Worten, »zwischen Yin und Yang sich ewig das Heilige vollzieht«. Nur mittels der Meditation bleiben das Ziel und das Wesen des Glasperlenspiels, der Weg zur Einheit, kein Hirngespinst, sondern sie werden ›erlebte Wirklichkeit‹.
Es ist nun klar, daß das Glasperlenspiel den Mikrokosmos darstellt, der den Makrokosmos enthält; in den Worten des Wahlchinesen, des »älteren Bruders« in *Das Glasperlenspiel*: man baut die Welt in sein Bambusgehölz ein. Da der Makrokosmos – und infolgedessen das Tao – unendlich ist, befindet sich das Glasperlenspiel stets im Stadium des Werdens. Man vergleiche das Tao, das Josef Knecht nach seiner Meditation aufgezeichnet hat – einen Kreis, der ›unzählige‹ Strahlen aussendet –, mit dem Bild des Tai-ki, stets befinden sich Yin und Yang in Wandlung, abwechselnd in Dehnung und Zusammenziehung; man denke hier daran, daß Tao durch Yin und Yang alles erzeugt hat und weiterhin erzeugt und jedes Element entweder Yin oder Yang darstellt. So ist Tao zwar stets das Eine, aber niemals statisch. Das bedeutet: die Spieler müssen zeitlebens an der Weiterentwicklung und Vertiefung ihrer selbst und des Spiels arbeiten, um dem Einen gerecht sein zu können, was auch etwa den Lebensweg Josef Knechts kennzeichnet.
Das Wesen des Glasperlenspiels, wie es sein soll, wird in dem ersten Jahresspiel von Josef Knecht nach seiner Inauguration als Magister Ludi versinnbildlicht. Knechts Spiel liegt der rituelle

chinesische Hausbau zugrunde. Die Chinesen bauten ihre Häuser nicht bloß nach ästhetisch-architektonischen Gesichtspunkten. Sie orientierten sich nach der Ordnung der Gestirne, nach den Himmelsrichtungen und den Wandlungen des Mondes als des Gestirns, das den chinesischen Kalender bestimmt; sie berücksichtigten sogar die Welt der Seelen und ordneten das Familienleben in dieses Gesamtschema ein. So wurde ein geschlossenes System aufgestellt, und nichts blieb dem Zufall überlassen. Deshalb wurde die Anlage nach der damaligen Vorstellung des Kosmos von einer viereckigen Mauer umstellt, die das Äußere des geschlossenen Systems darstellte und die Bewohner vor allen feindseligen Einwirkungen von außen schützte. Aus demselben Grunde bekamen auch die Dächer der Häuser ihre eigenartig geschwungene Form mit ihren Spitzen, die alles Feindselige von oben abwehren sollten. Auch wurde das Haus der gemeinten Ordnung des Kosmos entsprechend aufgestellt und die Räume nach der Ordnung der Gestirne verteilt. Die Schlafstätte des Familienoberhauptes wurde von den Zimmern der übrigen Familienmitglieder flankiert. In der Mitte war die Halle, wo sich alle treffen konnten. So sollen die Menschen in die Ordnung des Kosmos eingegliedert werden und in Harmonie mit ihr leben. Dieses Glasperlenspiel, das einzige, das im Roman beschrieben wird, wird erst durch Knechts intensives Studium der chinesischen Klassiker, besonders des Buches ›I-Ging‹, ermöglicht. Jedes Spiel soll nach der harmonischen makrokosmischen Ordnung aufgebaut werden – mit welchen Themen oder Disziplinen es auch immer operiert. Das Glasperlenspiel muß überhaupt der Inbegriff des Makrokosmos sein.

Die Analogie zwischen dem Glasperlenspiel und dem System des ›I-Ging‹, aus dem auch das Schema des Hausbaus abgeleitet wurde, ist offensichtlich. Beide bedienen sich einer Ideographie, und beide wurzeln in der Idee der Einheit und Harmonie. In der Tat scheint das Glasperlenspiel eine modifizierte Version des I-Ging-Systems zu sein. Obwohl beide an sich wegen der Einheit heilig sind, nimmt das Glasperlenspiel jedoch mehr die Form einer Religion an. Der Magister Ludi erscheint den

Gläubigen, den Spielern als ein »Hohepriester, beinahe eine Gottheit«, und das Glasperlenspiel wird sodann ein heiliger Dienst, eine Anbetung und eine Andacht der Einheit. Auch die Zeremonien des Jahresspieles entsprechen denen eines Gottesdienstes. An den Tagen vor dem Spiel müssen alle Teilnehmer fasten und sich Meditationsübungen hingeben, und während der ganzen Spieldauer haben sie sich genau an die Vorschriften zu halten. Sie müssen »ein enthaltsames und selbstloses Leben der absoluten Versenkung führen«; sogar die Schlafdauer wird geregelt. Am Abend vor Spielbeginn wird die Feier durch Glockenzeichen und die Meditationsstunde inauguriert. Am nächsten Morgen wird mit den musikalischen Aufführungen der erste Spielsatz verkündet, und anschließend wird über die Gegensätze und Polarität des Satzes meditiert. Jeder der Mitglieder und Helfer, auch wenn er nur die Funktion hat, den Vorhang um den Meister zu bedienen, hat die innigste Teilnahme und meint, das Spiel durch seine Aufgabe und Inspiration zu beleben. Sogar die Halbeingeweihten und die Nichtspieler haben durch den »Grundakkord und tief bebenden Glockenbaß« der Feier ein ergreifendes, seelisches Erlebnis und empfinden Ehrfurcht vor dem Spiel. Aber was ist nun diese Gottheit, die man anbetet? Eben hierin besteht der weitere und grundlegendere Unterschied zwischen dem Glasperlenspiel und dem System des I-Ging. Während das Tao der Chinesen Geist und Materie, den ganzen Kosmos mit allen Lebewesen umfaßt, stellt die zu erstrebende Einheit des Glasperlenspiels nur den geistigen Kosmos dar. Die im Glasperlenspiel gesuchte Einheit ist an und für sich nur eine These, die ihre Antithese hervorrufen muß, nämlich die ›Welt‹, als Gegensatz zum reinen Geist. Statt Harmonie und Einheit haben wir Feindseligkeit! Nun werden die Kritiken an dem Glasperlenspiel verständlich, daß es nämlich nur eine geistvolle Art von Stenographie und ein intellektueller Sport sei. Auch Josef Knecht erkennt die dem Glasperlenspiel innewohnende Gefahr, daß »es zur leeren Virtuosität«, »zum Selbstgenuß künstlerischer Eitelkeit« führen kann und zum Selbstbildnis des Autors wird. Ein solches Spiel, in dem das Ego des Autors dominiert, verfehlt ganz und gar Wesen und Zweck des Glasperlenspiels, die darin bestehen, daß sich der Einzelne ohne Verlust der Personalität in den Makrokosmos einordnet, um an Tao, an der Harmonie des Ganzen, teilzuhaben. Es ist gerade die Meditation, welche die Vereinigung mit der angeblichen Einheit ermöglicht, welche die Gegensätze verursacht. Denn sie sucht die ›Welt‹ zu bannen und nur die Universitas Litterarum zu erhalten. Das Sinnbild dieses Ergebnisses ist die künstlerische, geistige und natürliche Unfruchtbarkeit der pädagogischen Provinz. Doch – wie es Josef Knecht ausdrückt – kann »nicht jeder sein Leben lang ausschließlich Abstraktionen [des Glasperlenspiels] atmen, essen und trinken«, man muß »auch Luft atmen und Brot essen«. Es kommt dazu, daß sich die Provinz des Glasperlenspiels völlig von dem Land isoliert, von dem ihre Existenz abhängig ist, das sogar zu ihrer Antithese werden kann, wenn die beiden nicht polarisiert werden. Die einzige Rettung vor dem Untergang des Glasperlenspiels und der Provinz wäre, die Gegensätze zu Polen werden zu lassen und diese zu der echten Einheit zu führen, wie Knecht es in seinem ersten Jahresspiel getan hat und wie die letzte Stufe seiner Bemühung um Selbstvervollkommnung – aus der Provinz in die Welt zu gehen – es ermöglichen würde[203].

Unsere Analyse des Glasperlenspiels hat den Bereich des *I Ging*, des Buches der Wandlungen, berührt. In diesem Buch ist, wie Hesse 1925 richtig sagte, »ein System von Gleichnissen für die ganze Welt aufgebaut«. Es ist bezeichnend, daß das *I Ging* ursprünglich nicht in das Glasperlenspiel einbezogen war. Erst Josef Knechts Inaugurationsspiel vom chinesischen Häuserbau hat seine Aufnahme vorbereitet. Denn es bestehen trotz der oben festgestellten Analogien grundlegende Unterschiede zwischen dem System des *I Ging* und dem des Glasperlenspiels. Der entscheidende Unterschied ist, daß die Wandlungen, die

203 Die Analyse des *Glasperlenspiels* ist mit geringen Änderungen meinem Aufsatz »Das esoterische Glasperlenspiel« entnommen, der in der *Deutschen Vierteljahrsschrift für Literaturwissenschaft und Geistesgeschichte*, Jg. 44, Heft 2, S. 354 ff. publiziert wurde, bzw. in »Materialien zu Hermann Hesse, Das Glasperlenspiel«, Bd. 2, S. 193 ff., Frankfurt a. M. 1974.

das uralte chinesische System des *I Ging* ausdrückt, dem Tao unterworfen sind, während das Glasperlenspiel nicht mehr den Geist an sich darstellen will, sondern zum Abstraktum des Geistes geworden ist. Knecht beschreibt dies so:
»Wir legen in unserem Glasperlenspiel jene Werke der Weisen und Künstler in ihre Teile auseinander, ziehen Stilregeln, Formschemata, sublimierte Deutungen aus ihnen und operieren mit diesen Abstraktionen, als wären sie Bausteine[204].«
Das Glasperlenspiel, der Inbegriff kastalischer Geistigkeit, ist im Laufe seiner Geschichte degeneriert zu einer Art von religiösem Intellektualismus, einer »Sammlungs-, Erhebungs- und Andachtsmöglichkeit für hochentwickelte Intelligenzen«[205], was seinen Unterschied zum Buch der Wandlungen noch gravierender macht. Das Äußere am System des *I Ging* soll hier mit Hesses Worten wiedergegeben werden:
»Es ist in diesem Buch ... ein System für die ganze Welt aufgebaut, welchem acht Eigenschaften oder Bilder zugrunde liegen, deren zwei erste der Himmel und die Erde, der Vater und die Mutter, das Starke und das Hingebende sind. Diese acht Eigenschaften sind je durch ein einfaches Zeichen ausgedrückt, sie treten in Kombinationen zueinander und ergeben dann 64 Möglichkeiten, auf diesen beruht das Orakel[206].«
Die innere Struktur des *I Ging* ist schwerer zusammenzufassen. Um sie anzudeuten, seien einige Stellen aus einem Kommentar zitiert:
»Die heiligen Weisen vor alters ... betrachteten die Veränderungen im Dunkeln und Lichten und stellten danach die Zeichen fest. Sie erzeugten Bewegungen im Festen und Weichen und ließen so die einzelnen Linien entstehen. Sie brachten sich in Übereinstimmung mit Tao und Te [Natur- und Sittengesetz] und stellten demgemäß die Ordnung des Rechten auf. Indem sie die Ordnung der Außenwelt bis zu Ende durchdachten und das Gesetz des eigenen Innern bis zum tiefsten Kern verfolgten, gelangten sie bis zum Verständnis des Schicksals.

204 WA, Bd. 9, S. 304.
205 Ebenda, S. 144.
206 WA, Bd. 12, S. 34.

Die heiligen Weisen vor alters machten das Buch der Wandlung also: sie wollten der Ordnung des inneren Gesetzes und des Schicksals nachgehen. Darum stellten sie den Sinn [Tao] des Himmels fest und nannten ihn: das Dunkle und das Lichte. Sie stellten den Sinn [Tao] der Erde fest und nannten ihn: das Weiche und das Feste. Sie stellten den Sinn [Tao] des Menschen fest und nannten ihn: die Liebe und die Gerechtigkeit. Diese drei Grundkräfte nahmen sie zusammen und verdoppelten sie. Darum bilden im Buch der Wandlungen immer sechs Linien ein Zeichen[207].«

Die 64 von Hesse selbst angefertigten Bilder des *I Ging*. Die Bildüberschriften bezeichnen die jeweiligen Eigenschaften der Symbole. Die Zahlen unterhalb der Symbole kennzeichnen die Seitenzahl in Richard Wilhelms Übertragung des *I Ging*.

Von Hesse selbst angefertigte Bilder des I Ging.

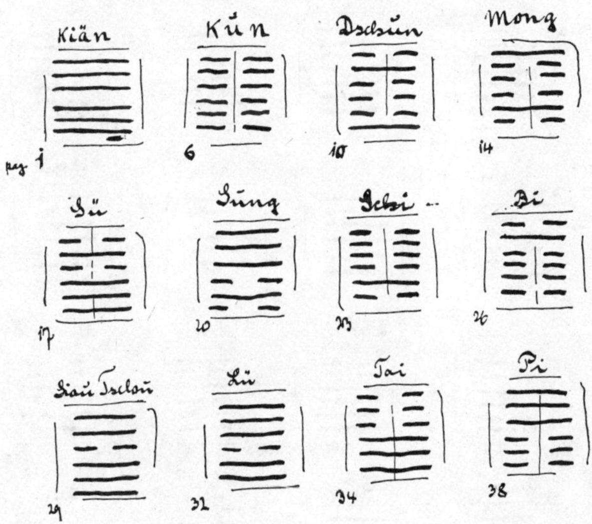

207 *I Ging*, verdeutscht und erläutert von Richard Wilhelm, Bd. 1, Jena 1924, S. 197 f.

Tung Jen
40
Da Yu
43
Kiän
46
Yü
49
Sui
52
Gu
55
Lin
58
Guan
60
Schi Ho
63
Bi
66
Bo
69
Fu
Wu Wang
74
Da Tschu
76
I
79
Da Go
82
Kan
84
Li
87
Hiän
91
Hong
94
Dun
96
Da Dschuang
99
Dsin
101
Ming I
104
Gia Jen
106
Kui
110
Giän
112
Hiä
115

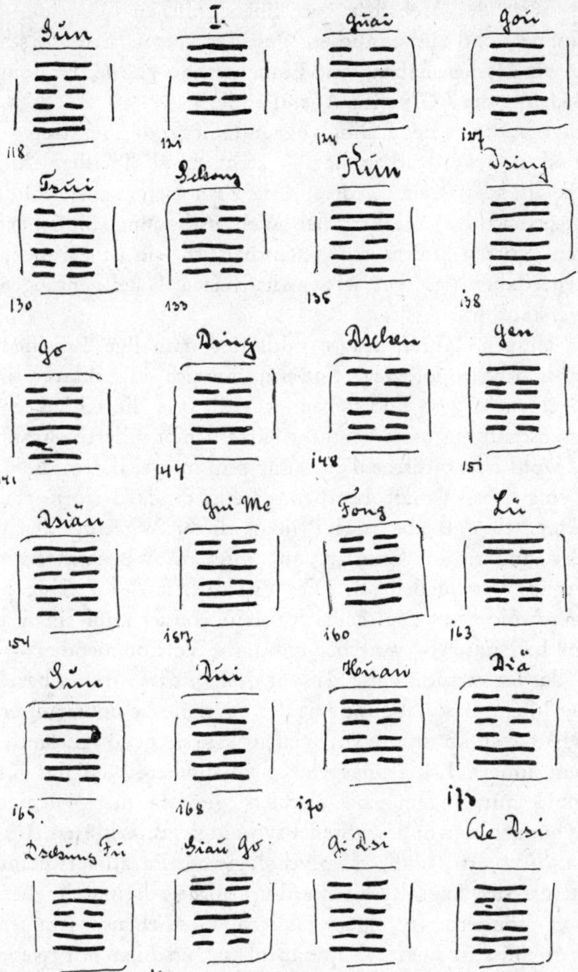
Sun
118
I
121
Guai
124
Gou
127
Tsui
130
Schong
133
Kun
135
Dsing
138
Go
141
Ding
144
Dschen
148
Gen
151
Dsiän
154
Gui Me
157
Fong
160
Lü
163
Sun
165
Dui
168
Huan
170
Dsiä
173
Dschung Fu
176
Siau Go
180
Gi Dsi
183
We Dsi
187

Der Weg des Menschen zur übersinnlichen Welt der Ideen (Himmel) und zur sinnlichen Welt der Natur (Erde) beschreibt, wie wir gesehen haben, eine Einheit. 1930 gab C. G. Jung eine Erklärung des *I Ging* für Abendländer:

»Die der Praxis des I Ging zugrunde liegende Funktion – wenn ich mich so ausdrücken darf – steht nämlich, allem Anschein nach, in schärfstem Widerspruch zu unserer abendländischen wissenschaftlich-kausalistischen Weltanschauung. Sie ist mit anderen Worten äußerst unwissenschaftlich, sie ist geradezu verboten, daher unserem wissenschaftlichen Urteil entzogen und unverständlich.

Vor einigen Jahren fragte mich der damalige Präsident der British Anthropological Society, wie ich es erklären könne, daß ein geistig so hochstehendes Volk wie die Chinesen keine Wissenschaft zustande gebracht hätte. Ich erwiderte darauf, daß dies wohl eine optische Täuschung sein müsse, indem die Chinesen eine ›Wissenschaft‹ besäßen, deren ›standard work‹ eben der I Ging sei, daß aber das Prinzip dieser Wissenschaft, wie so vieles andere in China, von *unserem* Wissenschaftsprinzip durchaus verschieden sei. Die Wissenschaft des I Ging beruht nämlich nicht auf dem Kausalprinzip, sondern auf einem bisher nicht benannten – weil bei uns nicht vorkommenden – Prinzip, das ich versuchsweise als *synchronistisches Prinzip* bezeichnet habe. Meine Beschäftigung mit der Psychologie unbewußter Vorgänge hat mich schon vor vielen Jahren genötigt, mich nach einem andern Erklärungsprinzip umzusehen, weil das Kausalprinzip mir ungenügend erschien, gewisse merkwürdige Erscheinungen der unbewußten Psychologie zu erklären. Ich fand nämlich zuerst, daß es psychologische Parallelerscheinungen gibt, die sich kausal schlechterdings nicht aufeinander beziehen lassen, sondern in einem andern Geschehenszusammenhang stehen müssen. Dieser Zusammenhang erschien mir wesentlich in der Tatsache der relativen Gleichzeitigkeit gegeben, daher der Ausdruck ›synchronistisch‹. Es scheint nämlich, als ob die Zeit nichts weniger als ein Abstraktum, sondern vielmehr ein konkretes Kontinuum sei, welches Qualitäten oder Grundbedingungen enthält, die sich in relativer Gleichzeitigkeit an verschiedenen Orten in kausal nicht zu erklärendem Parallelismus manifestieren können, wie z. B. in Fällen von gleichzeitigem Erscheinen von identischen Gedanken, Symbolen oder psychischen Zuständen. Ein anderes Beispiel wäre die von Wilhelm hervorgehobene Gleichzeitigkeit chinesischer und europäischer Stilperioden, die kausal nicht aufeinander bezogen werden können. Ein Beispiel für Synchronismus größten Formates wäre die Astrologie, wenn sie über durchgängig gesicherte Resultate verfügte. Aber es gibt doch wenigstens einige hinlänglich gesicherte und durch umfangreiche Statistiken erhärtete Tatsachen, welche die astrologische Fragestellung der philosophischen Betrachtung würdig erscheinen lassen. (Der psychologischen Würdigung ist sie ohne weiteres sicher, denn die Astrologie stellt die Summe aller psychologischen Erkenntnisse im Altertum dar.) Die tatsächlich vorhandene Möglichkeit, aus der Nativität den Charakter hinlänglich zu rekonstruieren, beweist die relative Gültigkeit der Astrologie. Da die Nativität aber keineswegs auf der wirklichen astronomischen Gestirnsstellung beruht, sondern auf einem arbiträren rein begrifflichen Zeitsystem, indem durch die Präzession der Äquinoktien der Frühlingspunkt sich längst aus 0° Aries astronomisch heraus verschoben hat. Insofern es also tatsächlich richtige astrologische Diagnosen gibt, so beruhen sie nicht auf Gestirnswirkungen, sondern auf unsern hypothetischen Zeitqualitäten, d. h. mit anderen Worten, was in diesem Zeitmoment geboren oder geschaffen wird, hat die Qualität dieses Zeitmoments.

Das auf dem synchronistischen Prinzip sich aufbauende Denken, das im I Ging seinen höchsten Gipfel erreicht, ist reinster Ausdruck des chinesischen Denkens überhaupt. Bei uns ist dieses Denken seit *Heraklit* aus der Philosophiegeschichte verschwunden, bis wir bei *Leibniz* ein fernes Echo davon wieder vernehmen. Aber es war in der Zwischenzeit nicht ausgelöscht, sondern lebte im Zwielicht der astrologischen Spekulation weiter und ist auch heute noch auf dieser Stufe stehengeblieben[208].«

Nach den chinesischen und abendländischen Erklärungen des

208 »Zum Gedächtnis Richard Wilhelms«, a. a. O., S. XIII f.

I Ging zeigt sich nun der Unterschied zwischen ihm und dem entartenden Glasperlenspiel deutlicher als zuvor. Während das *I Ging* eine Einheit vorstellt, entwickelt sich das Glasperlenspiel zu extremer Einseitigkeit: von der Kunst ist nur die Ästhetik geblieben, und der Geist dient einer intellektuellen Spielerei mit der Idee der Einheit, welche willentlich durch Meditation herstellbar wird. Diese Meditation erinnert an diejenige Siddharthas bei den Samanas, an die künstliche Erzeugung eines anderen Ich. Nicht viel anders verhält es sich mit der kastalischen Meditation. Zwar bedeutet sie ein Sicheinordnen, läuft aber letztlich auf dasselbe Ergebnis hinaus. Dabei entsteht ein kollektives Ich, das den Einklang mit der Einheit nicht erreicht. Siddhartha zog daraus die Konsequenz, dem mönchischen Orden Buddhas nicht beizutreten.

Das Spiel Josef Knechts mit dem chinesischen Häuserbau, welches er seinen *I Ging*-Studien verdankt, erschließt dem Glasperlenspiel neue Möglichkeiten. Beim »älteren Bruder«, einem Wahlchinesen, studiert Josef Knecht das »Buch der Wandlungen«. Hesse beschreibt diesen Vorgang sehr anschaulich. Der »ältere Bruder« befragt das Orakel, ob Knecht als Schüler aufzunehmen sei.

Ausführlich wird nun das Manipulieren mit den Schafgarbenstengeln[209] geschildert. Das Resultat des Orakels ist »Mong«, das Symbol für »Jugendtorheit«. Da Knecht zu diesem Zeitpunkt die Bedeutung des Zeichens nur ahnt, und es daher im Buch nicht erläutert wird, sei nachfolgend eine Interpretation (übersetzt von Richard Wilhelm) zitiert:

oben Gen, das Stillehalten, der Berg
unten Kan, das Abgründige, das Wasser

»Auf doppelte Weise ist das Gedenken der Jugend und Torheit in diesem Zeichen nahegelegt. Das obere Zeichen, Gen, hat als Bild einen Berg, das untere, Kan, hat als Bild das Wasser. Die

209 Die ganze Episode vom Aufenthalt beim »älteren Bruder« wird im Anhang angeführt, zusammen mit einer Einleitung Richard Wilhelms, dessen Übersetzung Hesse seine *I Ging*-Kenntnisse verdankt.

Quelle, die unten am Berg hervorkommt, ist das Bild der unerfahrenen Jugend. Die Eigenschaft des oberen Zeichens ist das Stillehalten, die des unteren der Abgrund, die Gefahr. Das Stillehalten vor einem gefährlichen Abgrund ist ebenfalls ein Symbol der ratlosen Torheit der Jugend. In den beiden Zeichen liegt aber auch der Weg, wie die Jugendtorheiten überwunden werden können: Das Wasser ist etwas, das mit Notwendigkeit weiterfließt. Wenn die Quelle hervorbricht, so weiß sie zunächst freilich nicht, wohin. Aber sie füllt durch ihr stetiges Fließen die tiefe Stelle, die sie am Fortschritt hindert, aus, und dann ist der Erfolg da.

Das Urteil

Jugendtorheit hat Gelingen.
Nicht ich suche den jungen Toren,
der junge Tor sucht mich.
Beim ersten Orakel gebe ich Auskunft.
Fragt er zwei-, dreimal, so ist das Belästigung.
Wenn er belästigt, so gebe ich keine Auskunft.
Fördernd ist Beharrlichkeit.

In der Jugend ist Torheit nichts Schlimmes. Es kann ihr doch gelingen. Nur muß man einen erfahrenen Lehrer finden und ihm auf die rechte Weise gegenübertreten. Dazu gehört erstens, daß man die eigene Unerfahrenheit selbst empfindet und einen Lehrer aufsucht. Nur diese Bescheidenheit und dieses Interesse verbürgt die nötige Aufnahmebereitschaft, die sich in ehrfurchtsvoller Anerkennung des Lehrers äußern wird.
Darum muß der Lehrer ruhig warten, bis er aufgesucht wird. Er soll sich nicht von sich aus anbieten: nur so kann die Belehrung zur rechten Zeit und auf die rechte Weise erfolgen.
Die Antwort, die der Lehrer auf die Fragen des Schülers gibt, soll klar und bestimmt sein wie die Antwort, die ein Orakelsucher zu erhalten wünscht. Sie muß dann als Lösung des Zweifels und Entscheidung angenommen werden. Mißtrauisches oder gedankenloses Weiterfragen dient zur bloßen Belästigung des

Lehrers und wird am besten mit Stillschweigen übergangen, ähnlich wie das Orakel auch nur eine Antwort gibt und versucherischen Zweifelsfragen gegenüber versagt.
Wenn dazu die Beharrlichkeit tritt, die nicht nachläßt, bis man Punkt für Punkt sich angeeignet hat, so wird ein schöner Erfolg sicher sein.
Das Zeichen gibt somit Ratschläge sowohl für den Lehrenden als auch für den Lernenden.
Das Bild
Unten am Berg kommt ein Quell hervor, das Bild der Jugend. So nährt der Edle durch gründliches Handeln seinen Charakter.
Die Quelle kommt dadurch ins Fließen und zur Überwindung des Stillstandes, daß sie alle hohlen Stellen auf ihrem Weg ausfüllt. Ebenso ist der Weg zur Bildung des Charakters die Gründlichkeit, die nichts überspringt, sondern allmählich und stetig wie das Wasser alle Lücken ausfüllt und so vorankommt[210].«
Knecht wird als Schüler aufgenommen und studiert das *I Ging* mit Beharrlichkeit und Sorgfalt.
Der »ältere Bruder« und Pater Jakobus sind die beiden wichtigsten Lehrer Knechts, die ihn soweit verselbständigen, daß er schließlich den kastalischen Orden verläßt. Daher wäre es von Interesse, die Meinung des »älteren Bruders« über das Glasperlenspiel zu wissen. Doch dieser äußert sich wenig darüber und wenn, dann verschlüsselt: »Dichte Wolken, kein Regen« oder »Der Edle ist ohne Makel«. Die erste »Stellungnahme« entstammt dem Urteil des neunten Hexagramms, das bezeichnet ist mit »Des Kleinen Zähmungskraft«. Das vollständige Urteil lautet:

> Des Kleinen Zähmungskraft hat Gelingen.
> Dichte Wolken, kein Regen von unserm westlichen Gebiet.

Dieses Urteil muß in seinem historischen Zusammenhang verstanden werden. Der Herrscher des westlichen Gebiets war der König Wen[211], der Gründer des Hauses Dschou, der damals am

210 S. 14 f.

Hof des Tyrannen Dschou Sin im Osten weilte und gegen seine Willkür ohnmächtig war. Erst sein Sohn, König Wu, konnte Dschou Sin stürzen. Daher stammt das Bild von der Zusammenballung dichter Wolken, die aber vorläufig zu keinem Regen führt. Es müssen Vorarbeiten geleistet werden, feste Entschlossenheit und äußere Anpassung sind nötig, um den Erfolg herbeizuführen. Der Spruch weist zunächst darauf hin, daß Knecht in beschränktem Maße »hemmend und zähmend« zu wirken habe. Dies entspricht dem Bild »Des Kleinen Zähmungskraft«:

»Der Wind fährt über den Himmel hin: Das Bild der Zähmungskraft des Kleinen. So verfeinert der Edle die Äußere Form seines Wesens[212].«

Knecht soll sich in seinen Äußerungen, also im »Kleinen« verfeinern. Auch der Spruch »der Edle ist ohne Makel«, der nicht einem bestimmten Hexagramm entnommen ist, bedeutet wohl dasselbe. Knechts Werdegang trifft auf beide Sprüche zu. Er wirkt nur geringfügig auf das Glasperlenspiel und die pädagogische Provinz ein. Selbst sein Austritt aus dem Orden hat ein »hemmendes und zähmendes Wirken« auf die Provinz und somit auf das Glasperlenspiel. Denn Kastalien befindet sich zu Knechts Zeit in einem Stadium des Verfalls. Doch muß nach Knechts Tod eine Erneuerung eingetreten sein. Wem sonst wäre diese Erneuerung zu verdanken als dem Wirken Josef Knechts? Es ist dem *Glasperlenspiel* nicht zu entnehmen, wie vollkommen es sich zur Einheit hin entwickelt, und ob es zur Versöhnung der Provinz mit der Welt geführt hat. Hesse gibt uns das Gefühl, daß sowohl die Welt als auch die kastalische Provinz nicht erstarrt sind, sondern sich gewandelt haben. Doch der Wechsel ist unendlich. In diesem Sinne ist wahrscheinlich die »Weisheit« des Wahlchinesen zu verstehen:

»Einen hübschen kleinen Bambusgarten in die Welt hineinzusetzen, das kann man schon. Aber ob es dem Gärtner gelingen

211 Goethe hatte bezeichnenderweise in seiner schwersten Weimarer Zeit in sein Tagebuch notiert: »O Wen Wang« – Wang bedeutet König –, um seine damalige Ohnmacht am Weimarer Hof auszudrücken.

212 *I Ging*, a. a. O., S. 30.

Dschuang Dsi [ca. 370–320 v. Chr.], der größte Künstler unter den chinesischen Philosophen jener Zeit.

»Der Dschuang Dsi ist eins der herrlichsten Bücher Chinas und kommt in meiner Schätzung gleich nach den großen Schöpfern und Weisen, dem Kung und dem Lao Tse. Es gibt in Europa (von Amerika nicht zu reden) manche Nationen, die in ihrer ganzen Geschichte nie ein Werk vom Rang des Dschuang Dsi hervorgebracht hat. Aber eigentlich ist das sehr dumm gesagt: ›Nationen‹ gibt es ja erst neuerdings, das ist eine moderne Mode, und während des ganzen Mittelalters konnte

würde, die Welt in sein Bambusgehölz einzubauen, scheint mir doch fragwürdig[213].«

Noch einmal hören wir vom »älteren Bruder«, als Knecht ihn einlädt, als Gast nach Waldzell zu kommen. Seine Antwort besteht aus vier Sätzen:

»Ehrenvoll wäre es, den großen Mann zu sehen. Aber Gehen führt in Hemmnisse. Zwei Schüsselchen benutzt man zum Opfer. Den Erhabenen grüßt der Jüngere[214].«

Die beiden ersten Sätze sind eine freie Umgestaltung der letzten zwei Zeilen des 6. Bildes des *I Ging*, das »Der Streit« heißt:

»Fördernd ist es, den großen Mann zu sehen. Nicht fördernd ist es, das große Wasser zu überqueren[215].«

Der Wahlchinese möchte Knecht also bei sich sehen, doch nicht zu ihm kommen, weil dies zu einem Streit führen müßte. Das wird durch den dritten Satz verständlich. Wie wir wissen, schätzt der »ältere Bruder« neben dem *I Ging* auch Dschuang Dsi, dessen Gleichnisse Knecht während seines Aufenthalts oft zu hören bekommt.

Der dritte Satz in der Nachricht des »älteren Bruders« spielt an auf eine Episode im Leben Dschuang Dsis:

»Ein Fürst hatte eine Botschaft an Dschuang Dsi gesandt, um ihn zu sich einzuladen.

Dschuang Dsi empfing die Gesandten und sprach: ›Habt Ihr schon einmal einen Opferstier gesehen? Er wird bedeckt mit köstlicher Stickerei und wird gemästet mit Gras und Kräutern. Aber wenn es dann so weit ist, daß er zum Tempel geführt wird, da möchte er wohl gerne mit einem verwaisten Kalb tauschen. Aber dann ist's zu spät‹[216].«

irgendein mönchischer Dichter oder Weiser auf Latein die herrlichsten Sachen schreiben und in ganz Europa wußte niemand, ob er Spanier, Germane, Byzantine, Italiener oder Pole sei.«
(Hesse in einem Brief an Heinrich Wiegand v. Juli 1929)

213 WA, Bd. 9, S. 139.
214 Ebenda, S. 268.
215 *I Ging*, a. a. O., S. 20.
216 Dschuang Dsi, a. a. O., Buch XXVII, Abs. 19.

Die Analogie zwischen der Einladung des Magister Ludi Knecht und der des chinesischen Fürsten ist auffallend. Der »ältere Bruder« will nicht dem Opfer, d. h. Knechts Inaugurationsspiel beiwohnen. Er durchschaut, daß Knecht dazu zwei »Opferschüsselchen« – ihn und Tegularius – braucht, um das Spiel mit dem chinesischen Häuserbau vorzubereiten.

Der vierte Satz seiner Antwort ist lediglich eine höfliche Grußformel. In China wurde der andere als »älterer Bruder« angeredet, während man sich selbst als »jüngeren Bruder« bezeichnete, das erklärt den Ausdruck »der Jüngere« im Brief des Wahlchinesen. »Der Erhabene« bezieht sich natürlich auf Josef Knecht, den Magister Ludi, dem diese Anrede gebührt.

Der »ältere Bruder« ist nicht der einzige »Chinese« im Roman. Es gibt noch einen verborgenen: den Musikmeister. Er ist eine Synthese aus Vasudeva–Siddhartha und Leo. Der Musikmeister leuchtet innerlich und strahlt Heiterkeit und Frieden aus. Er ist selbstlos, Streben ist ihm fremd, er lehrt nicht durch Worte, sondern durch sein Beispiel. Man hört ihn nie über den Sinn der Musik dozieren, da er derlei nicht für lehrbar hält. Je älter er wird, desto schweigsamer wird er, bis er sich das Reden vollends abgewöhnt hat. Statt dessen nimmt er zu an Güte, Würde, Demut, Ehrfurcht und Toleranz. Er bleibt gesund bis ins hohe Alter. Sein Sterben vollzieht sich als eine fortschreitende Entstofflichung. Er erreicht jene Vollendung, die keiner Worte mehr bedarf. Er ist von der Musik, welche ja im Tao wurzelt, so durchdrungen, daß er selbst sie personifiziert. Als Vollendeter und Heiliger kehrt er zurück in die Einheit. Knecht hat von ihm gelernt, daß es zwar die Wahrheit gibt, doch keine absolute Lehre, daß die Gottheit (Tao) nur im Einzelnen, nicht außerhalb zu finden ist. Dennoch hat der Musikmeister, der ja Knecht in den Orden aufnahm, diesen Orden zeit seines Lebens nicht verlassen. Und doch waren es seine Worte, daß man die Gottheit nur in sich selbst erleben und sich selbst vervollkommnen müsse, sowie die Lehre der Wandlungen des »älteren Bruders« und des Pater Jakobus, die Knecht in seinem Entschluß bestärkten, die Provinz zu verlassen. Auch der Musikmeister hat in seiner Jugend

gezweifelt, hat sich nach Natur und Leben gesehnt und daran gedacht, als Musikant in die Welt zu fliehen, bis er durch intensive Meditation wieder zu sich gekommen ist.
Die Frage, warum der Musikmeister seine Musik nicht ebenso verlassen hat wie Knecht die kastalische Provinz, und somit das Glasperlenspiel, wird im Roman nicht beantwortet, doch liegt die Antwort auf der Hand: die Musik ist etwas Absolutes, ja Heiliges, nichts Artifizielles, wie das Glasperlenspiel.
Die Betrachtung über Hesses chinesische Lektüre hat gezeigt, daß er sich seit Anfang der dreißiger Jahre in zunehmendem Maße vom Konfuzianismus angezogen fühlte. Der Konfuzianismus besteht aus einer sozialpolitischen Ethik und einer persönlichen Tugendlehre. Die sozialpolitische Ethik erstrebt zwischen Oberen und Niederen eine geregelte zwischenmenschliche Beziehung. Auf eine einfache Formel gebracht, könnte man sie bezeichnen als einen mit persönlicher Tugendlehre (Selbstvervollkommnung) durchdrungenen »Beamtengeist«. Ein vergleichbarer ethischer Beamtengeist findet sich in der kastalischen Hierarchie wieder, wo jeder sich seinem Posten und Rang entsprechend zu verhalten hat und nicht nur nach bestem Können und Wissen, sondern auch nach der »Tugend« wirken soll. Dies erinnert an den Geist der katholischen Kirche, was denn auch der Pater Jakobus, wenngleich mit Vorbehalten, feststellt.
»[Er] machte auch keinen Hehl aus seiner kritischen Stellung zu diesem Kastalien, dessen ›Orden‹ er als eine Nachahmung der christlichen Kongregationen betrachtete, und zwar im Grunde eine blasphemische Nachahmung, da ja der kastalische Orden keine Religion, keinen Gott und keine Kirche zum Fundament habe[217].«
Die Parallelen zwischen konfuzianischem und katholischem »Geist«, wie sie der kastalische »Orden« aufweist, sind offensichtlich, zumal sich Hesse in jenen Jahren selber zu diesen beiden Richtungen bekannt hat. Was Pater Jakobus dabei als blasphemische Nachahmung empfindet, ist die konfuzianische Komponente. Denn auch der Konfuzianismus kennt zwar religiöse Rituale, hat aber »keine Religion, keinen Gott und

217 Ebenda, S. 174.

keine Kirche«. Dennoch besteht ein Unterschied zwischen dem kastalischen Orden und dem Konfuzianismus. Letzterer ist weltoffen, während die Institution Kastaliens zu einer esoterischen, sich abkapselnden Geistigkeit degenerieren kann. Der weltoffene und weltfromme Konfuzianismus ermöglicht es dem Konfuzianer, in die Welt hineinzuwirken. Dies ist ihm nicht nur ein Ideal, sondern eine Selbstverständlichkeit.

Während der Jahre, in welchen sich Hesse zu Konfuzius bekannte, läßt er auch seine Protagonisten behutsam in das Weltgeschehen eingreifen: Narziß nimmt als Abgesandter eines Kirchenfürsten am politischen Leben teil, während Leo mit den Morgenlandfahrern das Kulturerbe vor dem Untergang bewahrt. Doch erst Josef Knecht durchbricht die Mauer vollends und geht in die Welt. Dies entspricht der konfuzianischen Tugendlehre, die sich in Josef Knecht personifiziert. Auffallend dabei ist die Ausstrahlung Knechts, d. h. seines Charakters. Nicht durch Streberei also ist er in der Hierarchie Stufe um Stufe bis zur Spitze aufgestiegen. Er ist wie der »Nordstern«, von Freunden umkreist, ohne doch je um ihre Freundschaft geworben zu haben[218]. Einige Selbstzeugnisse des Konfuzius ließen sich deshalb auch ohne weiteres auf Josef Knecht übertragen:

»Der Meister sprach: ›Ich bin nicht geboren mit der Kenntnis (der Wahrheit); ich liebe das Altertum und bin ernst im Streben (nach ihr)[219].‹

›Heiligkeit und Güte! Wie könnte ich wagen, das von mir zu behaupten? Nur daß ich ohne Überdruß danach strebe und die Menschen danach lehre, ohne müde zu werden, das kann man sagen und nichts weiter[220].‹«

Erinnert nicht auch das folgende Zitat an Knecht, an seinen Lerneifer, an seinen Umgang mit den Jüngeren und an seine Haltung anderen gegenüber?

218 »Wer kraft seines Wesens herrscht, gleicht dem Nordstern. Der verweilt am selben Ort und alle Sterne umkreisen ihn«, ein Spruch aus den *Gesprächen*, den Hesse 1910 bereits in seiner Rezension zitiert hatte.

219 Buch VII, Abs. 19.

220 Buch VII, Abs. 33.

»Ich suche des andern Gutes und folge ihm, ich suche sein Nichtgutes und bessere mich[221].«
Man erinnere sich z. B. seiner Beziehung zu Pater Jakobus und zu Tegularius. Er gestaltet sein Leben nach dem Kernsatz der Lehre des Konfuzius: »Treue gegen sich selbst und Güte gegen Andere«. Die Treue gegen sich selbst läßt ihn Magister Ludi werden, aber auch dem Orden entwachsen und in die Welt gehen. Auch der Tod Josef Knechts beim Wettschwimmen mit seinem Schüler weist unmißverständlich darauf hin. Denn »der Edle ändert sich nicht, auch wenn er sterben müßte«. Das Wirken Knechts ist das eines konfuzianischen Edlen:
»Wenn der Edle sich bewegt, bestimmt er den Weg der Menschen; wenn er handelt, gibt er die Regel für die kommenden Geschlechter; wenn er spricht, zeigt er das Vorbild für alle[222].«
Knecht ist nicht nur Vorbild für seinen Schüler, sondern für alle Kastalier.

I Ging und Knechts Erwachen

Von den Werken Hermann Hesses ist »Das Glasperlenspiel« das bedeutendste, nicht nur weil es die letzte große und umfangreichste Arbeit Hesses ist, oder weil es die Dreiheit seiner Persönlichkeit – die abendländische, indische und chinesische – verdichtet und harmonisch als eine einheitliche Ganzheit erscheinen läßt, sondern weil der Roman einen nochmaligen Neubeginn des alternden Dichters bedeutet. Daß »Das Glasperlenspiel« die Kulminierung der Lebensarbeit Hesses ist, zeigt sich unter anderem darin, daß der Held Josef Knecht kein östlicher Weiser wie Siddhartha und kein westlicher Zweifler und Verzweifelter wie Harry Haller mehr ist, sondern ein ›weiser Faust‹, das Produkt *einer hohen Geistesbildung unter dem Zeichen kontemplativer Seelenzucht*[223]. Er ist ein Abendländer *des Untersuchens, Zerlegens und Messens*[224], der das Wuwei, das Nichtstreben,

221 »Dschuang Ying«, in *Li Gi*.
222 Ebenda.
223 WA, Bd. 9, S. 402.
224 Ebenda, S. 394.

praktiziert. Daß der Roman einen neuen Anfang Hesses bedeutet, erkennen wir nicht nur an der Einleitung des Romans, in der sich Hesse mit dem sogenannten *feuilletonistischen Zeitalter* auseinandersetzt, sondern auch aus der Beschreibung dessen, was *Geschichte treiben* eigentlich bedeutet. Hesse schreibt: *... es ist gar nicht so einfach und leicht, wie man meinen sollte, die Großen von den Scheingroßen zu unterscheiden. Bei den Scheingroßen ist es der historische Augenblick und dessen Erraten und Anpacken, was den Schein der Größe gibt, es fehlt ja auch nicht an Historikern und Biographen, geschweige denn Journalisten, denen dies Erraten und Erfassen eines geschichtlichen Augenblicks, will sagen: der momentane Erfolg, schon als ein Kennzeichen der Größe erscheint. Der Korporal, der von heut auf morgen Diktator wird, oder die Kurtisane ... sind Lieblingsfiguren solcher Historiker ... Für mich ... sind das Erstaunlichste und Studierenswerteste in der Weltgeschichte nicht die Personen und nicht die Coups und Erfolge oder Niedergänge, sondern meine Liebe und unersättliche Neugierde gilt ... jenen sehr langlebigen Organisationen, in welchen der Versuch gemacht wird, vom Geist und der Seele her Menschen zu sammeln, zu erziehen und umzuformen, die durch Erziehung, nicht durch Eugenik, durch den Geist, nicht durchs Blut zu einem Adel zu machen, der zum Dienen wie zum Herrschen befähigt ist ... Daß ein Abenteuerer einma Glück hat und ein Reich erobert oder begründet, das dann zwanzig oder fünfzig oder sogar einmal hundert Jahre dauert ... das alles ist mir längst nicht so interessant ...*[225] Das Ergebnis dieses Geschichte-Treibens ist, daß Josef Knecht – und mit ihm Hermann Hesse – die sorgfältig aufgebaute geistliche Utopie Kastalien und deren Kleinod, das Glasperlenspiel, verläßt, um seinen bescheidenen Teil am Mitgestalten der Weltgeschichte zu leisten. Dies bedeutet das Verlassen der mittelalterlichen Romantik des »Narziß und Goldmund« und der reinen Symbolik der »Morgenlandfahrt«; es bedeutet die Zuwendung zur Realität. Wir werden sehen, daß Hesses Erleben des

225 Es ist offensichtlich, daß es sich hier um eine Anspielung auf Hitler handelt.

chinesischen Geistes sowohl zur Kulmination des bisher Bekannten als auch zum letzten Neubeginn beigetragen hat.
Hesse hat einmal geschrieben, daß seine Beschäftigung mit der katholischen Kirche, den Geschichtsstudien Jakob Burckhardts und der Weisheit Chinas Spuren im »Glasperlenspiel« hinterlassen habe. Es wäre ein Fehler, die chinesischen Komponenten des Romans zu vernachlässigen, wie es die Hesse-Forschung bis vor kurzem getan hat; aber es geht auch nicht an, zu vieles in den Roman hineinzuinterpretieren, wie Ursula Chi es in ihrem Buch »Die Weisheit Chinas und Das Glasperlenspiel«[226] getan hat. Hesse hat den Roman nicht auf der Grundlage des Konfuzianismus, des Taoismus und »I Ging« konzipiert und gestaltet, wie Ursula Chi anzudeuten scheint. Zum Beispiel dient das alte China nicht als Vorbild Kastaliens, wie sie meint[227], auch wenn die Kastalier einmal im Roman als *Mandarine* bezeichnet werden[228]. Gegen eine solche Auffassung sprechen Hinweise inner- und außerhalb des Romans. Schon die Bezeichnung des Ordens als *Kastalien* – die den Musen geheiligte Quelle auf dem Parnaß – oder auch als *pädagogische Provinz*[229] läßt eine chinesische Vorlage als unwahrscheinlich erscheinen. Außerdem hält Pater Jakobus, eine wichtige Figur im Roman, Kastalien für eine organisatorische *Nachahmung der christlichen Kongregationen*[230]. Diese Ansicht bestätigen andere Hinweise: Kastalien hat zwölf Magister, doch sind im Roman nie zwölf Disziplinen vollständig aufgezählt worden. Die Zahl zwölf scheint einzig gewählt worden zu sein, um den zwölf Jüngern Jesu zu entsprechen. Tatsächlich werden die zwölf Magister mit den zwölf Aposteln verglichen[231]. Es kommt hinzu, daß das alte China weder einen religiösen noch einen weltlichen Orden besaß. Die chinesischen Mandarine waren politische Beamte, die ihren Fürsten treu dienten. Sie waren weder Zölibaten – der Ahnenkult verbietet das ge-

226 Frankfurt, Suhrkamp, 1976.
227 Ebenda, S. 49.
228 WA, Bd. 9, S. 64.
229 Ebenda, S. 62.
230 Ebenda, S. 174.
231 Ebenda, S. 49.

radezu –, noch waren ihnen Besitztümer untersagt. Sie sind das Gegenteil eines Kastaliers, der *zum Herrschen nicht geeignet*[232] ist. Anscheinend gibt es nur eine einzige Affinität zwischen den Kastaliern und den chinesischen Mandarinen – daß nämlich beide dem Adelsstand des Geistes angehören. Andererseits lassen sich die chinesischen Komponenten, die im Roman gedanklich und strukturell eingewoben sind, nicht ignorieren. In diesem Abschnitt Arbeit wollen wir zwei zentrale Aspekte in ihrem Bezug zum Chinesischen untersuchen: das sogenannte Glasperlenspiel und die Entwicklung des Helden Josef Knecht.

Der Untersuchung des Glasperlenspiels stellt sich eine Schwierigkeit entgegen, auf die Theodore Ziolkowski[233] hingewiesen hat: die Intention der »Einleitung: Das Glasperlenspiel« im Roman ist nicht identisch mit der des Hauptteils, der »Lebensbeschreibung des Magister Ludi Josef Knecht«. Das Glasperlenspiel, wie es in der »Einleitung« dargestellt wird, ist etwas Positives, es ist die *Unio Mystica aller getrennten Glieder der Universitas Literarum*[234], während es immer mehr als ein entbehrliches, wenn auch geistvolles Spiel betrachtet wird, nachdem Josef Knecht Magister Ludi geworden ist.

Wenden wir uns zunächst der Struktur des Glasperlenspiels zu. Es existieren insgesamt vier Versionen der »Einleitung« zum Roman; jede Version bedeutet eine Ausweitung und Vertiefung des Glasperlenspiels. In der dritten Version erhält das Spiel chinesische Komponenten. Das Glasperlenspiel hat nur in seinem Anfangsstadium mit Glasperlen – in der ersten Version mit Karten – zu tun; später wird es zu einer Formelsprache entwikkelt, die fähig ist, Musik und Mathematik auf einen Nenner zu bringen. Zu dieser Zeit – es ist immer noch von der dritten Version die Rede – erscheint die Schrift eines Pariser Gelehrten mit dem Titel *»Erinnerung an China«*, in welcher dieser die Schaffung einer Weltsprache fordert, die der chinesischen Zeichen-

232 Ebenda, S. 393.
233 Theodore Ziolkowski: *The Novels of Hermann Hesse. A Study in Theme and Structure*. Princeton, Princeton University Press, 1965, S. 293 ff.
234 WA, Bd. 9, S. 37.

sprache ähnlich sei. In der vierten Fassung derselben »Einleitung« wird die *»Erinnerung«* zu einem *»Mahnruf«* gesteigert. Diese Aufforderung hat Erfolg; eine Schriftsprache ist geboren worden, die nicht nur imstande ist, den Inhalt verschiedener Disziplinen neben- oder gegen-, sondern vor allem ineinander zu stellen. Viele Interpreten vergleichen das Glasperlenspiel mit dem Computer. Solch ein Vergleich ist reizvoll, doch er steht im Gegensatz zu dem Glasperlenspiel, wie Hesse es vorgestellt hat; es soll ja die *Unio Mystica aller getrennten Glieder der Universitas Literarum* sein. Ein Elektronenhirn zerstört geradezu die Vorstellung der *Unio Mystica.* Andererseits müssen wir uns fragen, warum Hesse überhaupt die *»Erinnerung an China«* eingeführt hat, die später zum *chinesischen Mahnruf* gesteigert wird – und zwar im Zusammenhang mit der Spielsprache des Glasperlenspiels. Hier scheint nur eine Antwort möglich zu sein: es muß eine gewisse Beziehung zwischen Hesses Vorstellung von der chinesischen Sprache und dem Glasperlenspiel bestehen.

Laut Einleitung des Romans hat das Glasperlenspiel – wie jede Sprache – seine Regeln und seine Grammatik, sogar eine eigene Kurzschrift. Dazu hat es – wie jede Wissenschaft – seine Formeln, Abbreviaturen und Kombinationsmöglichkeiten. Fernerhin soll es die Fähigkeit haben, alle Wissensgebiete, einschließlich der Künste, auszudrücken. Dabei weist die Spielsprache nicht etwa eine Gruppe von Termini für jedes einzelne Gebiet der Wissenschaften und Künste auf; sie scheint eher ein geschlossenes System von Ausdrücken oder Symbolen für alle Gebiete der Kultur zu besitzen. Zur Hochblüte des Glasperlenspiels ist die Spielsprache sogar fähig, sämtliche geistigen Weltinhalte zueinander in Beziehung zu bringen. Dank dieser Beschreibung verstehen wir endlich, warum Hesse das Chinesische eingeführt hat und es sogar zu einem *»Mahnruf«* hat werden lassen.

Wir haben bereits das Polarpaar ›Yin‹ und ›Yang‹ als Beispiel gewählt, um die mögliche Spielsprache des Glasperlenspiels zu veranschaulichen. Denn ›Yin‹ und ›Yang‹ sind die Urelemente des Kosmos und zugleich jedes Gegenstandes; der chinesische Ausdruck für Gegenstand, Ding oder Sache heißt beispielsweise ›Ost-West‹, was auf die grundsätzlich dialektische Denkweise

Chinas hinweist. Dem Polarpaar liegt auch »I Ging« zu Grunde; mit diesem Polarpaar bildet das »I Ging«-System seine Trigramme bzw. Hexagramme, mit denen theoretisch alles ausgedrückt werden kann. Der Himmel zum Beispiel besteht aus drei übereinander liegenden ›Yang‹-Strichen (ein ›Yang‹-Strich ist ein ungebrochener Strich). Zwei von diesen Trigrammen aufeinander bedeuten das äußerst Schöpferische – Betonung durch Wiederholung – und entsprechen der lichten, starken, geistigen, tätigen Kraft. Diese Kraft wird als Bewegung aufgefaßt. Da die Bewegung Zeit impliziert, drückt das Symbol mit dem sechsfachen Yang sowohl die Zeit als auch die Dauer aus. »Das Buch der Wandlung« enthält 64 solche Symbole oder Hexagramme, die 64 Ursituationen versinnbildlichen. Mit dieser Verbindung von ›Yin‹ und ›Yang‹ läßt sich jede Situation andeuten. Dieses Grundpolarpaar wird in der Sprache aller Wissensgebiete und aller Künste gebraucht.

Wir haben das Polarpaar erläutert, nicht um esoterisch zu wirken, sondern um zu versuchen, uns dem Glasperlenspiel zu nähern. Denn Hesse hat das Glasperlenspiel zwar mit allen realistischen Details beschrieben, aber doch nur um *dem Sein und der Möglichkeit des Geborenwerdens um einen Schritt näher geführt*[235] zu werden. Es liegt an uns zu versuchen, dieses Sinnbild einen Schritt weiter zu erschließen. Denn es ist durchaus nicht abwegig, an die »I Ging«-Symbole zu denken, wenn wir die Beschreibung des Glasperlenspiels lesen. In dem *Chinesischen Mahnruf* ist beispielsweise von der Schaffung einer internationalen Zeichensprache die Rede, *welche ähnlich der alten chinesischen Schrift* sei. Wir wissen, daß Hesse weder Chinesisch sprach noch las, daß er nur auf seiner Indienreise chinesische Zeichen gesehen und Laute vernommen hat. Wir wissen aber auch, daß Hesse sich ausführlich mit »I Ging« beschäftigt hat. 1925 schrieb Hesse: *Dieses Buch der Wandlungen liegt seit einem halben Jahre in meinem Schlafzimmer, und nie habe ich auf einmal mehr als eine Seite gelesen. Wenn man eine der Zeichen-*

235 Ebenda, S. 7.

Kombinationen anblickt, sich in Kian, das Schöpferische, in Sun, das Sanfte vertieft, so ist das kein Lesen und ist kein Denken, sondern es ist wie das Blicken in fließendes Wasser oder in ziehende Wolken. Dort steht alles geschrieben, was gedacht und was *gelebt werden kann*[236]. Wir wissen auch, daß Hesses Beschäftigung mit »I Ging« keineswegs rein akademisch war; er praktizierte das »I Ging«-System, er benutzte es als Weisheit- und Wahrsagebuch, wie sein Brief an Theodor Heuss (Pfingsten 1954) zeigt. Heuss lud Hesse ein, den Orden Pour le Mérite anzunehmen; Hesse sagte zu, nachdem er das »I Ging« befragt hatte. Hesse war also wohl kaum mit der chinesischen Schrift, dafür aber mit den Hexagrammen des Orakelbuches vertraut. Es ist nun an der Zeit zu fragen, warum der *chinesische Mahnruf* nach einer Zeichensprache verlangt, die der *alten* chinesischen Schrift ähnlich ist. Warum benutzte Hesse das Attribut *alt?* Hesse wußte bestimmt, daß die chinesische Schrift zwar alt, aber noch in Gebrauch ist. Dies wird das 21. Jahrhundert nicht geändert haben, aus dem der *»Mahnruf«* angeblich stammt. Man sagt ja auch nicht, daß wir das ›alte‹ lateinische Alphabet benutzen. Die Vermutung liegt nahe, daß Hesse mit der *alten* chinesischen Schrift die Tri- und Hexagramme des »I Ging« gemeint hat, zumal diese die einzigen alten chinesischen Zeichen sind, die er kannte; denn wir finden keine philologischen Arbeiten in der ›chinesischen Ecke‹ seiner Bibliothek, und Hesse hat sich sonst – soweit bekannt – nie über die chinesische Schrift geäußert. Doch ist es für das Verständnis des Glasperlenspiels nicht wesentlich, sicher zu sein, an welche *alte* chinesische Schrift Hesse bei dem *chinesischen Mahnruf* gedacht hatte.

Eine der alten chinesischen Schrift ähnliche Zeichensprache stellt also die Morphologie der Spielsprache des Glasperlenspiels dar, das zugleich einen Geist und eine Seele hat. Den Geist bildet die Musik – wie wir bereits gesehen haben –, denn das Glasperlenspiel *bedeutete eine erlesene, symbolhafte Form des Suchens nach dem Vollkommenen, eine sublime Alchimie, ein Sichannähern*

236 WA, Bd. 12, S. 34 f.

an den über allen Bildern und Vielheiten in sich einigen Geist, also an Gott[237].

So ist das Glasperlenspiel, wie es Hesse ursprünglich konzipiert hat. Im Hauptteil des Romans nimmt es eine immer zweifelhaftere Stellung an. Es wird von Pater Jakobus zwar als ein reizvolles, aber doch nur als ein Spiel angesehen, und Josef Knecht erkennt, daß es *zur leeren Virtuosität, zum Selbstgenuß künstlerischer Eitelkeit führen kann.* Er betrachtet es sogar als den entbehrlichsten Teil Kastaliens, obwohl er der Glasperlenspielmeister ist. Die Ursache dessen läßt sich leicht feststellen. Die pädagogische Provinz gerät mit ihrem Unterbau – der Welt – auseinander, und der geistige Überbau kann unmöglich allein in der Luft schweben; er muß auf einer Basis ruhen. Während alle in Kastalien vertretenen Wissensgebiete für die Welt von Nutzen sind, ist das Glasperlenspiel, der Inbegriff des kastalischen Geistes, für die Außenwelt wert- und nutzlos. Mit dieser Erkenntnis verläßt Hesse den ästhetisch-geistigen Zufluchtsort, den er während der Zeit der »Morgenlandfahrt« aufgebaut hatte, und wendet sich wieder der Realität zu. Im selben Sinne bezweifelt der Glasperlenspielmeister Josef Knecht den Wert des Glasperlenspiels, legt sein Amt nieder und beginnt sein Leben wieder als Erzieher. Wir werden sehen, wie Knecht dazu kommt, mit Kastalien so radikal zu brechen.

In der Lebensentwicklung Josef Knechts spielen zwei Leitfäden und fünf Personen eine entscheidende Rolle. Die zwei Leitfäden sind die ›Berufung‹ und das ›Erwachen‹. Die ›Berufung‹ führt Knecht in den Orden und läßt ihn bis zum Magister Ludi aufsteigen, während das ›Erwachen‹ ihn das durch die Berufung Erreichte wieder verlassen läßt. Die fünf Personen sind der Musikmeister, der Ältere Bruder, Plinio, Pater Jakobus und Tegularius. Mit Ausnahme des Musikmeisters, des ›Heiligen‹ der Pädagogischen Provinz, der Knecht in den Orden einführt, trägt jeder auf seine Weise zu Knechts Erwachen bei. Dazu kommt, daß »I Ging« auch in die Entwicklung Knechts inkorporiert ist und die ›Berufung‹ und das ›Erwachen‹ verbindet. Dieser Quer-

237 Ebenda, Bd. 9, S. 40.

verbindung werden wir uns widmen, doch vorher wollen wir einen Blick auf den Musikmeister, den Vollkommenen und Weisen Kastaliens, werfen. Er ist *der große Gerneklein*[238] – wie auch Vasudeva der Fährmann und Leo der Diener. Diese Eigenschaft entspricht dem ›Untersein‹ des Tao. Wie Vasudeva-Siddhartha leuchtet er innerlich und strahlt Heiterkeit und Frieden aus. Ebenso wie die sino-indischen Weisen ist er selbstlos, und Streben ist ihm fremd. Vor allem verkündet er dieselbe Botschaft wie Siddhartha: *Es gibt die Wahrheit. Aber die ›Lehre‹ die du* [Josef Knecht] *begehrst, die absolute, vollkommene und allein weise machende, die gibt es nicht. Du sollst dich auch gar nicht nach einer vollkommenen Lehre sehnen ... Die Wahrheit wird gelebt, nicht doziert*[239]. Auch die ›Entwerdung‹ des Musikmeisters könnte als taoistisch gedeutet werden. Doch zu behaupten, daß er die Verkörperung der Weisheit von Lao Tse sei, wie Ursula Chi es tut, ist eine Übertreibung. Denn er hat auch untaoistische Charakterzüge. Ein Taoist ist, wie der Ältere Bruder im Roman, grundsätzlich ein Außenseiter. Es ist unvorstellbar, daß ein Taoist vom Schlag Lao Tses und Dschuang Dsis Beamter ist und dazu noch so ein tüchtiger wie der Musikmeister. Er würde nie eines der höchsten Ämter bekleiden. Es ist geradezu antitaoistisch, wie der Musikmeister Josef Knecht beruflich fördert. Ebenso untaoistisch ist das Gefühl des Musikmeisters: *Es ist schön, daß du in dem Augenblick, wo ich abtrete, in die Lücke trittst, es ist, als hätte ich einen Sohn, der künftig statt meiner seinen Mann stellen wird*[240]. Eine starke Bindung zwischen Vater und Sohn (und jede andere familiäre Bindung) ist untaoistisch, wie Dschuang Dsi durch mehrere Gleichnisse angedeutet hat. Außerdem braucht man nicht zurück auf den Frühtaoismus zu greifen, um einen Weisen darzustellen. Der Charakter des Glasperlenspiels und des Ordens zählt außer den chinesischen *Weisen oder Vollkommenen*[241] noch das Ideal der *Sokratischen Tugend-*

238 Ebenda, S. 271.
239 Ebenda, S. 85. Vgl. auch S. 237 ff. dieser Arbeit.
240 Ebenda, S. 151.
241 Ebenda, S. 9.

lehre und das Ideal der *Römischen Kirche* auf. Man darf den chinesischen *Weisen* nicht verleugnen, sondern muß ihn in die richtige Perspektive setzen. Denn *Gesetz und Ordnung*[242], wovon der Musikmeister spricht, sind nicht die des Tao, sondern die Kastaliens. Demnach ist eine andere These Ursula Chis auch nicht haltbar; sie sagt nämlich: *die Existenz des kastalischen Ordens, seiner Hierarchie und die des Glasperlenspiels, beruht auf der Weisheit Yang Tschous', daß dur der Mensch, welcher den Weg nach Innen geht, sein Schicksal erkennen, lieben und bejahen lernt, den inneren Frieden findet und wahrhaft frei ist*[243]. Die Verfasserin scheint vergessen zu haben, daß Kastalien als das Reich des Geistes nur einen Pol darstellt, womit sich Hesse in der ersten Hälfte der dreißiger Jahre beschäftigt; spätestens bei der Niederschrift der Einleitung kamen Momente des Zweifels auf, die sich bei solchen Äußerungen wie *auf unsre unschöpferische, epigone, aber ehrfürchtige Weise*[244] erkennen lassen. Gegen Ende der dreißiger Jahre, spätestens beim Schreiben des Kapitels »Zwei Orden«, wird Kastalien nicht mehr einseitig verherrlicht. Die darauf folgenden Kapitel, besonders jene, die nicht vorabgedruckt wurden, verdeutlichen, daß Kastalien nicht nur einseitig sei und der Ergänzung bedürfe, sondern auch, daß der geistige Überbau aus dem Unterbau hervorkomme, daß jedes geistige oder künstlerische Werk in der Welt entstanden sei. Aus diesem Grunde ist die pädagogische Provinz unproduktiv, und die Ordensbrüder fristen, nach Meinung der Außenwelt, ein *Drohnendasein*. Das Idealreich wird relativiert. Daher kann die Weisheit Yang Tschous nicht auf Kastalien angewendet werden, denn das Schicksal, das Yang Tschou meint, beruht auf Tao, das zwar absolut, aber doch zweipolig ist.

Was für Kastalien gilt, gilt auch für dessen Inbegriff der Geistigkeit, für das Glasperlenspiel. Wir haben gesehen, daß das Glasperlenspiel große Ähnlichkeit mit dem »I Ging«-System hat. Aber es bestehen auch grundsätzliche Unterschiede zwischen den

242 Ebenda, S. 84.
243 Vgl. Ursula Chi, a.a.O., S. 125.
244 WA, Bd. 9, S. 26.

beiden. Hesse schrieb 1925, als er das Glasperlenspiel noch nicht konzipiert hatte, über das »I Ging«: *Es ist in diesem Buch ... ein System von Gleichnissen für die ganze Welt aufgebaut*[245]. Ein Jahr später schrieb er an den Übersetzer des »I Ging«, Richard Wilhelm: *Ihre chinesische Welt zieht mich mit der magischen Seite an, während Ihre prachtvolle moralische Ordnung mir, dem Unsozialen, bei aller Bewunderung fremd bleibt. Leider ist mir dadurch auch das I Ging nur teilweise zugänglich. Ich betrachte zuweilen seine tiefe, satte Bilderwelt, ohne zur Ethik der Kommentare eine eigentliche Beziehung zu haben. Auf dem dürren Ast, auf dem ich sitze, blüht die Blume der staatlichen, familiären und gesellschaftlichen Beziehungswelten leider nicht*[246]. Modifizierten wir diese Aussagen Hesses ein wenig, so hätten wir die Idee des Glasperlenspiels[247]. Demnach enthält das Glasperlenspiel die magische Seite des »I Ging«, also die *Unio Mystica* ohne die staatlichen, familiären und gesellschaftlichen Beziehungswelten; es ist ein System von Gleichnissen – für die ›halbe‹ Welt aufgebaut. Kurz, es ist ein modifiziertes »I Ging« für die abendländischen Intellektuellen. Der europäische Geist unterscheidet sich bekanntlich vom ostasiatischen in seinem Drang zum Sezieren und zum Abstrahieren; Sezieren und Abstrahieren sind die ausgeprägten Eigenschaften des Glasperlenspiels. Erst mit Josef Knechts ›Erwachen‹, das eventuell zur Versöhnung zwischen dem Über- und Unterbau führen soll, findet eine Annäherung zwischen dem Glasperlenspiel und »I Ging« statt. Obwohl es Pater Jakobus (= Jakob Burckhardt) ist, der Knecht historische Kenntnisse und Erkenntnisse beibringt, ist es das »I Ging«, das zu Knechts ›Erwachen‹ führt.

In seinen freien Studienjahren ist Josef Knecht bemüht, ein bestimmtes Glasperlenspiel zu analysieren, zu sezieren und in die Ursprache zurückzuübersetzen; er lernt dabei Chinesisch. Er beschäftigt sich immer intensiver mit »I Ging«, findet aber keinen

245 Vgl. S. 110 dieser Arbeit.
246 Ebenda.
247 An einer Stelle im »Glasperlenspiel« wird »I Ging« bezeichnenderweise als das Orakelspiel bezeichnet.

Lehrer, da er mit *seinem Interesse für das Buch der Wandlungen in ein Gebiet ziele, von dem man ... wenig wissen wollte*[248]. Schließlich findet er den Älteren Bruder, einen Wahlchinesen, der ein ironisches Selbstporträt Hesses ist, das uns an die Beschreibungen der *Stunden im Garten* erinnert, worin Hesse auch über das Glasperlenspiel meditiert. Der Ältere Bruder ist ein *schmächtiger Mann, in graugelbes Leinen gekleidet, mit einer Brille über blauen abwartenden Augen,* [er] *erhob sich von einem Blumenbeet, über dem er kauernd verweilt hatte*[249], als Knecht ihn aufsucht. Die Entscheidung, ob Knecht bei ihm bleiben darf, wird dem Orakel überlassen. Dieses liefert das Zeichen *Mong/Die Jugendtorheit;* das bedeutet aber *Jugendtorheit hat Gelingen*[250], der Ältere Bruder nimmt ihn also als Jünger auf. Graphisch sieht das Zeichen Mong so aus: ䷃ ; in den Kommentaren des »I Ging« lesen wir, daß der zweite, ungebrochene Strich von unten, also der ›Yang‹-Strich, der ›Herr‹ des ganzen Zeichens ist. Er symbolisiert einen *Weisen an niederer Stelle, der die Fähigkeit hat, einen jugendlichen unerfahrenen Herrscher in der rechten Weise zu beraten.* Es wird also angedeutet, daß Knecht ein junger *Herrscher* in den Lehrjahren ist, daß er einmal die höchste Stellung erreichen wird. Diese Andeutung wird noch bei einer andern Orakelbefragung wiederholt. Neben der Handhabung der Schafgarbenstengel und der *Grammatik und Symbolik der Orakelsprache*[251] lernt Knecht auch die alten Kommentare des »Buches der Wandlungen«, das heißt die *staatlichen, familiären und gesellschaftlichen Beziehungswelten,* die Hesse 1926 noch unzugänglich waren. Ferner lernt er die Gleichnisse des Dschuang Dsi und die Gartenpflege; er lernt die Pinsel zu waschen, Suppe und Tee zu kochen, auf das Wetter zu achten und mit dem chinesischen Kalender umzugehen. Auch wenn das Erlernte beim ersten Blick als beinahe banal erscheint, weiß der Chroniker Knechts zu berichten, daß sein Held nicht nur *Ent-*

248 WA, Bd. 9, S. 133.
249 Ebenda, S. 135.
250 Ebenda, S. 138.
251 Ebenda.

scheidendes gelernt und erlebt habe, sondern auch von einer *wunderbaren Ahnung oder Führung geleitet* worden sei[252]. Knecht hat auch dieses Stadium seines Lebens *des öfteren als ›den Beginn seines Erwachens‹ bezeichnet.* Obwohl Hesse dieser Episode nur wenige Seiten widmet, ist ihre Bedeutung nicht zu übersehen. Wir wollen einmal kurz betrachten, was Knecht durch den Älteren Bruder von »I Ging« – in Richard Wilhelms Übersetzung – lernen kann. Als Orakelbuch sind die Hexagramme *Zeichen wechselnder Übergangszustände, Bilder, die sich dauernd verwandeln. Worauf das Augenmerk gerichtet war, waren nicht Dinge in ihrem Sein – wie das im Westen hauptsächlich der Fall war –, sondern die Bewegungen der Dinge in ihrem Wechsel ... Dadurch wurde der Mensch zum Mitgestalter des Schicksals, denn seine Handlungen griffen als entscheidende Faktoren ins Weltgeschehen ein*[253]. Durch das »Buch der Wandlungen« lernt Knecht nicht nur den Gedanken der Wandlung, sondern auch das *umwandelbare ewige Gesetz, das allem Wandel wirkt ...* [der] *teils ein dauernder Umschlag von einem ins andere ist, teils ein kreisförmig geschlossener Ablauf von in sich zusammenhängenden Ereigniskomplexen wie Tag und Nacht, Sommer und Winter*[254]. Noch wichtiger für Knechts Erwachen ist aber der zweite Grundgedanke des »I Ging«, daß die sichtbare Welt des Geschehens – also die Geschichte – eine Nachbildung der übersinnlichen Welt der Ideen darstellt, deren Keimsituation dem Menschen durch das »I Ging« zugänglich ist. Der Mensch kann dadurch sein Leben *organisch und souverän* gestalten und bestimmend in sein Schicksal eingreifen. Wir sehen, daß Josef Knecht bei dem Älteren Bruder, der übrigens wie der Musikmeister nicht über den Sinn oder die Wahrheit doziert und direkten Fragen auszuweichen sucht, von der Welt in ihrer Ganzheit lernt. Nach den »I Ging«-Studien bemüht sich Knecht um die Kenntnis der *alten chinesischen Musik,* die als eine der *Urquellen*

252 Ebenda, S. 132.
253 »I Ging«, a.a.O., S. 13 f.
254 Ebenda, S. 15 f.

aller Ordnung, Sitte, Schönheit und Gesundheit[255] gilt. Man braucht sich nur das Zitat über die Musik aus »Frühling und Herbst des Lü Bu We« in der Einleitung des Romans zu vergegenwärtigen, so sieht man, daß Knechts Erkenntnisse, die er durch die Musikstudien gewonnen hat, diejenigen bestätigen, die er durch seine »I Ging-Studien« erworben hat. Hier ist bereits die Keimsituation des späteren Lebens von Knecht angedeutet: Als Kundiger vermittelt er zwischen der Welt der Ideen und der des Geschehens. In diesem Sinne ist es tatsächlich der Beginn des ›Erwachens‹, da jetzt der Keim dazu vorhanden ist, daß Kastalien und sein Glasperlenspiel nicht mehr die absolute Stellung in seinem Leben einnehmen, sondern zunehmend relativiert werden. Es ist daraus zu erklären, daß Knecht nach der Lehrzeit *seine Scheu vor der Rückkehr nach Waldzell*[256] überwindet.

Während seines Aufenthalts am Bambusgehölz versucht Knecht immer wieder, den Älteren Bruder in Gespräche über das Glasperlenspiel oder die Musik zu verwickeln. Er bekommt entweder keine oder nur »I Ging«-Sprüche als Antwort: *Dichte Wolken, kein Regen,* oder *Der Edle ist ohne Makel*[257]. Der erste Spruch entstammt dem neunten Hexagramm *des Kleinen Zähmungskraft*[258] und bedeutet: *Es ist Aussicht auf Erfolg da. Aber es stehen noch Hindernisse im Weg*[259]. Der zweite Spruch wird von den Erklärungen der zwei oberen Striche des zwanzigsten Hexagramms *der Betrachtung* entnommen und kann zwei Bedeutungen haben. Die erste besagt: *daß man die Wirkung prüft, die von einem ausgeht*[260]; die zweite rät: daß man *außerhalb des Weltbetriebs frei vom Ich die Gesetze des Lebens betrachtet*[261]. Es deutet zwei Möglichkeiten für Knecht an; entweder geduldig

255 WA, Bd. 9, S. 140.
256 Ebenda.
257 Ebenda, S. 139.
258 In der Erklärung des 5. Striches des 62. Hexagramms wird derselbe Spruch wiederholt, bedeutet aber im wesentlichen das gleiche. Vgl. »I Ging«, a.a.O., S. 228 und 623.
259 Ebenda, S. 56.
260 Ebenda, S. 94.
261 Ebenda.

und durch Kleinarbeit in die Welt hinein zu wirken, wie es Knechts Weg sein wird, oder Eremit zu werden wie der Ältere Bruder. Knecht lehnt die zweite Möglichkeit als *ein Verzicht auf das Heute und Morgen zugunsten eines Vollkommenen, aber Vergangenen* ... [als] *eine sublime Art von Flucht*[262] ab.
Nach seinen Studienjahren wird Knecht in den Orden aufgenommen und zum Benediktinischen Kloster geschickt. Vor seiner Abreise befragt er das Orakel und bekommt als Antwort das 56. Hexagramm *Lü/Der Wanderer* mit dem Urteil: *Durch Kleinheit Gelingen. Dem Wanderer ist Beharrlichkeit von Heil.* Weiter heißt es im Roman: *Er fand eine Sechs auf zweitem Platz und schlug im Buch die Deutung nach*[263]. Die Deutung besteht aus drei Zeilen und wird sich während Knechts Aufenthalt in Mariafels bewahrheiten: Knecht kommt an und hält sich dort auf *(Der Wanderer kommt zur Herberge);* er ist seiner Aufgabe gewachsen und braucht keine Hilfe *(Er hat seinen Besitz bei sich);* und durch den jungen Bruder Antonio, der ihn umschwärmt, lernt er die wichtigste Person im Kloster kennen *(Er erlangt eines jungen Dieners Beharrlichkeit).* Doch die Bedeutung endet nicht hier; gerade durch die *Sechs auf zweitem Platz* gerät der zweite untere unterbrochene Strich in Wandlung und wird eine ›Yang‹-(d. h. Ungebrochene) Linie. Dadurch verändert sich das 50. Hexagramm *Ding/Der Tiegel.* Das Urteil lautet: *Erhabenes Heil. Gelingen,* was die Deutung des ›Lü‹ bestätigt. Dazu sagt der Kommentar: Es wird umwälzende Wirkungen geben, *die von der Zusammenarbeit eines Fürsten und eines Weisen ausgehen*[264]. Man denke hier an Josef Knecht und Pater Jakobus, oder im übertragenen Sinne an die zwei Orden, die sie vertreten. Die Deutung des Bildes des Tiegels lautet: *Über dem Holz ist Feuer: das Bild des Tiegels. So festigt der Edle durch Richtigmachung der Stellung das Schicksal*[265], was bedeutet, daß man das Leben mit dem Schicksal in Einklang bringen soll. Der Tiegel ist ein

262 WA, Bd. 9, S. 142.
263 Ebenda, S. 160.
264 »I Ging«, a.a.O., S. 94.
265 Ebenda, S. 187.

Opfergerät, das man bei *Festfeiern ... Opfern und Festmählern benutzt*[266]. Im Zusammenhang mit dem Richtigstellen des Schicksals deutet dies auf die Inaugurationsfeier Knechts als Magister Ludi hin. Diese Entwicklungen lassen sich aus der Keimsituation, auf die im Hexagramm ›Lü‹ *mit einer Sechs auf zweitem Platz* hingewiesen wird, mit Hilfe des »Buches der Wandlungen« herauslesen. Das Hexagramm ›Ding‹ weiter *durch 9 auf dem 3. Platz* zu *We Dsi/Vor der Vollendung* und dann wieder *durch 9 auf dem 4. Platz*[267] zu *Mong/Jugendtorheit* verwandeln zu lassen, wie es vor kurzem versucht wurde, ist gewiß sehr reizvoll, basiert aber eher auf Spekulation als auf konkreten Anhaltspunkten.
Schon als Josef Knecht bei dem Älteren Bruder ist, wünscht er, *das System des I Ging dem Glasperlenspiel einzubauen;* der Ältere Bruder bezweifelt aber, ob es einem gelingen würde, *die Welt in sein Bambusgehölz einzubauen*[268]. Nachdem er das Magisteramt übernommen hat, plant Knecht, sein erstes feierliches Jahresspiel zu einem *Chinesenhausspiel* zu machen. Er lädt den Älteren Bruder ein, der aber ablehnt, da sein Kommen – wie seine Antwort in verschlüsselten »I Ging«-Sprüchen des sechsten Hexagramms andeutet – nur zu Streit führen würde und da er nicht als ein *Opferschüsselchen* benutzt werden möchte. Aber auch ohne Hilfe des Älteren Bruders ist das *Chinesenhausspiel* ein Erfolg geworden. Dieses *Chinesenhausspiel* Knechts ist nur durch seine Beschäftigung mit »I Ging« möglich geworden: *Es war ihm einst, beim Studium eines Kommentares zum I Ging, die mystische Ordnung und Bedeutsamkeit dieser Regeln als ein besonders ansprechendes und liebenswürdiges Gleichnis des Kosmos und der Einordnung des Menschen in die Welt erschienen, auch fand er uralt mythischen Volksgeist in dieser Tradition des Hausbaus wunderbar innig mit spekulativ-gelehrtem Mandarinen- und Magistergeist vereinigt*[269]. Wir sehen, daß dieses Glasperlenspiel, das einzige, das im Roman beschrieben wird, die

266 Ebenda, S. 569.
267 Ursula Chi, a.a.O., S. 179, S. 202 f. und S. 229.
268 WA, Band 9, S. 139.
269 Ebenda, S. 269.

absolute Harmonie zwischen Himmel, Erde und Menschen und auch zwischen dem Volks- und Mandarinengeist darstellt – es wäre ein idealer Zustand für das Glasperlenspiel und somit auch ein ideales Verhältnis zwischen Kastalien und der Welt. Obwohl wir nicht wissen, ob sich das »I Ging«-System durch ein einziges Spiel in das Glasperlenspiel aufnehmen läßt, ist doch der erste entscheidende Schritt getan, zumal uns der Chroniker berichtet, das *das Jahresspiel als »Chinesenhausspiel« noch heute bekannt* [ist] *und nicht selten zitiert* [wird][270].

Das ›Erwachen‹ Knechts, das bei den Studien des »I Ging« beginnt, setzt sich bei den Geschichtsstudien unter dem Einfluß des Pater Jakobus fort. Sein *Empfinden der eigenen Person und Tätigkeit als einer im Strom des Werdens und Sichwandelns mittreibenden und mittätigen Zelle*[271], die durch das »I Ging« geweckt worden ist, *gelangt durch seine historischen Studien und unter dem Einfluß des großen Pater Jakobus*[272] zum Bewußtsein. Das ›Erwachen‹ führt ihn aus der pädagogischen Provinz in die Welt hinaus und auch fast unmittelbar in seinen Tod. Die Todesszene ist die umstrittenste bei den Interpreten. Knechts Tod wurde zunächst als sinnlos oder als reiner Zufall angesehen; inzwischen neigt man dazu, den Tod Knechts als den Beginn einer neuen Wandlung zu sehen. Diese Ansicht entspricht nicht nur der Intention Hesses, sondern auch der Darstellung der Szene. Dabei scheint mir die Interpretation des sowjetischen Hesse-Gelehrten Reso Karalaschwili dem wahren Gehalt der Todesszene am nächsten zu kommen[273]. Karalaschwili erklärt den symbolischen Tod Josef Knechts mit Hilfe der Szene bei dem Älteren Bruder. Als

270 Ebenda, S. 280.
271 Ebenda, S. 288.
272 Ebenda.
273 Reso Karalaschwili: »Josef Knechts Tod«, in: Materialien zu Hermann Hesse »Das Glasperlenspiel«, Bd. 2, herausgegeben von Volker Michels, Frankfurt: Suhrkamp Verlag, 1974, S. 220 ff. Aufschlußreiche Hinweise geben auch die folgenden Aufsätze: Hilda Cohn, »The Symbolic End of Hermann Hesse's ›Glasperlenspiel‹«, in »The Modern Language Quarterly«, 11, 1950, 347 ff; und J. C. Middleton: »An Enigma transfigured in Hermann Hesse's Glasperlenspiel«, in: »German Life and Letters«, 10, 1956/7, 4, S. 298 ff.

Ergänzung möchte ich die beiden Szenen einander gegenüberstellen. In der ersten Szene geht Knecht zu einem Lehrer, in der zweiten zu einem Schüler. Bereits hier haben wir den Kontrast: Als Schüler lernt Knecht über die Wandlung, als Lehrer geht er in die Wandlung über. Die Beschreibung der Landschaft, die mit Symbolik beladen ist, bestätigt diese Interpretationsrichtung. Nach Josef Knecht ist das Eremitendasein des Älteren Bruders eine sublime Flucht aus Kastalien, das selbst eine Art Flucht von der Welt darstellt. Die Szenerie dort ist kunstvoll angelegt. Zuerst haben wir eine Landschaft, die eine Mischung aus Südland und Hochgebirge darstellt. Dann haben wir ein chinesisches Gartenhaus inmitten eines wunderlichen Gartens mit einem plätschernden Brunnen, der in ein gemauertes Becken fließt, und das Bambusgehölz, das die Anlage vor dem Nordwind schützt[274]. Betrachten wir dagegen das Landhaus des Weltmenschen Designori: Es liegt in den Grauen Felsen, von denen es sich kaum abhebt. Beim Anblick empfindet man Strenge und Finsterkeit. Statt eines plätschernden Brunnens haben wir einen Wasserfall, statt eines gemauerten Beckens mit Goldfischen einen Bergsee, und schließlich statt eines Bambusgehölzes einen hohen Felsgrat. Es ist die Welt Titos, eines Menschen der Elemente. Bei dem Älteren Bruder setzt sich Knecht am Morgen nach seiner Ankunft *ans Wasser zu den Goldfischen* und blickt in die *kleine kühle Welt von Dunkel und Licht*. Es ist eine Miniaturwelt, zauberisch und verzaubert, friedlich und zart. Dagegen erleben wir in der Welt Titos eine gewaltige Symphonie der Elemente. Eine ganze Reihe sich ergänzender Polarpaare nimmt daran teil, aus denen man mehrere Hexagramme bilden kann, nicht bloß die zwei ›We Dsi‹ und ›Mong‹, die Ursula Chi zusammengesetzt hat.
Nicht nur die Landschaft deutet die Gegensätzlichkeit zwischen Knecht und Tito an. Auch ihre Beziehung zu ihrer eigenen Landschaft deutet auf die Polarität der beiden hin. Der Schüler Knecht sitzt und beobachtet das Wasser und die Goldfische, *mehr träumend als kontemplierend* und fühlt nicht, daß ihn sein Lehrer lange betrachtet, während der Schüler Tito, *der panisch Begei-*

274 WA, Bd. 9, S. 134.

sterte, unbewußt in einen Opfertanz zur Huldigung der Elemente ausbricht. Doch Tito bringt in seinem rituellen Opfertanz seine Seele nicht nur *der Sonne und den Göttern* dar, sondern ebenso seinem *aus den geheimnisvollen Bezirken kommenden Meister des magischen Spiels*[275]. In diesem Moment erkennt Knecht seinen Schüler als seinen Gegenpol, er erkennt ihn vollwertig als seinesgleichen an. Sein Schicksal ist an sich schon erfüllt, da er bereits seinen Ausdruck in dem Naturmenschen Tito – wie Demian in Sinclair – hinterlassen hat. Seine ›kreisförmige‹ Wandlung[276] geht zu Ende, er ist ein Samen geworden und wird in seinem Gegenpol Tito gedeihen; somit hat er eine neue Wandlung verursacht: *es hatten, wie er* [Tito] *erst etwas später erkennen sollte, an seinem Tanz und seiner magischen Besessenheit nicht nur Gebirgsluft, Sonne, Morgen und Freiheitsgefühl teil, sondern nicht minder die auf ihn wartende Wandlung und Stufe eines jungen Lebens, erschienen in der so freundlichen wie ehrfurchtfordernden Gestalt des Magisters*[277].

Der Tod Knechts im Bergsee kann mindestens zwei mögliche und sich nicht widersprechende Interpretationen haben. Die eine ist eine psychologisch-pädagogische. Der Lehrer Knecht möchte nicht das Vertrauen und die Kameradschaft seines Schülers verlieren, zumal er soeben beschlossen hat, *auch die Sportkameradschaft als eines der Mittel zur Gewinnung und Zähmung des feurigen Jünglings zu benützen*[278]. Die andere mögliche Interpretation ist eine symbolische: Eine Hälfte des Sees ist im Schatten, die andere Hälfte im Sonnenschein. Dies entspricht etwa dem Bild des ›Tai Gi‹, der Dualität und Polarität, d. h. dem Bild der Einheit. Von dieser Einheit wird Knecht aufgenommen. Man darf außerdem nicht übersehen, daß das Wettschwimmen nicht eines zwischen Lehrer und Schüler ist, sondern daß es *ein Wettschwimmen mit der Sonne* ist[279]. Knecht bleibt auf der schattigen Seite

275 Ebenda, S. 468.
276 Vgl. ebenda, S. 417.
277 Ebenda, S. 468.
278 Ebenda, S. 466.
279 Ebenda, S. 279.

– dem ›Yin‹ – zurück, während die Sonnenseite, auf der Tito jetzt ist, sich weiter ausdehnt; es ist ja immerhin der Morgen, die Zeit der Jugend. Das Bild, durch die Ausbalancierung des ›Yin‹ und ›Yang‹, des Sonnigen und Schattigen, deutet auf eine neue Harmonie hin, eine Harmonie zwischen Himmel und Erde, Berg und See, Feuer und Wasser, Geist und Welt.
Es sei noch darauf hingewiesen, daß Tito ein neuer Typus in Hesses Dichtung ist. Er ist weder der Wehmütige, noch der Verzweifelte oder der Weise, sondern der Vitale – durch Knecht – mit Geisteszucht. Wir erwarten nicht, daß er Großes im Bereich der Künste oder Ideen leistet, sondern im Bereich des realen Lebens, der Politik. Der Roman »Das Glasperlenspiel« dokumentiert Hesses Versuch, der Barbarei des Dritten Reiches den Rücken zu kehren; er besinnt sich aber eines Besseren und wendet sich wieder dem politischen Leben zu. Tito wird bestimmend und positiv in das Weltgeschehen eingreifen.

Abschließend einige grundsätzliche Gedankengänge über den europäischen Anteil am kastalischen Geist. Zu Lebzeiten Knechts befindet sich Europa im Zeitalter des Feuilletonismus. Nicht mehr der Geist dominiert, sondern der Intellekt. Im Gegensatz zum Geist ist dieser eindimensional und flach, während jener rund ist, umfassend und auf die Einheit, das Tao hin orientiert. Der politisch naive Professor für orientalische Mythologie im *Steppenwolf* und der Abt Narziß mit seinem Mangel an Kreativität haben bereits etwas von dieser Flachheit, welche bei den Kastaliern noch zunimmt. Sie sind unproduktiv und im politisch-sozialen Bereich im besten Sinne naiv. Doch beläßt es Hesse nicht bei der Gestaltung dieser Gefahren, sondern kontrastiert sie mit der Vita seiner Hauptgestalten. Diese liefern Modelle zur Überwindung jener Gefahren. Am augenfälligsten wird dies im *Glasperlenspiel.* Vom Musikmeister »lernt« Knecht die Güte und das Dienen, vom Wahlchinesen die Wandelbarkeit des Seins, vom Pater Jakobus den Sinn für Geschichte, während er selbst den »Eigensinn« hinzufügt. Der daraus resultierende Geist, eine Haltung, die abendländische, indische und chinesische Elemente integriert, ist keine Abstraktion. Er entspricht dem Leben und zugleich der Einheit, dem Tao, dessen Bestandteil das Leben ist. In diesem Sinne ist das Werk Hermann Hesses nicht nur gesellschaftsbezogen, sondern auch weltbezogen. Es liefert keine Rezepte und Heilslehren, denn es verweist und ermutigt jeden zu seinem eigenen, individuell unterschiedlichen Weg. Wollte man diesen Weg oder das Tao Hermann Hesses auf einen Nenner bringen, dann wäre er als »idealer Realismus« zu definieren. Man muß nur vorurteilsfrei sein, um ihn wahrnehmen, und offen genug, um ihn verstehen zu können.

Anhang

Von frühster Kindheit an war ich von außen her mit indischem Wesen vertraut, mein Großvater, meine Mutter und mein Vater waren alle drei lange in Indien gewesen, sprachen indische Sprachen (Malayalam, Kanaresisch, Hindostani, mein Großvater auch Sanskrit), in unsrem Hause waren viele indische Sachen, Kleider, Gewebe, Bilder etc. Unbewußt sog ich so viel Indisches ein. Besonders erinnere ich mich an schöne, lebhafte Erzählungen meiner Mutter aus ihrer indischen Zeit. Meine Eltern und Großeltern waren als Missionare tätig gewesen, mein Großvater war Jahrzehnte in Indien. Doch waren sie alle drei nicht vom Schlage des Durchschnitts-Missionars, waren tief in Sprachen und Seele Indiens eingedrungen, das sie sehr liebten. Ich erinnere mich eines handschriftlichen Buches, das mein Vater besaß und in das er während seiner indischen Zeit vieles eingeschrieben hatte, vor allem erinnere ich mich, daß darin viele buddhistische Gebete standen, von meinem Vater übersetzt, teils in Deutsch teils in Englisch, und daß er uns zuweilen mit sichtlichem Gefallen an der Frömmigkeit und Poesie dieser Gebete daraus vorlas.
Bei meinen Eltern und Großeltern war sichtlich sehr viel Liebe für Indien und viel Bereitschaft zum Verständnis Indiens vorhanden, doch stand ihr Christentum im Wege, sie anerkannten Indien und seine Ideen sehr, aber stets mit dem Vorbehalt, daß doch eben die Lehre Jesu allein göttlich und endgültig sei, ebenso wie sie auch Goethe und andre weltliche Weise schätzten, aber stets mit jenem mir fatalen Vorbehalt.
Seit dem Verlassen des Vaterhauses hatte ich keine Berührungen mehr mit Indischem, und jene Einflüsse blieben ganz unbewußt. Erst im Alter von etwa 27 Jahren, als ich begann mich mit Schopenhauer zu beschäftigen, stieß ich wieder auf indische Gedanken, in den folgenden Jahren hatte ich häufig Begegnungen mit suchenden Menschen, meist von mehr oder weniger theosophischer Färbung, und fand mich auch durch sie mehr

und mehr auf indische Quellen gewiesen, lernte eine Übersetzung der Bhagavad-Gita kennen und war von da an in indischen Ideen heimisch. Bald fand ich auch das Dhammapaddam, von Neumann übersetzt, und Oldenbergs Buddhabuch, später die Werke von Deussen.

Meine damalige Philosophie war die eines erfolgreichen, aber müden und übersättigten Lebens, ich faßte den ganzen Buddhismus als Resignation und Askese auf, als Flucht in Wunschlosigkeit, und blieb Jahre lang dabei stehen.

Eine Bereicherung und teilweise Korrektur erfuhr mein östliches Wissen und Denken durch die Chinesen, die ich durch die Übersetzungen von R. Wilhelm allmählich kennen lernte. Von Lao Tse erfuhr ich schon etwas vorher durch meinen Vater, der ihn durch den Tübinger Professor Grill kennen gelernt hatte (Grill hat selbst eine Übersetzung des Tao Te King gemacht). Mein Vater, sein Leben lang ein frommer Christ, aber stets suchend und nie dogmatisch festgelegt, war die letzten Jahre seines Lebens intensiv mit Lao Tse beschäftigt, den er oft mit Jesus verglich. Ich selbst kam erst einige Jahre später zu Lao Tse, der mir nun für lange Zeit zur wichtigsten Offenbarung wurde.

Auch von anderer Seite her, aus den Folgerungen, die ich aus manchen Lehren der Psycho-Analyse zog, ergab sich mir mehr und mehr ein Ideal dessen, was ich Weisheit nannte, und das Wissen von einem bipolaren, nicht einseitigen, synthetischen Denken. Die einzelnen Stationen der Entwicklung könnte ich nicht in Kürze angeben. Obwohl meine Lebensschicksale an Schwere zunahmen und mir sehr großes Leid brachten, verlor sich aus meinem Denken doch mehr und mehr die Resignation, und für mich bezeichnete ich diese Wendung zuweilen als eine Wendung von Indien nach China, d. h. von dem asketischeren Denken Indiens zu dem bürgerlicheren, »bejahenderen« Chinas.

Die östlichen Bücher, die mir wichtig wurden, sind:

Die Bhagavad Gita / Buddhas Reden / Deussens Vedanta und Upanishaden / Oldenbergs Buddha / Das Tao Te King, von dem ich alle deutschen Ausgaben las / Gespräche des Konfuzius / Gleichnisse des Dschuang Dsi.

»Chinesisch«

Mondlicht aus opalener Wolkenlücke
Zählt die spitzen Bambusschatten peinlich.
Malt der hohen Katzenbuckelbrücke
Spiegelbild aufs Wasser rund und reinlich.

Bilder sind es, die wir zärtlich lieben,
Auf der Welt und Nacht lichtlosem Grunde
Zaubrisch schwimmend, zaubrisch hingeschrieben,
Ausgelöscht schon von der nächsten Stunde.

Unterm Maulbeerbaum der trunkene Dichter,
Der den Pinsel wie den Becher meistert,
Schreibt der Mondnacht, die ihn hold begeistert,
Wehende Schatten auf und sanfte Lichter.

Seine raschen Pinselzüge schreiben
Mond und Wolken hin und all die Dinge,
Die dem Trunkenen vorübertreiben,
Daß er sie, die flüchtigen, besinge,
Daß er sie, der Zärtliche, erlebe,
Daß er ihnen Geist und Dauer gebe.

Und sie werden unvergänglich bleiben.

Zu diesem, 1937 entstandenen Gedicht schrieb Hesse am 19. 10. 1937 an Hans Popp: »Das Gedicht ›Chinesisch‹ hat noch einen Nachfolger bekommen. Das ging so: ich schickte das Gedicht auch an Georg Reinhart, weil ich weiß, daß er ein alter Freund und Kenner alles Chinesischen ist. Als Antwort und Gegengabe schickte er mir kurz darauf ein von ihm gezeichnetes Blatt, das mit Tusche den ganzen Inhalt meines Gedichtes darstellt: den Teich mit Brücke, Mond und Bambus, und am Ufer den Dichter, seine Verse auf ein Blatt malend. Meine Antwort auf diese Gegengabe ist das beiliegende Gedicht:

»Bruchstück aus dem nur in Fragmenten erhaltenen ›Sagenkreis vom Schwarzen König‹, einem chinesischen Gedicht aus der Zeit der Dynastie Sung«

Schwer war's, den Schwarzen König zu beschenken.
Wie Ballspielmeister spiegelschnell die Schläge
Des Gegenspielers ihm zurückzuschlagen
Verstehn, so wußte der an Geist und Herzen Rege
Empfangene Gaben, statt bloß Dank zu sagen,
Verwandelt an den Geber rückzulenken.

Es wird erzählt: He He, der Dichter, schenkte
Dem König ein Gedicht von Mond und Nacht.
Der König nimmt, liest, freut sich; Schalkheit lacht
Aus seinen dunklen Augen, sinnend streift er
Zurück den Ärmel und zum Pinsel greift er,
Taucht ein, setzt an, und malt mit Meisterzügen
Den Mond, die Nacht, den Bambus und die Brücke
Und alles, was He Hes Gedicht besungen,
Vollendet hin, die lichte Wolkenlücke,
Das Schachbrettmuster hingehuschter Lichter,
Und seitwärts sitzend malt er He, den Dichter.
Und alles, was der König pinselt, zeigt sich
Den Versen seines Freundes ebenbürtig.
Er reicht He He das Blatt und lächelt würdig.

Der Dichter staunt begeistert und verneigt sich[1].«

1 Erstabdruck dieses Gedichtes in »Der Schwarze König. Ein Gedenkblatt für Georg Reinhart« in Neue Zürcher Zeitung v. 9. 9. 1955, aufgenommen in »Gedenkblätter«, 2. erw. Ausgabe, 1962, Suhrkamp Verlag, Frankfurt a. Main.

Eine chinesische Geschichte

Der Herzog Wen von Dsin zog aus, um die Reichsfürsten zu versammeln, denn er wollte den Staat We bekämpfen. Da blickte der Prinz Tschou zum Himmel empor und lachte.

Der Herzog sagte: »Was lachst du?«

Er sprach: »Ich lache über einen Nachbar von mir, der seine Frau auf einem Besuch nach ihrem Elternhaus begleitete. Unterwegs sah er ein Mädchen, das Maulbeerblätter pflückte. Die gefiel ihm, und er plauderte mit ihr. Als er sich aber nach seiner Ehefrau umblickte, da hatte die auch einen gefunden, der ihr zuwinkte. Das ist der Grund, warum ich zu lachen wagte.«

Der Herzog verstand den Wink und hielt ein. Er führte sein Heer zurück, aber noch ehe er angekommen war, waren an der Nordgrenze seines Staates die Hunnen eingefallen.

(Dies als Probe aus dem altchinesischen Weisheitsbuch »Vom quellenden Urgrund«, das bei Diederichs in Jena in einer vortrefflichen Übersetzung von R. Wilhelm erschienen ist.)

Hermann Hesse

(Aus »März«, München, vom Februar 1912)

Zwei Parabeln, die Hesse häufig seinen Antworten auf Leserbriefe beilegte:

Dsu Yung

»Letzter Winterschnee auf Nan-schan«
(Thema für das Examensgedicht bei der staatlichen Dienstprüfung des Jahres 725 in Tschang-an, der Hauptstadt des Tang-Reiches)

Der Mittagsberge nördlich Haupt hoch oben
Trägt Schnee noch über leichter Wolken Rand.
Des Waldes Wand steht klar in Äthers Reine,
Und kälter fällt die Nacht auf Stadt und Land.

Als Dsu Yung dieses sein Gedicht einreichte, wies es der Prüfungsbeamte zurück und bemerkte tadelnd, es sei für eine Examensarbeit zu kurz, man verlange Gedichte von mindestens acht Versen oder mehr. Dsu Yung erwiderte nur: »I Djin«, d. h. »der Sinn ist erschöpft«. Der Kommissar prüfte von neuem, gab zu, daß das Gedicht tatsächlich alles enthielt, was zu sagen war, nahm es an, und Dsu Yungs Ausspruch wurde mit der Zeit zum anerkannten Maßstab für die Beurteilung von Gedichten.

Chinesische Parabel

Ein alter Mann mit Namen Chunglang, das heißt »Meister Felsen«, besaß ein kleines Gut in den Bergen. Eines Tages begab es sich, daß er eins von seinen Pferden verlor. Da kamen die Nachbarn, um ihm zu diesem Unglück ihr Beileid zu bezeigen.
Der Alte aber fragte: »Woher wollt ihr wissen, daß das ein Unglück ist?«
Und siehe da: einige Tage darauf kam das Pferd wieder zurück

und brachte ein ganzes Rudel Wildpferde mit. Wiederum erschienen die Nachbarn und wollten ihm zu diesem Glücksfall ihre Glückwünsche bringen.
Der Alte vom Berge aber versetzte: »Woher wollt ihr wissen, daß es ein Glücksfall ist?«
Seit nun so viele Pferde zur Verfügung standen, begann der Sohn des Alten eine Neigung zum Reiten zu fassen, und eines Tages brach er das Bein. Da kamen sie wieder, die Nachbarn, um ihr Beileid zum Ausdruck zu bringen. Und abermals sprach der Alte zu ihnen: »Woher wollt ihr wissen, daß dies ein Unglücksfall ist?«
Ein Jahr darauf erschien die Kommission der »Langen Latten« in den Bergen, um kräftige Männer für die Stiefeldienste des Kaisers und als Sänftenträger zu holen. Den Sohn des Alten, der noch immer seinen Beinschaden hatte, nahmen sie nicht.
Chunglang mußte lächeln.

»Der ältere Bruder«

Auszug aus dem *Glasperlenspiel*

Knecht hatte das Studium der chinesischen Sprache und der Klassiker in dem berühmten ostasiatischen Lehrhaus begonnen, das seit Generationen der Schulsiedlung der Altphilologen, Sankt Urban, angegliedert war. Er hatte daselbst rasche Fortschritte im Lesen und Schreiben gemacht, sich auch mit einigen dort arbeitenden Chinesen befreundet und eine Anzahl der Lieder des Schi King auswendig gelernt, als er im zweiten Jahr seines Aufenthaltes sich immer intensiver für das I Ging, das Buch der Wandlungen, zu interessieren anfing. Die Chinesen gaben ihm auf sein Drängen zwar allerlei Auskünfte, doch keine Einführung, ein Lehrer dafür war im Lehrhaus nicht vorhanden, und als Knecht immer wieder sein Anliegen vorbrachte, man möge ihm einen Lehrer für eine gründliche Beschäftigung mit dem I Ging verschaffen, erzählte man ihm vom »Älteren Bruder« und seiner Einsiedelei. Knecht hatte schon seit einer Weile wohl bemerkt, daß er mit seinem Interesse für das Buch der Wandlungen in ein Gebiet ziele, von dem man im Lehrhaus wenig wissen wollte, er wurde vorsichtiger in seinen Erkundigungen, und wie er sich nun des weiteren um Auskünfte über den sagenhaften Älteren Bruder bemühte, blieb ihm nicht verborgen, daß dieser Eremit zwar eine gewisse Achtung, ja einen Ruhm genoß, jedoch mehr den eines kauzigen Outsiders als den eines Gelehrten. Er spürte, daß er sich hier selbst helfen müsse, brachte eine begonnene Seminararbeit so bald wie möglich zum Abschluß und empfahl sich. Zu Fuß machte er sich auf den Weg nach der Gegend, in welcher jener Geheimnisvolle einst sein Bambusgehölz angelegt hatte, vielleicht ein Weiser und Meister, vielleicht ein Narr. Er hatte über ihn etwa so viel in Erfahrung gebracht: der Mann war vor etwa fünfundzwanzig Jahren der hoffnungsvollste Student der chinesischen Abteilung gewesen, er schien für diese Studien geboren und berufen zu sein, übertraf die besten Lehrer, seien sie nun Chinesen von Geburt oder Abendländer, in der Technik des

Pinselschreibens und des Entzifferns alter Schriften, fiel jedoch ein wenig auf durch den Eifer, mit dem er sich auch äußerlich zum Chinesen zu machen suchte. So redete er alle Vorgesetzten, vom Leiter eines Seminars bis zu den Meistern hinauf, hartnäckig nicht mit ihren Titeln und dem vorschriftsmäßigen Ihr an, wie alle Studenten es taten, sondern mit der Anrede »Mein älterer Bruder«, welche Bezeichnung schließlich für immer als Spottname an ihm selbst hängenblieb. Besondere Sorgfalt widmete er dem Orakelspiel des I Ging, dessen Handhabung mit Hilfe der traditionellen Schafgarbenstengel er meisterhaft übte. Nächst den alten Kommentaren zum Orakelbuch war sein Lieblingsbuch das des Dschuang Dsi. Offenbar war der rationalistische und eher antimystische, streng konfuzianisch sich gebende Geist in der chinesischen Abteilung des Lehrhauses, wie Knecht ihn kennengelernt hatte, schon damals zu spüren gewesen, denn der Ältere Bruder verließ eines Tages das Institut, das ihn als Fachlehrer gern behalten hätte, und begab sich auf Wanderung, ausgerüstet mit Pinsel, Tuscheschale und zwei, drei Büchern. Er suchte den Süden des Landes auf, war bald da, bald dort bei Ordensbrüdern zu Gast, suchte und fand den geeigneten Ort für die von ihm geplante Einsiedelei, erwarb in hartnäckigen Eingaben und mündlichen Vorstellungen von den weltlichen Behörden sowohl wie vom Orden das Recht, diesen Ort als Siedler zu bepflanzen, und lebte seither dort in einer streng altchinesisch eingerichteten Idylle, bald als Kauz belächelt, bald als eine Art Heiliger verehrt, mit sich und der Welt im Frieden, seine Tage mit Meditation und dem Abschreiben alter Schriftrollen hinbringend, soweit nicht die Arbeit an seinem Bambusgehölz, das einen sorgfältig angelegten chinesischen Kleingarten vor dem Nordwind schützte, ihn in Anspruch nahm.

Dorthin also wanderte Josef Knecht, mit häufigen Rasten und von der Landschaft entzückt, die ihm nach der Übersteigung der Bergpässe von Süden blau und duftig entgegenblickte, mit sonnigen Rebenterrassen, braunem Gemäuer voll Eidechsen, würdigen Kastanienhainen, eine würzige Mischung aus Südland und Hochgebirge. Es war Spätnachmittag, als er das Bambusgehölz erreichte; er trat ein und sah mit Erstaunen ein chinesisches Gartenhaus inmitten eines wunderlichen Gartens stehen, ein Brunnen plätscherte aus hölzerner Röhre, das in einem Kieselbett abfließende Wasser füllte nahebei ein gemauertes Becken, in dessen Ritzen vielerlei Grün wucherte und in dessen stillklarem Wasser ein paar Goldkarpfen schwammen. Friedlich und zart wiegten sich die Bambusfahnen über den schlanken, starken Schäften, der Rasen war von Steinplatten unterbrochen, auf welchen Inschriften im klassischen Stil zu lesen waren. Ein schmächtiger Mann, in graugelbes Leinen gekleidet, mit einer Brille über blauen abwartenden Augen, erhob sich von einem Blumenbeet, über dem er kauernd verweilt hatte, kam langsam auf den Besucher zu, nicht unfreundlich, aber mit jener etwas linkischen Scheu, wie Zurückgezogene und Alleinlebende sie manchmal an sich haben, richtete den Blick fragend auf Knecht und wartete, was er zu sagen habe. Dieser sprach nicht ohne Befangenheit die chinesischen Worte, die er sich zur Begrüßung ausgedacht hatte: »Der junge Schüler erlaubt sich, dem Älteren Bruder seine Aufwartung zu machen.«

»Der wohlerzogene Gast ist willkommen«, sagte der Ältere Bruder, »stets sei ein junger Kollege mir zu einer Schale Tee und einem kleinen erfreulichen Gespräch willkommen, und auch ein Nachtlager findet sich für ihn, wenn ihm dies erwünscht ist.«

Knecht machte Kotao und dankte, wurde in das Häuschen geführt und mit Tee bewirtet; es wurde ihm alsdann der Garten gezeigt, die Steine mit den Inschriften, der Teich, die Goldfische, deren Alter ihm genannt wurde. Bis zum Abendessen saß man unter dem wehenden Bambus, tauschte Höflichkeiten, Liederverse und Sprüche aus den Klassikern, betrachtete Blumen und genoß das rosig an den Bergzügen verblühende Abendlicht. Darauf kehrte man ins Haus zurück, der Ältere Bruder trug Brot und Früchte auf, buk auf winzigem Herde je einen vortrefflichen Pfannkuchen für sich und den Gast, und als sie gegessen hatten, wurde der Student nach dem Zweck seines Besuches gefragt, auf deutsch, und auf deutsch erzählte er, wie er hierhergekommen und was sein Anliegen sei, nämlich so lange hierzubleiben, als der Ältere Bruder erlaube, und sein Schüler zu sein.

»Wir sprechen morgen darüber«, sagte der Eremit und bot dem Gast ein Lager an. Am Morgen dann setzte sich Knecht ans Wasser zu den Goldfischen, blickte in die kleine kühle Welt von Dunkel und Licht und zauberisch spielenden Farben hinab, wo in dem dunkel Grünblauen und tintig Finstren sich die Leiber der Goldenen wiegten und dann und wann, eben wenn die ganze Welt verzaubert und für immer entschlafen und in Traumbann verfallen schien, mit einer sanft elastischen und doch erschreckenden Bewegung Blitze von Kristall und Gold durch das Schlafdunkel schickten. Er blickte hinab, mehr und mehr versinkend, mehr träumend als kontemplierend, und fühlte es nicht, als der Ältere Bruder mit leisen Schritten aus dem Hause kam, stehenblieb und seinen so versunkenen Gast lange betrachtete. Als Knecht endlich die Versunkenheit abschüttelnd sich erhob, war jener nicht mehr da, aber alsbald lud aus dem Innern seine Stimme zum Tee. Sie wechselten einen kurzen Gruß, tranken Tee, saßen und hörten durch die Morgenstille den kleinen Wasserstrahl des Brunnens klingen, Melodie der Ewigkeit. Dann stand der Eremit auf, machte sich da und dort in der unregelmäßig gebauten Stube zu schaffen, blickte zwischenein blinzelnd zu Knecht hinüber und fragte plötzlich: »Bist du bereit, deine Schuhe anzuziehen und wieder fortzuwandern?«

Knecht zögerte, dann sagte er: »Wenn es so sein muß, bin ich bereit.«

»Und sollte es sich fügen, daß du eine kleine Weile hier bleibst, bist du dann bereit, Gehorsam zu leisten und dich so still zu halten wie ein Goldfisch?« Wieder bejahte der Student.

»Es ist gut«, sagte der Ältere Bruder. »Nun werde ich die Stäbchen legen und das Orakel befragen.«

Während Knecht saß und mit ebenso großer Ehrfurcht wie Neugierde zuschaute, sich still haltend »wie ein Goldfisch«, holte jener aus einem hölzernen Becher, einer Art von Köcher vielmehr, eine Handvoll Stäbchen; es waren Schafgarbenstengel, die zählte er aufmerksam durch, tat einen Teil des Bündels wieder in das Gefäß zurück, legte einen Stengel beiseite, teilte die andern in zwei gleich große Bündel, behielt das eine in der linken Hand, nahm mit der rechten, mit spitzen empfindsamen Fingern, winzig kleine Bündelchen aus dem andern, zählte sie, legte sie beiseite, bis einige wenige Stengel übrigblieben, die er zwischen zwei Finger der Linken klemmte. Nachdem er so das eine Bündel nach ritueller Zählung auf einige Stengel reduziert hatte, nahm er mit dem andern die gleiche Prozedur vor. Er legte die ausgezählten Stengel ab, nahm beide Bündel, eines nach dem andern, aufs neue durch, zählte, klemmte kleine Bündelreste zwischen zwei Finger, und dies alles taten die Finger mit einer sparsamen, stillen Behendigkeit, es sah aus wie ein geheimes, von strengen Regeln beherrschtes, tausendmal geübtes und zur virtuosen Fertigkeit gewordenes Geschicklichkeitsspiel. Nachdem er es mehrmals durchgespielt hatte, waren drei kleine Bündelchen übriggeblieben, aus den Zahlen ihrer Stengel las er ein Zeichen ab, das malte er mit spitzem Pinsel auf ein kleines Blatt. Nun begann der ganze komplizierte Vorgang von neuem, die Stäbchen wurden in zwei gleiche Bündel geteilt, es wurde gezählt, es wurden Stäbchen weggelegt, Stäbchen zwischen die Finger gesteckt, bis am Ende wieder drei winzige Bündelchen blieben, deren Ergebnis ein zweites Zeichen war. Tänzerisch bewegt, mit einem ganz leisen trockenen Klappern, schlugen die Stengel aneinander, wechselten ihre Plätze, bildeten Bündel, wurden getrennt, wurden neu abgezählt, rhythmisch mit gespenstischer Sicherheit bewegten sich die Stäbchen. Am Ende jedes Vorgangs schrieb der Finger ein Zeichen nieder, und zuletzt standen die positiven und negativen Zeichen in sechs Zeilen übereinander. Die Stengel wurden gesammelt und sorgfältig in ihren Behälter zurückgestellt, der Magier hockte am Boden auf schilfener Matte und hatte vor sich das Ergebnis des Orakelsuchens auf seinem Blatte stehen, das er lange still betrachtete.

»Es ist das Zeichen Mong«, sagte er. »Dies Zeichen hat den Namen: Jugendtorheit. Oben der Berg, unten das Wasser, oben Gen, unten Kan. Unten am Berge entspringt die Quelle, Gleichnis der Jugend. Das Urteil aber lautet:

Jugendtorheit hat Gelingen.
Nicht ich suche den jungen Toren,
Der junge Tor sucht mich.
Beim ersten Orakel gebe ich Auskunft.
Fragt er mehrmals, ist es Belästigung.
Wenn er belästigt, so gebe ich keine Auskunft.
Fördernd ist Beharrlichkeit.«

Knecht hatte vor aufmerksamer Spannung den Atem angehalten. In der entstehenden Stille seufzte er unwillkürlich tief auf. Er wagte nicht zu fragen. Aber er glaubte verstanden zu haben: der junge Tor war angekommen, er durfte bleiben. Noch während er von dem sublimen Marionettenspiel der Finger und Stäbchen eingefangen und bezaubert war, dem er so lange zugesehen hatte, das so überzeugend sinnvoll aussah, obwohl man seinen Sinn nicht zu erraten vermochte, nahm das Ergebnis von ihm Besitz. Das Orakel hatte gesprochen, es hatte zu seinen Gunsten entschieden.

Wir hätten die Episode nicht so eingehend geschildert, wenn nicht Knecht selbst sie seinen Freunden und Schülern des öftern mit einem gewissen Behagen erzählt hätte. Nun kehren wir zu unserm sachlichen Bericht zurück. Knecht blieb monatelang im Bambusgehölz und hat das Manipulieren mit den Schafgarbenstengeln beinahe ebenso vollkommen gelernt wie sein Lehrer. Dieser übte jeden Tag mit ihm eine Stunde Stäbchenzählen, führte ihn in die Grammatik und Symbolik der Orakelsprache ein, ließ ihn sich im Schreiben und Auswendiglernen der vierundsechzig Zeichen üben, las ihm aus den alten Kommentaren vor, erzählte ihm je und je an besonders guten Tagen eine Geschichte von Dschuang Dsi. Im übrigen lernte der Schüler den Garten pflegen, die Pinsel waschen, die Tusche reiben, er lernte auch Suppe und Tee kochen, Reisig sammeln, auf das Wetter achten und den chinesischen Kalender handhaben. Seine seltenen Versuche jedoch, auch das Glasperlenspiel und die Musik mit in ihre sparsamen Gespräche einzubeziehen, waren vollkommen ergebnislos, sie schienen entweder an einen Schwerhörigen gerichtet oder wurden mit einem nachsichtigen Lächeln beiseitegeschoben oder mit einem Spruch beantwortet, wie etwa: »Dichte Wolken, kein Regen« oder »Der Edle ist ohne Makel«. Als sich jedoch Knecht aus Monteport ein kleines Klavichord schicken ließ und jeden Tag eine Stunde spielte, wurde kein Einspruch erhoben. Einmal gestand Knecht seinem Lehrer, er wünsche es dahin zu bringen, daß er imstande wäre, das System des I Ging dem Glasperlenspiel einzubauen. Der Ältere Bruder lachte. »Nur zu!« rief er, »du wirst ja sehen. Einen hübschen kleinen Bambusgarten in die Welt hineinsetzen, das kann man schon. Aber ob es dem Gärtner gelingen würde, die Welt in sein Bambusgehölz einzubauen, scheint mir doch fraglich.« – Genug davon. Wir erwähnen nur noch, daß der Ältere Bruder einige Jahre später, als Knecht in Waldzell schon eine sehr geachtete Person war, von diesem eingeladen wurde, einen Lehrauftrag dort anzunehmen, worauf er aber nicht antwortete.

Über das Orakelnehmen (I Ging)

Das Schafgarbenorakel

Das Orakel wird befragt mit Hilfe von Schafgarbenstengeln. Zum Wahrsagen gehört die Zahl von 50 Stengeln. Davon wird einer beiseitegesteckt und kommt weiter nicht in Betracht. Die übrigen 49 Stengel werden zunächst in zwei Haufen geteilt. Darauf nimmt man vom Haufen rechts einen Stengel und steckt ihn zwischen Goldfinger und kleinen Finger der linken Hand. Darauf nimmt man den linken Haufen in die linke Hand und nimmt mit der rechten Bündel von je vier Stengeln weg, bis vier oder weniger Stengel übrigbleiben. Diesen Rest steckt man nun zwischen Gold- und Mittelfinger der linken Hand. Darauf wird in derselben Weise der rechte Haufen durchgezählt und der Rest zwischen Mittel- und Zeigefinger der linken Hand gesteckt. Die Summe der zwischen den Fingern der linken Hand befindlichen Stengel ist nun entweder 9 oder 5 (die verschiedenen Möglichkeiten sind 1 + 4 + 4 oder 1 + 3 + 1 oder 1 + 2 + 2 oder 1 + 1 + 3; daraus ergibt sich, daß die Zahl 5 leichter zu erreichen ist als 9). Beim ersten Durchzählen der 49 Stengel bleibt der erste Stengel zwischen kleinem und Goldfinger als überzählig außer Berechnung. Man rechnet daher 9 = 8 und 5 = 4. Die Zahl 4 bedeutet nun eine volle Einheit, der der Zahlenwert 3 zugemessen wird. Die Zahl 8 dagegen bedeutet eine Doppeleinheit und wird nur mit dem Zahlenwert 2 berechnet. Hat man also beim ersten Durchzählen 9 Stengel übrig, so zählen sie 2, hat man 5 übrig, so zählen sie 3. Diese werden zunächst beiseitegelegt.

Nun werden die beiden Haufen, die übrig sind, wieder zusammengenommen und aufs neue abgeteilt. Wieder nimmt man von der rechten Hälfte einen Stengel und steckt ihn zwischen kleinen und Goldfinger der linken Hand und verfährt dann mit dem Durchzählen wie zuvor. Diesmal bekommt man als Summe des Restes entweder 8 oder 4. (Nämlich

$$\left.\begin{matrix} 1+4+3 \\ \text{oder } 1+3+4 \end{matrix}\right\} = 8 \qquad \left.\begin{matrix} 1+1+2 \\ \text{oder } 1+2+1 \end{matrix}\right\} = 4$$

so daß diesmal die Chancen zwischen 8 und 4 dieselben sind.) 8 zählt 2 und 4 zählt drei.

Mit dem übriggebliebenen Haufen verfährt man darauf ein drittes Mal wie zuvor und erhält als Summe des Restes ebenfalls 8 oder 4.

Nun wird aus dem Berechnungswert der drei Restsummen ein Strichelement aufgebaut.

Ist die Summe 5 (= 4, Wert 3) + 4 (Wert 3) + 4 (Wert 3), dann ergibt sich die Zahl 9, d. h. das sogenannte alte Yang. Das wird ein positives Strichelement, das sich bewegt, also für die Einzeldeutung in Betracht kommt. Es wird bezeichnet mit –○– oder ○.

Ist die Summe 9 (= 3, Wert 2) + 8 (Wert 2) + 8 (Wert 2), so ergibt sich die Zahl 6, d. h. das sogenannte alte Yin. Das wird ein negatives Strichelement, das sich bewegt, also für die Einzeldeutung in Betracht kommt. Es wird bezeichnet mit – × – oder ×.

Ist die Summe

$$\left.\begin{aligned} & 9\,(2) + 8\,(2) + 4\,(3) \\ \text{oder}\quad & 5\,(3) + 8\,(2) + 8\,(2) \\ \text{oder}\quad & 9\,(2) + 4\,(3) + 8\,(2) \end{aligned}\right\} = 7$$

so ergibt sich die Zahl 7, d. h. das sogenannte junge Yang. Das wird ein positives Strichelement, das ruht, also für die Einzeldeutung nicht in Betracht kommt. Es wird bezeichnet mit ———.

Ist die Summe

$$\left.\begin{aligned} & 9\,(2) + 4\,(3) + 4\,(3) \\ \text{oder}\quad & 5\,(3) + 4\,(3) + 8\,(2) \\ \text{oder}\quad & 5\,(3) + 8\,(2) + 4\,(3) \end{aligned}\right\} = 8$$

so ergibt sich die Zahl 8, d. h. das sogenannte junge Yin. Das wird ein negatives Strichelement, das ruht, also für die Einzeldeutung nicht in Betracht kommt. Es wird bezeichnet mit — —.

Indem dieser Prozeß im ganzen sechsmal vorgenommen wird, baut sich ein sechsstufiges Zeichen auf. Wenn dieses Zeichen aus lauter ruhenden Strichelementen besteht, so kommt für das Orakel nur die Gesamtidee des Zeichens in Betracht, wie sie in dem »Urteil« des Königs Wen und dem »Kommentar zur Entscheidung« des Kungtse zum Ausdruck kommt. Ferner noch das Bild des Zeichens und die dem Bild beigefügten Textworte.

Finden sich in dem so gewonnenen Zeichen ein oder mehrere bewegte Striche, so kommen außerdem die vom Herzog von Dschou diesem Strich beigefügten Worte in Betracht. Daher haben diese die Überschrift: 9 auf xtem Platz oder 6 auf xtem Platz.

Außerdem entsteht durch die Bewegung, d. h. Wandlung[1] der Striche ein neues Zeichen, das mit seinem Sinn ebenfalls in Betracht zu ziehen ist.

Wenn z. B. das Zeichen  gezogen wird, dessen vierter Strich sich bewegt , so wird außer dem Text und Bild dieses Zeichens im Ganzen der dem vierten Strich beigegebene Text in Betracht kommen und dann noch außerdem der Text und das Bild des Zeichens ; und zwar wäre dann das Zeichen  der Ausgangspunkt, von dem aus durch die Lage der 9 auf 4. Platz und den beigefügten Rat die Endsituation  sich entwickelt. In dem zweiten Zeichen kommt der Text des bewegten Strichs nicht in Betracht.

Aus Richard Wilhelm: *I Ging*, 1924.

1 Durch Bewegung oder Wandlung entsteht aus einem starken ein schwacher und aus einem schwachen ein starker Strich.

Von 1912 bis 1932 hat Hesse immer wieder in Zeitungen, Zeitschriften und auch in seiner weit verbreiteten »Bibliothek der Weltliteratur«, von der Kurt Tucholsky sagte, sie stehe »wolkenkratzerhoch über den gangbaren Literaturgeschichten«, auf Richard Wilhelm und seine Übertragungen der klassischen chinesischen Literatur aufmerksam gemacht. Was Hesses Besprechungen für die Installation und Verbreitung dieser Literatur im deutschen Sprachraum bedeutet haben müssen, zeigt auch ein Brief, den Richard Wilhelm ihm am 26. 12. 1929 schrieb: »Für Ihre Besprechung meiner Übersetzungen in dem Reclambändchen (und im »Tagebuch«) bin ich Ihnen aufrichtig dankbar. Eugen Diederichs ist nämlich, was die Vollendung der Serie anbelangt, recht mutlos geworden und drückt mich von Buch zu Buch im Honorar immer mehr herunter. Da ist es dann ganz besonders erfreulich, wenn ich ihm solche Besprechungen unterbreiten kann. Sie haben mir also außer der geistigen Freundschaft, für die ich Ihnen vor allem dankbar bin, auch noch einen materiellen Dienst von großem Ausmaß geleistet.«
Auch persönlich sind sich Richard Wilhelm und Hermann Hesse in der zweiten Hälfte der zwanziger Jahre vermutlich mehrfach begegnet, in Winterthur beim gemeinsamen Freund, dem Chinaexperten Georg Reinhart, aber auch im Dezember 1926 in Frankfurt, in dem von Wilhelm begründeten China-Institut der Universität. Richard Wilhelm starb schon 1930, siebenundfünfzigjährig. Bei seinem Tod schrieb Hesse u. a. in der Berliner Zeitschrift »Bücherwurm«: »Langsam wächst der Kreis derer, welche gemerkt haben, daß Wilhelms Lebenswerk zu den paar großen unserer Zeit gehört ... inmitten dauernder Mißverständnisse stand er lächelnd, freundlich, chinesischweise und tat in Ruhe sein großes Werk, dessen Umfang und Bedeutung von der öffentlichen Meinung Deutschlands noch gar nicht begriffen worden ist. Er hat Zeit, er hat nicht bloß

für eine Generation gearbeitet ... Es ist bei uns in den letzten Jahrzehnten sehr viel entdeckt, übersetzt und neu herausgegeben worden. Nichts von alledem ist mir im Laufe von beinahe 20 Jahren wichtiger und teurer geworden als Wilhelms deutsche Ausgabe der chinesischen Klassiker, sie haben mir und vielen ein Welt erschlossen, ohne die wir nicht mehr leben möchten.«

1956, bald nachdem Richard Wilhelms Frau Salome im Diederichs Verlag die Biographie ihres Mannes vorgelegt hatte, nützte Hesse diesen Anlaß, um nochmals nachdrücklich auf dieses Lebenswerk aufmerksam zu machen. Am 24. 4. entwarf er in der Zürcher Zeitung »Die Weltwoche« unter dem Titel »Ein Mittler zwischen China und Europa« ein charakteristisches Bild Richard Wilhelms:

»Ein Mittler zwischen China und Europa«

Die Biographie Richard Wilhelms ist ein Buch, das keiner sich entgehen lassen sollte, der irgend Beziehungen zur Geisteswelt des Fernen Ostens hat. Darüber hinaus ist es die Lebensbeschreibung eines ganz ungewöhnlichen Zeitgenossen, eines genialen Mannes von merkwürdiger Begabung und Begnadung, von dessen Person, Leben und Werk Wirkungen ausgegangen sind, die in ihrer vollen Kraft und Vielfältigkeit erst eine kommende Generation wird erkennen können. Allgemein bekannt ist R. Wilhelm (1873 bis 1930) durch die Reihe seiner Übersetzungen und Erklärungen klassischer chinesischer Werke, von denen er einige, wie Lü Bu We, das I Ging und andere, als erster verdeutscht hat. Auch in meinem Leben und Denken haben diese Wilhelmschen Übertragungen und Deutungen eine wichtige Rolle gespielt, und wie mir, so hat er vielen von meiner und der folgenden Generation ein Tor aufgetan und eine Botschaft übermittelt, die in unserem Leben Epoche gemacht hat.

Das Buch beginnt mit einem Nachruf, einem congenial gezeichneten Charakterbild des großen Deutsch-Chinesen aus der Feder eines anderen Meisters, Walter F. Otto, der dem andern in jahrzehntelanger Freundschaft verbunden war, hat es geschrieben, es ist der schönste mir bekannte Freundesnachruf für einen bedeutenden Mann unserer Zeit. Wer diesen Nachruf liest und dazu das Bildnis Wilhelms betrachtet, das dem Buch mitgegeben wurde, hat eigentlich schon den Mann kennengelernt, alles Wesentliche ist da. Das Bildnis zeigt ein überaus liebes Gesicht, dessen Augen ebenso lächeln wie der Mund, ein sehr freundliches, konzentriertes, leise strahlendes Gesicht, und erst wenn man es eine Weile beobachtet hat, wird einem bewußt, daß dies freundliche Lächeln viel Asiatisches hat, daß es nicht nur das Wohlwollen und die Lebensfreude eines gesunden, wohltemperierten, wohlgeordneten Mannes ausdrückt, sondern auch in allen Nuancen zwischen Schelmerei und Spott spielt wie die Geschichten, Legenden und Anekdoten um die großen Weisen des alten China.

Was ich aus diesem Bildnis lese, entspricht genau dem, was ich in Wilhelms Person und Leben immer geliebt und verehrt habe. Meine Freunde und die Leser meiner Bücher wissen, wie sehr mir erst Indien, dann China zu einer geistigen Heimat oder doch Zuflucht geworden ist. Und wenn ich irgendwo auf besonders kräftige Ablehnung, auf instinktiven Haß oder prinzipielles Nichtverstehenwollen stoße, so gilt diese Ablehnung beinahe immer dem Einschlag von alt-asiatischem Geist, den man in meinen Erzählungen findet. Nun, diese instinktive Furcht vor dem Fremden, Nichteuropäischen in der indischen und chinesischen Lebens- und Denkart ist nach meinem Glauben dasselbe wie jeder Rassenwahn und Rassenhaß. Etwas Bekanntes, historisch und psychologisch Begreifliches, aber etwas Rückständiges, nicht mehr Lebenbringendes, etwas, das überwunden werden muß. Unterstützt wird die Rückständigkeit nicht nur durch den Fortschritts- und Technik-Enthusiasmus des Abendlandes, sondern auch durch den Anspruch des kirchlich-dogmatischen Christentums auf Alleingültigkeit. Wenn ich nun das Bild eines Zukunfteuropäers zeichnen sollte, der diese Kluft überbrückt und die erwünschte und auf die Dauer notwendige Synthese zwischen asiatischem und abendländischem Wesen nicht nur in Gedanken, sondern auch in Tat und Leben vollzogen hat, so würde dies ideale Menschenbild genau dem Bilde Richard Wilhelms gleichen.

Er war ein Vorläufer und ein Vorbild, ein Mensch der Harmonie, der Synthese zwischen Ost und West, zwischen Sammlung und Aktivität. Er hat in China, hat im jahrelangen intimen Umgang mit altchinesischer Weisheit und im persönlich-freundschaftlichen Austausch mit der Elite chinesischer Gelehrsamkeit weder sein Christentum noch sein schwäbisch-thüringisch geprägtes Deutschtum, hat weder Jesus noch Plato noch Goethe verloren und vergessen, noch seine gesunde, kraftvolle, abendländische Lust am Wirken und Bilden, er ist keinem europäischen Problem davongelaufen, hat sich keinem Anruf des aktuellen Lebens entzogen, ist weder einem denkerischen noch einem ästhetischen Quietismus erlegen, sondern hat, Stufe um Stufe, die Befreundung und Verschmelzung der beiden großen alten Ideale in sich vollzogen, hat China und Europa, Yang und Yin, Denken und Tun, Wirksamkeit und Beschaulichkeit in sich zur Versöhnung gebracht. Daher der Tonfall seiner schönen, sanft belehrenden Sprache, etwa im I Ging, aus dem man Goethe und Kung Fu Tse zugleich heraushört, daher der Zauber, den er auf so viele Menschen hohen Ranges in West und Ost geübt hat, daher das so weise wie freundliche, so wache wie schelmische Lächeln seines Gesichtes.
Die Stufen und Stationen, die Taten und Leiden dieses ungewöhnlichen Lebens, den langen, merkwürdigen Weg zu dieser Harmonie und Vollendung hat Frau Salome Wilhelm genau, schlicht und würdig aufgezeichnet. Sie war diesem Mann sichtlich schicksalhaft zubestimmt, Tochter des Chr. Blumhardt von Bad Boll, des vielleicht weltoffensten und kirchenfernsten Christen im damaligen Deutschland, zu dem der junge Theologe Wilhelm im Jahre 1897 als Vikar gekommen war. Sie ist ihrem Mann ein rührend treuer Kamerad und Helfer durch ein niemals bequemes, oft hart bedrängtes und von Stürmen gerütteltes Leben gewesen, hat an seiner Art von Tapferkeit und Duldsamkeit, von Tiefe und Heiterkeit teilgehabt. Diese Frau zur Seite zu haben war in dem an Begünstigungen und Gnaden reichen Leben Wilhelms eine große Gnade mehr. Sie hat uns sein Leben, mit zahlreichen Brief- und Tagebuchstellen von seiner Hand, auf vorbildlich sachliche, unsentimentale Weise erzählt.

Es soll hier nicht nacherzählt werden.
Wie der Tübinger Theologiestudent zum wachen Zeitgenossen, zum Europäer, dann zum intimen Freund und Kenner Chinas wurde, was er in langen Chinajahren, besonders denen von 1914 bis 1918, dort an Herrlichem und an Rauhem erfahren hat, wie er sich die Sprache, die Kenntnis der alten Literatur, der Kunst, des Landes und schließlich die Köpfe und Herzen der besten Intelligenz Chinas eroberte, immer tätig, hilfreich, zugreifend, aber nie ungeduldig, groß im Leidenkönnen und Wartenkönnen wie im entschlossenen Handeln, wie er in China für die guten Geister des Westens, in Deutschland und Europa für das edle Erbe Chinas geworben hat, wie er schließlich in der Heimat durch ein jahrzehntelanges Übermaß an aufreibender Arbeit seine Kräfte bis zum Letzten verbrauchte, ohne doch bis zum Sterben je das innere Gleichgewicht, die Geduld, die Heiterkeit des Wissenden zu verlieren, darüber lese man in dem großartigen Buch, das seine Frau ihm gewidmet hat.

Hermann Hesse – Richard Wilhelm

Zwei Briefe

Zürich 4. Juni 1926

Lieber Herr Wilhelm

Gestern besuchte mich der Schriftsteller Oskar Schmitz, ein gewandter und zielbewußter Herr, der erzählte mir unter andrem, daß er dieser Tage hier in Zürich mit Ihnen zusammen sei. Und heut früh kam Ihre Karte mit dem wohlfrisierten Geheimrat Goethe. Und nun habe ich zwei persönliche Grüße von Ihnen in Händen, und obwohl ich gar kein Briefschreiber bin, möchte ich Ihnen doch diese Grüße erwidern.

Sie sind mir seit langem lieb und wichtig. Ich verdanke Ihnen so ziemlich alles, was ich an Beziehungen zum Chinesischen habe, das mir, nach einer vieljährigen mehr indischen Orientierung, sehr wichtig wurde.

Für manchen Ihrer Aufsätze, vor allem aber für Ihren Lao Tse, Ihren Dschuang Dsi etc. etc. bin ich Ihnen seit langem vielen Dank schuldig, den ich nun auch einmal aussprechen möchte. Daß wir in meinem Vetter Gundert in Mito auch einen gemeinsamen Freund haben, darüber habe ich mich schon oft gefreut.

Von Ihrer heutigen Tätigkeit weiß ich nicht so sehr viel, ich lebe als Outsider, und habe der aktuellen geistigen Welt (wie sie etwa von Keyserling etc. repräsentiert wird) den Rücken gekehrt. Dagegen finde ich bei China-Freunden wie Reinhart wieder gemeinsame Beziehungen zu Ihnen. Die Zürcher Psychoanalytiker stehen mir ferner, sie scheinen mir mit Ausnahme von Jung alle liebenswerte, aber flache, wohlangepaßte Erfolgsmenschen zu sein, durchdrungen von der Aufgabe, das Leben im bürgerlichen Sinn zu bejahen, und sich um seine Tragik zu drücken. So habe ich auch diese Beziehungen einschlafen lassen.

Ihre chinesische Welt zieht mich mit ihrer magischen Seite an, während ihre prachtvolle moralische Ordnung mir, dem Unsozialen, bei aller Bewunderung fremd bleibt. Leider ist mir dadurch auch das I Ging nur teilweise zugänglich, ich betrachte

zuweilen seine tiefe, satte Bilderwelt, ohne zur Ethik der Kommentare eine eigentliche Beziehung zu haben. Auf dem dürren Ast, auf dem ich sitze, blüht die Blume der staatlichen, familiären und gesellschaftlichen Beziehungswelten leider nicht.
Desto dankbarer bin ich für die stillen geistigen Liebesbeziehungen, die mir das Leben trotzdem gebracht hat, und zu ihnen gehört das China, das ich durch Sie kennen lernte, und damit die Dankbarkeit gegen Sie und Ihr Werk. Sie einmal aussprechen zu dürfen, ist mir eine Freude.
In Bälde gehe ich wieder nach Montagnola, doch werde ich wahrscheinlich den nächsten Spätherbst und Winter wieder in Zürich sein, wo wir einander vielleicht einmal begegnen.

Herzlich grüßt Sie Ihr
Hermann Hesse

Richard Wilhelm

Frankfurt a. M.
Lersnerstraße 4
8. Juni 1926

Lieber Herr Hesse,
Vielen Dank für Ihren Brief vom 4. Juni, der mich sehr gefreut hat. Es geht mir mit diesen Beziehungen ganz ähnlich wie Ihnen. Ich freue mich, wenn ich Ihnen im Leben irgendwo begegne, sei es in Ihren Büchern oder bei Freunden wie Georg Reinhart oder Gundert. Und diese mannigfachen Beziehungen spinnen sich weiter auch ohne daß man einander schreibt; denn auch mit dem Briefschreiben geht es mir ganz wie Ihnen. Aber ich möchte Sie einmal persönlich sehen, einen Abend mit Ihnen zusammen sein und – wenn Sie nicht Antialkoholiker sein sollten – einen guten Wein mit Ihnen trinken und über vieles zusammen reden oder schweigen.
Lassen Sie sich durch meine Verbindung mit Keyserling nicht irre machen. Und auch nicht durch mein »Weltwesen«. Wenn man die Welt so durchschaut hat wie Sie und ich, so kann man sich auf doppelte Art verbergen: in der Einsamkeit, wie Sie und in der – Welt, wie ich. Aber ich glaube wir werden uns ver-

stehen, und ich kann Ihnen aus dem alten China mehrere Herren vorstellen wie Tschuangtse u. a. die gänzlich unsozial waren. Meister Kung hat viel unter ihnen zu leiden gehabt und verstand sie nur zu gut. (Besser als er sich seinen Jüngern gegenüber den Anschein gab).

Viele herzliche Grüße
Ihr
Richard Wilhelm

Hermann Hesse

Der erhobene Finger

Meister Djü-dschi war, wie man uns berichtet,
Von stiller, sanfter Art und so bescheiden,
Daß er auf Wort und Lehre ganz verzichtet,
Denn Wort ist Schein, und jeden Schein zu meiden
War er gewissenhaft bedacht.
Wo manche Schüler, Mönche und Novizen
Vom Sinn der Welt, vom höchsten Gut
In edler Rede und in Geistesblitzen
Gern sich ergingen, hielt er schweigend Wacht,
Vor jedem Überschwange auf der Hut.
Und wenn sie ihm mit ihren Fragen kamen,
Den eitlen wie den ernsten, nach dem Sinn
Der alten Schriften, nach den Buddha-Namen,
Nach der Erleuchtung, nach der Welt Beginn
Und Untergang, verblieb er schweigend,
Nur leise mit dem Finger aufwärts zeigend.
Und dieses Fingers stumm-beredtes Zeigen
Ward immer inniger und mahnender: es sprach,
Es lehrte, lobte, strafte, wies so eigen
Ins Herz der Welt und Wahrheit, daß hernach
So mancher Jünger dieses Fingers sachte
Hebung verstand, erbebte und erwachte.

(Entstanden im Januar 1961)

Hesses Schriften über China
Bibliographie der Erstabdrucke[1]

I. Bekenntnisse zum Osten

Erinnerung an Indien: O *mein Heimatland* 6, 1918. S. 51-56.

Über mein Verhältnis zum geistigen Indien und China: bisher unveröffentlicht, Manuskript liegt im Literaturarchiv des Schiller-Nationalmuseums, Marbach.

Eine Bibliothek der Weltliteratur, Leipzig: Reclam, 1929.

II. China und die Chinesen

Nachts im Suezkanal: *Aus Indien,* Berlin: S. Fischer, 1913.

Abend in Asien: Ebenda

Reisende Asiaten: Ebenda

Erinnerung an Asien: *März* 8, 1914, III. S. 190-193.

Rezension über Eduard Erkes: *Chinesen.* Leipzig 1920, in: *Vivos voco* 1, 1919/20, S. 732 f.

Chinesen: *Vorwärts,* 18. 3. 1916.

Chinesisches: *Vossische Zeitung,* 18. 7. 1926

Rezension über Ku Hung-min: *Chinas Verteidigung gegen den Westen,* Jena 1911, in: *März* 6, 1912, I, S. 240.

Chinesische Betrachtung: *Neue Zürcher Zeitung,* Nr. 1855, 25. 12. 1921.

Rezension über Huelsenbeck, Richard, *China frißt Menschen,* 1930, in: *Bücherwurm,* Jg. 16, Heft 12, Febr. 1932, S. 55.

Blick nach dem Fernen Osten: *Universitas* 15, 1960, S. 379-386.

III. Die chinesische Kunst

A. Allgemeines

Eine Bibliothek der Weltliteratur: a. a. O.

Lieblingslektüre: *Neue Zürcher Zeitung,* Nr. 585, 7. 4. 1945.

1 Briefe werden hier nicht berücksichtigt.

B. Dramatische Kunst

Abend in Asien: *Aus Indien*, a. a. O.

Rezension über Hans Rudelsberger (Ü): *Altchinesische Liebeskomödien*, Wien 1924, in: Neue *Zürcher Zeitung*, Nr. 240, 17. 2. 1924.

C. Erzählende Kunst

Rezension über Franz Kuhn (Ü): *Der Traum der roten Kammer*, Leipzig 1932, in: *Neue Zürcher Zeitung* Nr. 2348, 14. 12. 1932.

Rezension über Franz Kuhn (Ü): *Eisherz und Edeljaspis*, Leipzig 1935, in: »Bemerkungen zu neuen Büchern«, *Die neue Rundschau* 46, 1935, 1, S. 664 bis 672.

Rezension über Franz Kuhn (Ü): Die Räuber vom *Liang Schan Moor*, Leipzig 1935, in: »Notizen zu neuen Büchern«, in: *Die neue Rundschau* 46, 1935, 1, S. 325 bis 335.

Ein Bibliotheksjahr: *Neue Zürcher Zeitung* Nr. 811, 27. 6. 1915.

Rezension über Martin Buber (Hrsg.): *Chinesische Geistergeschichten*, Frankfurt 1911, in: *Neue Zürcher Zeitung* Nr. 435, 25. 3. 1912.

Chinesische Anekdoten: *Der Schwabenspiegel* 5, 1911/12, S. 198 f.

Rezension über Richard Wilhelm (Ü): *Chinesische Volksmärchen*, Jena 1914, in: *März* 8, 1914, III, S. 218.

Rezension über Richard Wilhelm (Ü): *Chinesische Novellen*, Leipzig 1914, in: »Neues für Liebhaber guter Bücher«, *Die Propyläen. Beilage zur Münchener Zeitung* 12, 1914/15, S. 646 f.

Dichtungen des Ostens, *Vivos voco* 2, 1921/22, S. 275.

Rezension über Chang Wu (Ü): *105 chinesische Erzählungen*, Berlin 1915, in: »Für Freunde guter Bücher«, *Die Propyläen. Beilage zur Münchener Zeitung* 12, 1914/15, S. 755 f.

Rezension über Leo Greiner und Tsou Ping Shou (Ü): *Chinesische Abende*, Berlin 1920, in: *Wissen und Leben* 14, 1920/21, S. 296.

D. *Lyrik*

Rezension über Hans Bethge: *Die chinesische Flöte*, Leipzig 1907, in: *Die Propyläen*, Jg. 5, Nr. 9 vom 27. 11. 1907, S. 132.

Rezension über Klabund: *Das Blumenschiff*, Berlin 1921, in: *Vivos voco* 2, 1921/22, S. 706 f.

Rezension über Hans Böhm: *Lieder aus China*, München 1929, in: *Der Bücherwurm* 15, 1930, S. 275.

E. *Urteile über Werke anderer*

Rezension über Kurt Blaser: *Die Kunst Ostasiens*, Leipzig 1912, in: »Für Bücherliebhaber«, *Die Propyläen. Beilage zur Münchener Zeitung* 10, 1912/13, S. 691 f.

Rezension über Otto Kümmel: *Die Kunst Ostasiens*, Berlin 1921, in: *Vivos voco* 2, 1921/22, S. 276.

Rezension über Richard Wilhelm: *Der Mensch und das Sein*, Jena 1931, in: *Der Bücherwurm* 17, 1932, S. 146 f.

Rezension über Josef M. Frank: *Yung Fong-ying, ein kleines Fräulein aus China*, Berlin 1932, in: *Neue Zürcher Zeitung* Nr. 4, 1. 1. 1933.

IV. Philosophie

A. *Allgemeines*

(Die chinesische Weisheit) in: »Bücher der Kultur«, *Die Propyläen. Beilage zur Münchener Zeitung* 28, 1930/1931, S. 60.

Chinesisches: *März* 5, 1911, S. 142 f.

Rezension über Friedrich E. A. Krause: *Ju-Tao-Fo. Die religiösen und philosophischen Systeme Ostasiens.* München 1924, in: *Der Bücherwurm* 9, 1924, S. 116.

B. *Konfuzianismus*

Rezension über Richard Wilhelm: *Kung Futse, Ge-*

spräche, Jena 1910, unter dem Titel »Confuzius deutsch« in: *Die Propyläen. Beilage zur Münchener Zeitung* 7, 1909/10, S. 637.

Sprüche des Confuzius: *März* 4, 1910, III, S. 1681.

Rezension über Richard Wilhelm: *Li Gi, das Buch der Sitte*, Jena 1930, in: *Der Bücherwurm* 15, 1930, S. 302.

(Musik): Enthalten in der Einleitung, *Das Glasperlenspiel*, Zürich: Fretz und Wasmuth, 1943.

C. *Taoismus*

Rezension über Julius Grill: *Lao Tse: Buch vom höchsten Wesen und vom höchsten Gut*, Tübingen 1910, unter dem Titel »Weisheit des Ostens«, in: *Die Propyläen. Beilage zur Münchener Zeitung* 8, 1910/1911, S. 533.

(Klabunds Tao): *Vivos voco*, 1919, I.

Rezension über H. Federmann: *Lao Tse: Tao Teh King*, München 1921, in: *Vivos voco* 2, 1921/22, S. 276 f.

Chinesische Betrachtung: a. a. O.

D. *Buddhismus*

Rezension über Friedrich Perzynski, *Von Chinas Göttern*, München 1920, in: *Vivos voco* 2, 1921/22, S. 277.

(Bi Yän Lu) Brief an Wilhelm Gundert: *Neue Zürcher Zeitung* Nr. 3365, 3. 10. 1960.

Josef Knecht an Carlo Ferromonte: *Neue Zürcher Zeitung* Nr. 479, 10. 2. 1961.

E. *Eigene Anschauung*

Ein Stückchen Theologie: *Die neue Rundschau* 43, 1931, I, S. 736-747.

V. Dichterische Versuche

A. *Prosa*

Der Dichter: *O mein Heimatland* 3, 1914, S. 76-81.

Das Haus der Träume: *Der schwäbische Bund*, Jg. 2, Heft 2, Nov. 1920, S. 92-114.
König Yu: *Annabelle* 4, 1941, Nr. 46, S. 54-56.
Chinesische Legende: (Privatdruck) St. Gallen 1959.
Worte des Meng Hsiä (Ende 1949), in: *Briefe* Frankfurt: Suhrkamp Verlag, 1959, S. 291.

B. Lyrik

An eine chinesische Sängerin: *Simplizissimus* 18, 1913/1914, S. 59, unter dem Titel »An eine Sängerin Ying-Yang«.
Nachtfest der Chinesen in Singapur: *Wissen und Leben* 6, 1912/13, Bd. XII, S. 193, unter dem Titel »Chinesenfest in Singapore«.
Chinesisch: *Neue Zürcher Zeitung* Nr. 1770, 3. 10. 1937.
Der erhobene Finger: *Neue Zürcher Zeitung* Nr. 240, 22. 1. 1961.
Junger Novize im Zen-Kloster: *Akzente* 8, 1961, S. 185 f.

Bibliographie der Arbeiten über Hesses Beziehung zu China

Herzog, Peter Heinz: Hermann Hesse and China
Part I, in: United College Journal, Bd. 8, 1970-1971, S. 41-48.
Part II, in: United College Journal, Bd. 9, 1971, S. 231-235.
Part III ist noch nicht erschienen.
Die Arbeit orientiert sich hauptsächlich an den nominellen Erwähnungen Chinas oder der Chinesen in Hesses Werken. Sobald der Autor – im Anschluß an ein solch oberflächliches Katalogisieren – eine Analyse oder Spekulation unternimmt, entstehen meist grobe Fehlinterpretationen. Diese Abhandlung berücksichtigt die folgenden Werke: »Der Dichter«, »Haus der Träume«, *Klingsors letzter Sommer, Siddhartha, Steppenwolf* und *Die Morgenlandfahrt*.

Hsia, Adrian: Hesse und China
in: *Ming Pao Monthly*, Jg. 6, Nr. 3, 1971, S. 15-22.
Ein Aufsatz in chinesischer Sprache, der Hesses Beziehung zu China darstellt und die chinesischen Motive von Demian bis zum Glasperlenspiel aufzeigt.

Hsia, Adrian: Das esoterische Glasperlenspiel
in: *Deutsche Vierteljahrsschrift für Literaturwissenschaft und Geistesgeschichte*, Jg. 44, Heft 2, 1970, S. 354-362.
Eine leicht erweiterte Fassung dieses Aufsatzes findet sich in dieser Arbeit bei der Analyse des Glasperlenspiels.

Jahn, Erwin: Östliches in Hermann Hesses »Glasperlenspiel«
in: *Doitsu Bungaku*, Nr. 21, 1958, S. 10-15.
Ein belangloser Aufsatz, der um das Thema herumredet und nur einige chinesische Motive erwähnt: den älteren Bruder, das I Ging, Knechts chinesisches Glasperlenspiel, Lü Bu We.

Koller, Gottfried: Kastalien und China
in: Annales Univ. Saraviensis. Philos.-Lettres, 1, 1952, S. 5-18.

Der Aufsatz streift den Aufbau des Glasperlenspiels und untersucht hauptsächlich die Episode des älteren Bruders.

ROSE, ERNST: THE BEAUTY FROM PAO: HEINE-BIERBAUM-HESSE in: *The Germanic Review*, Vol. 32, No. 1, 1957, S. 5-18.
Der Aufsatz enthält eine Inhaltsangabe und kurze Diskussion der Erzählung »König Yu«.

Neben den oben angegebenen Arbeiten wird Hesses Beziehung zu China in einigen Abhandlungen erwähnt, die den Zusammenhang seiner Schriften mit dem Osten untersuchen. Sie sind aufgenommen in Helmut Waiblers Hesse-Bibliographie unter dem Stichwort »Osten« (Seite 309 f.) Darüber hinaus existiert noch eine Dissertation von Rosemarie Finlay, »Die Widerspiegelung des Ostens in Hermann Hesses Leben und Werk«, Winnipeg 1969, und ein von ihr und Brigitte Schludermann verfaßter kurzer Aufsatz »Mythical Reflections of the East in Hermann Hesse«, *Mosaic*, Bd. 2, Nr. 3, 1968/69, S. 97-111.

Die »Chinesische Ecke« in Hesses Bibliothek

Ich gehe zu der Ecke meiner Bibliothek, wo die Chinesen stehen – eine schöne, eine friedliche, glückliche Ecke! In diesen uralten Büchern stehen so gute und oft so merkwürdig aktuelle Sachen. Wie oft während der furchtbaren Kriegsjahre fand ich hier Gedanken, die mich trösteten und aufrichteten!

Hermann Hesse »Chinesische Betrachtung«

I. Allgemeines über Land und Volk

Cheng Tchang: Meine Mutter. 1929.

Ling, Tsiu-sen: Ein Körnchen Wahrheit. 1933.

Lin, Yutang: Mein Land und mein Volk. o. J.

Lin, Yutang: Weisheit des lächelnden Lebens. o. J.

Wilhelm, Richard: Ostasien: Werden und Wandel des chinesischen Kulturkreises. o. J.

Wilhelm, Richard: Chinesische Lebensweisheit. 1950.

Wilhelm, Richard: Der Mensch und das Sein. 1931.

Wilhelm, Salome (Hrsg.): Richard Wilhelm: Der geistige Mittler zwischen China und Europa. 1956.

II. Kunst

A. Prosa

Bauer, Wolfgang und Franke, Herbert (Übersetzer): Die goldene Truhe, 1952.

Chang, Wu (Ü): 105 interessante chinesische Erzählungen. 1915.

Budois-Reymond, Claude (Ü): Dschung Kue oder der Bezwinger der Teufel. 1936.

Esser, Paul, G. (Ü): Die Füchsin und die tote Geliebte. 1942.

Greiner, Leo und Tsou, Ping-shou (Ü): Chinesische Abende. 1913.

Grimm, Irmgard und Grimm, Reinhold (Ü): Höllenrichter Lu. 1956.
Krieg, Claus (Ü): Chinesische Mythen und Legenden. 1946.
Kuhn, Franz (Ü): Chinesische Meisternovellen. 1952.
Kuhn, Franz (Ü): Die Drei Reiche. 1940.
Kuhn, Franz (Ü): Eisherz und Edeljaspis oder die Geschichten einer Glücklichen Gattenwahl. 1926.
Kuhn, Franz (Ü): Kin Ku Ki Kwan. Wundersame Geschichte aus alter und neuer Zeit. 1952.
Kuhn, Franz (Ü): Kin Ping Meh oder die abenteuerliche Geschichte von Hsi Men und seinen sechs Frauen. o. J.
Kuhn, Franz (Ü): Die Räuber vom Liang Schan Moor. o. J.
Kuhn, Franz (Ü): Der Traum der Roten Kammer. o. J.
Kühnel, Paul (Ü): Chinesische Novellen. 1914.
Li, Te-tschun (Ü): Chinesische Novellen. o. J.
Rudelsberger, H.: Chinesische Novellen, 2 Bde. 1914.
Strzoda, Walter (Ü): Der Ölhändler und die Blumenkönigin. o. J.
Strzoda, Walter (Ü): Die Gelben Orangen der Prinzessin Dschou. 1922.
Wilhelm, Richard (Ü): Chinesische Volksmärchen. 1914.

B. Lyrik

Becker, O. E. H. (Ü): Chinesische Gedichte. (Manuskript).
Bethge, Hans (Ü): Die chinesische Flöte. 1907.
Böhm, Hans (Ü): Lieder aus China. 1929.
Debon, Günther (Ü): Lieder aus China. 1929.
Debon, Günther (Ü): Herbstlich helles Leuchten überm See. 1954.
Ehrenstein, Albert (Hrsg.): Schi-King. Das Liederbuch Chinas. 1922.
Hauser, Otto (Ü): Chinesische Gedichte, 2 Bde. 1913.
Haußmann, Conrad (Ü): Im Tau der Orchideen und

andere chinesische Lieder aus drei Jahrtausenden. o. J.

Klabund, (Ü): Dumpfe Trommel und berauschter Gong. Chinesische Kriegslyrik. 1915.

Klabund, (Ü): Li Tai-pe. Gedichte. 1915.

Rückert, Friedrich (Ü): Schi-king. 1833.

Schneider, Rolf (Ü): Mao Tse-tung. Gedichte. 1958.

Strasser, Charlot: Über chinesische und japanische Lyrik. 1908.

Su, Tung-po: 3 Bde. (in chinesischer Sprache). 43. Jahr des Meiji.

C. *Malerei*

Tung, Wen-lo: Skizzenbuch der Landschaftsmalerei. 4 Bde. 1914.

Danz, Walter: China, 32 Tafeln. Einführung und Erläuterung von Dr. Walter Bottger. 1960.

III. PHILOSOPHIE

A. *Allgemeines*

Wilhelm, Richard: I Ging. Das Buch der Wandlungen. 2 Bde. 1914.

Wilhelm, Richard: Wandlung und Dauer. Die Weisheit des I Ging. 1956.

Gräfe, Hugo: Situation-Erkenntnis nach I-Ging

Dargestellt auf der Grundlage des Quellenwerks Prof. Richard Wilhelms I Ging. Das Buch der Wandlungen. (Manuskript)

B. *Konfuzianismus*

Grimm, Irmgard (Ü): Lun Yü: Gespräche des Konfuzius. 1948.

Hsiao, P. Y. und Kästner, Heinrich (Ü): Dse-Sse: Das Dschung-yung. (Manuskript)

Wilhelm, Richard (Ü): Kung Futse. Gespräche. 1910.

Wilhelm, Richard (Ü): Shu Ging. Enthalten in Chinesisch-Deutscher Almanach für das Jahr 1931, herausgegeben vom China-Institut zu Frankfurt a. M.

Wilhelm, Richard (Ü): Chung-Jung. Enthalten in Chinesisch-Deutscher Almanach für das Jahr 1930, herausgegeben vom China-Institut zu Frankfurt a. M.

Wilhelm, Richard (Ü): Frühling und Herbst des Lü Bu We. 1928.

Wilhelm, Richard (Ü): Li Gi. Das Buch der Sitte des älteren und jüngeren Dai. 1930.

Wilhelm, Richard (Ü): Hiau Ging. Das Buch der Ehrfurcht. 1940.

von Brandt, M.: Die chinesische Philosophie und der Staats-Confucianismus. 1898.

Do-Dink, Pierre: Konfuzius in Selbstzeugnissen und Bilddokumenten. Rowohlts Monographien. 1960.

C. *Taoismus*

Cold, Eberhard (Ü): Lao Tse. Das Buch von Tao und Te. (Manuskript)

Ewald, Oskar: Lao Tse. 1928.

Federmann, H. (Ü): Lao Tse. Tao Teh King. Vom Geist und seiner Tugend. 1920.

Grill, Julius (Ü): Lao Tszes Buch vom höchsten Wesen und vom höchsten Gut. 1910.

Hesse, Johannes: Lao Tsze: ein vorchristlicher Wahrheitszeuge. 1914.

Hundhausen, Vincenz (Ü): Lau Dse. Das Eine als Weltgesetz und Vorbild. 1948.

Klabund (Ü): Lao Tse: Sprüche. 1920.

Kremsmayer, Haymo (Ü): Lao Tse. Tao Te King. Das Buch vom Weltgrund und der Weltweise. 1947.

Lin, Yutang (Hrsg.): Lao Tse. Fischer Bücherei. 1955.

von Strauß, Victor (Ü): Lao Tse. Tao Te King. o. J.

Ular, Alexander (Ü): Die Bahn und der rechte Weg des Lao Tse. 1919

Wilhelm, Richard (Ü): Lao Tse. Tao Te King: Das Buch des Alten vom Sinn und Leben. 1911.

Wilhelm, Richard (Ü): Dschuang Dsi. Das wahre Buch vom südlichen Blütenland. 1912.

Wilhelm, Richard (Ü): Liä Dsi. Das wahre Buch vom quellenden Urgrund. 1911.

Wilhelm, Richard, und Jung, C. G. (Hrsg.): Das Geheimnis der goldenen Blüte.

D. Buddhismus

Dumoulin, H.: Zen: Geschichte und Gestalt. 1959.

Gundert, Wilhelm (Ü): Bi-Yän-Lu. Meister Yüan-wu's Niederschrift von der Smaragdenen Felswand. 1960.

Kôichi, Tsushimura und Büchner, Hartmut (Ü): Zen-Geschichte: der Ochs und sein Hirte aus dem alten China. 1958.

Pommeranz-Liedtke, Gerhard (Hrsg.): Guan Hsiu. Die 16 Lohans. Inselbücherei. 1961.

Alphabetisches Gesamtverzeichnis der suhrkamp taschenbücher